Gabriella Montali
Daniela Mandelli
Nadja Czernohous Linzi



# Na klar! 2

LANG EDIZIONI

# Il progetto didattico

## MOTIVAZIONE

**Con *Na klar!* potrai imparare il tedesco divertendoti e scoprirai che è più semplice di quanto pensi.**

All'inizio di ogni unità trovi gli obiettivi che ti sarà richiesto di raggiungere.

Ogni unità è ambientata in una città diversa, da indovinare attraverso una "caccia al tesoro" (*Suchspiel*). Risolvendo correttamente gli esercizi interattivi contrassegnati dal simbolo, riceverai degli indizi per capire di che città si tratta. Alla fine dell'unità riporterai il nome della città e potrai scoprirla attraverso un reportage video.

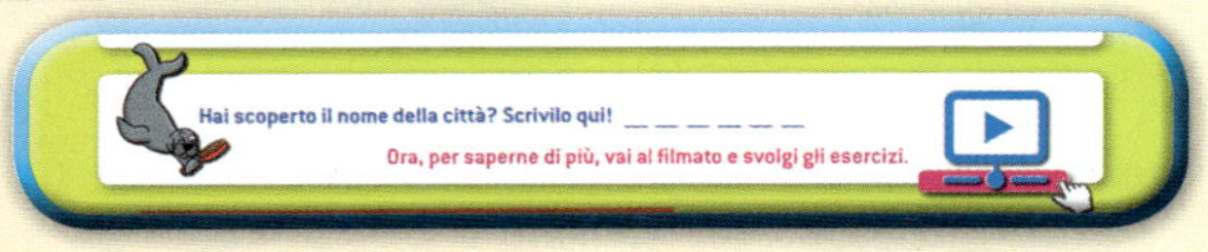


Imparerai immedesimandoti in situazioni di vita reale e svolgendo attività divertenti, varie e interessanti. Inoltre potrai vedere alcuni video con interviste a ragazzi tedeschi che parlano della loro vita quotidiana, della famiglia, della scuola, del tempo libero…

In fondo al libro troverai una rivista colorata con testi, foto ed esercizi per migliorare la tua capacità di lettura.

## COMPETENZE

**Con *Na klar!* svilupperai non solo le tue competenze linguistiche, ma anche le competenze chiave, come la capacità di imparare a imparare, collaborare con i compagni, prendere iniziative, risolvere problemi.**

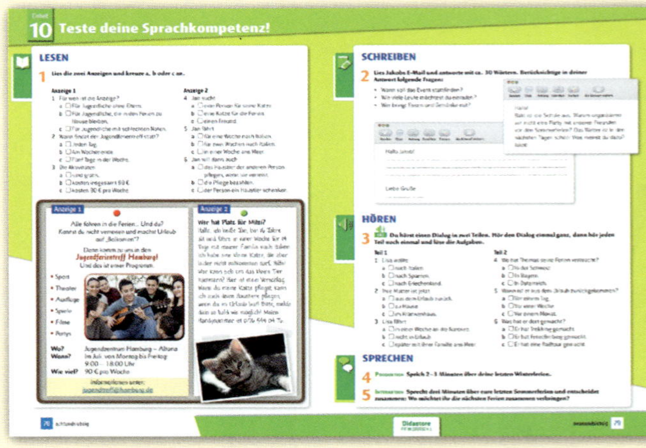


Alla fine di ogni unità troverai la rubrica *Teste deine Sprachkompetenz!* per verificare a che punto sei rispetto agli obiettivi elencati all'inizio dell'unità.

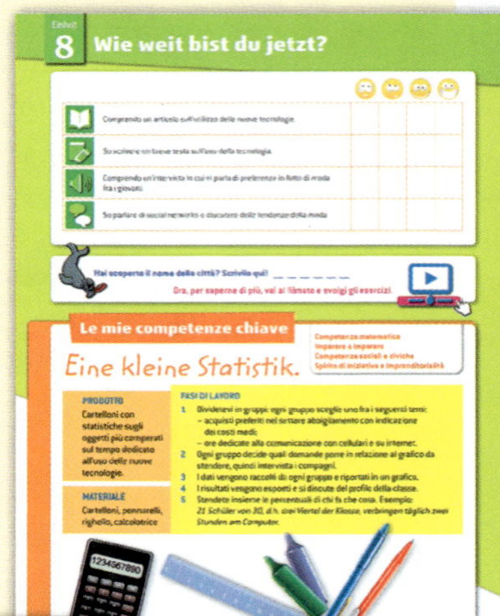


Troverai inoltre dei lavori e dei progetti da realizzare insieme ai tuoi compagni, per sviluppare le **competenze chiave**.

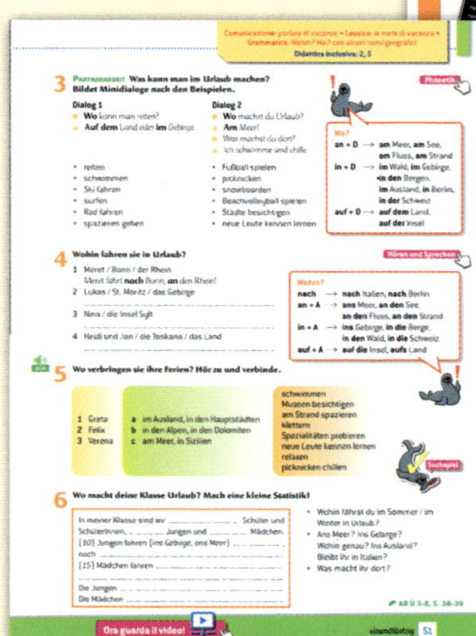

L'uso della versione digitale del libro ti aiuterà a sviluppare la **competenza digitale**, mentre gli esercizi di fonetica rinforzeranno la tua **competenza fonologica**, cioè la capacità di comunicare oralmente con la corretta pronuncia e intonazione.

## INCLUSIONE E PERSONALIZZAZIONE

***Na klar!* è il libro per tutti. C'è chi impara meglio ascoltando, chi leggendo, chi osservando immagini e filmati, chi preferisce particolari tipi di esercizi…**

Tutti i testi di civiltà e di lettura hanno il **Testo parlante**: l'audiolibro con sincronizzazione, cioè la possibilità di leggere il testo che si illumina seguendo l'ascolto, come in un karaoke.

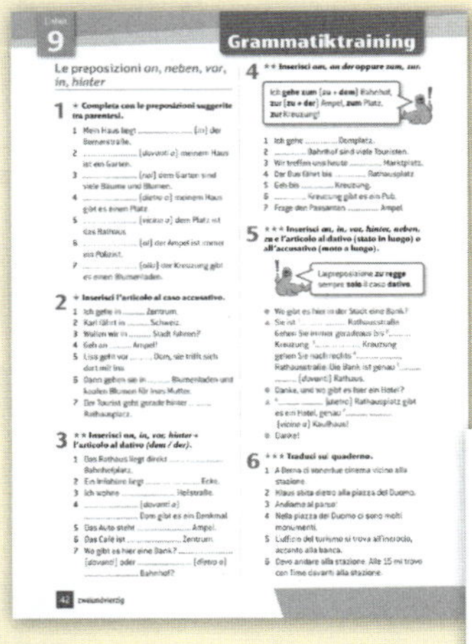


Nell'*Arbeitsbuch*, gli esercizi di grammatica sono graduati su tre livelli di difficoltà, dai più semplici (★) a quelli un po' più impegnativi (★★★).

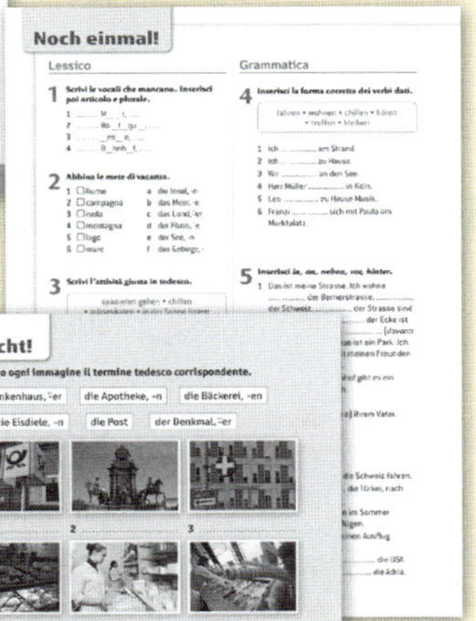


Se non hai capito qualche argomento o vuoi fare un **ulteriore ripasso**, alla fine di ogni unità trovi gli esercizi della rubrica *Noch einmal!*

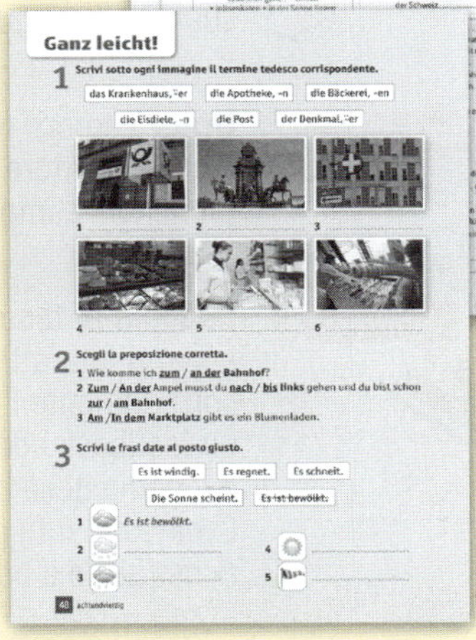


Infine, *Ganz leicht!* ti propone anche **esercizi semplificati** sugli argomenti principali dell'unità.

## VALUTAZIONE

***Na klar!* ti offre una serie di strumenti per capire sempre "a che punto sei" nell'apprendimento della lingua e sviluppare così un tuo metodo di studio autonomo e consapevole.**

Dopo avere svolto le attività della rubrica *Teste deine Sprachkompetenz!* potrai autovalutarti con l'aiuto dell'insegnante e riportare i tuoi risultati nella tabella alla pagina *Wie weit bist du jetzt?* Questo ti aiuterà a tenere sotto controllo i tuoi progressi, oltre a prepararti per le verifiche. Inoltre, alla fine di ogni unità dell'*Arbeitsbuch*, trovi *Teste deine Sprachkenntnisse!* per autovalutare le tue conoscenze linguistiche.

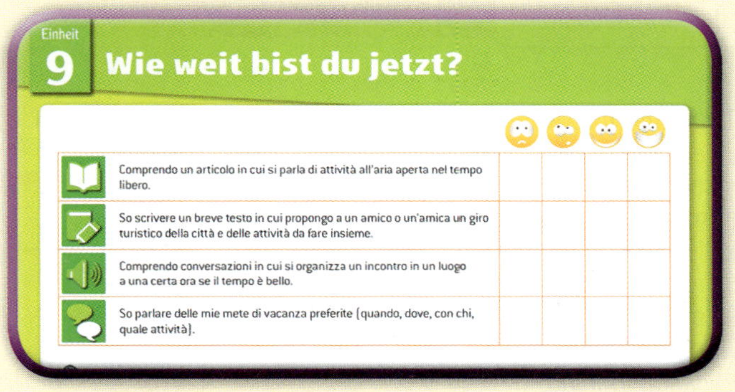


Alla fine del corso, troverai l'inserto speciale *Los geht's zur Abschlussprüfung!*, che ti prepara ad affrontare la prova scritta e quella orale dell'Esame di stato.

# Le caratteristiche del corso

Ogni unità è suddivisa in quattro episodi di due pagine, dei quali sono protagonisti i ragazzi presentati nella pagina di apertura. Ogni episodio si apre con un dialogo, oppure con un testo scritto da uno dei protagonisti.

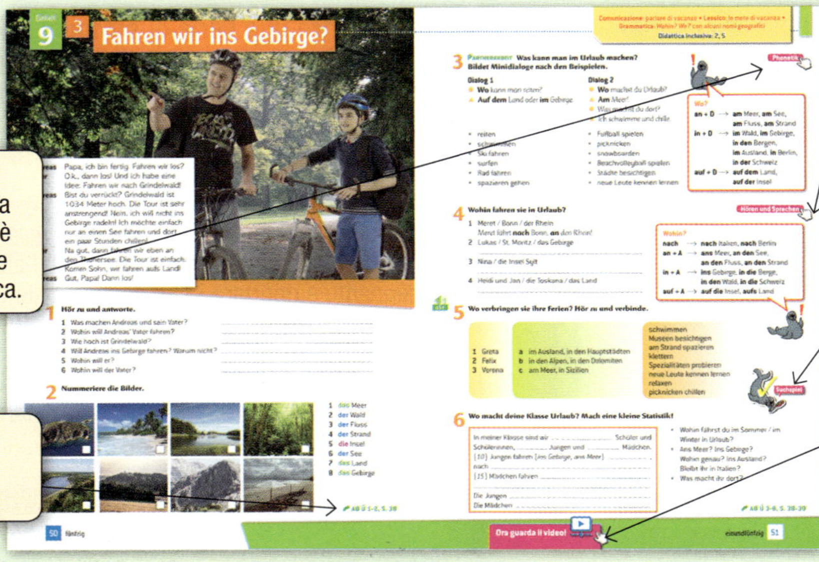


Cliccando su questa icona nella versione digitale è possibile svolgere esercizi di fonetica.

Rimando agli esercizi dell'*Arbeitsbuch*.

Cliccando su questa icona potrai svolgere esercizi orali per migliorare la pronuncia e l'intonazione.

Cliccando su questa icona potrai svolgere gli esercizi per scoprire il nome della città in cui è ambientata l'unità. Se avrai svolto correttamente l'esercizio, alla fine ti comparirà un indizio. Quando avrai svolto tutti gli esercizi dell'unità, sarai in grado di ricostruire il nome della città.

Video con interviste a ragazzi tedeschi della tua età.

*Deine Grammatik* e *Dein Wortschatz* riassumono la grammatica e il lessico dell'unità, che potrai esercitare ulteriormente nelle sezioni *Grammatiktraining* e *Vokabeltraining* dell'*Arbeitsbuch*.

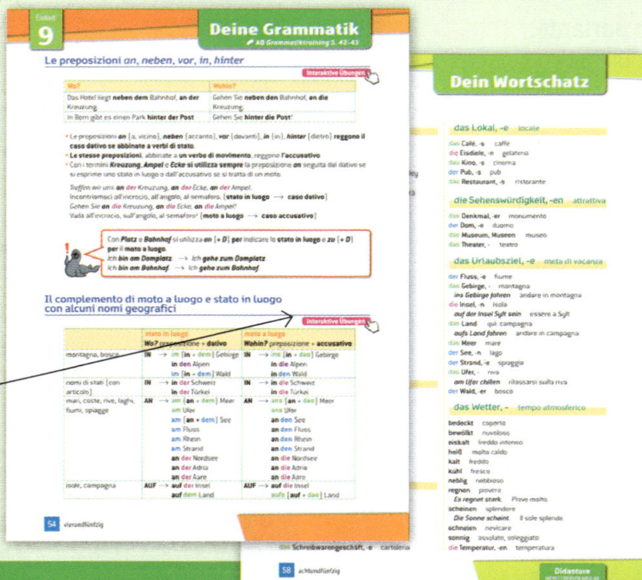


Cliccando su questa icona nel libro digitale è possibile svolgere esercizi interattivi sulla regola appena spiegata.

*Infoecke* ti fa conoscere alcuni aspetti della cultura dei paesi di lingua tedesca.

## LIBRO DIGITALE

La versione digitale di *Na klar!* è disponibile per gli studenti come ITE (Interactive Tablet Edition) online e come ACTIVEbook offline.
Sia nella versione online sia in quella offline, i materiali digitali sono attivabili direttamente dalle pagine sfogliabili:

**Video-interviste** con adolescenti tedeschi, con esercizi di comprensione e produzione.

**Video-reportage** sulle principali **regioni** e **città** dei paesi di lingua tedesca, con esercizi di comprensione.

Phonetik — Esercizi di **fonetica** sui principali suoni della lingua tedesca.

Hören und Sprechen — **Drills**: esercizi orali per memorizzare alcune strutture e migliorare pronuncia e intonazione.

**"Caccia al tesoro"** attraverso esercizi interattivi. Se si svolge correttamente l'esercizio, compare un feedback con alcune lettere del nome della città da indovinare. Svolgendo tutti gli esercizi si ricostruisce il nome della città.

Interaktive Übungen — **Esercizi interattivi** su ogni regola grammaticale presentata.

***Los geht's zur Abschlussprüfung!*** è l'inserto speciale per prepararti ad arrivare senza problemi all'Esame di stato. Contiene una panoramica dei principali tipi di prove, sia scritte sia orali, che ti potrai trovare ad affrontare. Per ognuna di esse troverai utili consigli su come svolgerla e numerosi esempi per metterti alla prova.

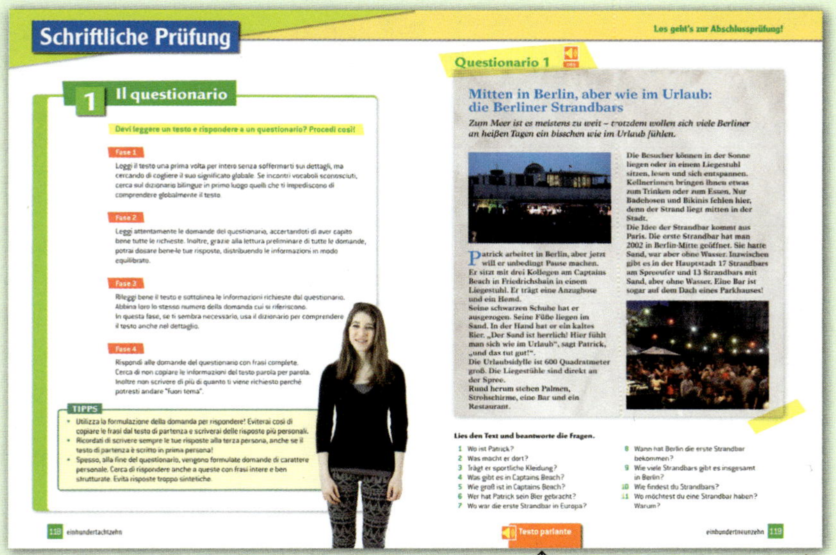


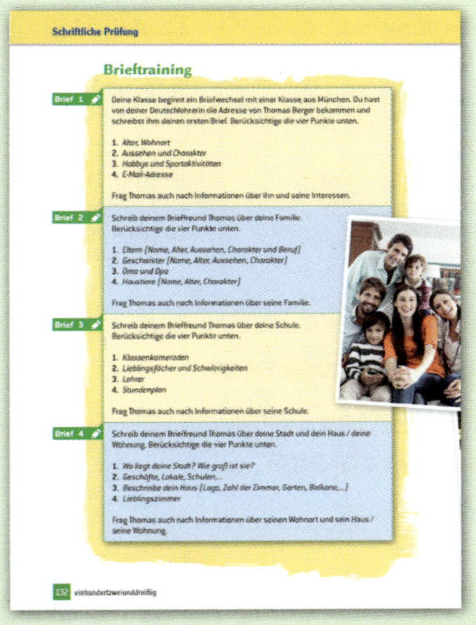


Anche in questa sezione, tutti i testi di lettura hanno il **Testo parlante**, cioè l'audiolibro con sincronizzazione, per leggere e ascoltare contemporaneamente, con il testo che si illumina seguendo l'ascolto.

Per prepararti al colloquio orale, e anche per ampliare le tue conoscenze culturali e favorire la tua crescita di cittadino/a consapevole, troverai una ricca sezione di **civiltà** con testi di vario argomento, utili anche per collegamenti interdisciplinari: storia, geografia, musica, arte...

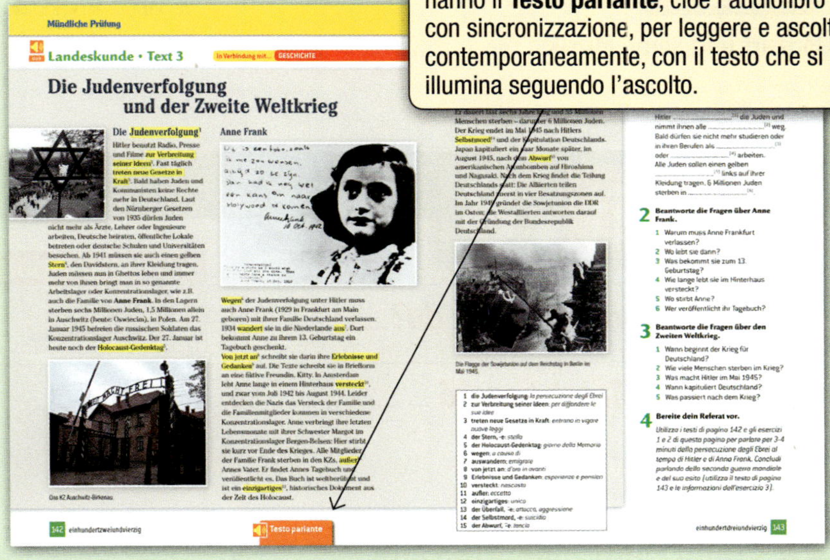


**Wortschatz**: tavole lessicali illustrate e con audio

**Testo parlante**: tutti i testi di lettura con audio sincronizzato e testo che si illumina progressivamente, per seguire meglio l'ascolto e facilitare la lettura.

**Karaoke** nei dialoghi di apertura, con audio sincronizzato e la possibilità di "interpretare" uno o più personaggi.

**Ascolti**: tutto il materiale audio di *Kursbuch* e *Arbeitsbuch*.

**Esercizi interattivi**: la quasi totalità degli esercizi del libro cartaceo eseguibili in modalità interattiva con correzione automatica.

## DIDASTORE

Un'ampia offerta di materiali digitali integrativi per uno studio e una didattica flessibili, personalizzati e condivisi.
Il Didastore è composto da tre ambienti:

**ARCHIVIO** repertorio di materiali e oggetti di apprendimento, con una mediateca dedicata alle risorse multimediali

**PALESTRA** batterie di esercizi e di attività didattiche interattive

**DOCENTE** area dedicata all'insegnamento, con la Guida del corso, materiali didattici e la possibilità di creare gruppi di studio o classi virtuali.

Per accedere alle risorse digitali online, collegatevi a My Pearson Place dal sito pearson.it/place e seguite le istruzioni

# Inhaltsverzeichnis

## Einheit 7

## Einheit 8

# Einheit 9

# Einheit 10

# Zum Schluss
# Eine Klassenfahrt nach Berlin!

# Aktuelles
## Deine Leseseiten



# Los geht's zur Abschlussprüfung!

# Einheit 7

## In questa unità raggiungerai i seguenti obiettivi

**LESEN**
Comprendere un testo (ad esempio un articolo) in cui si parla di corretta e sana alimentazione.

**SCHREIBEN**
Scrivere un messaggio per confermare un appuntamento a casa di un amico o di un'amica.

**HÖREN**
Comprendere una telefonata in cui viene proposta e pianificata una gita in un luogo d'interesse (orari, come arrivare, costo del biglietto).

**SPRECHEN**
Parlare del proprio stato di salute, di ricette e degli ingredienti necessari per realizzarle.

**Conoscerai la vita di un grande compositore, Wolfgang Amadeus Mozart.**

Osserva la foto e scopri la città misteriosa cliccando sul simbolo nelle prossime pagine!

Il personaggio di questa unità

Einheit 7

# 1 Ich habe Kopfschmerzen

Senden Chat Anhang Schriften Farben Als Entwurf sichern

Hallo Matthias,
ich bin fix und fertig! Ich habe Kopfschmerzen und liege mit Fieber im Bett. Meine Nase läuft und der Hals tut mir weh... Tut mir leid, aber ich muss heute zu Hause bleiben. Hoffentlich bin ich am Sonntag wieder gesund und dann können wir unseren Ausflug zum Salzbergwerk Berchtesgaden machen.
LG* Sophie

* LG = Liebe Grüße

Senden Chat Anhang Schriften Farben Als Entwurf sichern

Hey! Mach dir keine Sorgen, Sophie. Bleib im Bett und ruf den Arzt! Morgen bist du bestimmt wieder fit!
Gute Besserung!
Matthias

002

## 1 Hör zu, lies die Nachrichten und kreuze richtig (R) oder falsch (F) an.

| | | R | F |
|---|---|---|---|
| 1 | Sophie ist im Krankenhaus. | ☐ | ☐ |
| 2 | Sie ist gesund. | ☐ | ☐ |
| 3 | Es geht ihr schlecht. Sie ist krank. | ☐ | ☐ |

## 2 Ergänze die Körperteile.

Phonetik

- **der** Kopf, ̈-e
- **die** Nase
- **der** Arm, -e
- **der** Hals
- **die** Hand, ̈-e
- **der** Fuß, ̈-e

AB Ü 1-2, S. 2

## 3 Was tut ihnen weh? Ergänze die Sätze und dann die Regel.

1 Der Hals tut Sophie weh. Sie hat *Halsschmerzen*.
2 Die Zähne tun Markus weh. Er hat *Zahnschmerzen*.
3 Der Kopf tut Lukas weh. Er hat .................................. .
4 Der Bauch tut Tina weh. Sie hat .................................. .
5 Der Rücken tut mir weh. Ich habe .................................. .
6 Die Ohren tun den Kindern weh. Sie haben .................................. .

***weh**tun*

Der Hals ................ **mir weh**.
Die Zähne ................ **mir weh**.

## 4 PARTNERARBEIT Schaut euch die Bilder an und beschreibt die Symptome wie im Beispiel.

Hören und Sprechen

● Was tut Tom weh? ▲ Der Hals tut ihm weh. ● Stimmt. Er hat Halsschmerzen.

003

## 5 Hör zu und kreuze richtig (R) oder falsch (F) an.

| | | R | F |
|---|---|---|---|
| 1 | Markus hat Fieber. | ☐ | ☐ |
| 2 | Der Magen tut ihm weh. | ☐ | ☐ |
| 3 | Er will sofort zum Arzt. | ☐ | ☐ |
| 4 | Die Mutter schickt ihn zur Schule. | ☐ | ☐ |
| 5 | Markus schreibt heute eine Klassenarbeit in Mathe. | ☐ | ☐ |

## 6 PARTNERARBEIT Spielt die kleine Situation und beendet das Gespräch mit „Gute Besserung!" oder „Hoffentlich".

***Hoffentlich*** + **verbo** + **soggetto** significa **Speriamo che...**

**A** e **B** si incontrano, devono andare al cinema, ma **A** non sta molto bene. **B** chiede ad **A** che cos'ha. **A** spiega i suoi sintomi. **B** allora esorta **A** ad andare a casa. Gli augura di rimettersi presto e spera che possano andare al cinema la settimana prossima.

AB Ü 3-8, S. 2-3

Einheit **7** | 2

# Du darfst nicht ausgehen!

**Ärztin** Na, Sophie, wie geht's dir?
**Sophie** Ach, nicht so gut! Ich habe Halsschmerzen und Husten. Ich glaube, ich habe auch hohes Fieber!
**Ärztin** Hm, streck bitte einmal die Zunge aus und sag „ahhh"!
**Sophie** Ahhh!
**Ärztin** Ja, du hast eine Erkältung. Ich verschreibe dir einen Hustensirup und Tabletten gegen das Fieber. Und nimm auch die Bonbons hier. Sie helfen gegen die Halsschmerzen.
**Sophie** Danke, Frau Doktor!
**Ärztin** Hier das Rezept! Und Sophie, pass auf! Du darfst für ein paar Tage nicht ausgehen, verstanden?

004

## 1 Hör zu und unterstreiche die richtige Lösung.

Die Ärztin kommt und untersucht Sophie. Sie hat **eine Bronchitis** / **eine Erkältung** / **eine Lungenentzündung**. Sie hat **kein Fieber** / **nur erhöhte Temperatur** / **hohes Fieber**. Die Ärztin verschreibt Sophie **ein Antibiotikum** / **ein Nasespray** / **einen Hustensirup** und gibt ihr auch Tabletten gegen das Fieber und Bonbons gegen Halsschmerzen. Sophie darf nicht **ausgehen** / **essen** / **singen**.

## 2 Kennst du die Namen der Krankheiten auf Deutsch? Ordne zu.

Phonetik

| | |
|---|---|
| 1 [d] **die** Bronchitis | a allergia |
| 2 [e] **die** Grippe | b stitichezza |
| 3 [g] **die** Erkältung / **der** Schnupfen | c diarrea |
| 4 [c] **der** Durchfall | d bronchite |
| 5 [b] **die** Verstopfung | e influenza |
| 6 [h] **die** Blinddarmentzündung | f intolleranza ai latticini |
| 7 [k] **die** Lungenentzündung | g raffreddore |
| 8 [l] **das** Asthma | h appendicite |
| 9 [f] **die** Laktose-Intoleranz | i intolleranza al glutine |
| 10 [a] **die** Allergie | j tosse |
| 11 [i] **die** Gluten-Intoleranz | k polmonite |
| 12 [j] **der** Husten | l asma |

AB Ü 1-3, S. 4

005

## 3 Errate die Krankheit. Benutze *vielleicht* oder *dann*.

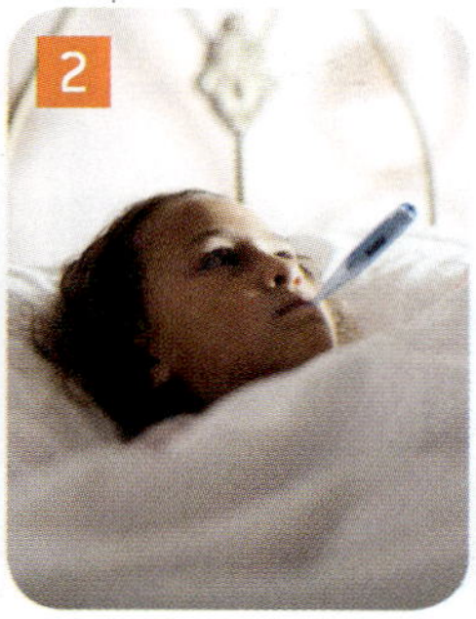

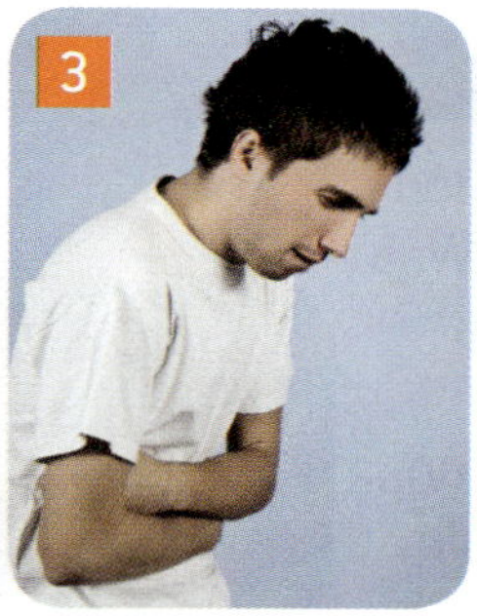

1 Meine Nase läuft. — Dann hast du eine Erkältung / einen Schnupfen.
2 Ich habe Husten und Fieber. ........................................
3 Ich habe Bauchschmerzen. ........................................
4 Ich muss immer zur Toilette. ........................................
5 Ich darf kein Eis essen. ........................................

006

## 4 Was darf man nicht tun? Schreib einen Satz. Ergänze zuerst die Regel.

1 Peter hat eine Laktose-Intoleranz. (*keine Milch trinken*)
Er darf keine Milch trinken.
2 Michael hat Husten. (*nicht Fußball spielen*)
........................................
3 Ich habe Durchfall. (*kein Eis essen*)
........................................
4 Wir haben Asthma. (*nicht im Park joggen*)
........................................
5 Lina hat eine Gluten-Intoleranz. (*keine Nudeln essen*)
........................................
6 Markus hat eine Lungenentzündung. (*nicht ausgehen*)
........................................

| **dürfen** | |
|---|---|
| ich | **darf** |
| du | dürft |
| er / sie / es | **darf** |
| wir | **dürfen** |
| ihr | **dürft** |
| sie / Sie | dürfen |

007

## 5 Lukas ist krank. Hör zu und kreuze die richtige Lösung an.

Hören und Sprechen

1 Was verschreibt ihm der Arzt?
a ☐ Ein Antibiotikum.
b ☐ Ein Nasespray.
c ☐ Kamillentee.
d ☐ Tabletten gegen das Fieber.
e ☐ Rückengymnastik.
f ☐ Einen Hustensirup.

2 Wohin muss er sofort gehen?
a ☐ Ins Bett.
b ☐ Ins Krankenhaus.
c ☐ Ins Kino.
d ☐ Zu McDonalds.

3 Was hat er vielleicht?
a ☐ Eine Lungenentzündung.
b ☐ Eine Gluten-Intoleranz.
c ☐ Eine Blinddarmentzündung.
d ☐ Eine Grippe.

## 6 PARTNERARBEIT Spielt die Situation beim Arzt.

**A** (*Patient*) descrive a **B** (*Arzt*) i suoi sintomi. **B** fa la diagnosi. **A** gli chiede se può…
**B** gli dice se può o non può fare quanto richiesto.

AB Ü 4-8, S. 4-5

Ora guarda il video!

# 3 Was läuft im Fernsehen?

**Sophie** Ich langweile mich! Was mache ich denn den ganzen Tag im Bett? Was läuft im Fernsehen? Weißt du es vielleicht?

**Mutter** Nein, ich weiß es nicht. Mal sehen… Im Ersten läuft ein Dokumentarfilm über das Leben von Sissi und Kaiser Franz Joseph. Er fängt jetzt an. Komm, ich schalte ein!

**Sophie** Oh nein! Ich kann Sissi nicht leiden! Die ist so langweilig!

**Mutter** Nicht zappen, Sophie! Oder ich schalte den Fernseher aus!

**Sophie** Gibt es keinen Krimi? Krimiserien mag ich am liebsten!

**Mutter** Ja, hier auf ORF2 läuft die Krimiserie *SOKO Kitzbühel* um 16:30 Uhr, das heißt in 5 Minuten.

**Sophie** Jippie! Schon besser! Ich schalte sofort um!

008

## 1 Hör zu, such die Ausdrücke im Text und schreib sie ab.

1 Non continuare a cambiare (canale)! ..........
2 Sull'uno c'è un documentario. ..........
3 Non posso soffrire Sissi! ..........
4 Accendo (la tv)! ..........
5 Spengo la tv. ..........
6 Non lo so. ..........

## 2 Errate die Namen der Sendungen: Ordne zu.

Phonetik

1 ☐ **der** Krimi, -s
2 ☐ **die** Serie, -n
3 ☐ **der** Liebesfilm, -e
4 ☐ **die** Komödie, -n
5 ☐ **der** Dokumentarfilm, -e
6 ☐ **die** Talkshow, -s
7 ☐ **die** Quizshow, -s
8 ☐ **die** Nachrichten
9 ☐ **die** Soap, -s
10 ☐ **der** Cartoon, -s
11 ☐ **die** Sportsendung, -en
12 ☐ **der** Thriller, -

a soap
b telequiz
c notiziario
d film d'amore
e commedia
f cartone
g serie televisiva
h (film) poliziesco
i talk show
j documentario
k thriller
l trasmissione sportiva

AB Ü 1-4, S. 6

**Comunicazione:** parlare di programmi tv • **Lessico:** i canali e le trasmissioni • **Grammatica:** i verbi *ein-, aus-, umschalten, laufen, zappen* – il verbo *wissen*

**Didattica inclusiva:** 4, 5

009

## 3 Antworte persönlich auf die Fragen, dann berichte mündlich.

**Hören und Sprechen**

1 Was siehst du gern bzw. nicht gern im Fernsehen?
Seele
2 Wie oft gibt es deine Lieblingssendung in der Woche?
Ich siehe Seele zum Netflix
3 Um wie viel Uhr läuft die Sendung?
........................................
4 Siehst du die Sendung allein oder mit deiner Familie?
Ich

**Im Ersten / In der ARD / Im ZDF** läuft...
**Auf Pro7 / Auf RTL / Auf Arte** läuft...

010

## 4 KETTENARBEIT Schaut euch die Fernsehsendungen an. Fragt und antwortet. Lest zuerst die Beispiele und ergänzt die Verbformen.

| **wissen** | |
|---|---|
| ich | weiß |
| du | weiß |
| er / sie / es | **weiß** |
| wir | wissen |
| ihr | weißt |
| sie / Sie | **wissen** |

- ● Was läuft heute gegen 20:00 Uhr im Ersten? Weißt du es?
- ▲ Nein, ich weiß es nicht.
- ■ Ich weiß es! Um 20:15 Uhr läuft die Krimiserie *Tatort*. Was läuft heute um 20:15 Uhr auf Pro7? Wisst ihr es?
- ◆ Nein, wir wissen es nicht.
- ▼ Wir wissen es! Auf Pro7 läuft *Deutschland sucht den Superstar*.

|  |  |  |
|---|---|---|
| ARD | 20:15-21:45 Uhr | **Tatort,** *Deutschland (Krimiserie)* |
| 3sat | 20:15-21:00 Uhr | **Ameisen – Die heimliche Weltmacht** *(Natur + Reisen)* |
| RTL Television | 20:15-22:05 Uhr | **Evan Almighty,** *USA (Spielfilm)* |
| ProSieben | 20:15 Uhr | **Deutschland sucht den Superstar** *(Castingshow / Unterhaltung)* |
| RTL II HD | 20:15-23:20 Uhr | **Game Of Thrones,** *USA (Serie)* |
| phoenix | 22:30-23:15 Uhr | **Pussy Riot** *(Report)* |
| arte | 23:05-23:35 Uhr | **ttt – titel thesen temperamente** *(Kultur)* |
| zdf_neo | 23:15-00:45 Uhr | **Grabgeflüster – Liebe versetzt Särge,** *Großbritannien (Spielfilm)* |

Tatort

Deutschland sucht den Superstar

AB Ü 5-8, S. 6-7

# 4 Backen wir einen Kuchen!

**Sophie** Mama, ich möchte heute eine Linzer Torte backen. Hast du alle Zutaten?

**Mutter** Ja, ich glaube schon: Eier, Zucker, Butter, Mehl, Mandeln und Himbeermarmelade. Lies bitte die Zubereitung in unserem Rezeptbuch vor.

**Sophie** Also, hier steht: Alle Zutaten mischen, schnell zu einem Teig verkneten und 30 Minuten kalt stellen. Eine Springform mit Butter fetten und zwei Drittel vom Mürbeteig ausrollen, in die Form geben und mit der Konfitüre bestreichen. Mit dem restlichen Teig Streifen formen und darüberlegen.

**Mutter** Alles klar. Wie lange muss der Kuchen im Ofen backen?

**Sophie** Warte mal, hier steht: Die Torte 45 Minuten bei 180°C im Backofen backen.

011

**1** **Hör zu und nummeriere die Bilder zum Rezept. Schreib mit Hilfe des Dialogs unter jedes Bild den richtigen Satz.**

Phonetik

☐ ..............................
..............................

☐ ..............................
..............................

☐ ..............................
..............................

☐ ..............................
..............................

! Le ricette sono spesso date all'infinito.

AB Ü 1-3, S. 8

## 2 Lies das Beispiel und forme um.

1 Misch alle Zutaten! — *Alle Zutaten mischen.*
2 Mach den Backofen an! ..............................
3 Stell den Teig 20 Minuten kalt! ..............................
4 Forme Streifen! ..............................
5 Leg die Streifen über den Kuchen! ..............................
6 Back den Kuchen 30 Minuten bei 180°C im Backofen! ..............................

## 3 a. Koch die Tomatensoße für die Spaghetti. Ergänze das Rezept.

Hören und Sprechen

klein schneiden • dazugeben • waschen • köcheln lassen • tun • würzen • erhitzen

### Zubereitung

Zwiebel und Knoblauch schälen, [1]............................ und [2]............................, Olivenöl in eine Pfanne tun und [3]............................ . Zwiebel und Knoblauch [4]............................ . Die passierten Tomaten auch in die Pfanne [5]............................ . Die Soße mit Salz und Pfeffer [6]............................ und 15 Minuten [7]............................ . Fertig! Guten Appetit!

**b. PARTNERARBEIT Zeichnet auf Papier einige Zutaten. Dann bereitet (virtuell) das Rezept wie im Beispiel zu.**

- Für die Tomatensoße brauchen wir Zwiebel und Knoblauch, (Davide), schneide Zwiebel und Knoblauch klein!
  *(Davide) sceglie la cipolla e l'aglio tra gli ingredienti disegnati e mima l'azione di tagliarli finemente.*
- O.k., tue Olivenöl in eine Pfanne, bitte! ...

## 4 GRUPPENARBEIT Schreibt das Rezept von eurem Lieblingsgericht wie oben auf und spielt dann Kochshow. Ihr könnt die Zubereitung dann noch einmal mit echten Zutaten vorführen und mit Handy oder einer Videokamera aufnehmen!

AB Ü 4-7, S. 8-9

Ora guarda il video!

## Il verbo weh*tun*

Interaktive Übungen

Der Kopf **tut mir weh**.
Die Ohren **tun mir weh**.

- Il verbo ***wehtun*** è un verbo separabile e regge il complemento di termine (il dativo).
- Le desinenze si aggiungono direttamente al **tema *tu*-**: *ich tue*, *du tust*, ...
- Di questo verbo **si usano** generalmente solo la **terza persona singolare e plurale**: ***tut* / *tun***.

Osserva la tabella qui sotto e ripassa i casi dei pronomi che hai visto fino ad ora.

| Nominativ (Wer?) | Akkusativ (Wen?) | Dativ (Wem?) |
|---|---|---|
| ich | mich | mir |
| du | dich | dir |
| er | ihn | ihm |
| sie | sie | ihr |
| es | es | ihm |
| wir | uns | uns |
| ihr | euch | euch |
| sie / Sie | sie / Sie | ihnen / Ihnen |

Ripassa il caso dativo!

| | maschile | femminile | neutro | plurale |
|---|---|---|---|---|
| **articolo determinativo** | dem Vater | der Mutter | dem Kind | den Väter**n**<br>den Mütter**n**<br>den Kinder**n** |
| **articolo indeterminativo** | einem Vater | einer Mutter | einem Kind | – |
| **articolo negativo** | keinem Vater | keiner Mutter | keinem Kind | keinen Väter**n**<br>keinen Mütter**n**<br>keinen Kinder**n** |

- Il **caso dativo esprime** in tedesco il **complemento di termine**.
- In caso di **più sostantivi in una frase**, il sostantivo al caso **dativo precede** quello al caso **accusativo**.
- Al **plurale** il **sostantivo aggiunge** una ***-n***. **Se** il sostantivo plurale **termina già** in ***-n*** **rimane invariato**.

## I verbi *dürfen* e *wissen*

Interaktive Übungen

| | **dürfen** *avere il permesso* | **wissen** *sapere* |
|---|---|---|
| ich | **darf** | **weiß** |
| du | **darfst** | **weißt** |
| er / sie / es | **darf** | **weiß** |
| wir | dürfen | wissen |
| ihr | dürft | wisst |
| sie / Sie | dürfen | wissen |

- Il verbo ***dürfen*** è il verbo modale che **esprime permesso** e **divieto**: *Du darfst nicht ausgehen*.
- Il verbo ***wissen*** ha una coniugazione simile ai modali: le **forme** del **singolare hanno** un **tema diverso dal plurale** (*ich weiß / wir wissen*); **prima** e **terza persona singolare non hanno desinenze** (*ich / er weiß*).

## I verbi *laufen*, *zappen*, *ausschalten*

Interaktive Übungen

| | **laufen** | **zappen** | ***ausschalten*** |
|---|---|---|---|
| ich | laufe | zappe | schalte ... aus |
| du | **läufst** | zappst | schalt**e**st ... aus |
| er / sie / es | **läuft** | zappt | schalt**e**t ... aus |
| wir | laufen | zappen | schalten ... aus |
| ihr | lauft | zappt | schalt**e**t ... aus |
| sie/Sie | laufen | zappen | schalten ... aus |

- Il verbo ***laufen*** è un verbo forte, **irregolare** alla **seconda** e **terza persona singolare** (***au*** ⟶ **äu**). ***Laufen*** ha diversi significati: può voler dire "correre" oppure "essere in programma" (*Was läuft im Fernsehen?*). Inoltre è utilizzato nell'espressione idiomatica *Meine Nase läuft* (Mi cola il naso).
- I verbi ***ausschalten*** (spegnere), ***einschalten*** (accendere) e ***umschalten*** (cambiare canale) sono verbi separabili deboli come *arbeiten* o *antworten*. Aggiungono ***-e-*** prima delle desinenze di seconda, terza persona singolare e seconda persona plurale.

## L'infinito con funzione di imperativo

Interaktive Übungen

**Zappe nicht**! ⟶ **Nicht zappen**!
**Schalte** den Fernseher **aus**! ⟶ Den Fernseher **ausschalten**!
**Lass** die Soße 20 Minuten **köcheln**! ⟶ Die Soße 20 Minuten **köcheln lassen**!

- Quando si spiegano **ricette** o si vogliono **esprimere in modo impersonale dei comandi**, **si usa** spesso il **verbo all'infinito**.

A differenza dell'italiano, in tedesco l'**infinito** con funzione di imperativo **si trova a fine frase**.

# Mozart und seine Musik

Wolfgang Amadeus Mozart und seine Schwester Nannerl am Cembalo.
Vater Leopold begleitet sie auf der Violine.

012

**Wolfgang Amadeus Mozart** wird 1756 als Sohn des Musikers Leopold Mozart in Salzburg geboren. Er hat sechs Geschwister, aber fünf sterben sehr früh. Nur Maria Anna, Nannerl genannt[1], kann überleben. Leopold Mozart gibt den zwei Kindern Musikunterricht. Wolfgang kann schon mit 3 Jahren die Klavierstücke seiner Schwester spielen. Mit 4 Jahren komponiert er kleine Musikstücke und mit 9 schreibt er seine erste Oper *Apollo und Hyacinthus*!

013

Sein Vater will sein Wunderkind[2] überall in Europa zeigen und ist immer mit ihm auf Tournee. Deshalb kann Mozart keine Schule besuchen. Er lernt auf Reisen lesen und schreiben und einige Fremdsprachen wie Englisch, Französisch und Italienisch. Das weiß man aus seinen Briefen.

Der kleine Wolfgang mit Schwester Nannerl und Vater Leopold.

1 **Nannerl genannt**: chiamata Nannerl
2 **das Wunderkind, -er**: bambino prodigio
3 **der Konzertmeister, -**: primo violino
4 **der Erzbischof, ¨-e**: arcivescovo
5 **einen festen Arbeitsplatz**: un posto di lavoro fisso
6 **arm**: povero
7 **von allen verlassen**: abbandonato da tutti

Porträt der Kaiserin Maria Theresia von Österreich.

014

Der kleine Mozart ist schnell in Wien bekannt. 1762 musiziert er schon am Wiener Hof bei Kaiserin Maria Theresia. Mozarts Leben ist aber nicht einfach: Er arbeitet mit 13 Jahren zuerst als Konzertmeister[3] beim Erzbischof[4] in Salzburg, dann am Wiener Hof, aber er hat nie einen festen Arbeitsplatz[5]. Er heiratet und wird auch Vater von vielen Kindern, aber einige sterben sehr früh. Er stirbt selbst im Alter von nur 35 Jahren arm[6] und von allen verlassen[7]. Er hat mehr als 600 Musikstücke komponiert.

**1** **Ergänze Mozarts Lebenslauf.**

| STECKBRIEF |
| --- |
| Name Wolfgang Amadeus Mozart |
| Geburtsdatum |
| Geburtsort |
| Geschwister |
| Beruf des Vaters |
| Musiklehrer |
| erstes Klavierstück gespielt mit |
| erste Stücke komponiert mit |
| erste Oper komponiert mit |
| Schule |
| Fremdsprachen |
| erste Arbeitsstelle |
| Beginn seiner Arbeitstätigkeit im Alter von |
| neuer Wohnort |
| Schwierigkeiten |
| Todesjahr |
| Musikstücke mehr als |

**2** **PARTNERARBEIT** **Schaut euch die Bilder an und sprecht in einem Dialog über Mozart und seine Familie.**

Wolfgang Amadeus Mozart in Wien.

**3** **Such im Internet Informationen über einige Werke von Mozart, wie z.B. *Die Zauberflöte* oder *Figaros Hochzeit*, und erzähle die Geschichten.**

# Dein Wortschatz

## der Körperteil, -e parte del corpo

das Auge, -n occhio
der Bauch pancia
*Der Bauch tut mir weh.* La pancia mi fa male.
*Bauchschmerzen haben* avere mal di pancia
das Bein, -e gamba
der Fuß, ¨-e piede
der Hals collo; gola
die Hand, ¨-e mano
der Kopf, ¨-e testa
*Kopfschmerzen haben* avere mal di testa
der Magen stomaco
*Magenschmerzen haben* avere mal di stomaco
die Nase, -n naso
das Ohr, -en orecchio
*Ohrenschmerzen haben* avere mal d'orecchi
der Rücken schiena
*Rückenschmerzen haben* avere mal di schiena
der Zahn, ¨-e dente
*Zahnschmerzen haben* avere mal di denti
die Zunge, -n lingua
*Strecke die Zunge raus!* Tira fuori la lingua!

## die Krankheit, -en malattia

die Allergie, -n allergia
die Blinddarmentzündung appendicite
die Bronchitis bronchite
der Durchfall diarrea
die Erkältung raffreddore
das Fieber febbre
die Gluten-Intoleranz intolleranza al glutine
die Grippe influenza
der Husten tosse
die Laktose-Intoleranz intolleranza ai latticini
die Lungenentzündung polmonite
der Schnupfen raffreddore
die Verstopfung stitichezza

## das Medikament, -e medicina

der Hustensirup sciroppo per la tosse
die Tablette, -n pastiglia, compressa
verschreiben prescrivere
*ein Rezept verschreiben* prescrivere una ricetta

## das Fernsehen televisione

*aus*schalten spegnere
der Cartoon, -s cartone animato
der Dokumentarfilm, -e documentario
*ein*schalten accendere
der Film, -e film
die Kömodie, -n commedia
der Krimi, -s (film) poliziesco
die Nachrichten (Pl) notiziario
das Programm, -e programma
die Quizshow, -s telequiz
die Sendung, -en trasmissione
die Serie, -n serie tv
die Soap, -s soap
die Sportsendung, -en trasmissione sportiva
die Talkshow, -s talk show
der Thriller, - thriller
*um*schalten cambiare canale
zappen fare zapping

## das Rezept, -e ricetta

*an*machen accendere
*aus*rollen spianare, stendere
backen cuocere in forno o in padella
der Backofen, ¨- forno
*den Backofen anmachen* accendere il forno
*im Backofen backen* cuocere al forno
braten far arrostire
*dazu*geben aggiungere
*die Eier dazugeben* aggiungere le uova
erhitzen scaldare (ad es. olio in padella)
fetten ungere
formen dare la forma di
kalt stellen mettere in fresco
köcheln lassen far cuocere a fuoco basso
kochen cuocere; far bollire (liquidi)
mischen mescolare
die Pfanne, -n padella, pelare
schälen sbucciare
schneiden tagliare
*die Zwiebel klein schneiden* tagliare fine la cipolla
die Schüssel, -n ciotola
die Springform, -en teglia
der Teig, -e impasto
der Topf, ¨-e pentola
tun fare; metter dentro, aggiungere
verkneten impastare
waschen lavare
*zu*bereiten prepararare (cibi)
*einen Kuchen zubereiten* preparare un dolce
die Zubereitung preparazione (di una ricetta)
die Zutat, -en ingrediente

## Vergissmeinnicht

**Ich bin fix und fertig.** Sono k.o.
**Ich bin krank.** Sono malato/a.
**Ich habe Fieber.** Ho la febbre.
**Ich habe Halsschmerzen.** Ho mal di gola.
**Der Kopf tut mir weh.** Mi fa male la testa.
**Du darfst nicht ausgehen!**
Non puoi uscire! / Vietato uscire!
**Gute Besserung!** Guarisci presto!
**Guten Appetit!** Buon appetito!

**Mach dir keine Sorgen!** Non preoccuparti!
**Nicht zappen!** Non fare zapping!
**Was läuft im Ersten?**
Che cosa c'è sul primo (canale)?
**Ich weiß es nicht.** Non lo so.
**Schalte den Fernseher aus!** Spegni la tv!
**Schalte den Fernseher ein!** Accendi la tv!
**Schalte um!** Cambia canale!

# Wortspiel

**Löse die Rätsel und errate den Namen dieser berühmten Torte.**

| | | |
|---|---|---|
| 1 | *Black* auf Deutsch. | _ _ _ W _ _ _ |
| 2 | PC heißt „Personal..." | C O M P U T E R |
| 3 | Ein Körperteil. | _ A _ S |
| 4 | Der erste Vorname von Mozart. | _ _ _ F G _ _ _ |
| 5 | Mit ihnen kann man sehen. | _ U _ _ _ |
| 6 | Er tut oft alten Leuten weh. | _ Ü _ _ _ _ |
| 7 | Man braucht sie für die Zubereitung. | _ _ T _ T _ N |
| 8 | *To know* auf Deutsch. | _ _ S S _ _ |
| 9 | Komparativ von „alt". | _ _ _ _ R |
| 10 | Man isst die Suppe mit einem... | _ _ F _ _ _ |
| 11 | Der, die,... | D A S |
| 12 | Nummer 1. | E I N S |
| 13 | *Red* auf Deutsch. | R O S |
| 14 | Der Körperteil oben. | _ _ _ F |
| 15 | 3. Person Singular von dem Verb „sein". | _ _ T |
| 16 | Abkürzung für Fahrrad. | _ A _ |
| 17 | *Trasmissione tv* auf Deutsch. | _ _ _ D _ _ G |
| 18 | Kinder sehen sie immer gern. | _ _ _ _ O O _ _ |
| 19 | Ein Grußwort. | _ _ _ _ O |
| 20 | *To do* auf Deutsch. | _ _ _ |
| 21 | Man kann mit ihnen hören. | _ H _ _ _ |
| 22 | Der Arzt verschreibt es. | _ _ Z _ _ _ |
| 23 | Ein Kuchen mit Schokolade und Sahne. | T _ R _ _ |
| 24 | Die Zahl 11. | E L F |

# Teste deine Sprachkompetenz!

## LESEN

**1 Richtig (R) oder falsch (F)? Kreuze an.**

| | | R | F |
|---|---|---|---|
| 1 | Kinder essen gern Süßes. | ☐ | ☐ |
| 2 | Naschen kann krank machen. | ☐ | ☐ |
| 3 | Viele Kinder sind heute nicht dick. | ☐ | ☐ |
| 4 | In der Schule essen sie ungesund. | ☐ | ☐ |
| 5 | Viele Kinder naschen vor dem Fernsehen. | ☐ | ☐ |

**2 Ergänze die Zusammenfassung.**

Diabetes • Süßes • übergewichtig • Obst • gesund • Getränke

Alle Kinder essen sehr gern zwischendurch 1.............................., aber das ist nicht 2.............................. .
Viele Kinder sind heute 3.............................. und bekommen sehr früh Krankheiten wie zum Beispiel 4.............................. . Deshalb hat man in der Schule keine Automaten mehr für Snacks und für süße 5.............................. wie Limo oder Cola. Am besten haben die Eltern auch keine Süßigkeiten mehr im Haus, sondern nur 6.............................. .

## Was essen Kids und Teens in Deutschland gern?

In ganz Europa essen Kids und Teens sehr gern zwischendurch, zum Beispiel in der Pause oder am Nachmittag. Oft essen sie Süßes, d.h. Schokoriegel, Gummibärchen, Eis, Bonbons, Lollis, Marzipan... Man sagt auf Deutsch mit einem Wort: Kinder „naschen" sehr gern. Sehr beliebt sind auch süße Getränke wie Cola und Limo. Aber Süßes essen und trinken ist nicht gesund, sagen die Ärzte, denn der Körper braucht nicht so viel Zucker und Fett und kann auch daran erkranken. Diabetes und Übergewicht sind schon für viele Kinder ein Problem.

In ganz Europa sind viele Kinder übergewichtig, d.h. sie sind zu dick. Und warum? Sie machen zu wenig Sport, laufen nicht mehr, sitzen in ihrem Zimmer und spielen nur am Computer oder sehen fern.

Die Schulen in Deutschland haben reagiert: In den Schulen gibt es keine Automaten mehr für Snacks, in der Schulmensa gibt es nur gesundes Essen und zu trinken gibt es keine Cola und Limo, sondern Milch und Wasser. Aber was essen und trinken die Kinder am Nachmittag zu Hause und vor dem Fernseher? Bonbons, Chips, Cola und Limo! Gegen das Naschen gibt es für die Ärzte nur einen Tipp: Nur Obst und Gemüse kaufen! Dann lernen die Kinder besser und gesünder essen!

## SCHREIBEN

**3 Lies die E-Mail von Matthias und antworte ihm. Berücksichtige die Fragen unten.**

- Hast du Zeit?
- Wann kannst du?
- Wie lange darfst du bleiben?
- Was bringst du eventuell mit?

Senden | Chat | Anhang | Schriften | Farben | Als Entwurf sichern

Hallo!
Was machst du am Samstagabend? Ich darf nicht ausgehen, aber im Ersten läuft unsere Lieblingssendung. Wollen wir sie zusammen bei mir sehen?
Du kannst auch bei uns zu Abend essen. Wir backen Pizza!
Liebe Grüße
Matthias

# HÖREN

**4** 015 **a. Du hörst einen Dialog in zwei Teilen. Hör den ganzen Dialog zuerst einmal. Dann lies die Aufgaben zum 1. Teil. Hör den 1. Teil noch einmal und kreuze an.**

1. Teil

1 Wann will Matthias den Ausflug machen?
a ☐ Am Freitag. b ☐ Am Samstag. c ☐ Am Sonntag.

2 Wie fährt man dorthin?
a ☐ Mit dem Auto. b ☐ Mit dem Bus. c ☐ Mit dem Zug.

3 Wie lange dauert die Fahrt?
a ☐ Eine Stunde. b ☐ Mehr als eine Stunde. c ☐ Weniger als eine Stunde.

4 Wie viel kostet die Besichtigung?
a ☐ 9,50 €. b ☐ 19 €. c ☐ 95 €.

5 Wer kann die Tickets online kaufen?
a ☐ Matthias. b ☐ Sophies Vater. c ☐ Sophies Mutter.

**b. Lies die Aufgaben zum 2. Teil. Hör den 2. Teil noch einmal und kreuze an.**

2. Teil

6 Wer fährt mit?
a ☐ Sophies Mutter. b ☐ Die Eltern von Sophie. c ☐ Sophies Vater.

7 Wann und wo treffen sich die Freunde?
a ☐ Um 8:30 Uhr am Bahnhof. b ☐ Um 9:00 Uhr bei Sophie. c ☐ Um 9:00 Uhr vor der Schule.

8 Wann beginnt die Führung?
a ☐ Um 12:00 Uhr. b ☐ Um 13:00 Uhr. c ☐ Um 11:30 Uhr.

9 Wie lange dauert die Führung durch das Salzbergwerk?
a ☐ 30 Minuten. b ☐ Eine Stunde. c ☐ 1 Stunde und 30 Minuten.

10 Was will Sophie nach der Führung machen?
a ☐ Ins Restaurant gehen. b ☐ Picknicken. c ☐ Sofort nach Hause zurückfahren.

# SPRECHEN

**5** PRODUKTION **Du bist krank. Sprich über deine Gesundheit.**

- Wie geht's dir?
- Was tut dir weh?
- Hast du Fieber?
- Hast du auch Husten?
- Gehst du zum Arzt?
- Nimmst du Medikamente?

**6** INTERAKTION **A und B wollen einen Kuchen für die Party am Samstagabend backen und sprechen über die Zutaten und die Zubereitung.**

# 7 Wie weit bist du jetzt?

| | | | | |
|---|---|---|---|---|
| Comprendo un testo (ad esempio un articolo) in cui si parla di corretta e sana alimentazione. | | | | |
| So scrivere un messaggio per confermare un appuntamento a casa di un amico o di un'amica. | | | | |
| Comprendo una telefonata in cui viene proposta e pianificata una gita in un luogo d'interesse (orari, come arrivare, costo del biglietto). | | | | |
| So parlare del mio stato di salute, di ricette e degli ingredienti necessari per realizzarle. | | | | |

**Hai scoperto il nome della città? Scrivilo qui!** _ _ _ _ _ _ _ _

**Ora, per saperne di più, vai al filmato e svolgi gli esercizi.**

## Le mie competenze chiave

Competenza digitale
Imparare a imparare
Competenze sociali e civiche
Consapevolezza ed espressione culturale

# Lecker!

**PRODOTTO**

Presentazione in Power-Point dei piatti tipici o più amati in classe.

**MATERIALE**

Computer, Internet, stampante

**FASI DI LAVORO**

1. Dividetevi in gruppi: ogni gruppo sceglierà da un sito di riferimento una ricetta in tedesco che dovrà presentare ai compagni.
2. Accedete a Internet e digitate nella barra di ricerca il seguente indirizzo web: http://www.huettenhilfe.de/. Nella pagina che compare potete scegliere una ricetta cliccandoci direttamente sopra dalla sezione *Rezepte aus unserer Versuchsküche* oppure inserite il nome di un ingrediente in tedesco nel campo in alto *Suche* (ad esempio *Kartoffeln*) e scegliete fra le ricette che compaiono.
3. Stampate la ricetta se possibile (in alto a destra selezionate *Rezept drucken*) o copiatela su un documento word. Se il testo della ricetta scelta è lungo, cercate di ridurlo a un massimo di 6 passaggi.
4. Scegliete delle immagini relative alla ricetta scelta (potete digitare il nome della ricetta in tedesco su Google ⟶ Immagini e cercare anche immagini dei singoli ingredienti).
5. Aprite un file di Power-Point e preparate delle slide con le fasi di preparazione della ricetta (testi e immagini).
6. Presentate la vostra ricetta ai compagni; votate la ricetta più sfiziosa, provate a realizzarla a casa e portatela in classe per gustarla insieme. *Guten Appetit*!

# Einheit 8

## In questa unità raggiungerai i seguenti obiettivi

**LESEN**
Comprendere un articolo sull'utilizzo delle nuove tecnologie.

**SCHREIBEN**
Scrivere un breve testo sull'uso della tecnologia.

**HÖREN**
Comprendere un'intervista in cui si parla di preferenze in fatto di moda fra i giovani.

**SPRECHEN**
Parlare di social networks e discutere delle tendenze della moda.

**Conoscerai le prelibatezze di *SchoggiLand*, il paese del cioccolato.**

Osserva la foto e scopri la città misteriosa cliccando sul simbolo nelle prossime pagine!

# 1 Welche Größe trägst du?

**Ines** Hallo Meret, was machst du hier im Manor Warenhaus?

**Meret** Hey Ines, ich brauche eine Bluse für die Party am Samstag.

**Ines** Wie findest du die Bluse in Schwarz?

**Meret** Meinst du die hier zu 24 CHF*? Ja, sie ist sehr hübsch und elegant. Ach, Mist! Meine Größe ist nicht da!

**Ines** Welche Größe trägst du?

**Meret** Größe 36.

**Ines** Hier ist sie doch, bitte schön! Probiere sie an! Sie steht dir prima!

**Meret** Oh danke! Ich kaufe sie.

* In der Schweiz gibt es keinen Euro, sondern CHF: Schweizer Franken!

016

## 1 Hör zu und antworte auf die Fragen.

1 Was braucht Meret? ................................................

2 Welche Bluse probiert sie an? ................................................

3 Welche Größe trägt sie? ................................................

4 Wie steht ihr die Bluse? ................................................

## 2 Mode im Manor Warenhaus. Ordne Wort und Bild zu.

Phonetik

1 ☐ der Minirock, ¨-e
2 ☐ das Hemd, -en
3 ☐ die Lederjacke, -n
4 ☐ die Ballerinas
5 ☐ das Kleid, -er
6 ☐ die Shorts
7 ☐ der Pullover, -
8 ☐ die Jeans, -
9 ☐ das T-Shirt, -s
10 ☐ die Leggings
11 ☐ der Trainingsanzug, ¨-e
12 ☐ der Sportschuh, -e
13 ☐ die Bluse, -n
14 ☐ das Sweatshirt, -s (mit Kapuze)
15 ☐ die Hose, -n
16 ☐ der Pumps, -

AB Ü 1-3, S. 18

## 3 PARTNERARBEIT Ergänzt die Regel und spielt den Dialog.

**Welch...?**

| | |
|---|---|
| Nom. **M** | Welch**er** Rock gefällt dir? **Der** Rock in Rot. |
| Akk. **M** | Welch**en** Rock kaufst du? **Den** Rock zu 20 €. |
| Nom. / Akk. **F** | Welch........ Größe? **Die** Größe 36. |
| Nom. / Akk. **N** | Welch**es** T-Shirt? **Das** T-Shirt in Gelb. |
| Nom. / Akk. **Pl** | Welch**e** Schuhe kaufst du? **Die** Sportschuhe zu 50 €. |

- ● Ich möchte ein T-Shirt.
- ▲ Welches T-Shirt möchtest du anprobieren?
- ● Das T-Shirt zu 12 €, und du?
- ▲ Ich möchte einen Rock!
- ● Welchen Rock möchtest du anprobieren?
- ▲ Den Rock zu 32 €, und du? ...

017

## 4 a. Hör zu und ergänze die Fragen.

Hören und Sprechen

1 ................................ möchte Maren? — Die Ballerinas.
2 ................................ findet sie trendy? — Die Jeans in Weiß.
3 ................................ ist toll? — Die Lederjacke.
4 ................................ möchte sie anprobieren? — Das Sweatshirt mit Kapuze in Weiß.
5 ................................ ist Marens Lieblingsfarbe? — Weiß.

017

### b. Hör noch einmal zu und antworte.

1 Wie viel kosten die Kleidungsstücke insgesamt? ................................
2 Wie viel Geld hat Maren? ................................
3 Was machen die Freundinnen mit dem Geld? ................................

## 5 PARTNERARBEIT Sucht im Internet den Katalog von eurem Lieblingskaufhaus und erstellt einen Dialog. Spielt ihn dann in der Klasse.

- ● Ich möchte etwas Neues kaufen! Ein T-Shirt oder eine Bluse.
- ▲ Gut, suchen wir im Internet die Kollektion von ... . So kannst du sie schon mal sehen.
- ● Schau mal! Welches T-Shirt gefällt dir besser? ...

AB Ü 4-7, S. 19

Ora guarda il video!

# 2 Kids und Taschengeld

018

**1 Hör zu und ergänze.**

Meret bekommt jede [1]......................... Taschengeld von ihren [2]......................... und sie kauft sich mit dem Geld [3]......................... . Ines bekommt jeden [4]......................... Taschengeld und mit dem [5]......................... kauft sie sich Bücher und [6]......................... oder geht mit ihren Freunden essen.

**2 Ergänze die Regel und entdecke: Wer bekommt von wem sein Taschengeld?**

Phonetik

von (*da, di*) / mit (*con*) + D
**von** mein.......... **Oma**
**von** mein**em** **Vater**
**von** mein**en** Eltern
**mit** mein.......... **Mutter**
**mit** mein**en** **Freundinnen**
**mit Freunden**

Felix bekommt sein Taschengeld von seinem Opa Heinrich.

AB Ü 1-4, S. 20

019

## 3 Was machen die Freunde mit dem Geld? Hör zu, ergänze die Texte und berichte mündlich.

Hören und Sprechen

Alinas Eltern sind nicht [1]................ Taschengeld. Sie bekommt jeden [2]................ ihr Taschengeld. Sie geht mit [3]................ in Secondhand[4]................ oder auf den Flohmarkt und kauft sich [5]................ .

Julians Eltern sind [6]................ Taschengeld. Er bekommt Geld zu Weihnachten und zum Geburtstag von seinen Eltern und von seinen Großeltern. Er kauft Telefonkarten zum Aufladen für sein [7]................ oder Comics und Mangas. Manchmal geht er mit seinen [8]................ ins Kino oder in die [9]................ .

Christian und sein Bruder bekommen jeden [10]................ ihr Taschengeld. Sie gehen zu Media Markt und kaufen sich [11]................ oder sie gehen in eine Eisdiele oder zum Fastfood. Jens kauft manchmal [12]................ von seinen Lieblingsbands oder Lieblingssängern.

**gegen** (*contro*)
**für** (*per*) + **Akkusativ**

!

jed**en** **Monat**
jed**e** **Woche**

## 4 Welche Geschenke magst du besonders, welche nicht? Welche kaufst du für wen? Wann? Warum? Ergänze frei.

Schokolade • Blumen • DVDs • CDs • Bücher • Handy • Kleidung • Ohrringe • Ringe • ...

1 Ich mag besonders ................................ .
2 Ich mag aber ................................ gar nicht, und leider schenken ................................ mir oft ................................ .
3 Für meine Mutter kaufe ich ................................, sie ................................ sehr gerne.
4 Für meinen Vater kaufe ich ................................, er liebt ................................ .

!

**für + Akkusativ**
**für** mein**en** Vater
**für** mein Kind
**für** mein**e** Mutter
**für** mein**e** Eltern

## 5 a. Antworte persönlich, berichte dann in der Klasse davon.

1 Sind deine Eltern für oder gegen Taschengeld?
2 Bekommst du Taschengeld?
3 Wie oft?
4 Von wem?
5 Was machst du mit dem Geld? Was kaufst du dir und wo?

### b. Schreib eine kleine Statistik über Taschengeld.

In meiner Klasse sind wir (*Wie viele?*) ................................ Schüler.
Die Eltern von (*Wie vielen?*) ................................ Schülern sind ................................ Taschengeld.
Die Schüler bekommen dann nur (*zu Weihnachten / zum Geburtstag* ...) ................................ Geld von (*Wem?*) ................................ . Die anderen Eltern geben ihren Kindern Taschengeld.
(*Wie viele?*) ......... Schüler bekommen (*Wie oft?*) ................................ Taschengeld von ................................; (*Wie viele?*) ......... Schüler bekommen (*Wie oft?*) ................................ Taschengeld von ................................ . Mit dem Geld kaufen sie sich ................................ .

AB Ü 5-7, S. 20-21

Einheit 8

# 3 Schluss mit dem Simsen!

**Mutter** Ines, du bist immer am Simsen. Kannst du bitte sofort aufhören?
**Ines** Nein, Mama! Ich kann nicht! Es ist ganz wichtig! Ich muss unbedingt Meret antworten.
**Mutter** Ines, du simst schon den ganzen Nachmittag. Jetzt ist Schluss!
**Ines** O.k. ... Nur noch eine SMS. Warte! Noch eine Sekunde und ich mache Schluss! Bitte, ich kann ohne mein Smartphone nicht leben!

020

## 1 Hör zu und kreuze a, b oder c an.

1 Ines
a ☐ schickt Meret eine SMS. b ☐ skypt mit Meret. c ☐ chattet mit Meret.
2 Ines ist immer
a ☐ am Lernen. b ☐ am Simsen. c ☐ am Fernsehen.
3 Ines muss unbedingt noch
a ☐ Meret simsen. b ☐ Meret anrufen. c ☐ Meret skypen.
4 Ines simst schon
a ☐ den ganzen Tag. b ☐ den ganzen Nachmittag. c ☐ den ganzen Abend.
5 Ines
a ☐ will noch stundenlang simsen. b ☐ muss noch die ganze Nacht simsen. c ☐ möchte nur noch einen Moment simsen.

## 2 a. Kennst du das? Verbinde Wort und Bild.

a

b

c

d

1 ☐ **das** Handy, -s
2 ☐ **das** Smartphone, -s
3 ☐ **die** App, -s
4 ☐ **das** Tablet, -s

**b. Ergänze die Übersetzungen.**

Phonetik

1 simsen: inviare ....................
2 skypen: sentirsi tramite ....................
3 eine MMS schicken: inviare ....................
4 *an*rufen: ....................
5 E-Mails schicken: inviare ....................
6 im Internet surfen: navigare ....................
7 twittern: scrivere su ....................
8 Videos / Fotos aufladen: ....................
9 *ein*schalten: accendere
10 *aus*schalten: ....................

AB Ü 1-3, S. 22

## 3 Beschreibe. Was machen sie? Wie lange? Warum?

Phonetik

1 Erika und Sven, simsen  / sich mögen
Erika und Sven simsen den ganzen Abend. Sie mögen sich sehr!

2 Verena und Julian, auf ihrem Handy spielen  / keine Hausaufgaben haben

3 Herr Müller, mit seinem Chef in New York skypen  / ein Problem lösen müssen

4 Greta, im Internet surfen  / eine Arbeit suchen

5 Timo, MMS aus Sydney schicken  / seinen Freunden Sydney zeigen wollen

6 Der Rock-Star, mit seinen Fans twittern  / seine Fans ihm zum Konzert gratulieren

**den** ganz**en** Tag

**den** ganz**en** Vormittag

**den** ganz**en** Nachmittag

**den** ganz**en** Abend

**die** ganz**e** Nacht

**die** ganz**e** Woche

## 4 Schreib Sätze wie im Beispiel.

Hören und Sprechen

**ohne (*senza*) + Akkusativ**
Ich kann **ohne** mein**en** Computer nicht leben!

1 Die kleine Eva kann ohne ihre Puppe nicht gut schlafen!

AB Ü 4-7, S. 22-23

# 4 Was soll ich tun?

**Mutter** Ines, kannst du mir mal helfen? Ich bin hier am Computer und suche Infos zum Jazzfestival nächste Woche.
**Ines** Ja, klar! Was willst du machen?
**Mutter** Ich will zwei Plätze reservieren. Was soll ich tun?
**Ines** Na, zum Beispiel „Jazzfestival Zürich" in die Suchmaschine eingeben.
**Mutter** Oh ja, super! Und wo bekomme ich jetzt die Tickets?
**Ines** Guck mal, da rechts! Klicke auf „Buchung"!
**Mutter** Verstanden! Danke!

021

## 1 Hör zu, such die Sätze im Dialog und schreib sie ab.

1 Cerco informazioni sul festival del jazz della settimana prossima.

.......................................................................................................

2 Voglio prenotare due posti.

.......................................................................................................

3 Che cosa devo fare?

.......................................................................................................

4 Inserire nel motore di ricerca "Jazzfestival Zürich".

.......................................................................................................

5 Clicca su "Prenotazione".

.......................................................................................................

021

## 2 Hör noch einmal zu und ergänze.

Phonetik

Nächste [1]......................... findet der Jazzfestival in [2]......................... statt. Ines' Mutter sucht [3]......................... zum Jazzfestival. Sie möchte [4]......................... reservieren, aber sie kann nicht online [5]......................... . Ines sagt, sie soll zuerst „Jazzfestival Zürich" in die [6]......................... eingeben und dann auf „Buchung" [7]......................... .

**Comunicazione**: prenotare on-line • **Lessico**: il computer • **Grammatica**: il verbo *sollen* – l'espressione *nächst*...
**Didattica inclusiva**: 3a, 6

## 3

**a. Partnerarbeit** **Kennt ihr die Computersprache? Nummeriert die Bilder.**

1 **der** Computer, -
2 **der** Brenner, -
3 **der** Drucker, -
4 **der** Ordner, -
5 **die** Datei, -en
6 **das** Icon, -s
7 **die** Website, -s
8 **die** Maus, ¨-e
9 **der** Internetanschluss, ¨-e
10 **die** E-Mail, -s
11 **die** Suchmaschine, -n
12 **der**/**das** Laptop, -s

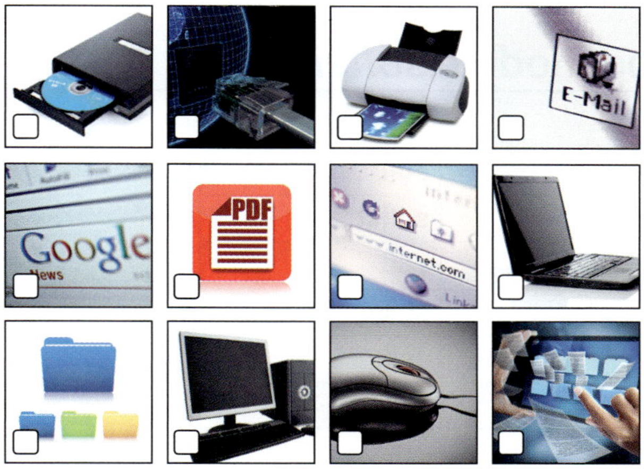


**b. Ergänze die Sätze mit den Wörtern von Übung 3a.**

1 Speichere die ...................... in einem ...................... .
2 Schicke eine ...................... an Jens.
3 Klicke mit der Maus auf das ...................... „Drucken".
4 Geh auf die ...................... unserer Schule.
5 Gib „Rockmusik" in die ...................... ein.

AB Ü 1-5, S. 24

## 4

**Ergänze die Konjugation und verbinde.**

Hören und Sprechen

1 ☐ Wir möchten nächste Woche zum Konzert von den *Green Day* gehen!
2 ☐ Hilfe! Ich finde die Datei mit meiner Biologiearbeit nicht mehr!
3 ☐ Ich muss nächsten Freitag eine Arbeit über die Wikinger schreiben!
4 ☐ Jens möchte bei Facebook sein, aber seine Eltern wollen das nicht!

a Soll ich dir helfen?
b Sollen wir die Tickets online kaufen?
c Sollen wir Informationen im Internet suchen?
d Soll ich mit seinen Eltern sprechen?

| **sollen** | |
|---|---|
| ich | .......... |
| du | sollst |
| er / sie / es | **soll** |
| wir | sollen |
| ihr | sollt |
| sie / Sie | sollen |

022

## 5

**Hör die Dialoge und ergänze die Texte.**

**Dialog 1**

Markus und Verena wollen [1]......................... ins *Cinemaxx* in der City gehen. Sie wollen die [2]......................... online kaufen. Sie [3]......................... auf die Website des Kinos und dann auf „Buchung", aber leider haben sie keine Kreditkarte und können [4]......................... bezahlen, deshalb treffen sie sich nächsten [5]......................... schon um [6]......................... vor dem Kino und kaufen die Tickets dort.

**Dialog 2**

Julian und Klaus wollen zusammen [7]......................... spielen. Sie können den Computer von Felix, dem Bruder von Julian, benutzen. Felix kommt erst nächste [8]......................... aus dem Urlaub zurück. Sie klicken [9]......................... „Start" und schon beginnt das Spiel.

## 6

**Bereite ein kurzes Gespräch über das Thema „Computer" vor. Berücksichtige dabei folgende Fragen:**

- Bist du ein Computerfreak?
- Was kannst du am Computer machen?
- Bist du bei Facebook?
- Hast du viele Freunde bei Facebook?
- Wie findest du Facebook?

AB Ü 6-8, S. 24-25

**Ora guarda il video!**

# Deine Grammatik

AB *Grammatiktraining* S. 26-27

## Il verbo modale *sollen*

Interaktive Übungen

| | |
|---|---|
| ich | **soll** |
| du | **sollst** |
| er / sie / es | **soll** |
| wir | sollen |
| ihr | sollt |
| sie / Sie | sollen |

- Il verbo modale ***sollen*** significa "dovere", ma ha un uso diverso da quello di ***müssen***; si **usa** infatti **per chiedere un parere**, **un'istruzione** o per **riferire istruzioni date da altri**:
  *Was **soll** ich **tun**?*
  *Du **sollst** auf „Buchung" **klicken**!*
  *Die Lehrerin sagt, ich **soll** mehr **lernen**!*

- ***Sollen*** ha un uso simile a quello del verbo inglese ***shall*** nel chiedere un parere o avere un'istruzione:
  *Shall I open the window?*   *Soll ich das Fenster öffnen?*

Ripassa tutti i verbi modali riportati nella tabella qui sotto.

| | können (*potere, essere in grado di...*) | wollen (*volere*) | müssen (*dovere*) | dürfen (*potere, avere il permesso*) |
|---|---|---|---|---|
| ich | **kann** | **will** | **muss** | **darf** |
| du | **kannst** | **willst** | **musst** | **darfst** |
| er / sie / es | **kann** | **will** | **muss** | **darf** |
| wir | können | wollen | müssen | dürfen |
| ihr | könnt | wollt | müsst | dürft |
| sie / Sie | können | wollen | müssen | dürfen |

## L'interrogativo *Welch-?*

Interaktive Übungen

| | | | | |
|---|---|---|---|---|
| Nominativ | welcher Rock | welche Jacke | welches Hemd | welche Röcke, Jacken, Hemden |
| Akkusativ | welchen Rock | welche Jacke | welches Hemd | welche Röcke, Jacken, Hemden |

- L'interrogativo ***Welch...?*** significa "Quale?" e le desinenze dipendono dal caso, genere e numero del sostantivo. Le desinenze sono uguali a quelle degli articoli ***der***, ***die***, ***das*** in tutti i casi.

## Le preposizioni *mit* e *von* + *Dativ* (aggettivi possessivi)

**Interaktive Übungen**

| maschile | femminile | neutro | plurale |
|---|---|---|---|
| **mit** mein**em** Freund<br>**von** mein**em** Freund | **mit** mein**er** Freundin<br>**von** mein**er** Freundin | **mit** mein**em** Kind<br>**von** mein**em** Kind | **mit** mein**en** Freunde**n**, Freundinnen, Kinder**n**<br>**von** mein**en** Freunde**n**, Freundinnen, Kinder**n** |

Ich kaufe meine Klamotten **mit** mein**en** Freunde**n**.
Ich bekomme mein Taschengeld **von** mein**er** Mutter und **von** mein**en** Onkel**n** und Tanten.

## Le preposizioni *gegen*, *für* e *ohne* + *Akkusativ*

**Interaktive Übungen**

- Meine Eltern sind **gegen** Taschengeld!
- Meine Eltern sind **für** Taschengeld.

Das Auto fährt **gegen** das Haus!
Diese Blumen sind **für** dich, Oma!
**Ohne** meine Freunde kann ich nicht leben!

- Bist du **für** oder **gegen** Taschengeld?
  Bist du **dafür** (*pro*) oder **dagegen** (*contro*)?
- Ich bin **dafür**. / Ich bin **dagegen**.

- Le preposizioni ***gegen*** (contro, anche in senso fisico), ***für*** (per, a favore di), ***ohne*** (senza), ***um*** (alle, per indicare l'ora precisa) **reggono sempre** il caso **accusativo**.

- La preposizione ***gegen***, in **senso temporale**, significa "verso".
  *Ich komme* ***gegen*** *9:00 Uhr.* Vengo **verso** le nove.
  *Ich komme* ***um*** *9:00 Uhr.* Vengo **alle** nove in punto.

## Le espressioni di tempo con l'accusativo

**Interaktive Übungen**

| maschile | femminile | neutro |
|---|---|---|
| **den** ganz**en** Abend<br>**den** ganz**en** Tag<br>**den** ganz**en** Nachmittag<br>**den** ganz**en** Sommer | **die** ganz**e** Woche<br>**die** ganz**e** Nacht | **das** ganz**e** Jahr |
| jed**en** Tag<br>jed**en** Abend | jed**e** Nacht<br>jed**e** Woche | jed**es** Jahr |
| nächst**en** Monat<br>nächst**en** Samstag | nächst**e** Woche | nächst**es** Jahr |

- Il complemento di **tempo continuato** e le espressioni come "il prossimo mese", "la prossima settimana", "il prossimo anno" si esprimono in tedesco al caso **accusativo**.

# Herzlich willkommen im SchoggiLand Flawil

023

Wie macht man Schokolade? Woher kommen die Zutaten? Warum ist die Schweizer Schokolade so besonders? Möchtet ihr die Antworten wissen? Dann kommt ins SchoggiLand! Was ist das? Das ist das Land der Schokolade in Flawil, nicht weit entfernt von Zürich.

024

In der Galerie kann man viele Informationen über Schokolade an modernen Video-Terminals finden und auch die Produktion direkt sehen. Man kann auch das kleine Museum besichtigen. Die Schokoladenfabrik hat eine lange Tradition von mehr als 150 Jahren! Natürlich dürfen Eltern und Kinder die Schokoladen-Spezialitäten probieren. Ja, hier darf man naschen! Hm, lecker!

025

Von Montag bis Samstag kann man auch einen Kurs besuchen und eine Tafel Schokolade aus Milch- oder Bitterschokolade nach eigener Fantasie kreieren und mit Smarties, Nüssen oder Chili dekorieren. Je nach Saison gibt es verschiedene Formen wie Osterhasen, Hunde oder Herzen.

026

Während eure Tafel Schokolade abkühlt[1], kann man auch einen Film über die Schokoladenproduktion sehen. Seit Oktober 2010 gibt es auch einen Schoggiweg. Auf dem Weg gibt es sieben Tafeln mit Infotexten über Schokolade und die Fabrik. Auf jeder Tafel gibt es eine Frage mit verschiedenen Antwortmöglichkeiten. Weißt du alles über Schokolade? Dann stelle dich auf die Probe. Wer gewinnt, bekommt eine Tafel Schokolade als Preis!

1 **abkühlen**: raffreddarsi

## 1 Antworte.

1 Was bedeutet das Wort „Schoggi"?
- a ☐ Schaum.
- b ☐ Schokolade.
- c ☐ Kuchen.

2 Welche Sprache ist das?
- a ☐ Holländisch.
- b ☐ Dialekt.
- c ☐ Schweizerdeutsch (Schwiizerdütsch).

3 Was ist SchoggiLand?
- a ☐ Ein Vergnügungspark wie Gardaland.
- b ☐ Ein Kanton in der Schweiz.
- c ☐ Eine Schokoladenfabrik.

4 Wo liegt das SchoggiLand?
- a ☐ In Zürich.
- b ☐ In Flawil, in der Nähe von Zürich.
- c ☐ In der Nähe von Bern.

5 Was kann man dort machen?
- a ☐ Die Produktion von Schokolade sehen und sie auch probieren.
- b ☐ Nur das Schokoladenmuseum besichtigen.
- c ☐ Die Produktion von Schokolade sehen, aber keine Schokolade probieren.

6 Was kann man im Kurs machen?
- a ☐ Eine Tafel Schokolade selbst machen.
- b ☐ Chocolatiers arbeiten sehen.
- c ☐ Schweizerdeutsch lernen.

## 2 Ein Quiz. Kennst du dich mit Schokolade aus?

1 Welche Schokolade hat am meisten Kakaobutter?
- a ☐ Weiße Schokolade.
- b ☐ Milchschokolade.
- c ☐ Dunkle Schokolade.

2 Die Kakaofrucht wächst
- a ☐ unter der Erde, wie eine Kartoffel.
- b ☐ am Ast, wie ein Apfel.
- c ☐ direkt am Stamm.

3 Welche drei Zutaten sind am wichtigsten in der Milchschokolade?
- a ☐ Wasser.
- b ☐ Zucker.
- c ☐ Mehl.
- d ☐ Vollmilchpulver.
- e ☐ Eier.
- f ☐ Kakaobutter.
- g ☐ Backpulver.

4 In welchen zwei Ländern wächst der Kakao?
- a ☐ Italien.
- b ☐ Schweiz.
- c ☐ Kanada.
- d ☐ Elfenbeinküste.
- e ☐ Dominikanische Republik.

# Dein Wortschatz

## die Mode moda

*an*probieren provare (indossare)
*aus*geben spendere
die Ballerinas (Pl) ballerine (scarpe)
die Bluse, -n camicetta
der Flohmarkt, ¨-e mercato delle pulci
*auf den Flohmarkt gehen* andare al mercato delle pulci
die Größe, -n taglia
das Hemd, -en camicia (da uomo)
die Hose, -n pantaloni
hübsch carino/a
die Jeans, - jeans
das Kaufhaus, ¨-er grande magazzino
die Klamotten (Pl) vestiti
das Kleid, -er abito
die Kleidung abbigliamento
das Kleidungsstück, -e capo di abbigliamento
die Kollektion, -en collezione
*die Sommer- / Winterkollektion* collezione estiva / invernale
die Lederjacke, -n giacca di pelle
die Leggings (Pl) leggings
passen + D andare, stare (come modello)
*Der Rock passt dir gut!* La gonna ti sta bene!
der Minirock, ¨-e minigonna
modisch alla moda
der Pullover, - maglioncino, pullover
der Pumps, - scarpe décolleté col tacco
der Rock, ¨-e gonna
die Sandale, -n sandalo
der Secondhandshop, -s negozio con articoli di seconda mano
die Shorts (Pl) pantaloni corti / shorts
der Sportschuh, -e scarpa da ginnastica
stehen + D gut / nicht gut (non) stare bene (di abito)
*Das Kleid steht dir gut!* L'abito ti sta bene!
das Sweatshirt, -s mit Kapuze felpa con cappuccio
das T-Shirt, -s maglietta
tragen portare, indossare
der Trainingsanzug, ¨-e tuta da ginnastica

## die Technologie tecnologia

die App, -s app
*auf*laden caricare (la scheda telefonica)
*aus*schalten spegnere (il cellulare)
der Brenner, - masterizzatore
der Computer, - computer
*am Computer sein / sitzen* essere (seduti) al computer
das Computerspiel, -e videogioco
die Datei, -en file
drucken stampare
der Drucker, - stampante
*ein*geben inserire
*ein*schalten accendere (il cellulare)
die E-Mail, -s e-mail
*eine E-Mail schicken* inviare una e-mail
das Handy, -s cellulare
das Icon, -s icona
*auf das Icon klicken* cliccare sull'icona
die Information, -en (die Info, -s) informazione
*Informationen / Infos zum Festival suchen* cercare informazioni sul festival
das Internet Internet
*im Internet surfen* navigare in internet
der Internetanschluss, ¨-e collegamento internet
klicken (auf + A) cliccare (su)
der / das Laptop, -s computer portatile
die Maus, ¨-e mouse
*klicke mit der Maus* clicca con il mouse
eine MMS schicken inviare foto, video, musica
der Ordner, - directory, cartella
simsen inviare SMS
*am Simsen sein* messaggiare
skypen usare skype
das Smartphone, -s smartphone
speichern salvare
die Suchmaschine, -n motore di ricerca
das Tablet, -s tablet
twittern twittare
die Website, -s sito web

## andere Verben altri verbi

**sollen** dovere (chiedere consigli)

## Weiteres...

das **Taschengeld** paghetta
*(ein) Taschengeld bekommen* ricevere la paghetta

## Vergissmeinnicht

**Bist du dafür?** Sei favorevole?
**Bist du dagegen?** Sei contrario?
**Du bist immer am Simsen!**
Sei sempre a messaggiare!
**Du bist immer am Fernsehen.**
Stai sempre a guardare la tv.
**Geh auf die Website von unserer Schule.**
Vai sul sito web della nostra scuola.
**Gib „Rockmusik" in die Suchmaschine ein.**
Inserisci "Rock Music" nel motore di ricerca.
**Ich bekomme jede Woche das Taschengeld von meinen Eltern.**
Tutte le settimane ricevo la paghetta dai miei genitori.

**Ich bin bei / auf Facebook.** Sono su Facebook.
**Klicke mit der Maus auf „Buchung".**
Clicca con il mouse su "Prenotazione".
**Probiere die Shorts an!** Prova gli shorts!
**Die Shorts passen / stehen dir gut!**
Gli shorts ti stanno bene!
**Soll ich Meret anrufen?** Devo chiamare Meret?
**Speichere die Datei in dem Ordner.**
Salva il file nella cartella.
**Was soll ich tun?** Che cosa devo fare?
**Welche Größe trägst du?** Che taglia porti?
**Wie viel Geld gibst du für Mode aus?**
Quanto spendi per la moda?

# Wortspiel

**Was passt nicht?**

| | | | | |
|---|---|---|---|---|
| 1 | a ☐ Mäuse | b ☐ Internetanschluss | c ☐ Icon | d ☐ Facebook |
| 2 | a ☐ Schuhe | b ☐ Ballerinas | c ☐ Pumps | d ☐ Kleid |
| 3 | a ☐ Hund | b ☐ Katze | c ☐ Mouse | d ☐ Pferd |
| 4 | a ☐ einschalten | b ☐ ausschalten | c ☐ ausgehen | d ☐ speichern |
| 5 | a ☐ Taschengeld | b ☐ Euro | c ☐ Dollar | d ☐ Schweizer Franken |
| 6 | a ☐ das ganze Jahr | b ☐ jeden Tag | c ☐ den ganzen Abend | d ☐ die ganze Woche |
| 7 | a ☐ skypen | b ☐ speichern | c ☐ twittern | d ☐ simsen |
| 8 | a ☐ Sweatshirts | b ☐ T-Shirts | c ☐ Shorts | d ☐ Shops |
| 9 | a ☐ Flohmarkt | b ☐ Kaufhaus | c ☐ Boutique | d ☐ Café |
| 10 | a ☐ Abend | b ☐ Nacht | c ☐ Wochenende | d ☐ Nachmittag |

# Teste deine Sprachkompetenz!

## LESEN

**1 Richtig (R) oder falsch (F)? Kreuze an.**

| | R | F |
|---|---|---|
| 1 Danny Kitchen spielt auf seinem iPad. | ☐ | ☐ |
| 2 Das Spiel kostet nichts. | ☐ | ☐ |
| 3 Viele andere Kinder machen auch diesen Fehler. | ☐ | ☐ |
| 4 Bei Facebook kann man nur chatten. | ☐ | ☐ |
| 5 Social Games, Apps-, Browser-Spiele sind immer gratis. | ☐ | ☐ |
| 6 Man muss dann Ausrüstung für Geld kaufen. | ☐ | ☐ |
| 7 Die Kinder haben eine Kreditkarte. | ☐ | ☐ |
| 8 Die Kinder können per Handy bezahlen. | ☐ | ☐ |

**2 Ergänze.**

Es [1]..................... heute viele Apps, Browser-Spiele und Social Games, auch bei Social Networks wie Facebook. Diese Spiele sind aber oft nur am Anfang [2]....................., dann muss man Extra-Ausrüstung oder Facebook-Coins [3]..................... . Die können die Kinder per [4]..................... bezahlen und geben oft viel [5]..................... aus. Man muss bei diesen Spielen sehr, sehr vorsichtig sein!

### Hilfe, wir werden „money“puliert!

**Gratis-Spiele auf dem MP3-Player, im Internet oder bei Facebook? Davon gibt es viele ... Aber, Achtung! Oft bleiben sie nicht lange gratis!**

Danny Kitchen aus England will sich nur kurz das Spiel Zombies vs Ninjas auf das iPad von seinen Eltern herunterladen[1]. Das Spiel ist gratis – angeblich![2] Doch einen Tag später bekommen Dannys Eltern eine Mail von Apple: Ihr Sohn hat beim Spielen 2000 Euro ausgegeben! Danny ist in eine böse Falle getappt![3] Und wie Danny tun das auch viele andere Kinder!

Es gibt immer mehr Apps, Browser-Spiele und Social Games in Social Networks, wie zum Beispiel bei Facebook. Hier kann man nämlich nicht nur chatten, sondern auch spielen! Beliebt sind Games wie Farmville 2, Sims Social oder auch The World of Warcraft. Social Games sind am Anfang nett und kosten oft nichts, aber dann müssen die Spieler Extra-Ausrüstung[4] oder Facebook-Coins kaufen oder auch neue Facebook-Freunde einladen. Nur so können sie weiterspielen. Und dazu brauchen sie echtes Geld!
Viele geben ihr ganzes Taschengeld für diese Spiele aus, oder die Eltern bezahlen ihnen eine PrePaid-Karte und damit können sie weiter spielen. Manchmal kann man die Ausrüstung auch per Handy kaufen und das Geld wird direkt vom Telefon-Guthaben abgezogen[5]. Da verliert man schnell die Kontrolle!
Also: Man muss sehr vorsichtig sein und nicht in die böse Falle wie Danny tappen. Spielt lieber mit einem regulär gekauften Computerspiel. Beim Spielen gibt es dann keine bösen Überraschungen und es kostet den Kindern nichts mehr.

1 **herunterladen**: scaricare
2 **angeblich**: presumibilmente
3 **in eine böse Falle getappt**: caduto in una brutta trappola
4 **die Extra-Ausrüstung**: attrezzatura extra
5 **das Geld wird vom Telefon-Guthaben abgezogen**: i soldi vengono scalati dal credito del cellulare

## SCHREIBEN

**3 Schreib deinem Brieffreund oder deiner Brieffreundin deine Meinung über den Artikel oben. Berücksichtige dabei folgende Fragen:**

- Was denkst du über Danny?
- Spielst du gern am Computer?
- Mit wem spielst du?
- Gibst du Geld für diese Spiele aus?

## HÖREN

**4** 027 **Hör das Interview und kreuze an.**

1 Alina interviewt Jugendliche über
- a ☐ die Schülerzeitung.
- b ☐ ihre Meinung zu den Geschäften in Zürich.
- c ☐ ihre Meinung zu Klamotten.

2 Niels geht nicht so oft einkaufen, denn
- a ☐ er trägt die Klamotten von seinem großen Bruder.
- b ☐ er mag Shopping nicht.
- c ☐ seine Mutter näht Klamotten für die Familie.

3 Marken
- a ☐ mag er überhaupt nicht.
- b ☐ sind ihm nur bei Schuhen wichtig.
- c ☐ sind für ihn am Wichtigsten.

4 Er findet es komisch viel Geld für ein T-Shirt zu bezahlen, nur
- a ☐ weil man es in teuren Boutiquen kauft.
- b ☐ weil viele Stars es tragen.
- c ☐ weil es den Namen von einem Modedesigner darauf hat.

5 Marleen
- a ☐ geht nicht so gerne shoppen.
- b ☐ geht gern mit ihrer Schwester shoppen.
- c ☐ geht gerne mit ihren Freundinnen shoppen.

6 Manchmal
- a ☐ näht sie sich Kleidung.
- b ☐ kauft sie Markensachen.
- c ☐ kauft sie in Secondhandshops.

7 Heute trägt sie
- a ☐ ein T-Shirt von ihrer Mutter.
- b ☐ ein T-Shirt aus ihrer eigenen „Produktion".
- c ☐ ein Markenshirt.

8 Die meisten Kleidungsstücke kommen
- a ☐ aus Deutschland.
- b ☐ aus Afrika.
- c ☐ aus China und Indien.

9 Für einen Pullover zu 60 Euro
- a ☐ bekommen Arbeiter z.B. in China nur ein paar Cent und das ist unfair!
- b ☐ bekommen Arbeiter in China ein paar Euro. Das ist fair!
- c ☐ bekommen die Arbeiter in China kein Geld.

## SPRECHEN

**5** PRODUKTION **Sprich über soziale Netzwerke, zum Beispiel über Facebook.**

*Leitfragen* **Bist du bei Facebook?**

| Wenn ja ... | Wenn nein ... |
|---|---|
| • Hast du viele Freunde dort? Wie viele? | • Warum bist du nicht bei Facebook? |
| • Sind sie alle gute, echte Freunde? | • Möchtest du ein Facebook-Profil haben? |
| • Wie lange bist du jeden Tag auf Facebook? | • Was findest du doof an Facebook? |
| • Sind deine Eltern dagegen? | • Sind Facebook-Freunde echte Freunde? |
| • Wie lange darfst du jeden Tag bei Facebook sein? | • Wann können soziale Netzwerke praktisch sein? |

**6** INTERAKTION **In Paaren. Diskutiert über Mode.**

- Geht ihr gern shoppen?
- Sind Marken für euch wichtig?
- Kontrolliert ihr auf den Etiketten, aus welchen Ländern eure Kleidung kommt?

# Wie weit bist du jetzt?

| | | | | |
|---|---|---|---|---|
| Comprendo un articolo sull'utilizzo delle nuove tecnologie. | | | | |
| So scrivere un breve testo sull'uso della tecnologia. | | | | |
| Comprendo un'intervista in cui si parla di preferenze in fatto di moda fra i giovani. | | | | |
| So parlare di social networks e discutere delle tendenze della moda. | | | | |

**Hai scoperto il nome della città? Scrivilo qui!** _ _ _ _ _ _

**Ora, per saperne di più, vai al filmato e svolgi gli esercizi.**

## Le mie competenze chiave

# Eine kleine Statistik

Competenza matematica
Imparare a imparare
Competenze sociali e civiche
Spirito di iniziativa e imprenditorialità

### PRODOTTO

Cartelloni con statistiche sugli oggetti più comperati o sul tempo dedicato all'uso delle nuove tecnologie.

### MATERIALE

Cartelloni, pennarelli, righello, calcolatrice

### FASI DI LAVORO

1. Dividetevi in gruppi: ogni gruppo sceglie uno fra i seguenti temi:
   – acquisti preferiti nel settore abbigliamento con indicazione dei costi medi;
   – ore dedicate alla comunicazione con cellulari e su internet.
2. Ogni gruppo decide quali domande porre in relazione al grafico da stendere, quindi intervista i compagni.
3. I dati vengono raccolti da ogni gruppo e riportati in un grafico.
4. I risultati vengono esposti e si discute del profilo della classe.
5. Stendete insieme le percentuali di chi fa che cosa. Esempio: *21 Schüler von 30, d.h. drei Viertel der Klasse, verbringen täglich zwei Stunden am Computer.*

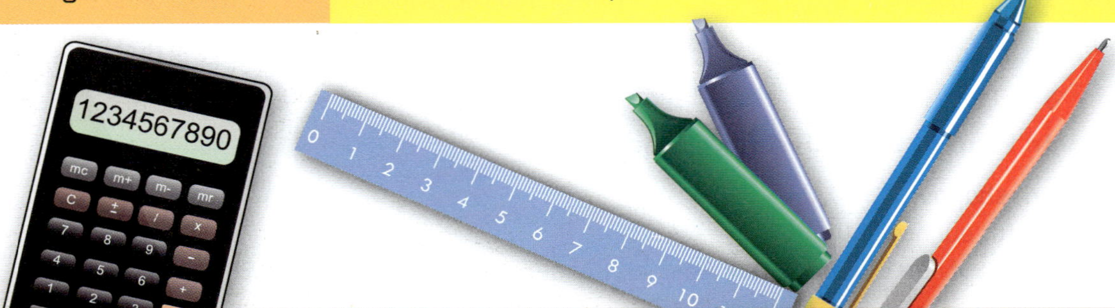

# Einheit 9

## In questa unità raggiungerai i seguenti obiettivi

**LESEN**
Comprendere un articolo in cui si parla di attività all'aria aperta nel tempo libero.

**SCHREIBEN**
Scrivere un breve testo in cui si propone a un amico o un'amica un giro turistico della città e delle attività da fare insieme.

**HÖREN**
Comprendere conversazioni in cui si organizza un'attività stabilendo ora e luogo.

**SPRECHEN**
Parlare delle mete di vacanza preferite (quando, dove, con chi, quali attività).

**Conoscerai alcune delle bellezze naturali della Svizzera e avrai informazioni sul dialetto che si parla nella Svizzera tedesca.**

Osserva la foto e scopri la città misteriosa cliccando sul simbolo nelle prossime pagine!

Il personaggio di questa unità

Andreas

Einheit 9

# 1 Wo liegt das Einstein-Haus?

**Touristin** Entschuldigung, ich bin nicht von hier. Wo gibt es hier ein Infobüro?

**Andreas** Dort an der Ecke. Aber vielleicht kann ich Ihnen helfen. Wohin wollen Sie?

**Touristin** Ich möchte in den BärenPark gehen und das Einstein-Haus besichtigen.

**Andreas** Kein Problem! Das Einstein-Haus ist im Zentrum, in der Kramgasse 49. Und der BärenPark liegt am Ufer der Aare. Ich wohne ganz in der Nähe. Folgen Sie mir! Ich begleite Sie dorthin.

028

## 1 Hör zu und ergänze.

Die Touristin sucht ein [1]........................... . Es gibt ein Infobüro [2]........................... . Die Touristin möchte den [3]........................... und das Einstein-Haus [4]........................... . Der BärenPark ist am [5]........................... der Aare und das Einstein-Haus ist [6]........................... Zentrum. Andreas wohnt in der [7]........................... vom BärenPark und er [8]........................... die Touristin.

## 2 PARTNERARBEIT Was gibt es in einer Stadt? Nummeriert die Bilder.

Phonetik

1 **das** Museum, Museen
2 **die** Eisdiele, -n
3 **die** Boutique, -n
4 **die** Bäckerei, -en
5 **die** Apotheke, -n
6 **das** Schreibwarengeschäft, -e
7 **der** Blumenladen, ¨
8 **die** Buchhandlung, -en
9 **der** Pub, -s
10 **das** Krankenhaus, ¨er
11 **das** Theater, -
12 **die** Post
13 **das** Denkmal, ¨er
14 **die** Bank, -en
15 **das** Infobüro, -s

AB Ü 1-2, S. 34

## 3 a. Wo ist was? Schau dir den Stadtplan an und ergänze die Sätze.

Hören und Sprechen

**Wo?**
**an** (*a, vicino*), **neben** (*accanto*), **vor** (*davanti*), **in** (*in*), **hinter** (*dietro*) + **Dativ**

1 ............................ ist neben der Schule, in der Junkerstraße.
2 ............................ ist am Domplatz.
3 ............................ ist im Park.
4 ............................ ist vor dem Bahnhof, in der Bahnstraße.
5 ............................ liegt neben der Post.
6 ............................ ist an der Kreuzung.
7 ............................ ist an der Ecke.
8 ............................ ist hinter dem Dom.

**b. PARTNERARBEIT Schaut euch den Stadtplan noch einmal an und gebt Informationen wie im Beispiel.**

● *Wo gibt es hier ein Infobüro?*
▲ *Am Domplatz, neben dem Kino.*

029

## 4 Hör zu und kreuze a, b oder c an.

1 Der Tourist ist
a ☐ am Domplatz. b ☐ am Bahnhof. c ☐ an der Ampel.
2 In Bern gibt es ein Infobüro
a ☐ am Rathausplatz. b ☐ am Domplatz. c ☐ im BärenPark.
3 In Bern gibt es
a ☐ viele Banken. b ☐ viele Hotels. c ☐ viele Kinos.
4 Der BärenPark liegt
a ☐ hinter dem Domplatz. b ☐ vor dem Rathaus. c ☐ am Fluss.
5 Der Tourist fragt am besten
a ☐ eine Passantin. b ☐ einen Polizisten. c ☐ eine Touristin.
6 Der Polizist ist
a ☐ vor dem Rathaus. b ☐ an der Ampel. c ☐ am Domplatz.

## 5 Wo wohnst du? Beschreibe deine Stadt.

Ich wohne in *einer Stadt / in einer Kleinstadt / in einem Dorf / auf dem Land / ...*
Hier gibt es *eine Kirche / ein Museum / eine Buchhandlung / viele oder wenige Geschäfte / einen Park / ein Kino / Cafés / ein Schwimmbad / ... im Zentrum / vor dem Bahnhof / am Marktplatz / ...*
Leider gibt es *keinen Fußballplatz / keine Disko / keinen Pub / keinen Supermarkt / ...*

AB Ü 3-6, S. 34-35

# 2 Wie ist das Wetter heute?

**Andreas** Guten Morgen, Papa! Wie ist das Wetter heute? Regnet es wieder?

**Vater** Grüß Gott, Andreas! Nein, das Wetter ist heute viel besser als gestern. Die Sonne scheint!

**Andreas** Super! Wenn das Wetter schön ist, können wir eine Radtour machen! Was meinst du?

**Vater** Das ist eine gute Idee. Mit Picknick?

**Andreas** Ja, prima! Ich nehme auch unsere Badesachen mit. Vielleicht können wir sogar baden, wenn es schön warm ist!

030

## 1 Hör zu und kreuze richtig (R) oder falsch (F) an.

| | | R | F |
|---|---|---|---|
| 1 | Heute regnet es schon wieder. | ☐ | ☐ |
| 2 | Das Wetter ist besser als gestern. | ☐ | ☐ |
| 3 | Die Sonne scheint. | ☐ | ☐ |
| 4 | Andreas möchte zu Hause bleiben. | ☐ | ☐ |
| 5 | Andreas und sein Vater können auch picknicken. | ☐ | ☐ |
| 6 | Andreas nimmt die Badesachen mit. | ☐ | ☐ |

## 2 Kettenarbeit Übersetzt wie im Beispiel.

Phonetik

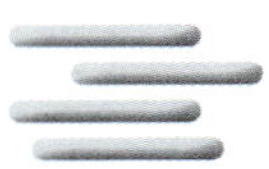
1 Es ist neblig.

2 Es ist windig.

3 Es regnet.

4 Es schneit.

5 Es ist bedeckt / bewölkt.

6 Es ist wolkenlos.

7 Es ist sonnig.

8 Es ist unbeständig.

● "Nevica!" ▲ Es schneit! ... "Piove!" ■ Es regnet!

AB Ü 1-2, S. 36

031

## 3 Lies die Temperatur und ordne zu: *kalt, kühl, warm*. Bilde dann Sätze wie im Beispiel.

| 30°C | 25°C | 15°C | 5°C | 0°C / –3°C |
|---|---|---|---|---|
| heiß | .................... | .................... | .................... | eiskalt |

Die Temperatur **liegt bei** 30°C (30 Grad Celsius). Es ist heute **heiß**.
Die Temperatur **liegt zwischen** 0°C und minus 3°C. Es ist **eiskalt**.

032

## 4 Beschreibe die Wettervorhersage am Sonntagvormittag in diesen Städten nach dem Beispiel.

| | | | | |
|---|---|---|---|---|
| **Oslo** | 12:00 Uhr | 15:00 Uhr | 20:00 Uhr | 24:00 Uhr |
| | 2°C | 5°C | 0°C | –2°C |
| **Bern** | 12:00 Uhr | 15:00 Uhr | 20:00 Uhr | 24:00 Uhr |
| | 1-3°C | 7°C | 4°C | 1°C |
| **Lissabon** | 12:00 Uhr | 15:00 Uhr | 20:00 Uhr | 24:00 Uhr |
| | 30°C | 25°C | 15°C | 14°C |

**am** Vormittag
**am** Nachmittag
**am** Abend
**am** Montag
**am** Sonntagvormittag
**am** Wochenende
*ma* **in der** Nacht!

Am Sonntagvormittag regnet es in Oslo, am Nachmittag ist es bewölkt, am Abend schneit es und in der Nacht ist es wolkenlos.
Die Temperatur liegt zwischen 2°C und minus 2°C.

## 5 PARTNERARBEIT Schaut euch die Landkarte an und bildet Minidialoge nach dem Beispiel.

- Wie ist das Wetter am Wochenende in Bern?
- ▲ Es ist sonnig.
- Ist es warm?
- ▲ Nein, es ist kühl. Die Temperatur liegt bei 15°C.

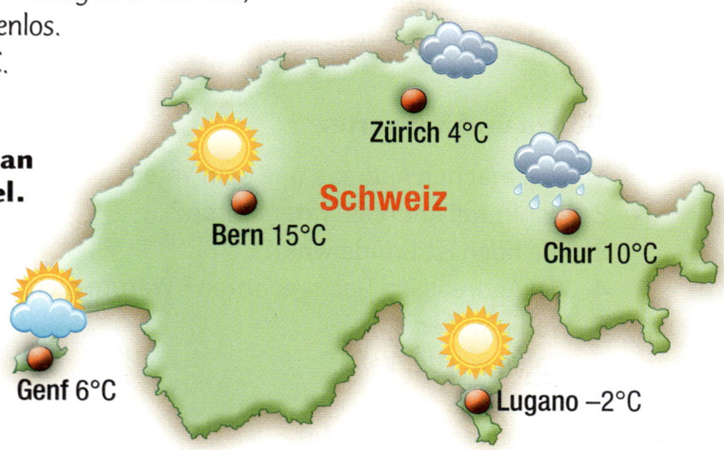


## 6 PARTNERARBEIT Was macht ihr, wenn das Wetter schön oder schlecht ist? Bildet Minidialoge wie im Beispiel und benutzt dabei folgende Sätze.

Hören und Sprechen

- Wenn das Wetter schlecht / schön / bedeckt ist,...
- Wenn es regnet,...
- Wenn es schneit,...

1 Samstag baden
- Was machen wir am Samstag?
- ▲ Wenn das Wetter schön ist, können wir baden.

2 Montag surfen gehen

3 Freitag ins Kino gehen

4 Sonntag Ski fahren

5 Dienstag ins Schwimmbad gehen

6 Mittwoch Rad fahren

AB Ü 3-10, S. 36-37

# 3 Fahren wir ins Gebirge?

**Andreas** Papa, ich bin fertig. Fahren wir los?

**Vater** O.k., dann los! Und ich habe eine Idee: Fahren wir nach Grindelwald!

**Andreas** Bist du verrückt? Grindelwald ist 1034 Meter hoch. Die Tour ist sehr anstrengend! Nein, ich will nicht ins Gebirge radeln! Ich möchte einfach nur an einen See fahren und dort ein paar Stunden chillen!

**Vater** Na gut, dann fahren wir eben an den Thunersee. Die Tour ist einfach. Komm Sohn, wir fahren aufs Land!

**Andreas** Gut, Papa! Dann los!

033

## 1 Hör zu und antworte.

1 Was machen Andreas und sein Vater? ..................................................

2 Wohin will Andreas' Vater fahren? ..................................................

3 Wie hoch ist Grindelwald? ..................................................

4 Will Andreas ins Gebirge fahren? Warum nicht? ..................................................

5 Wohin will er? ..................................................

6 Wohin will der Vater? ..................................................

## 2 Nummeriere die Bilder.

1 das Meer
2 der Wald
3 der Fluss
4 der Strand
5 die Insel
6 der See
7 das Land
8 das Gebirge

AB Ü 1-2, S. 38

## 3 Partnerarbeit **Was kann man im Urlaub machen? Bildet Minidialoge nach den Beispielen.**

Phonetik

**Dialog 1**
- **Wo** kann man reiten?
- **Auf dem** Land oder **im** Gebirge.

**Dialog 2**
- **Wo** machst du Urlaub?
- **Am** Meer!
- Was machst du dort?
- Ich schwimme und chille.

- reiten
- schwimmen
- Ski fahren
- surfen
- Rad fahren
- spazieren gehen

- klettern
- picknicken
- snowboarden
- Beachvolleyball spielen
- Städte besichtigen
- neue Leute kennenlernen

**Wo?**
**an + D** → **am** Meer, **am** See, **am** Fluss, **am** Strand
**in + D** → **im** Wald, **im** Gebirge, **in den** Bergen, **im** Ausland, **in** Berlin, **in der** Schweiz
**auf + D** → **auf dem** Land, **auf der** Insel

## 4 **Wohin fahren sie in Urlaub?**

Hören und Sprechen

1 Meret / Bonn / der Rhein
Meret fährt **nach** Bonn, **an** den Rhein!
2 Lukas / St. Moritz / das Gebirge
..........................................................................................
3 Nina / die Insel Sylt
..........................................................................................
4 Heidi und Jan / die Toskana / das Land
..........................................................................................

**Wohin?**
**nach** → **nach** Italien, **nach** Berlin
**an + A** → **ans** Meer, **an den** See, **an den** Fluss, **an den** Strand
**in + A** → **ins** Gebirge, **in die** Berge, **in den** Wald, **in die** Schweiz
**auf + A** → **auf die** Insel, **aufs** Land

034

## 5 **Wo verbringen sie ihre Ferien? Hör zu und verbinde.**

1 Greta
2 Felix
3 Verena

a im Ausland, in den Hauptstädten
b in den Alpen, in den Dolomiten
c am Meer, in Sizilien

schwimmen
Museen besichtigen
am Strand spazieren
klettern
Spezialitäten probieren
neue Leute kennen lernen
relaxen
picknicken
chillen

Suchspiel

## 6 **Wo macht deine Klasse Urlaub? Mach eine kleine Statistik!**

In meiner Klasse sind wir .................................. Schüler und Schülerinnen, ................. Jungen und ................. Mädchen.
(*10*) Jungen fahren (*ins Gebirge, ans Meer*) ........................,
nach ..........................................................................................
(*15*) Mädchen fahren ..........................................................................................
..........................................................................................
Die Jungen ..........................................................................................
Die Mädchen ..........................................................................................

- Wohin fährst du im Sommer / im Winter in Urlaub?
- Ans Meer? Ins Gebirge? Wohin genau? Ins Ausland? Bleibt ihr in Italien?
- Was macht ihr dort?

AB Ü 3-8, S. 38-39

Ora guarda il video!

Einheit 9

4

# Wollen wir paddeln?

| | |
|---|---|
| **Vater** | Wollen wir eine Stunde paddeln, Andreas? Hast du Lust? |
| **Andreas** | Ach nein, Papa! Ich möchte lieber hier in der Sonne liegen, lesen und Musik hören. |
| **Vater** | Schade! Dann gehe ich allein paddeln. Wir sehen uns in einer Stunde wieder. Tschüs Andreas! |

035

## 1 Hör zu und kreuze richtig (R) oder falsch (F) an. Verbessere die falschen Aussagen.

| | R | F | |
|---|---|---|---|
| 1 Andreas möchte eine Stunde in der Sonne liegen. | ☐ | ☐ | ........................ |
| 2 Andreas geht allein paddeln. | ☐ | ☐ | ........................ |
| 3 Sein Vater möchte gern paddeln. | ☐ | ☐ | ........................ |
| 4 Andreas geht eine Stunde joggen. | ☐ | ☐ | ........................ |

## 2 Was kann man in den Ferien tun? Schau dir die Bilder an und ergänze.

sich sonnen / in der Sonne liegen • ~~zelten~~ • picknicken • paddeln • chillen • baden • joggen • wandern • angeln • inlineskaten

1 zelten

2 picknicken

3 sich sonnen

4 ........................

5 ........................

6 ........................

7 Wa........................

8 joggen

9 paddeln

10 chillen

## 3 KETTENARBEIT Macht einen Vorschlag und einen Gegenvorschlag nach dem Beispiel.

- ● Wollen wir heute picknicken? Hast du Lust?
- ▲ Nein, tut mir leid. Ich kann nicht. Ich habe keine Zeit. Wollen wir morgen joggen? Hast du Lust?
- ■ Nein, tut mir leid. Ich kann nicht. Ich habe keine Zeit. Wollen wir morgen wandern? …

AB Ü 1-3, S. 40

036

## 4 Bilde Minidialoge nach dem Beispiel.

Hören und Sprechen

1 Olga: heute Nachmittag shoppen gehen?

Karen: keine Zeit, Fußballtraining haben / morgen lieber Sport treiben

**Olga** Wollen wir heute Nachmittag shoppen gehen? Hast du Lust?
**Karen** Nein, tut mir leid. Ich kann heute nicht! Ich habe keine Zeit! Ich habe Fußballtraining. Ich möchte lieber morgen im Park joggen. Geht das?
**Olga** Gut! Dann joggen wir morgen im Park!

2 Frau Mörike: Samstag ins Gebirge fahren?

Frau Meyer: keine Zeit, im Garten arbeiten / Sonntag an den See fahren

3 Franziska: jetzt ein Eis essen gehen?

Thomas: keine Zeit, mein Zimmer aufräumen / um 19:00 Uhr Pizza essen

4 Guido: um 10:00 Uhr am Fluss angeln?

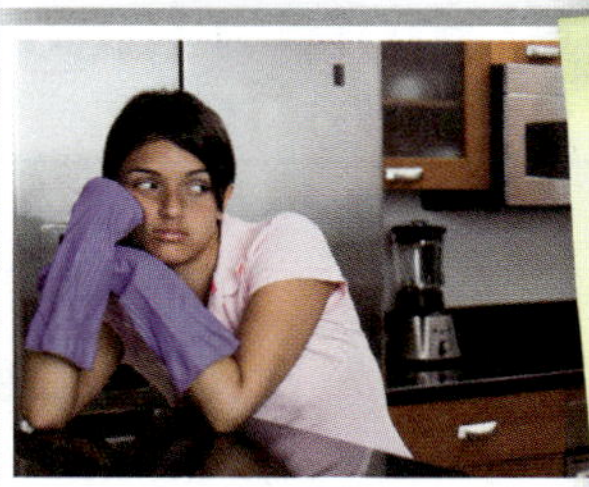

Isa: keine Zeit, die Küche putzen / lieber um 15:00 Uhr ins Schwimmbad

037

## 5 Theodor, der Pechvogel! Hör zu und ergänze.

Felix möchte morgen mit Theodor [1]......................... gehen, aber Theodor [2]......................... nicht!
Seine Oma kommt zu Besuch und er muss [3]......................... bleiben.
Felix möchte dann am [4]......................... paddeln gehen, aber Theodor kann nicht!
Er hat keine [5]......................... ! Er hat eine [6]......................... .
Felix möchte am Abend [7]......................... gehen, aber Theodor darf schon wieder nicht!
Er darf [8]......................... nicht ausgehen.
Felix möchte zu Theodor gehen und zusammen mit ihm [9]......................... spielen, aber auch das ist nicht möglich: Theodors Computer ist [10].........................!

## 6 PARTNERARBEIT Erstellt einen Dialog. Eine(r) spielt den Pechvogel wie Theodor! Spielt dann die Szene vor der Klasse!

Phonetik

- ● Wollen wir Sonntagnachmittag shoppen gehen? Hast du Lust? ▲ Nein, tut mir leid, aber …
- ● Ich möchte gern … ▲ Nein, das geht nicht. Ich möchte lieber … , aber …

AB Ü 4-7, S. 40-41

# Deine Grammatik

AB *Grammatiktraining* S. 42-43

## Le preposizioni *an*, *neben*, *vor*, *in*, *hinter*

Interaktive Übungen

| Wo? | Wohin? |
|---|---|
| Das Hotel liegt **neben dem** Bahnhof, **an der** Kreuzung. | Gehen Sie **neben den** Bahnhof, **an die** Kreuzung. |
| In Bern gibt es einen Park **hinter der Post**. | Gehen Sie **hinter die Post**! |

- Le preposizioni ***an*** (a, vicino), ***neben*** (accanto), ***vor*** (davanti), ***in*** (in), ***hinter*** (dietro) **reggono il caso dativo se abbinate a verbi di stato**.
- **Le stesse preposizioni**, abbinate a **un verbo di movimento**, reggono **l'accusativo**.
- Con i termini ***Kreuzung***, ***Ampel*** e ***Ecke*** **si utilizza sempre** la preposizione ***an*** seguita dal dativo se si esprime uno stato in luogo o dall'accusativo se si tratta di un moto.

*Treffen wir uns **an der** Kreuzung, **an der** Ecke, **an der** Ampel.*
Incontriamoci all'incrocio, all'angolo, al semaforo. (**stato in luogo** → **caso dativo**)
*Gehen Sie **an die** Kreuzung, **an die** Ecke, **an die** Ampel!*
Vada all'incrocio, all'angolo, al semaforo! (**moto a luogo** → **caso accusativo**)

Con ***Platz*** e ***Bahnhof*** si utilizza ***an*** (+ ***D***) **per** indicare lo **stato in luogo** e ***zu*** (+ ***D***) **per** il **moto a luogo**.
*Ich **bin am Domplatz**.* → *Ich **gehe zum Domplatz**.*
*Ich **bin am Bahnhof**.* → *Ich **gehe zum Bahnhof**.*

## Il complemento di moto a luogo e stato in luogo con alcuni nomi geografici

Interaktive Übungen

| | stato in luogo<br>***Wo?*** preposizione + **dativo** | moto a luogo<br>***Wohin?*** preposizione + **accusativo** |
|---|---|---|
| montagna, bosco | **IN** → **im** (**in** + **dem**) Gebirge<br>**in den** Alpen<br>**im** (**in** + **dem**) Wald | **IN** → **ins** (**in** + **das**) Gebirge<br>**in die** Alpen<br>**in den** Wald |
| nomi di stati (con articolo) | **IN** → **in der** Schweiz<br>**in der** Türkei | **IN** → **in die** Schweiz<br>**in die** Türkei |
| mari, coste, rive, laghi, fiumi, spiagge | **AN** → **am** (**an** + **dem**) Meer<br>**am** Ufer<br>**am** (**an** + **dem**) See<br>**am** Fluss<br>**am** Rhein<br>**am** Strand<br>**an der** Nordsee<br>**an der** Adria<br>**an der** Aare | **AN** → **ans** (**an** + **das**) Meer<br>**ans** Ufer<br>**an den** See<br>**an den** Fluss<br>**an den** Rhein<br>**an den** Strand<br>**an die** Nordsee<br>**an die** Adria<br>**an die** Aare |
| isole, campagna | **AUF** → **auf der** Insel<br>**auf dem** Land | **AUF** → **auf die** Insel<br>**aufs** (**auf** + **das**) Land |

- Per indicare **il moto a luogo** con i **nomi di stato** si usa:
  – ***in*** + **articolo all'accusativo** + **nome** se in tedesco quello stato o regione **ha l'articolo**;
  – ***nach*** + **nome dello stato o della città** se in tedesco quello stato o città **non ha l'articolo**.

  *Ich fahre **in die Schweiz, in die Türkei, in die Toskana, in die USA**.*
  *Ich fahre **nach Italien, nach Rom**.*

- Per lo **stato in luogo** si utilizza sempre ***in*** (+ **articolo dativo** solo se lo stato ha l'articolo) + **nome dello stato o della città**.

- La frase "Vado in spiaggia" può essere tradotta con *Ich gehe **an den Strand*** (***an*** + **accusativo**) oppure con *Ich gehe **zum Strand*** (***zu*** + **dativo**).

- Se la parola ***Insel*** (isola) è **sottintesa** e rimane **solo il nome proprio** dell'isola, **il moto a luogo** viene **espresso con *nach* + nome proprio dell'isola**.

  *Ich fliege **nach Sylt**, **nach Sizilien**.*

- Se l'isola è **grande**, lo **stato in luogo** viene **espresso con *in* + nome dell'isola**.

  *Ich bin **in Sizilien, in Sardinien**.*

  Se è **piccola** si utilizza ***auf*** **+ nome dell'isola**:
  *Ich bin **auf** Sylt, **auf** Ischia.*

## La subordinata ipotetica e temporale introdotta da *wenn*

**Interaktive Übungen**

| | |
|---|---|
| **Wenn** das Wetter schön **ist**, fahren wir ans Meer.<br>Wir fahren ans Meer, **wenn** das Wetter schön **ist**. | ***Se*** *il tempo è bello, andiamo al mare.* |
| **Wenn** du **kommen kannst**, gehen wir in den Pub. | ***Se*** *puoi venire, andiamo al pub.* |
| **Wenn** Hans **ankommt**, gehen wir ins Kino. | ***Quando*** *Hans arriva, andiamo al cinema.* |

- ***Wenn*** corrisponde alla frase subordinata ipotetica introdotta da **se** e alla frase dipendente temporale introdotta da **quando**.
- Il verbo della frase subordinata si colloca alla fine, prima della virgola o prima del punto se la frase principale precede la subordinata.
- In presenza di due verbi, (come nell'esempio un modale e un infinito), **il verbo coniugato va all'ultimo posto.**
- I **verbi separabili non si separano mai**.

**Se la frase subordinata viene prima della principale,**
si **applica sempre l'inversione** nella principale:
Wenn das Wetter schön ist, **fahren wir** ans Meer.
subordinata — principale

Infoecke

# Typisches aus der Schweiz

038
30% der Schweiz ist von Bergen bedeckt. Diese Landschaft hat Rekordcharakter.

039
**Das Jungfraujoch** hat die höchste Bahnstation Europas. Sie liegt 3454 Meter hoch und ist die Endstation der hundert Jahre alten Jungfraubahn.

040
**Der große Aletschgletscher** ist der flächenmäßig[1] größte und längste Gletscher[2] Europas: 120 km². Er befindet sich in den Berner Alpen im „Kanton Wallis", in der Schweiz.

041
**Die Gelmerbahn** im Berner Oberland ist die steilste Standseilbahn[3] Europas. Sie hat eine Steigung[4] von maximal 106%. Die Fahrt im offenen Wagen führt von Handegg (1400 Meter über Meer) zum Gelmersee (1850 m ü. M.).

042
**Monstein** (Davos) ist die höchstgelegenste **Brauerei**[5] Europas (1625 m).

1 **flächenmäßig**: per superficie
2 **der Gletscher, -**: ghiacciaio
3 **die steilste Standseilbahn, -en**: la funicolare più ripida
4 **die Steigung, -en**: pendenza
5 **die Brauerei, -en**: birrificio



Testo parlante

043

**Die Eisgrotte Mittelallalin,** auch „Eispavillon“ genannt, ist mit 5500 Kubikmetern die größte Eisgrotte der Welt. Die Eisgrotte liegt 3500 Meter hoch.

044

In der Schweiz spricht man **Deutsch**, **Französisch** und **Italienisch**, aber 62% der Schweizer sprechen **Schweizerdeutsch**.
Was ist das? Das sind die vielen Dialekte in der deutschen Schweiz. Die Dialekte sind sehr verschieden: Der Berner Dialekt ist völlig anders als der Zürcher Dialekt! Ein Zürcher versteht also den Dialekt aus Bern nicht gut!

**1** **Was sind die Rekorde der Schweizer Berge? Ergänze die Tabelle.**

| Name | Rekord | Höhe / Größe |
|---|---|---|
| 1 das Jungfraujoch | die höchste ........................................ | ........................ Meter |
| 2 der große Aletschgletscher | der längste und größte ........................ | ........................ km² |
| 3 die Gelmerbahn | die steilste ........................................ | ........................ Steigung |
| 4 Monstein | die höchstgelegene | ........................ Meter |
| 5 Mittelallalin | die größte ........................................ | ........................ Kubikmeter / ........................ Meter |

**2** **Stell dich auf die Probe und spiele mit dem Schweizerdeutsch! Was bedeutet das? Verbinde.**

| | |
|---|---|
| 1 Huere guet | a Hallo |
| 2 Grüezi | b Guten Tag |
| 3 Hoi | c Wie geht es dir? |
| 4 Wi gaht's? | d Kind |
| 5 Chnopf | e Guten Appetit |
| 6 Schoggy | f sehr gut |
| 7 En guete | g Tschüs |
| 8 Salü | h Schokolade |

**3** **a. PARTNERARBEIT Versucht jetzt den Zungenbrecher zu verstehen.**

Z'Schwyz schiint d'Sunne und wenn si z'Schwyz nöd schiint, so schiint si z Brunne.

**b. PARTNERARBEIT Rekonstruiert den Zungenbrecher, benutzt dabei folgende Wörter und übersetzt dann ins Italienische.**

in Brunnen • scheint • im Kanton Schwyz • und • die Sonne • wenn sie • nicht scheint • im Kanton Schwyz • so scheint sie

**4** **Gibt es auch viele Dialekte in deiner Region? Verstehst du sie? Kennst du einige Wörter oder einen Zungenbrecher?**

# Dein Wortschatz

## die Freizeitaktivität, -en attività del tempo libero

**angeln** pescare
**baden** fare il bagno
**Beachvolley spielen** giocare a beachvolley
**besichtigen** visitare
*eine Stadt besichtigen* visitare una città
**chillen** rilassarsi
**inlineskaten** andare sui pattini in linea
**klettern** arrampicare
**paddeln** pagaiare
**picknicken** fare un picknick
**radeln** pedalare
die **Radtour, -en** giro in bici
**reiten** cavalcare
**segeln** fare vela
**Ski fahren** sciare
**snowboarden** fare snowboard
die **Sonne, -n** sole
*in der Sonne liegen* prendere il sole
**sich sonnen** prendere il sole
**surfen** fare surf
**wandern** fare un'escursione
**zelten** fare campeggio

## das Gebäude, -n edificio

der **Bahnhof, ¨-e** stazione
die **Bank, -en** banca
das **Hotel, -s** hotel
das **Infobüro, -s** ufficio del turismo
das **Kino, -s** cinema
das **Krankenhaus, ¨-er** ospedale
die **Post** ufficio postale
das **Rathaus, ¨-er** municipio

## das Geschäft, -e negozio

die **Apotheke, -n** farmacia
die **Bäckerei, -en** panetteria
der **Blumenladen, ¨-** negozio di fiori
die **Boutique, -n** boutique
die **Buchhandlung, -en** libreria
das **Schreibwarengeschäft, -e** cartoleria

## das Lokal, -e locale

das **Café, -s** caffè
die **Eisdiele, -n** gelateria
das **Kino, -s** cinema
der **Pub, -s** pub
das **Restaurant, -s** ristorante

## die Sehenswürdigkeit, -en attrattiva

das **Denkmal, ¨-er** monumento
der **Dom, -e** duomo
das **Museum, Museen** museo
das **Theater, -** teatro

## das Urlaubsziel, -e meta di vacanza

der **Fluss, ¨-e** fiume
das **Gebirge, -** montagna
*ins Gebirge fahren* andare in montagna
die **Insel, -n** isola
*auf der Insel Sylt sein* essere a Sylt
das **Land** qui: campagna
*aufs Land fahren* andare in campagna
das **Meer** mare
der **See, -n** lago
der **Strand, ¨-e** spiaggia
das **Ufer, -** riva
*am Ufer chillen* rilassarsi sulla riva
der **Wald, ¨-er** bosco

## das Wetter tempo atmosferico

**bedeckt** coperto
**bewölkt** nuvoloso
**eiskalt** freddo intenso
**heiß** molto caldo
**kalt** freddo
**kühl** fresco
**neblig** nebbioso
**regnen** piovere
*Es regnet stark.* Piove molto.
**scheinen** splendere
*Die Sonne scheint.* Il sole splende.
**schneien** nevicare
**sonnig** soleggiato
die **Temperatur, -en** temperatura

**unbeständig** variabile, instabile
**warm** caldo
**windig** ventoso
**wolkenlos** sereno

## Adjektive aggettivi

**anstrengend** faticoso
**verrückt** pazzo

## andere Verben altri verbi

**begleiten** accompagnare
*Ich begleite Sie!* La accompagno!

**folgen + D** seguire
*Folgen Sie mir!* Mi segua!
***los**fahren* partire
*Fahren wir los!* Partiamo!
***mit**nehmen* prendere con sé
*Ich nehme meine Badesachen mit.* Prendo le mie cose per fare il bagno.

## Weiteres...

die **Badesachen (Pl)** occorrente per fare il bagno
die **Lust** voglia
*Lust haben* avere voglia
die **Nähe** vicinanza, dintorni

## Vergissmeinnicht

**Entschuldigung! Wo gibt es hier eine Buchhandlung?**
**Dort an der Ecke, neben der Post ist eine.**
Scusi! Dove si trova qui una libreria?
Là, all'angolo, vicino alla posta, ce n'è una.
**Ich wohne ganz in der Nähe.**
Abito nelle vicinanze.
**Der Park liegt am Ufer der Aare.**
Il parco si trova in riva all'Aare.
**Die Temperatur liegt bei 30°. Es ist heute heiß!**
La temperatura è di 30 gradi! Oggi fa molto caldo!

**Wenn das Wetter schön ist, können wir eine Radtour machen!**
Se il tempo è bello, possiamo fare un giro in bici.
**Wie ist das Wetter heute?**
**Es ist sonnig!**
Com'è il tempo oggi?
C'è il sole!
**Wir fahren aufs Land. Hast du Zeit?**
Andiamo in campagna. Hai tempo?
**Wollen wir ans Meer fahren? Hast du Lust?**
Vogliamo andare al mare? Hai voglia?

# Wortspiel

**Rate mal!**

1 Man nimmt den Zug dort. B......................................
2 Man trinkt dort ein Bier. P......................................
3 Man kann dort gut joggen. P......................................
4 In diesem Geschäft kauft man Bücher. B......................................
5 Man kann dort Ski fahren. G......................................
6 Man kann dort segeln. S......................................
7 Man spielt dort Beachvolleyball. S......................................

# Teste deine Sprachkompetenz!

## LESEN

**1 Antworte kurz.**

1 Was bedeutet Velo?

.......................................................................

2 Wie kann man Velos transportieren?

.......................................................................

3 Wie viel kostet die Tageskarte für das Fahrrad?

.......................................................................

4 Wo kann man die Karten kaufen?

.......................................................................

**2 Kreuze a, b oder c an.**

1 Wie heißt die Veloroute 8?
- a ☐ Die Rhein-Route.
- b ☐ Die Aare-Route.
- c ☐ Die Naturroute.

2 Wie lange dauert die Velotour?
- a ☐ Einen Tag.
- b ☐ Zwei Tage.
- c ☐ Circa 5 Stunden.

3 Für wen ist diese Tour geeignet?
- a ☐ Nur für Profibiker.
- b ☐ Für alle.
- c ☐ Nur für junge Leute.

4 Wo beginnt und endet die Tour?
- a ☐ Bern-Solothurn.
- b ☐ Bern-Biel.
- c ☐ Solothurn-Bern.

5 Was kann man auf der Route sehen?
- a ☐ Kleinstädte, Seen und Wälder.
- b ☐ Bern, Kleinstädte, Seen, Naturparks, Wälder.
- c ☐ Nur Hinterkappelen, Büren und Solothurn.

6 Was kann man in Büren besichtigen?
- a ☐ Die Häuser aus der Barockzeit.
- b ☐ Den Dom.
- c ☐ Die alte Holzbrücke und die Altstadt.

7 Welche Spezialität kann man in Solothurn probieren?
- a ☐ Die Solothurner Torte.
- b ☐ Die Solothurner Suppe.
- c ☐ Die Solothurner Würste.

## Velofahren und Biken
### Spass auf dem Sattel

Man kann mit dem Velo Sport treiben und die Schweiz kennen lernen. Will man auch entfernte Regionen der Schweiz erreichen? Kein Problem, man kann das Fahrrad mit dem Zug transportieren! Tageskarten für die Fahrradmitnahme kosten etwa 10 CHF (Schweizer Franken), ein Jahresabonnement kostet circa 200 CHF. Die Karten kann man an allen Schweizer Bahnhöfen kaufen!

Hast du einen Tag frei? Ist das Wetter schön, aber nicht zu heiß? Willst du im Freien sein und neue Städte der Schweiz sehen? Na, dann los! Die Veloroute 8 erwartet dich. In circa 5 Stunden kannst du von Bern bis nach Solothurn fahren.
Die Nationale Veloroute 8 – die Aare-Route – führt von Bern aus durch Wälder und kleine Straßen, am Wohlensee, der Aare, dem Bielersee entlang und an diversen Kanälen in Richtung Solothurn.
Auf der Route kann man viele Naturparks sehen. Der Weg ist nicht anstrengend und alle können diese Radtour machen.
Die Route beginnt in Bern. Hier sollte man ein paar Stunden bleiben und die Altstadt besichtigen. Man lässt Bern hinter sich und ist sofort mitten im Wald: Bei Hinterkappelen radelt man den Wohlensee entlang, in Büren an der Aare kann man eine alte, wunderschöne Holzbrücke und die Altstadt besichtigen. Nach ca. 4,5 Stunden Fahrzeit kommt man nach Solothurn. Hier gibt es wieder eine interessante Altstadt mit schönen barocken Häusern auf beiden Seiten des Flusses.
Einmal in Solothurn kann man chillen und ein Stück Solothurner Torte in der Kaffeehalle Solothurn probieren, durch die Kleinstadt spazieren gehen oder ein wenig an der Aare relaxen. Dann geht es zurück!

# SCHREIBEN

**3** **Antworte auf Tinas E-Mail. Berücksichtige die Fragen unten.**

- Hast du Zeit?
- Wo könnt ihr euch treffen?
- Was kannst du für deine Freundin organisieren?
- Was kann man in deiner Stadt sehen?

Senden Chat Anhang Schriften Farben Als Entwurf sichern

Hallo ............................ ,
nächste Woche kann ich dich besuchen und zwei Tage bei dir bleiben. Ich möchte gerne deine Stadt sehen.
Geht das? Hast du Zeit?
Antworte mir sobald wie möglich!
Deine Tina

Senden Chat Anhang Schriften Farben Als Entwurf sichern

Hallo Tina,
.................................................................................................................................
.................................................................................................................................
.................................................................................................................................
Bis bald!
Dein / Deine ............................

# HÖREN

**4** 045 **Hör den Dialog und kreuze richtig (R) oder falsch (F) an.**

| | | R | F |
|---|---|---|---|
| 1 | Lisa will mit Ursina, Björk und Finn in den BärenPark gehen. | ☐ | ☐ |
| 2 | Sie will Samstagnachmittag mit Timo ausgehen. | ☐ | ☐ |
| 3 | Sie will zum BärenPark gehen, wenn das Wetter schön ist. | ☐ | ☐ |
| 4 | Sie möchte eines Tages im BärenPark arbeiten, denn sie mag Tiere sehr. | ☐ | ☐ |
| 5 | Sie möchte eine Welt, wo alle Menschen Tiere respektieren. | ☐ | ☐ |
| 6 | Timo und Lisa treffen sich am Berner Hauptbahnhof. | ☐ | ☐ |
| 7 | Sie nehmen den Bus Nummer 12 in Richtung Zentrum. | ☐ | ☐ |
| 8 | Die Fahrt dauert nur wenige Minuten. | ☐ | ☐ |
| 9 | Samstag ist das Wetter unbeständig und es regnet den ganzen Tag. | ☐ | ☐ |
| 10 | Samstag ist es warm. | ☐ | ☐ |

# SPRECHEN

**5** PRODUKTION **Sprich über deine Traumferien.**

*Leitfragen*

- Wohin möchtest du fahren?
- Mit wem?
- Wie lange?
- Was möchtest du machen?

**6** INTERAKTION **In Paaren. Ihr wollt einen Tag im Freien verbringen. Organisiert das Programm: Wo? Wann? Mit wem? Welche Aktivität?**

# Wie weit bist du jetzt?

| | | | | |
|---|---|---|---|---|
| Comprendo un articolo in cui si parla di attività all'aria aperta nel tempo libero. | | | | |
| So scrivere un breve testo in cui propongo a un amico o un'amica un giro turistico della città e delle attività da fare insieme. | | | | |
| Comprendo conversazioni in cui si organizza un'attività stabilendo ora e luogo. | | | | |
| So parlare delle mie mete di vacanza preferite (quando, dove, con chi, quali attività). | | | | |

**Hai scoperto il nome della città? Scrivilo qui!** _ _ _ _

**Ora, per saperne di più, vai al filmato e svolgi gli esercizi.**

## Le mie competenze chiave

Competenza digitale
Imparare a imparare
Competenze sociali e civiche
Spirito di iniziativa e imprenditorialità

# Rollenspiel!

**PRODOTTO**

Filmato: un turista straniero a Berna (5 min.).

**MATERIALE**

Cartina stradale di Berna, videocamera.

**FASI DI LAVORO**

1 Guardate ancora il video della presentazione di Berna e trovate i luoghi descritti sulla cartina della città.
2 Dividetevi a gruppi e scrivete una breve scenetta in cui un turista straniero chiede informazioni su come raggiungere un posto d'interesse. Attenzione! Il turista non conosce bene il tedesco, quindi fa molti errori e non capisce molto: correggete le sue frasi e spiegategli in tutti i modi possibili quale percorso deve fare!
3 Decidete chi reciterà le parti e chi farà il regista.
4 Provate più volte la scenetta e rappresentatela infine davanti alla classe.
5 Ogni gruppo filma la propria scena. Riproponete successivamente i filmati e valutate insieme i risultati del lavoro.

# Einheit 10

## In questa unità raggiungerai i seguenti obiettivi

**LESEN**
Comprendere volantini o annunci riguardanti tempo libero e vacanze.

**SCHREIBEN**
Scrivere un'e-mail per organizzare un evento.

**HÖREN**
Comprendere una conversazione in cui si parla delle vacanze trascorse.

**SPRECHEN**
Parlare delle vacanze trascorse e progettare quelle future.

**Conoscerai alcuni dei luoghi più noti da visitare in Germania.**

Osserva la foto e scopri la località misteriosa cliccando sul simbolo nelle prossime pagine!

I personaggi di questa unità

Einheit 10

# 1 Wie war es im Urlaub?

Anhang Schrift Farben Als Entwurf sichern

Hallöchen Annika!
Meine Ferien waren einfach toll: Ich war letzten Monat mit meinen Freunden Jonas, Lina und Jan mit dem Fahrrad unterwegs. Wir waren im Gebirge, im Schwarzwald, immer Berg rauf und Berg runter! Nach einer Woche waren wir fix und fertig, aber wir hatten viel Spaß!
Deine Emma

Liebe Emma,
ich hatte leider nur doofe Ferien. Seit 2010 fahren wir immer nur nach Bayern. Wie immer waren wir bei meiner Oma auf dem Land.
Das war so langweilig! Da war nix los! Nur Kühe und Schafe... Ich hatte viel Zeit für meine Bücher und... fürs Schlafen! Nächstes Jahr komme ich ganz bestimmt mit euch auf die Radtour mit oder ich fahre ans Meer!
Alles Liebe,
Annika

046

## 1 Hör zu und kreuze richtig (R) oder falsch (F) an.

| | | R | F |
|---|---|---|---|
| 1 | Emma war mit dem Fahrrad im Schwarzwald. | ☐ | ☐ |
| 2 | Die Radtour war nicht schön. | ☐ | ☐ |
| 3 | Emma war nach einer Woche Radtour sehr müde, aber zufrieden. | ☐ | ☐ |
| 4 | Annika hatte bei ihrer Oma viel Spaß. | ☐ | ☐ |
| 5 | Sie hatte keine Zeit fürs Lesen. | ☐ | ☐ |

## 2 Aus Emmas Familienalbum. Wo waren Emmas Eltern im Urlaub? Bilde Sätze und ergänze dann die Regel.

Phonetik

!
1998 = **neunzehn** + **hundert** + **achtundneunzig**
*ma*
2002 = **zwei** + **tausend** + **zwei**

***Präteritum di sein***

| | |
|---|---|
| ich | ................ |
| du | **warst** |
| er / sie / es | **war** |

1998 – am Bodensee

1 Emmas Eltern waren 1998 am Bodensee.

2004 – an der Nordsee

3 ..............................
..............................
..............................
..............................

1999 – auf Rhodos

2 ..............................
..............................
..............................
..............................

2010 – im Gebirge, in den Alpen

4 ..............................
..............................
..............................
..............................

AB Ü 1-4, S. 50

047

## 3 Höre die Interviews und fülle die Tabelle aus.

Phonetik

| | | Wann? | Wo? |
|---|---|---|---|
| 1 |  Alena | ........................ | ........................ |
| 2 |  Kai | ........................ | ........................ |
| 3 |  Felix | ........................ | ........................ |
| 4 |  Nina | ........................ | ........................ |

***letzt- + Akkusativ***

| | |
|---|---|
| M | **letzten** Sommer |
| F | **letzte** Woche |
| N | **letztes** Jahr |

## 4 KETTENARBEIT A fragt nach den Ferien, B antwortet und fragt weiter wie im Beispiel. Benutzt die angegebenen Wörter.

Toll! • Gut! • Nicht besonders gut! • Langweilig! • Doof!

- ● Wie waren deine Ferien?
- ▲ Toll! Ich hatte viel Spaß! Wie waren deine Ferien?
- ■ Langweilig! Ich hatte keinen Spaß.

***Präteritum di haben***

| | |
|---|---|
| ich | **hatte** (keinen) Spaß |
| du | **hattest** (keinen) Spaß |
| er / sie / es | **hatte** (keinen) Spaß |

048

## 5 PARTNERARBEIT Interviewt euch über die letzten Sommerferien wie im Beispiel.

Hören und Sprechen

- ● Wo warst du letzten Sommer im Urlaub?
- ▲ Ich war am Meer.
- ● Wo genau?
- ▲ In Riccione.
- ● Fährst du oft dorthin?
- ▲ Ja, seit 2012. / Nein, ich war nur letztes Jahr da.
- ● Hattest du Spaß oder war es langweilig?
- ▲ Es war toll! Ich hatte viel Spaß. / Es war langweilig. Ich hatte keinen Spaß.

**seit + *anno*** ⟶ *dal...*

AB Ü 5-9, S. 50-51

Einheit 10

# 2 Ich konnte nicht verreisen

**Lisa** Maxi, hey, was ist los?
**Maximilian** Ich hatte einen Unfall beim Tennistraining. Das war kurz vor den Ferien.
**Lisa** So ein Pech! Dann konntest du im August nicht verreisen, oder?
**Maximilian** Nein, ich wollte an die Nordsee fahren, aber das war unmöglich: Ich musste eine ganze Woche im Krankenhaus bleiben und konnte danach nur mit Krücken gehen.
**Lisa** Oh, du Armer! Das tut mir wirklich leid!

049

## 1 Hör zu und antworte.

1 Wann wollte Maxi Urlaub machen? ..............................
2 Wohin wollte er fahren? ..............................
3 Warum konnte er nicht in Urlaub fahren? ..............................
4 Wo musste er die Sommerferien verbringen? ..............................

## 2 Ordne zu.

1 ☐ Was ist los?
2 ☐ Ich hatte einen Unfall.
3 ☐ Dann konntest du nicht verreisen, oder?
4 ☐ Ich konnte nur mit Krücken gehen.
5 ☐ Oh, du Armer!

a Oh poverino!
b Potevo camminare solo con le stampelle.
c Che cosa è successo?
d Ho avuto un incidente.
e Allora non sei potuto partire, vero?

AB Ü 1-2, S. 52

**Comunicazione**: raccontare al passato • **Lessico**: inconvenienti • **Grammatica**: *Präteritum* dei verbi modali
**Didattica inclusiva**: 2, 4

## 3 Schau dir die Bilder an und antworte mit den angegebenen Sätzen. Ergänze dann die Regel.

Phonetik

- Nein, sie wollten fahren, das Wetter war aber schlecht und sie mussten zu Hause bleiben.
- ~~Nein, er wollte fahren, er war aber krank und musste im Bett bleiben.~~
- Nein, sie wollte baden, aber es war sehr kalt und sie musste ins Schwimmbad gehen.
- Nein, sie wollte fahren, ihr Auto war aber kaputt und die Familie musste in Bonn bleiben.

1 ● Konnte Max ans Meer fahren?
▲ Nein, er wollte fahren, er war aber krank und musste im Bett bleiben.

2 ● Konnten Steffi und Kai ins Gebirge fahren?
▲ ..............................................................................
..............................................................................

3 ● Konnte Frau Sobek im See baden?
▲ ..............................................................................
..............................................................................

4 ● Konnte Familie Hanisch nach Italien fahren?
▲ ..............................................................................
..............................................................................

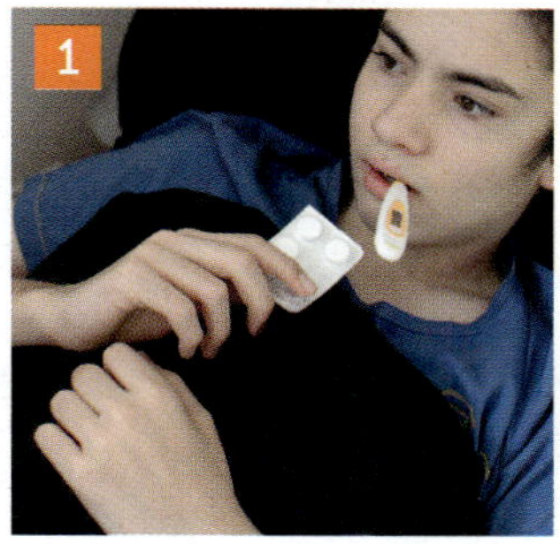

***Präteritum* dei verbi modali**

**können** ⟶ ich / er / sie / es **konnte**
**müssen** ⟶ ich / er / sie / es ........................
**wollen** ⟶ ich / er / sie / es ........................

## 4 Hör zu und ergänze die Zusammenfassungen mit den angegebenen Wörtern.

050

Hören und Sprechen

auf dem Land • nach Spanien • die Flugtickets • das Wetter • Trekking • die Türkei • einen Unfall • im Hotel • Freeclimbing • zu Hause • schlecht • im Krankenhaus • krank

1 Herr und Frau Fischer wollten ................................ besichtigen, aber ................................ waren ausverkauft und sie konnten nicht in die Türkei fliegen. Sie mussten wie immer ................................ Urlaub machen.
2 Muriel wollte ................................ fliegen, aber sie war ................................ und musste ................................ bleiben.
3 Martin wollte ................................ in den Alpen machen, aber er hatte ................................ mit seinem Fahrrad und musste zwei Wochen ................................ bleiben.
4 Tobias wollte ................................ machen, aber er konnte nicht, denn ................................ war die ganze Woche ................................ und er musste die ganze Zeit ................................ bleiben.

## 5 GRUPPENARBEIT Schreibt die folgende Geschichte *So ein Pech!* Benutzt die Verben *müssen, wollen, können, haben* und *sein* im *Präteritum*.

- Auto nicht starten
- Taxi nehmen
- viel Verkehr
- nicht pünktlich am Flughafen sein
- Flug schon weg sein
- wütend wieder nach Hause fahren

Marion wollte so gern ins Ausland fliegen. Deshalb hatte sie schon seit Monaten ein Flugticket nach... in ihrer Tasche. Sie wollte sehr pünktlich am Flughafen sein, aber...

AB Ü 3-6, S. 52-53

# 3 Ich bin nach England gefahren

**Claudia** Wo hast du deine Ferien verbracht, Mesut?
**Mesut** Ich war eine Woche am Meer in Italien und dann habe ich eine Woche Trekking in der Sächsischen Schweiz gemacht.
**Claudia** Wow, das ist toll! Und wann bist du zurückgekommen?
**Mesut** Vor zwei Tagen. Und du? Wo hast du deine Ferien verbracht?
**Claudia** Ich bin nach England gefahren, ich habe einen Monat bei meiner Cousine gewohnt und einen Sprachkurs besucht. Ich habe viele nette Leute kennengelernt. Und vor einer Woche hat mich Peter aus London besucht!
**Mesut** Super!

051

## 1 Hör zu und schreib die Namen: Claudia oder Mesut?

Phonetik

1 ................................ war einen Monat in England.
2 ................................ hat 7 Tage in Italien verbracht.
3 ................................ hat viele nette Leute kennengelernt.
4 ................................ hat einen Englischkurs besucht.
5 ................................ hat Trekking in Ostdeutschland gemacht.

## 2 Antworte.

1 Wann ist Mesut aus dem Urlaub zurückgekommen?

.......................................................................................................

2 Wann hat Peter Claudia besucht?

.......................................................................................................

***Vor zwei Tagen, vor einer Woche, vor einem Monat*** significano "due giorni fa, una settimana fa, un mese fa".

AB Ü 1-2, S. 54

## 3 a. Fülle die Tabelle aus und ergänze die Regel.

| Infinitiv | Perfekt |
|---|---|
| lernen | **hat** ... **ge**lern**t** |
| tanzen | **hat** ... **ge**tanz**t** |
| spielen | **hat** ... **ge**spiel**t** |
| arbeiten | **hat** ... **ge**arbeit**et** |
| machen | ........................................... |
| wohnen | ........................................... |
| besuchen | ........................................... |
| kennenlernen | ........................................... |
| verbringen | **hat** ... ver**bracht** |
| fahren | **ist** ... **ge**fahr**en** |
| fliegen | **ist** ... **ge**fl**o**g**en** |
| gehen | **ist** ... **gegangen** |
| schwimmen | **ist** ... **ge**schw**o**mm**en** |

**il participio passato**

**verbi regolari:** **ge**- + **radice verbo** + ............
**verbi misti:** **ge**- + **radice spesso modificata** + **-t**
**verbi irregolari:** **ge**- + **radice spesso modificata** + **-en**

I verbi di moto hanno l'ausiliare *sein*.
I verbi che iniziano per ***be-***, ***ge-***, ***emp-***, ***ent-***, ***miss-***, ***ver-***, ***zer-*** **non aggiungono** mai ***ge-*** al participio: ***be**suchen* ⟶ ***be**such**t***.
I verbi separabili inseriscono ***-ge-*** tra prefisso e verbo: *zurückkommen* ⟶ *zurück**ge**kommen*

### b. Kettenarbeit Schaut euch die Tabelle oben 3 Minuten an. Übt dann die Verbformen wie im Beispiel.

● *Fahren.* ▲ *Ist gefahren. Machen.* ■ *Hat gemacht. Besuchen. ...*

## 4 Schau dir die Bilder an und beantworte die Fragen.

**Hören und Sprechen**

1

2

3

4

1 ● Ist Thomas in den Ferien ans Meer gefahren?
▲ *Nein, er ist ins Gebirge gefahren.*
2 ● Hat Muriel oft Beachvolleyball gespielt?
▲ ..............................................................................
3 ● Hat Tim Trekking gemacht?
▲ ..............................................................................
4 ● Sind die Krügers ins Schwimmbad gegangen?
▲ ..............................................................................

052

## 5 Hör zu und ergänze die Texte.

**Tim**

Ich habe die Ferien am Meer [1]........................: Ich bin jeden Tag ans Meer [2]........................ und bin lange [3]........................ . Ich bin vor einem Monat [4]........................ .

**Alena**

Ich bin nicht ans Meer oder ins Gebirge [5]........................, aber ich hatte trotzdem viel Spaß: Ich habe lange Radtouren [6]........................ und bin oft mit meinen Freunden ins Kino oder ins Schwimmbad [7]........................ .

## 6 Schreib einen kurzen Text (3 Sätze) über deine Ferien mit den gelernten Verben im *Perfekt* bzw. im *Präteritum*. Berichte dann vor der Klasse.

AB Ü 3-8, S. 54-55

# 4 Wo warst du gestern?

| | |
|---|---|
| **Markus** | Hey, Jakob! Wo warst du gestern? |
| **Jakob** | Hallo, Markus. Ich war zu Hause. Ich bin aber sehr spät aufgestanden. Gestern habe ich bis 15:00 Uhr geschlafen. |
| **Markus** | Warum bist du so lange im Bett geblieben? |
| **Jakob** | Ich bin erst in der Nacht aus dem Urlaub zurückgekommen und war sehr müde. Äh, habe ich etwas verpasst? |
| **Markus** | Ja! Ich habe dich oft angerufen, aber dein Handy war aus. Am Nachmittag waren wir bei Petra. Sie ist 14 Jahre alt geworden und hat eine Party organisiert. Wir haben getanzt, gegessen und gesungen. Es war toll! |
| **Jakob** | Oh, so ein Pech! |

053

## 1 Hör zu und kreuze richtig (R) oder falsch (F) an.

| | R | F |
|---|---|---|
| 1 Jakob ist lange im Bett geblieben. | ☐ | ☐ |
| 2 Jakobs Handy war kaputt. | ☐ | ☐ |
| 3 Markus war gestern auf Petras Party. | ☐ | ☐ |
| 4 Petra ist 13 Jahre alt geworden. | ☐ | ☐ |

Phonetik

*Perfekt con sein*

| | |
|---|---|
| bleiben | **ist geblieben** |
| sein | **ist gewesen** |
| werden | **ist geworden** |
| aufstehen | **ist aufgestanden** |
| passieren | **ist passiert** |

AB Ü 1-2, S. 56

## 2 Lies den letzten Tag von Jakobs Ferien, such die Ausdrücke und schreib sie rechts ab.

Jakob hat zwei Wochen in Griechenland verbracht. Gestern ist er sehr früh aufgestanden, er hat gefrühstückt und ist zum letzten Mal an den Strand gegangen. Er hat gebadet und Beachvolleyball gespielt, dann ist er ins Hotel zurückgekommen, hat gegessen, ein wenig gelesen und danach seinen Koffer gepackt. Um 15:30 Uhr ist er mit der Fähre nach Athen gefahren. Leider war sein Flug annulliert und er musste 3 Stunden auf den nächsten Flug warten. Er ist endlich um Mitternacht in Berlin gelandet, aber dann musste er noch mit dem Zug nach Leipzig. Die Fahrt hat zwei Stunden gedauert. Um 3:00 Uhr war er zu Hause und konnte endlich ins Bett gehen! Er ist bis 15:00 Uhr im Bett geblieben.

1 Si è alzato molto presto.
Er ist sehr früh aufgestanden.
2 Ha fatto il bagno.
..........................................................
3 Ha mangiato.
..........................................................
4 Ha letto un po'.
..........................................................
5 Ha fatto la valigia.
..........................................................
6 È atterrato a Berlino.
..........................................................
7 Il viaggio è durato due ore.
..........................................................
8 È rimasto a letto fino alle 15:00.
..........................................................

## 3 Was hat Markus gestern gemacht? Beschreibe.

- um 10:00 Uhr aufstehen
- mit Lukas ins Zentrum fahren
- Petras Geschenk kaufen
- um 13:00 Uhr Jakob anrufen
- Jakob nicht antworten
- allein zu Petras Party gehen
- dort tanzen, singen und essen
- um 22:00 Uhr nach Hause zurückkommen
- ins Bett gehen

Markus ist um 10:00 Uhr aufgestanden. Dann ist er...

054

## 4 Hör zu. Was hat Thomas schon gemacht? Was hat er noch nicht gemacht?

Hören und Sprechen

1 Thomas **hat schon** ein Buch gelesen, .......................................................... .
2 Thomas **hat noch nicht** .......................................................... .

## 5 Was hast du am Sonntag gemacht? Erzähle.

AB Ü 3-7, S. 56-57

# Deine Grammatik

AB *Grammatiktraining* S. 58-59

## Il *Präteritum* dei verbi *sein*, *haben* e dei modali

Interaktive Übungen

| | |
|---|---|
| Ich **war** in den Ferien im Gebirge. | *Sono stato/a in vacanza in montagna.* |
| Ich **hatte** viel Spaß. | *Mi sono divertito/a molto.* |
| Ich **wollte** ins Gebirge **fahren**, **konnte** aber nicht und **musste** zu Hause **bleiben**. | *Volevo andare in montagna, ma non ho potuto e sono dovuto/a restare a casa.* |

| | sein | haben | müssen | können | wollen | dürfen | sollen |
|---|---|---|---|---|---|---|---|
| ich | **war** | **hatte** | muss**te** | konn**te** | woll**te** | durf**te** | soll**te** |
| du | **warst** | **hattest** | muss**test** | konn**test** | woll**test** | durf**test** | soll**test** |
| er / sie / es | **war** | **hatte** | muss**te** | konn**te** | woll**te** | durf**te** | soll**te** |
| wir | **waren** | **hatten** | muss**ten** | konn**ten** | woll**ten** | durf**ten** | soll**ten** |
| ihr | **wart** | **hattet** | muss**tet** | konn**tet** | woll**tet** | durf**tet** | soll**tet** |
| sie / Sie | **waren** | **hatten** | muss**ten** | konn**ten** | woll**ten** | durf**ten** | soll**ten** |

- Il *Präteritum* è il passato semplice tedesco e corrisponde all'imperfetto e al passato remoto italiani. Per i verbi ausiliari e i modali si usa di solito anche per rendere il **passato prossimo**.
- I verbi modali costruiscono il *Präteritum* aggiungendo **-te** alla radice del verbo.
- Le desinenze che vengono aggiunte alla forma con ***-te*** sono le stesse dell'indicativo. Fanno eccezione la **prima** e la **terza persona singolare**, che **non aggiungono** mai **desinenze** ma mantengono solo ***-te***.
- I verbi modali al *Präteritum* perdono l'*Umlaut* della radice.
- I verbi ***sein*** e ***haben*** al *Präteritum* hanno una **coniugazione propria**. Nel verbo ***sein*** le desinenze sono le stesse degli altri verbi, ad eccezione della **prima e terza persona singolare**, che **non hanno desinenza**. Nel verbo ***haben*** la **prima e terza persona singolare sono uguli** e hanno la desinenza ***-e***.

## Il *Perfekt*: il participio passato dei verbi regolari

Interaktive Übungen

| | |
|---|---|
| Ich **habe** in Frankreich **gewohnt**. | *Ho abitato in Francia.* |
| Mein Vater **hat** in den Ferien nicht **gearbeitet**. | *Mio padre non ha lavorato in vacanza.* |
| Meine Tante **hat** mich gestern **besucht**. | *Mia zia mi ha fatto visita ieri.* |
| **Hast** du die Party im Garten **organisiert**? | *Hai organizzato la festa in giardino?* |
| Ich **habe** viele Leute **kennengelernt**. | *Ho conosciuto molte persone.* |

- Il *Perfekt* tedesco corrisponde al passato prossimo italiano. Si forma con il presente di ***sein*** o ***haben*** (qui usati come ausiliari) seguito dal participio passato.
- Il **participio passato** si trova **sempre a fine frase**, mentre l'ausiliare ***sein*** o ***haben*** va come sempre **al secondo posto**.
- Il participio dei verbi regolari si forma con il prefisso ***ge-*** + radice del verbo + ***-t*** (***-et*** per i verbi la cui radice termina in ***-d*** e ***-t*** come *antworten*).
- I verbi **con prefisso inseparabile *be-***, ***ge-***, ***emp-***, ***ent-***, ***miss-***, ***ver-***, ***zer-*** e i verbi in ***-ieren*** **non aggiungono *ge-***: *besucht*, *organisiert*.
- I verbi **separabili** inseriscono il ***-ge-*** fra prefisso e radice: *auf**ge**räumt*.

## Il *Perfekt*: il participio passato dei verbi irregolari e misti

Interaktive Übungen

| | | | |
|---|---|---|---|
| *an*rufen | **hat** ... *an***ge**ruf**en** | *auf*stehen | **ist** ... *auf***gestanden** |
| lesen | **hat** ... **ge**les**en** | bleiben | **ist** ... **ge**blie**ben** |
| singen | **hat** ... **ge**s**u**ng**en** | fahren | **ist** ... **ge**fahr**en** |
| trinken | **hat** ... **ge**tr**u**nk**en** | kommen | **ist** ... **ge**komm**en** |
| essen | **hat** ... **gegessen** | fliegen | **ist** ... **ge**fl**o**g**en** |
| nehmen | **hat** ... **genommen** | gehen | **ist** ... **gegangen** |
| verbringen | **hat** ... verbr**acht** | werden | **ist** ... **ge**w**o**rd**en** |

- I verbi irregolari formano il participio passato da una radice spesso diversa da quella dell'infinito.
- La desinenza del participio per tutti i **verbi irregolari** è ***-en***.
- I **verbi misti** come *bringen* e *verbringen* **modificano il tema verbale**, ma aggiungono anche la desinenza **-*t*** dei **verbi regolari**.

In tedesco si usa sempre l'ausiliare ***haben***, **tranne** che per i verbi di **moto intransitivi** (***fahren***, ***kommen***, ***gehen***, ecc.) e i seguenti verbi: ***sein***, ***bleiben***, ***aufstehen***, ***werden***, ***passieren***.

## Il complemento di tempo: *in*, *vor*, *seit* + *Dativ*

Interaktive Übungen

| | |
|---|---|
| **in** ein**em** Monat, **im** Jahr 2013 | *fra un mese, nel 2013* |
| **seit** ein**em** Monat, **seit** drei Jahre**n** | *da un mese, da tre anni* |
| **vor** ein**em** Jahr | *un anno fa* |

- ***In*** + **dativo** indica un evento che si svolge nel futuro (fra un mese, fra un anno).
- ***Seit*** + **dativo** ha lo stesso valore dell'inglese ***since*** e indica l'inizio di un'azione che continua nel presente.
- ***Vor*** + **dativo** indica un evento passato e ha lo stesso valore dell'inglese (***one month***) ***ago***.
- Il complemento di tempo riferito all'anno può essere espresso in due modi:
  *Ich war **2014** am Meer.*
  *Ich war **im Jahr 2014** am Meer.*

  Nel primo caso, senza la parola *Jahr*, **non si mette mai** la preposizione ***im***.

Il complemento di **tempo precede** quello di **luogo**:
*Ich bin **seit einer Stunde** zu Hause.*

Come abbiamo già visto, l'espressione di **tempo continuato** si esprime con l'**accusativo**: *Markus hat **den ganzen Abend** getanzt.*
Anche le seguenti espressioni di tempo si esprimono con l'accusativo.

| | | |
|---|---|---|
| letzt**en** Sommer | letzt**e** Woche | letzt**es** Jahr |
| nächst**en** Sommer | nächst**e** Woche | nächst**es** Jahr |
| **den** ganz**en** Sommer | **die** ganz**e** Woche | **das** ganz**e** Jahr |

# Touristische Highlights Deutschlands

055

Viele Deutsche verbringen den Urlaub in ihrem Land. **Süddeutschland** (Bayern und Baden-Württemberg) ist das Reiseziel Nummer 1: Am Bodensee kann man segeln, surfen, schöne Radtouren machen; im Winter kann man in den Alpen Ski fahren und im Sommer Trekking machen. Auch Ferien auf dem Land, auf einem Bauernhof[1], sind für Familien mit Kindern ideal.

056

Sehr beliebt ist auch die Nordsee- und Ostseeküste. Radler haben hier ihren Spaß, denn man kann tagelang am Meer entlang Rad fahren. Meistens ist es sehr windig. Die Landschaft[2] ist interessant: Die Strände sind sehr lang, oft gibt es Dünen. Die Leute liegen nicht am Strand, sondern sitzen in Strandkörben[3]. Dort ist es windstill.

057

Das Meer ist an der Nordseeküste nicht tief[4] und man sieht überall im Meer kleine Inseln. Sie heißen *Halligen*. Man kann sie auch zu Fuß erreichen, wenn das Meer weg ist. Ja, an der Nordsee kann man das Phänomen der Gezeiten[5] erleben: Bei Ebbe[6] zieht sich das Meer zurück und man kann auf dem Watt (= auf dem Meeresboden) wandern. Bei Flut[7] kommt das Wasser zurück an Land. Das passiert jeden Tag alle sechs Stunden.

058

Mitten in der Nordsee sieht man auch oft Sandbänke. Dort schlafen gern Seehunde. Der Seehund in der Nordsee ist grau und nicht besonders groß.

Testo parlante

059

Viele Touristen machen auch Touren durch Deutschland: Von Hanau bis nach Bremen kann man im Sommer die berühmten Märchen[8] der Brüder Grimm „live“ erleben. Auf der Straße spielt man für die Touristen Rotkäppchen[9] oder Rapunzel oder auch der Rattenfänger von Hameln[10].

060

Auf der romantischen Straße (von Würzburg nach Füssen) sind die Städte noch wie im Mittelalter[11]. In Rothenburg kann man auch im August die Weihnachtsatmosphäre genießen und in Schwangau und Füssen sind die Schlösse von Ludwig von Bayern ein Muss für die Touristen.

061

In der sächsischen Schweiz kann man wie die Romantiker auf dem Malerweg[12] wandern und Natur pur erleben. Dort ist das Paradies für Freeclimber.

1 **der Bauernhof, ¨-e**: fattoria
2 **die Landschaft, -en**: paesaggio
3 **der Strandkorb, ¨-e**: poltrona di vimini da spiaggia
4 **tief**: profondo
5 **die Gezeit, -en**: marea
6 **die Ebbe**: bassa marea
7 **die Flut**: alta marea
8 **das Märchen, -**: fiaba
9 **Rotkäppchen**: Cappuccetto rosso
10 **der Rattenfänger von Hameln**: il pifferaio magico di Hameln
11 **das Mittelalter**: Medioevo
12 **der Malerweg**: il sentiero dei pittori

**1 Antworte.**

1. Wo kann man in Süddeutschland segeln und surfen?
2. Welche Ferien sind bei Familien besonders beliebt?
3. Wo kann man auf dem Meeresboden, auf dem *Watt*, wandern?
4. Wann ist Ebbe und wann ist Flut?
5. Wie heißen die Tiere auf den Sandbänken?

**2 Wähle den richtigen Urlaub für deine Freunde.**

1. Markus wohnt in Berlin, ist sehr sportlich und möchte Trekking oder Freeclimbing machen. Wohin fährt er in Urlaub?
2. Alena ist sehr romantisch und möchte Schlösser besichtigen. Wohin kann sie in Urlaub fahren?
3. Tim und Lisa mögen Märchen. Wohin fahren sie in Urlaub?

**3 GRUPPENARBEIT Online findet ihr vereinfachte Versionen der Märchen von den Brüdern Grimm. Jede Gruppe wählt eines aus und erzählt es vor der Klasse.**

# Dein Wortschatz

## Hilfsverben verbi ausiliari

| Infinitiv | | Präteritum | Perfekt |
| --- | --- | --- | --- |
| **haben** | avere | hatte | hat ... gehabt |
| **sein** | essere | war | ist ... gewesen |

## Modalverben verbi modali

| Infinitiv | | Präteritum |
| --- | --- | --- |
| **dürfen** | potere, avere il permesso | durfte |
| **können** | potere, avere la possibilità, essere in grado | konnte |
| **müssen** | dovere | musste |
| **wollen** | volere | wollte |

## regelmäßige Verben verbi regolari

| Infinitiv | | Perfekt |
| --- | --- | --- |
| **antworten** | rispondere | hat ... geantwortet |
| **arbeiten** | lavorare | hat ... gearbeitet |
| **baden** | fare il bagno | hat ... gebadet |
| **besichtigen** | visitare (luogo) | hat ... besichtigt |
| **besuchen** | visitare (persona), frequentare (corso) | hat ... besucht |
| **erzählen** | raccontare | hat ... erzählt |
| **fragen** | domandare | hat ... gefragt |
| **frühstücken** | fare colazione | hat ... gefrühstückt |
| **hören** | sentire | hat ... gehört |
| **kaufen** | comperare | hat ... gekauft |
| **kennenlernen** | conoscere (fare conoscenza) | hat ... kennengelernt |
| **komponieren** | comporre | hat ... komponiert |
| **landen** | atterrare | ist ... gelandet |
| **lernen** | studiare | hat ... gelernt |
| **machen** | fare | hat ... gemacht |
| **organisieren** | organizzare | hat ... organisiert |
| **packen** | fare la valigia | hat ... gepackt |
| **passieren** | succedere | ist ... passiert |
| **reisen** | viaggiare | ist ... gereist |
| **spielen** | giocare, suonare | hat ... gespielt |
| **studieren** | studiare | hat ... studiert |
| **tanzen** | ballare | hat ... getanzt |
| **verreisen** | viaggiare, partire per le vacanze | ist ... verreist |
| **wandern** | fare escursioni | ist ... gewandert |
| **warten** | aspettare | hat ... gewartet |

## gemischte Verben verbi misti

| Infinitiv | | Perfekt |
| --- | --- | --- |
| **bringen** | portare | hat ... gebracht |
| **denken** | pensare | hat ... gedacht |
| **verbringen** | trascorrere | hat ... verbracht |

## unregelmäßige Verben verbi irregolari

| Infinitiv | | Perfekt |
|---|---|---|
| **anrufen** | telefonare | hat ... angerufen |
| **aufstehen** | alzarsi | ist ... aufgestanden |
| **bekommen** | ricevere | hat ... bekommen |
| **bleiben** | rimanere | ist ... geblieben |
| **essen** | mangiare | hat ... gegessen |
| **fahren** | andare (con mezzo) | ist ... gefahren |
| **fallen** | cadere | ist ... gefallen |
| **fliegen** | volare | ist ... geflogen |
| **geben** | dare | hat ... gegeben |
| **gehen** | andare (a piedi) | ist ... gegangen |
| **kommen** | venire | ist ... gekommen |
| **lesen** | leggere | hat ... gelesen |
| **nehmen** | prendere | hat ... genommen |
| **schlafen** | dormire | hat ... geschlafen |
| **schreiben** | scrivere | hat ... geschrieben |
| **schwimmen** | nuotare | ist ... geschwommen |
| **singen** | cantare | hat ... gesungen |
| **sprechen** | parlare | hat ... gesprochen |
| **sich treffen** | incontrarsi | hat ... sich getroffen |
| **trinken** | bere | hat ... getrunken |
| **verstehen** | capire | hat ... verstanden |
| **werden** | diventare | ist ... geworden |

## Weiteres...

das **Ausland** estero
**braun werden** **abbronzarsi**
**doof** stupido
der **Koffer, -** valigia
die **Krücke, -n** stampella
die **Kuh, ¨-e** mucca
das **Schaf, -e** pecora
die **Sonnencreme** crema solare
der **Unfall, ¨-e** incidente
der **Verband, ¨-e** fasciatura, bendaggio
der **Wohnwagen** roulotte

## Wortspiel

**Streiche aus: Was passt nicht?**

1 fliegen – Flugzeug – Flug – Bahnhof – Flughafen
2 Hotel – Pension – Jugendherberge – Schule – Ferienwohnung
3 Trekking – Freeclimbing – klettern – Ski fahren – Segeln

## Vergissmeinnicht

**Was hast du gemacht?**
Che cosa hai fatto?
**Bist du spät aufgestanden?**
Ti sei alzato tardi?
**Bist du spät ins Bett gegangen?**
Sei andato a letto tardi?
**Ich bin vor einer Woche zurückgekommen.**
Sono tornato una settimana fa.
**Ich mache seit 2012 dort Urlaub.**
Faccio le vacanze lì dal 2012.
**Was ist passiert?**
Che cos'è successo?
**Wo hast du die Ferien verbracht?**
Dove hai passato le vacanze?
**Wann bist du in Urlaub gefahren?**
Quando sei andato in vacanza?
**Wie waren deine Ferien?**
Come sono andate le tue vacanze?
**Wie war das Wetter?**
Com'era il tempo?
**Hattest du Spaß?**
Ti sei divertito?

# Teste deine Sprachkompetenz!

## LESEN

**1 Lies die zwei Anzeigen und kreuze a, b oder c an.**

**Anzeige 1**

1 Für wen ist die Anzeige?
- a ☐ Für Jugendliche ohne Eltern.
- b ☐ Für Jugendliche, die in den Ferien zu Hause bleiben.
- c ☐ Für Jugendliche mit schlechten Noten.

2 Wann findet der Jugendferientreff statt?
- a ☐ Jeden Tag.
- b ☐ Am Wochenende.
- c ☐ Fünf Tage in der Woche.

3 Die Aktivitäten
- a ☐ sind gratis.
- b ☐ kosten insgesamt 90 €.
- c ☐ kosten 90 € pro Woche.

**Anzeige 2**

4 Jan sucht
- a ☐ eine Person für seine Katze.
- b ☐ eine Katze für die Ferien.
- c ☐ einen Freund.

5 Jan fährt
- a ☐ für eine Woche nach Italien.
- b ☐ für zwei Wochen nach Italien.
- c ☐ in einer Woche ans Meer.

6 Jan will dann auch
- a ☐ das Haustier der anderen Person pflegen, wenn sie verreist.
- b ☐ die Pflege bezahlen.
- c ☐ der Person ein Haustier schenken.

**Anzeige 1**

Alle fahren in die Ferien... Und du?
Kannst du nicht verreisen und machst Urlaub auf „Balkonien"?

Dann komm zu uns in den
**Jugendferientreff Hamburg!**
Und das ist unser Programm:

- Sport
- Theater
- Ausflüge
- Spiele
- Filme
- Partys

**Wo?** Jugendzentrum Hamburg – Altona
**Wann?** Im Juli, von Montag bis Freitag: 9:00 – 18:00 Uhr
**Wie viel?** 90 € pro Woche

Informationen unter:
jugendtreff@hamburg.de

**Anzeige 2**

**Wer hat Platz für Mitzi?**
Hallo, ich heiße Jan, bin 16 Jahre alt und fahre in einer Woche für 14 Tage mit meiner Familie nach Italien. Ich habe eine kleine Katze, die aber leider nicht mitkommen darf. Hilfe! Wer kann sich um das kleine Tier kümmern? Hier ist mein Vorschlag: Wenn du meine Katze pflegst, kann ich auch deine Haustiere pflegen, wenn du im Urlaub bist! Bitte, melde dich so bald wie möglich! Meine Handynummer ist 0176 544 04 76.

# SCHREIBEN

**2** **Lies Jakobs E-Mail und antworte mit ca. 30 Wörtern. Berücksichtige in deiner Antwort folgende Fragen:**

- Wann soll das Event stattfinden?
- Wie viele Leute möchtest du einladen?
- Wer bringt Essen und Getränke mit?

Senden Chat Anhang Schriften Farben Als Entwurf sichern

Hallo!
Bald ist die Schule aus. Warum organisieren wir nicht eine Party mit unseren Freunden vor den Sommerferien? Das Wetter ist in den nächsten Tagen schön! Was meinst du dazu?
Jakob

Senden Chat Anhang Schriften Farben Als Entwurf sichern

Hallo Jakob!
............................................................................................................................
............................................................................................................................
............................................................................................................................

Liebe Grüße
............................

# HÖREN

**3** 062 **Du hörst einen Dialog in zwei Teilen. Hör den Dialog einmal ganz, dann hör jeden Teil noch einmal und löse die Aufgaben.**

**Teil 1**

1 Lisa wollte
- a ☐ nach Italien.
- b ☐ nach Spanien.
- c ☐ nach Griechenland.

2 Ihre Mutter ist jetzt
- a ☐ aus dem Urlaub zurück.
- b ☐ zu Hause.
- c ☐ im Krankenhaus.

3 Lisa fährt
- a ☐ in einer Woche an die Nordsee.
- b ☐ nicht in Urlaub.
- c ☐ später mit ihrer Familie ans Meer.

**Teil 2**

4 Wo hat Thomas seine Ferien verbracht?
- a ☐ In der Schweiz.
- b ☐ In Bayern.
- c ☐ In Österreich.

5 Wann ist er aus dem Urlaub zurückgekommen?
- a ☐ Vor einem Tag.
- b ☐ Vor einer Woche.
- c ☐ Vor einem Monat.

6 Was hat er dort gemacht?
- a ☐ Er hat Trekking gemacht.
- b ☐ Er hat Freeclimbing gemacht.
- c ☐ Er hat eine Radtour gemacht.

# SPRECHEN

**4** PRODUKTION **Sprich 2-3 Minuten über deine letzten Winterferien.**

**5** INTERAKTION **Sprecht drei Minuten über eure letzten Sommerferien und entscheidet zusammen: Wo möchtet ihr die nächsten Ferien zusammen verbringen?**

# Wie weit bist du jetzt?

| | | | | | |
|---|---|---|---|---|---|
| | Comprendo volantini o annunci riguardanti tempo libero e vacanze. | | | | |
| | So scrivere un'e-mail per organizzare un evento. | | | | |
| | Comprendo una conversazione in cui si parla delle vacanze trascorse. | | | | |
| | So parlare delle vacanze trascorse e progettare quelle future. | | | | |

**Hai scoperto il nome della località? Scrivilo qui!** _ _ _ _ _ _ _ _ _ _ _ _ _ _

**Ora, per saperne di più su alcune località turistiche della Germania, vai al filmato e svolgi gli esercizi.**

## Le mie competenze chiave

Competenza digitale
Imparare a imparare
Competenze sociali e civiche
Spirito di iniziativa e imprenditorialità

# Heute haben wir alle geschlumpft!

**PRODOTTO**

Una storiella "criptata" su una giornata particolare o su una vacanza particolare

**MATERIALE**

Carta, penna, computer e stampante

**FASI DI LAVORO**

1 Dividetevi in gruppi e pensate a una storiella divertente al passato, da proporre al resto della classe.
2 Sostituite tutti i verbi della storiella con un unico verbo: *schlumpfen, ist / hat geschlumpft* che corrisponde al verbo "puffare" in italiano. Esempio: *Heute ist Markus spät geschlumpft und hat den Bus geschlumpft. Deshalb ist er spät zur Schule geschlumpft*, ecc. Tutti i verbi da utilizzare devono essere noti.
3 I gruppi si scambiano le storielle criptate e lavorano per decifrarle e riscriverle. Vince chi svolge il lavoro nel minor tempo e senza errori.
4 La storiella più bella viene trascritta sul blog della classe.

# Eine Klassenfahrt nach Berlin!

## Zum Schluss

### Facciamo ancora un passo avanti verso i seguenti obiettivi

**LESEN**
Comprendere informazioni riguardanti i luoghi d'interesse di una città.

**SCHREIBEN**
Scrivere un breve testo sulla storia e i luoghi d'interesse di una città.

**HÖREN**
Comprendere conversazioni in cui si raccontano eventi del passato.

**SPRECHEN**
Parlare di una città visitata descrivendone i luoghi d'interesse ed esprimendo pareri a riguardo.

**Conoscerai la storia di Berlino e del suo Muro.**

*Osserva la foto e scopri il quartiere di Berlino cliccando sul simbolo nelle prossime pagine!*

I personaggi di questa unità

Zum Schluss

# 1 Berlin

**Stefan** Ich kann es gar nicht glauben: Nur noch eine Woche Schule, dann fahren wir auf Klassenreise!
**Julian** Ja, super! Wir fahren nach Berlin!
**Tina** Wisst ihr was? Ich möchte sofort losfahren! Ich finde die Stadt so cool!
**Julian** Ich freue mich auch auf die Klassenfahrt, weil ich mich sehr für die Geschichte Berlins interessiere. Die Geschichte von der Mauer und von der DDR fasziniert mich auch sehr!
**Tina** Dann können wir doch das DDR-Museum besichtigen.
**Stefan** Ja, und das Mauermuseum am Checkpoint Charlie ist bestimmt auch sehr interessant!
**Julian** Prima, das machen wir!

063

## 1 Hör zu und ordne zu.

1 ☐ In einer Woche fahren Stefan, Julian und Tina
2 ☐ Tina möchte nach Berlin,
3 ☐ Julian freut sich auf Berlin,
4 ☐ Die Freunde wollen das Mauermuseum besichtigen,

a weil die Stadt so cool ist.
b weil es sehr interessant ist.
c auf Klassenreise.
d weil er sich für die Geschichte der Stadt interessiert.

## 2 Berlin ist immer eine Reise wert! Verbinde Bilder und Namen.

Phonetik

a ☐ das Brandenburger Tor
b ☐ das Schloss Charlottenburg
c ☐ das Denkmal für die ermordeten Juden Europas
d ☐ der Fernsehturm
e ☐ der Potsdamer Platz
f ☐ das Mauermuseum am Checkpoint Charlie
g ☐ der Reichstag mit der Glaskuppel
h ☐ der Tiergarten
i ☐ die Museumsinsel

1

2

3

4

5

6

7

8

9

AB Ü 1-4, S. 66

064

## 3 Antworte mit *weil*. Lies zuerst das Beispiel und ergänze die Regel.

Phonetik
Hören und Sprechen

**La subordinata causale con *weil***

***weil*** + soggetto + ........................... + ...........................

1 ● Warum willst du Berlin sehen? (*Berlin ist die Hauptstadt Deutschlands.*)
▲ Weil Berlin die Hauptstadt Deutschlands ist. / Weil ich die Hauptstadt Deutschlands sehen will.

2 ● Warum willst du nach Berlin fahren? (*Ich interessiere mich für Geschichte.*)
▲ weil ich interessiere mich für Geschichte

3 ● Warum wollt ihr zum Potsdamer Platz gehen? (*Wir wollen das Sony Center sehen.*)
▲ weil wir das Sony Center sehen wollen

4 ● Warum geht Karina zum KaDeWe? (*Sie will sich ein Kleid kaufen.*)
▲ weil sie sich ein Kleid kaufen will

5 ● Warum isst Tim eine Currywurst? (*Sie ist eine Spezialität Berlins.*)
▲ weil sie eine Spezialität Berlins ist

6 ● Warum ist der Tiergarten so bekannt? (*Er ist der größte Park Berlins.*)
▲ weil er der größte Park Berlins ist

065

## 4 Hör zu und verbinde.

| Wer? | Sehenswürdigkeit | Warum? |
|---|---|---|
| Julian | 1 das Mauermuseum | a weil er sehr modern ist. |
| Stefan | 2 die Glaskuppel vom Reichstag | b weil es das Wahrzeichen Berlins ist. |
| Tina | 3 das DDR-Museum | c weil er vieles über die Mauer lernen will. |
| Herr Böhm | 4 das Brandenburger Tor | d weil es das größte Kaufhaus Europas ist. |
| | 5 der Potsdamer Platz | e weil man von dort oben ganz Berlin sieht. |
| | 6 das KaDeWe | |

## 5 GRUPPENARBEIT Organisiert eure Klassenfahrt (Wann? Wie lange? Wohin? Mit wem? Warum?). Dann stellt euer Programm in der Klasse vor.

- Wir möchten nach... fahren, weil...
- Wir fahren mit...
- Wir können... (vier) Tage bleiben.
- Am ersten Tag wollen wir..., weil...
- Am Abend können wir...

AB Ü 5-7, S. 67

Zum Schluss

# 2 Kreuzberg

**Julian** Herr Böhm, warum leben hier in Kreuzberg so viele Türken?
**Lehrer** Sie sind nach dem 2. Weltkrieg nach Deutschland gekommen. Hier gab es viel Arbeit.
**Tina** Aber leben hier in Kreuzberg wirklich sehr viele Türken?
**Lehrer** Ja. Man kann sagen, dass Kreuzberg der türkische Teil von Berlin ist. Seit der Wiedervereinigung leben jedoch auch viele Polen, Franzosen, Italiener, Chinesen, Russen und Griechen hier, aber auch Studenten und Künstler aus der ganzen Welt sind hier in Kreuzberg. Das Viertel ist heute sehr „in".
**Julian** Interessant!

Suchspiel

066

## 1

**a. Hör zu und kreuze richtig (R) oder falsch (F) an.**

| | | R | F |
|---|---|---|---|
| 1 | In Kreuzberg leben viele Ausländer. | ☐ | ☐ |
| 2 | Kreuzberg war schon im 2. Weltkrieg sehr „in". | ☐ | ☐ |
| 3 | In Kreuzberg leben viele Türken. | ☐ | ☐ |
| 4 | In Deutschland haben viele Türken eine Arbeit gefunden. | ☐ | ☐ |
| 5 | Seit der Wiedervereinigung leben auch viele Studenten und Künstler in Kreuzberg. | ☐ | ☐ |

**b. Übersetze.**

Man kann sagen, dass Kreuzberg der türkische Teil von Berlin ist.

.............................................................................................................

## 2

**Lies die Meinungen über Kreuzberg und berichte wie im Beispielsatz.**

Phonetik

**Herr Böhm** „In Kreuzberg hört man öfter Türkisch als Deutsch."
**Eva** „Dieser Bezirk entsteht aus der Fusion von zwei Bezirken: Friedrichshain und Kreuzberg."
**Herr Stein** „Der Bezirk Friedrichshain-Kreuzberg liegt in der Mitte Berlins."
**Jakob** „Kreuzberg ist multikulti, bunt, turbulent und alternativ."
**Alina** „32,8% der Einwohner in Kreuzberg sind Ausländer."

1 Herr Böhm erklärt / sagt / weiß / hat gelesen, *dass man in Kreuzberg öfter Türkisch als Deutsch hört.*
2 Eva sagt auch, ..........................................................................................
3 Herr Stein weiß, ..........................................................................................
4 Jakob erklärt, ..........................................................................................
5 Alina hat gelesen, ..........................................................................................

AB Ü 1-3, S. 68

## 3 PARTNERARBEIT **Kennt ihr die Flaggen? Verbindet Land und Nationalität.**

Phonetik

~~China~~ • Marokko • Russland • Polen • die Türkei • Albanien • Tunesien • Griechenland • Frankreich

der Russe, -n • die Griechin, -nen • die Polin, -nen • der Türke, -n • der Albaner, - • die Russin, -nen • der Grieche, -n • der Pole, -n • die Tunesierin, -nen • die Französin, -nen • die Türkin, -nen • ~~der Chinese, -n~~ • der Marokkaner, - • der Franzose, -n • ~~die Chinesin, -nen~~ • die Albanerin, -nen • die Marokkanerin, -nen • der Tunesier, -

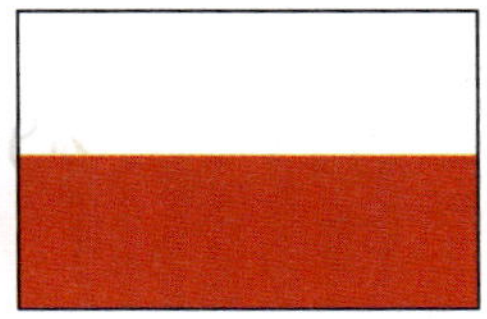

1 China
der Chinese, -n
die Chinesin, -nen

2 ..........................
..........................
..........................

3 ..........................
..........................
..........................

4 ..........................
..........................
..........................

5 ..........................
..........................
..........................

6 ..........................
..........................
..........................

7 ..........................
..........................
..........................

8 ..........................
..........................
..........................

9 ..........................
..........................
..........................

## 4 067

**a. Wer sagt was? Hör zu und berichte.**

Hören und Sprechen

„In Kreuzberg sind mehr Türken als Deutsche."

„Berlin ist nach Istanbul und Ankara die drittgrößte ‚türkische' Stadt."

„Kebab ist sehr lecker."

1 Ali sagt, dass .......................................................................................................... .
2 Julian sagt, dass ...................................................................................................... .

**b. Fülle die Lücken aus.**

Ali ist [1]............................... . Er ist in [2]............................... geboren und spricht perfekt Deutsch und [3]............................... . Zu Hause spricht er Türkisch und sonst [4]............................... . Seine Eltern sind [5]............................... . Sie kommen aus [6]............................... . Mit zehn Jahren ist Alis Vater mit seiner Familie nach Deutschland gekommen und sein Opa hat eine Arbeit hier in [7]............................... gefunden. Für Ali ist [8]............................... sein Zuhause, aber er erklärt, dass er auch [9]..............................., die türkische Sprache und die türkische Küche liebt.

## 5 GRUPPENARBEIT **Macht eine Statistik: Woher kommen die meisten Ausländer in eurer Stadt und in eurer Schule? Benutzt die Ausdrücke unten.**

- In unserer Stadt sind viele Ausländer, die meisten sind (*Marokkaner*...)
- In unserer Schule sind... / In unserer Klasse sind...

AB Ü 4-7, S. 69

Zum Schluss 3

# Dort war die Berliner Mauer

**Lehrer** Nehmen wir die U-Bahn 1 bis zur Station Gleisdreieck. Dann steigen wir in die U-Bahnlinie 2 um und fahren bis zum Potsdamer Platz. Am Potsdamer Platz nehmen wir die S-Bahn 1 und fahren nur eine Station. Am Brandenburger Tor steigen wir aus. Dort war früher die Berliner Mauer!

068

## 1 Hör zu und antworte.

1 Welche U-Bahnlinie nehmen die Schüler zuerst? ..........
2 In welche Linie steigen sie dann um? ..........
3 Wohin fahren sie mit der U2? ..........
4 Wie viele Stationen fahren sie mit der S1? ..........
5 Wo sind sie dann? ..........
6 Was war früher am Brandenburger Tor? ..........

## 2 Ordne zu.

1 ☐ *ein*steigen in + A
2 ☐ *aus*steigen aus + D
3 ☐ *um*steigen in + A

a scendere (da)
b salire (su)
c cambiare e salire

## 3 Verkehrsmittel in Berlin. Ordne Bild und Wort zu.

**das** Taxi, -s • **die** U-Bahn, -en • **die** S-Bahn, -en • **das** Velotaxi, -s • **der** Bus, -se • ~~**der** Segway, -s~~

1 *der Segway, -s*

2 ..........

3 ..........

4 ..........

5 ..........

6 ..........

AB Ü 1-2, S. 70

## 4 Beschreibe den Weg. Ergänze zuerst die Regel. Wo muss man einsteigen / umsteigen / aussteigen?

| | | |
|---|---|---|
| **an + D** | Steig **am** Potsdamer **Platz** | |
| | Steig ............... erst**en** / zweit**en Station** | ein / aus / um |
| **in + D** | Steig ............... Friedrich**straße** | |

| | | | |
|---|---|---|---|
| 1 Elea | Reichstag | S2, Yorckstraße | 5. (fünften) Station |
| 2 Thomas | Brandenburger Tor | S1, Oranienburgerstraße | 3. Station |
| 3 Franziska | Hauptbahnhof | S5, Heerstraße | 10. Station |
| 4 Greta | Ku'damm | U1, Prinzenstraße | 7. Station |
| 5 Lisa | Sony Center | U2, Bülowstraße | 2. Station |

*Elea will zum Reichstag fahren. Sie muss in die S2 in der Yorckstraße einsteigen und an der 5. (fünften) Station aussteigen.*

069

## 5 Hör die Dialoge und rekonstruiere den Weg.

Hören und Sprechen

**Dialog 1** Die Touristin will zum [1]........................... fahren. Sie muss die U-Bahnlinie [2]........................... am [3]........................... nehmen und bis zum Potsdamer Platz fahren. An der [4]........................... Station, und zwar am [5]........................... Platz, muss sie [6]........................... . Dort ist das Sony Center.

**Dialog 2** Der Tourist will zum [7]........................... fahren. Der Fernsehturm ist in der Nähe vom [8]........................... . Er muss [9]........................... S-Bahnlinie 5 [10]........................... und an der Station Alexanderplatz [11]........................... . Dann geht er drei Minuten zu [12]........................... bis zum Fernsehturm.

070

## 6 Partnerarbeit Schaut euch die Karte an und bildet Minidialoge wie im Beispiel.

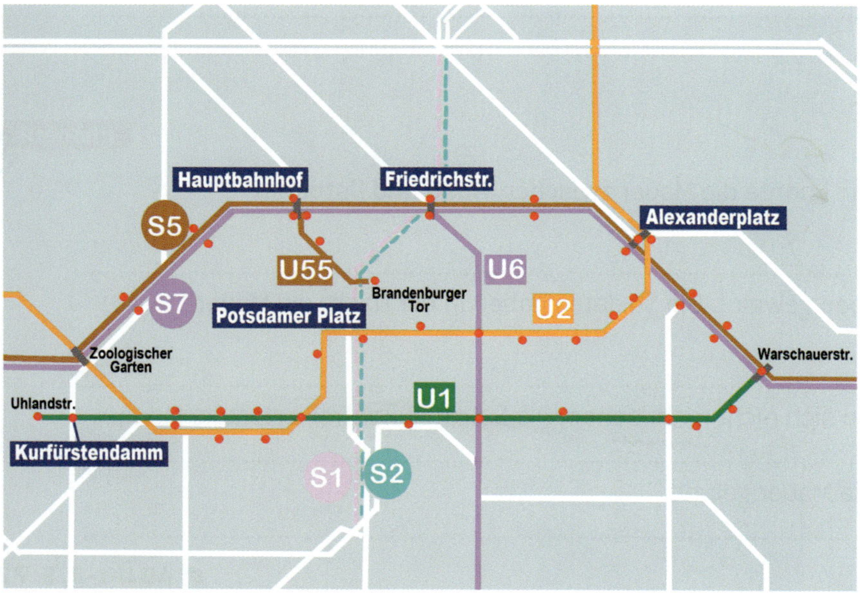


1 Vom Alexanderplatz zum Potsdamer Platz?
- ● *Entschuldigung, wie komme ich vom Alexanderplatz zum Potsdamer Platz?*
- ▲ *Nimm die U2, steig an der 7. Station aus und schon bist du am Potsdamer Platz!*

2 Vom Kurfürstendamm bis zum Alexanderplatz?

3 Vom Potsdamer Platz zu den Galeries Lafayette in der Friedrichstraße?

4 Vom Hauptbahnhof zum Potsdamer Platz?

AB Ü 3-8, S. 70-71

# 4 Als Deutschland geteilt war...

| | |
|---|---|
| **Tina** | Herr Böhm, wann hat man die Mauer gebaut? |
| **Lehrer** | Im Jahr 1961, als viele Menschen aus der DDR nach Westberlin gehen wollten. |
| **Tina** | Und wann ist die Mauer gefallen? |
| **Lehrer** | 1989, als der Ostblock zerfallen ist. |
| **Tina** | Hat auch die Wiedervereinigung 1989 stattgefunden? |
| **Lehrer** | Nein, erst ein Jahr später, und zwar am 3. Oktober 1990. |

071

## 1

**a. Hör zu und ordne jedem Foto die richtige Überschrift (a, b, c) zu.**

1 ☐ Der Mauerfall in Berlin.
2 ☐ Der Bau der Berliner Mauer.
3 ☐ Die deutsche Wiedervereinigung.

a La costruzione del muro a Berlino.
b La riunificazione tedesca.
c La caduta del muro di Berlino.

**b. Lies den Dialog, ergänze die Regel und dann die Sätze.**

**La subordinata temporale con *als***

... , **als** der Ostblock zerfallen .......... .

1 Man hat die Mauer gebaut, als .......................................................... .
2 Die Mauer ist gefallen, als .......................................................... .

## 2

**Bilde Sätze mit *als*.**

Phonetik

1 Die ganze Welt war schockiert. Man konnte die Mauer zwischen West- und Ostberlin im Fernsehen sehen.

..........................................................................................

2 Die Berliner waren traurig und haben geweint. Die Soldaten haben in der Nacht die Mauer im Zentrum gebaut.

..........................................................................................

3 Viele Familien und Freunde durften sich nicht mehr sehen. Die Soldaten kontrollierten die Mauer.

..........................................................................................

4 Janos war in Ostberlin. Man hat die Mauer gebaut.

..........................................................................................

AB Ü 1-3, S. 72

## 3 Verbinde Deutsch und Italienisch.

1 ☐ **der** Zweite Weltkrieg
2 ☐ **die** Siegermächte
3 ☐ **die** Besatzungszone, -n
4 ☐ *ein*teilen
5 ☐ **der** DDR-Bürger, -
6 ☐ entstehen
7 ☐ **die** DDR (Deutsche Demokratische Republik)
8 ☐ **die** BRD (Bundesrepublik Deutschland)
9 ☐ **die** Regierung
10 ☐ **der** Kalte Krieg

a cittadino della DDR
b RDT (Repubblica Democratica Tedesca)
c nascere
d seconda guerra mondiale
e forze vincitrici
f RFT (Repubblica Federale Tedesca)
g dividere
h zona di occupazione
i guerra fredda
j governo

## 4 Lies den Text und ergänzte ihn mit den angegebenen Sätzen.

Hören und Sprechen

als am 9. November die DDR die Berliner Mauer öffnet. • als die ökonomische Situation in der BRD besser wird • als der Protest gegen den Kommunismus und für Freiheit und Demokratie immer stärker wird • Als 1949 zwei deutsche Staaten entstehen • Als der Zweite Weltkrieg 1945 zu Ende ist • als immer mehr DDR-Bürger die DDR verlassen

[1]............................................, beginnt der Kalte Krieg und die Siegermächte (USA, Großbritannien, Frankreich und die Sowjetunion) teilen Deutschland in vier Besatzungszonen ein und Berlin in vier Sektoren. [2]............................................, kontrollieren die USA, Großbritannien und Frankreich die BRD mit Bonn als Hauptstadt und die Sowjetunion die DDR mit Ostberlin als Hauptstadt.
Viele DDR-Bürger gehen aber in den Westen, [3]............................................ .
Die DDR-Regierung baut eine Mauer zwischen Westberlin und Ostberlin, [4]............................................ .
Die deutsche Teilung dauert 40 Jahre. Die DDR muss 1989 kapitulieren, [5]............................................ .
Ostberliner und Westberliner feiern die Wiedervereinigung, [6]............................................ .

## 5 Hör die Meinung von Elisabeth Schünemann über die Berliner Mauer. Kreuze richtig (R) oder falsch (F) an.

072

| | | R | F |
|---|---|---|---|
| 1 | Elisabeth war 28 Jahre alt und war in Ostberlin, als die DDR die Mauer gebaut hat. | ☐ | ☐ |
| 2 | Ilse war ihre beste Freundin und war in Westberlin. | ☐ | ☐ |
| 3 | Elisabeth und Ilse konnten sich jeden Tag sehen, weil sie in derselben Klasse waren. | ☐ | ☐ |
| 4 | Als die Mauer da war, hatten sie keinen Kontakt mehr. | ☐ | ☐ |
| 5 | Die Regierung hat die Post nicht kontrolliert. | ☐ | ☐ |
| 6 | 1980 ist Elisabeth für einen Tag nach Westberlin gegangen. | ☐ | ☐ |
| 7 | Am 9. November 1989 ist Elisabeth zum Brandenburger Tor gegangen. | ☐ | ☐ |
| 8 | Sie war so glücklich, als sie ihre Freundin Ilse wiedersehen konnte. | ☐ | ☐ |

## 6 Interviewe deine Eltern, deine Großeltern oder ihre Freunde über ihre Vergangenheit und berichte dann in der Klasse.

Was haben sie gemacht, als sie 15 Jahre alt waren?

Waren sie in Osteuropa, in der DDR oder in Berlin?

Was wissen sie über die Berliner Mauer und die deutsche Wiedervereinigung?

Haben sie Reisen gemacht? Wohin?

Was haben sie dort gesehen?

AB Ü 4-6, S. 73

# Deine Grammatik

AB *Grammatiktraining* S. 74-75

## La secondaria causale introdotta da *weil*

Interaktive Übungen

Ich möchte auch nach Berlin fahren, **weil** ich mich für Geschichte **interessiere**.

| 1 | 2 | 3 | fine |
|---|---|---|---|
| *weil* | soggetto | complementi | verbo |

- ***Weil*** introduce una **secondaria con valore causale** e corrisponde all'italiano "perché, poiché". Come tutte le frasi secondarie, **deve essere separata dalla principale da una virgola**.
- Il **verbo**, come in tutte le frasi secondarie, si trova **alla fine della frase**.
  *Die Schüler gehen früh ins Bett, **weil** sie morgen nach Berlin **fahren**.*
- I verbi separabili mantengono il prefisso unito alla radice.
  *Ich muss jetzt gehen, **weil** der Bus in 5 Minuten **abfährt**.*
- In presenza di due verbi, il verbo coniugato occupa l'ultimo posto.
  *Die Schüler gehen früh ins Bett, **weil** sie morgen um 6.00 Uhr **aufstehen müssen**.*

## La secondaria oggettiva introdotta da *dass*

Interaktive Übungen

**Man kann sagen, dass** Kreuzberg der türkische Teil von Berlin **ist**.

- La frase **subordinata oggettiva** introdotta da ***dass*** ("che") è preceduta da verbi quali ***sagen*** ("dire"), ***meinen*** ("pensare, ritenere"), ***wissen*** ("sapere") o con **espressioni di sentimenti**, come ad esempio: ***ich bin sicher, dass..., es ist schön, dass..., es ist schade, dass...***
- Come nella secondaria causale introdotta da *weil* e in genere come in tutte le secondarie, il verbo coniugato occupa l'ultimo posto. Nel caso di più verbi, il verbo coniugato si trova all'ultimo posto e i verbi separabili mantengono il prefisso unito alla radice.
  *Herr Böhm sagt, **dass** viele Türken nach Deutschland **gekommen sind.***
  *Jakob sagt, **dass** der Bus in 5 Minuten **abfährt.***

## La secondaria temporale introdotta da *als*

Interaktive Übungen

**Als** die Mauer da **war, durften** die DDR-Bürger nicht mehr in den Westen.

- ***Als*** significa "quando" e introduce una **subordinata temporale**. Si utilizza solo quando ci si riferisce ad avvenimenti passati. Per tutti gli altri casi si usa ***wenn*** + frase secondaria. Anche in questo caso il verbo coniugato va alla fine della frase.
  Quando la secondaria temporale precede la frase principale, in quest'ultima il verbo deve essere messo subito al primo posto (**inversione**).
  ***Als** der Zweite Weltkrieg zu Ende **war, haben die Siegermächte** Berlin in vier Sektoren eingeteilt.*
- ***Als*** si usa anche per rendere il **presente storico**, ovvero quando si raccontano fatti passati utilizzando il presente.
  ***Als** der 2. Weltkrieg zu Ende ist, teilen die Siegermächte Berlin in vier Sektoren ein.*

## Le preposizioni *in*, *an*, *aus* con i verbi *einsteigen*, *umsteigen* e *aussteigen*

Interaktive Übungen

| | |
|---|---|
| **Steig am** Domplatz **ein**! | *Sali in piazza del Duomo!* |
| Wir **steigen an der** zweiten Station **aus**! | *Scendiamo alla seconda fermata.* |
| **Steig in der** Friedrichstraße **aus**! | *Scendi in Friedrichstraße!* |

| | |
|---|---|
| Steig **in die** U-Bahnlinie 1 **ein**! | *Sali sulla linea 1 della metropolitana!* |
| Steig **in den** Bus 3 **um**! | *Cambia e sali nel bus 3!* |
| Steig hier **aus der** U-Bahn **aus**! | *Scendi qui dalla metropolitana!* |

- I verbi separabili ***einsteigen*** ("salire"), ***aussteigen*** ("scendere") e ***umsteigen*** ("cambiare") si riferiscono ai mezzi di trasporto e possono indicare sia uno stato in luogo sia un moto a luogo. Se esprimono uno **stato in luogo**, in genere il luogo o la fermata in cui si scende, si sale o si cambia, reggono:
  - ***in* con dativo** – ***im, in der*** – se si deve esprimere uno **stato in luogo circoscritto o delimitato**, come una **strada**: ***in der*** *Schiller**straße***.
  - ***an* con dativo** – ***am, an der*** – se si esprime uno stato in luogo in una zona aperta, ampia come una stazione, una piazza o una fermata: ***am Bahnhof***, ***am*** *Dom**platz***, ***an der*** *ersten* ***Station***, ***an der Haltestelle***.
- Se ***einsteigen*** e ***umsteigen*** indicano un **moto a luogo rispetto a un mezzo di trasporto**, reggono ***in* con accusativo** – ***in den***, ***in die***, ***in das***.
- Il verbo ***aussteigen***, per indicare un movimento rispetto a un mezzo di trasporto, **regge** la preposizione ***aus*** che va **sempre con il dativo**.

**Per dare indicazioni su dove scendere, salire o cambiare**, sia rispetto a luoghi della città, sia rispetto ai mezzi di trasporto, **si utilizza** sempre **l'imperativo**. Ripassa le forme dell'imperativo nella tabella.

| infinito | 2ª persona singolare | 2ª persona plurale |
|---|---|---|
| gehen | **Geh**! | **Geht**! |
| *ein*steigen, *um*steigen, *aus*steigen | **Steig** ... ***ein*** / ***um*** / ***aus***! | **Steigt** ... ***ein*** / ***um*** / ***aus!*** |
| fahren | **Fahr**! | **Fahrt**! |
| nehmen | **Nimm**! | **Nehmt**! |
| arbeiten | **Arbeite**! | **Arbeitet**! |

2ª persona singolare ⟶ radice dell'indicativo senza pronome e senza desinenza
2ª persona plurale ⟶ radice dell'indicativo con **-*t*** (o **-*et*** se la radice finisce in *-d*, *-t* o gruppi consonantici) senza pronome
I verbi forti non prendono l'Umlaut; i verbi la cui radice termina in *-d*, *-t*, con gruppi di tre consonanti o in *-ieren* aggiungono una *-e* finale.

# Die Geschichte von Berlin und von der Berliner Mauer

073

Die Geschichte von Berlin beginnt im Jahr 1244, aber erst mit der Dynastie der Hohenzollern beginnt die Stadt, eine wichtige Rolle zu spielen: Die Hohenzollern regieren 500 Jahre lang Berlin von 1414 bis 1918. Besonders Friedrich der Große ist für die Stadt sehr wichtig.

074

Als Bismarck 1871 das 2. Deutsche Reich gründet, wird Berlin ein politisches, ökonomisches und wissenschaftliches Zentrum. 1877 hat die Stadt mehr als eine Million Einwohner, 1912 zwei Millionen. 1907 baut man das erste große Kaufhaus, das KaDeWe, das Kaufhaus des Westens, und 1912 die erste U-Bahn Berlins.

075

Als der Erste Weltkrieg zu Ende ist, wird Berlin 1919 die Hauptstadt der ersten Republik Deutschlands, der Weimarer Republik.
Als Hitler 1933 an die Macht kommt, wird Berlin die Hauptstadt des Dritten Reiches.

076

Im Zweiten Weltkrieg bombardieren die Alliierten 1940 zum ersten Mal Berlin, im April 1945 besetzt die Rote Armee die Stadt. Die Alliierten teilen sie zuerst in vier Sektoren ein, aber dann in zwei Teile, in West- und Ostberlin: Die Westalliierten kontrollieren Westberlin und die BRD, und die Sowjetunion kontrolliert Ostberlin und die DDR.

077

Das Leben im Osten wird immer schwieriger. Viele Ostdeutsche verlassen Ostberlin und die DDR und gehen in den Westen. Deshalb baut die DDR-Regierung 1961 eine Mauer zwischen West- und Ostberlin, um den Flüchtlingsstrom aus der DDR zu stoppen.

078

Fast vier Millionen Menschen verlassen zwischen 1945 und 1961 die DDR. Sie fliehen in die Bundesrepublik, weil sie Verwandte im Westen haben, weil sie keine politische Freiheit im Osten haben oder weil sie bessere Lebenschancen im Westen suchen. Anfangs darf niemand in den Westen, dann nur Rentnerinnen und Rentner (also alte Menschen) und in den 70er Jahren nur wenige Leute. Aber Jugendlichen unter 25 Jahren war die Reise in den Westen streng verboten.

Erst 1989 fällt die Mauer und 1990 wird Berlin wieder die Hauptstadt der vereinten Bundesrepublik. Heute ist Berlin eine moderne und multikulturelle Metropole. Dort leben 184 Nationalitäten miteinander!

079

**Beantworte die Fragen zum Text.**

1 Wann beginnt Berlin eine wichtige politische Rolle zu spielen?
2 Wann wird Berlin politisches und ökonomisches Zentrum?
3 Wann hat man zum ersten Mal eine Republik in Deutschland?
4 Wann wird Berlin die Hauptstadt des Großdeutschen Reiches?
5 Warum baut man die Berliner Mauer?
6 Wie viele Menschen verlassen die DDR?
7 Warum verlassen sie die DDR?
8 Wer darf in den Westen? Wer nicht?
9 Wann wird Berlin wieder die Hauptstadt Deutschlands?
10 Wie ist Berlin heute?

# Dein Wortschatz

## die Deutsche Geschichte
storia tedesca

der **Alliierte, -n** alleato
die **Besatzungszone, -n** zona di occupazione
die **BRD (Bundesrepublik Deutschland)** RFT (Repubblica Federale Tedesca)
die **DDR (Deutsche Demokratische Republik)** RDT (Repubblica Democratica Tedesca)
der **DDR-Bürger, -** cittadino della DDR
die **deutsche Teilung** la divisione tedesca
**einteilen in + A** dividere, suddividere
**entstehen** nascere, sorgere
**fliehen** fuggire
die **Flucht, -en** fuga
*die Flucht in den Westen* la fuga all'Ovest
der **Kalte Krieg** la guerra fredda
die **Kontrolle, -n** il controllo
*unter der Kontrolle von + D sein* essere sotto il controllo di
**kontrollieren** controllare
die **Mauer, -n** il muro
*die Mauer abbauen* abbattere il muro
*die Mauer bauen* costruire il muro
der **Mauerbau** costruzione del muro
der **Mauerfall** caduta del muro
**Ostberlin** Berlino Est
der **Ostblock** blocco orientale
*der Ostblock ist zerfallen* Il blocco orientale è crollato.
die **Regierung, -en** il governo
die **Siegermacht, ¨-e** forza vincitrice
**Westberlin** Berlino Ovest
die **Wiedervereinigung** riunificazione
der **Zweite Weltkrieg** la seconda guerra mondiale

## die Nationen und die Nationalitäten
nazioni e nazionalità

**Albanien** Albania
der **Albanier, -** albanese (m)
die **Albanierin, -nen** albanese (f)
**China** Cina
der **Chinese, n** cinese (m)
die **Chinesin, -nen** cinese (f)
**Frankreich** Francia
der **Franzose, -n** francese (m)
die **Französin, -nen** francese (f)
**Griechenland** Grecia
der **Grieche, -n** greco
die **Griechin, -nen** greca
der **Marokkaner, -** marocchino
die **Marokkanerin, -nen** marocchina
**Marokko** Marocco
der **Pole, -n** polacco
**Polen** Polonia
die **Polin, -nen** polacca
der **Russe, -n** russo
die **Russin, -nen** russa
**Russland** Russia
**Tunesien** Tunisia
der **Tunesier, -** tunisino
die **Tunesierin, -nen** tunisina
der **Türke, -n** turco
die **Türkei** Turchia
die **Türkin, -nen** turca

## die Sehenswürdigkeit, -en
attrattiva (di una città)

**besichtigen** visitare (una città)
das **DDR-Museum** museo della RDT
der **Fernsehturm, ¨-e** torre della televisione
die **Glaskuppel** cupola di vetro (del parlamento)
das **Mauermuseum** museo del muro (di Berlino)
das **Monument, -e** monumento
die **Museumsinsel, -n** isola die musei
der **Platz, ¨-e** piazza
der **Reichstag** Parlamento, palazzo del Reichstag
das **Reichstagsgebäude** edificio del Parlamento
das **Schloss, ¨-er** castello

## das Verkehrsmittel, -
mezzi di trasporto

der **Bus, -se** autobus
die **S-Bahn, -en** servizio ferroviario suburbano
der **Segway, -s** segway
die **Station, -en** stazione della metropolitana
das **Taxi, -s** taxi
die **U-Bahn, -en** metropolitana
das **Velotaxi, -s** bicitaxi

## andere Verben altri verbi

***aus*steigen** scendere
***ein*steigen** salire
**erfahren (erfährt)** sapere, venire a sapere
**sich interessieren für + A** interessarsi di
***um*steigen** cambiare

## Weiteres …

der **Ausflug, ¨-e** gita
*einen Ausflug nach Berlin machen* fare una gita a Berlino
der **Bezirk, -e** distretto
die **Herbstferien** ferie autunnali
**multikulturell** multiculturale

## Vergissmeinnicht

**1949 sind zwei Deutsche Staaten entstanden.**
Nel 1949 sono nati due stati tedeschi.
**1961 hat man die Mauer gebaut.**
Nel 1961 è stato costruito il muro.
**Die Alliierten haben Deutschland in vier Besatzungszonen eingeteilt.**
Gli alleati hanno suddiviso la Germania in quattro zone di occupazione.
**Ich interessiere mich sehr für Geschichte.**
Io mi interesso molto di storia.
**Man hat 1989 die Mauer abgebaut.**
Il muro è stato abbattuto nel 1989.
**Steig am Domplatz / am Hauptbahnhof aus!**
Scendi a Piazza Duomo / alla stazione centrale!
**Steig am Hauptbahnhof ein!**
Sali alla stazione centrale!
**Steig an der ersten Station / an der Haltestelle aus!** Scendi alla prima stazione / alla fermata!
**Steig in den Bus ein!** Sali in autobus!
**Steig in der Friedrichstraße um!**
Cambia in Friedrichstraße!
**Steig in die U-Bahnlinie 1 um!**
Scendi e cambia (salendo) sulla linea 1 della metropolitana!
**Viele sind in den Westen geflohen.**
Molti sono fuggiti all'Ovest.
**Die Wiedervereinigung hat 1990 stattgefunden.**
La riunificazione ha avuto luogo nel 1990.

# Wortspiel

**Wie heißt der Fluss Berlins? Löse die Rätsel und errate den Namen.**

1 Salire su un mezzo.
2 La cupola di vetro del parlamento.
3 Qui ha sede il parlamento tedesco.
4 È avvenuta nel 1990.
5 È la capitale della BRD.

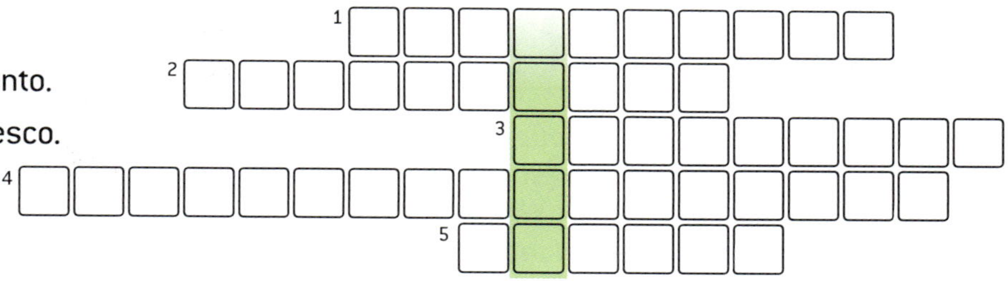

Der Fluss Berlins ist die ..................................................

# Quiz

**Kennst du die deutsche Geschichte**

1 ........................................ 1945
2 ........................................ 1949
3 ........................................ 1961
4 ........................................ 1989
5 ........................................ 1990
6 ........................................ 2014

Fall der Berliner Mauer | Bau der Berliner Mauer | Gründung der BRD und der DDR | Ende des Zweiten Weltkrieges | 25. Jubiläum zum Fall der Mauer | Wiedervereinigung

Zum Schluss

# Teste deine Sprachkompetenz!

## LESEN

**1 Lies und beantworte die Fragen.**

### Einkaufscenter in Berlin

Berlin ist das Shopping-Mekka Deutschlands. Berliner und die Touristen können in 60 Einkaufscentern bummeln, essen, trinken und vor allem shoppen. Die beliebtesten Konsum-Tempel der Stadt sind die *Gropius Passagen* mit über 160 Geschäften, das *Gesundbrunnen-Center* mit über 100 Fachgeschäften, die *Potsdamer Platz Arkaden* und die *Galeria Kaufhof Berlin Alexanderplatz*.

Darüber hinaus gibt es viele Einkaufsmeilen und viele berühmte Kaufhäuser wie die *Galeries Lafayette* in der Friedrichstraße, und das weltberühmte *KaDeWe – Kaufhaus des Westens* am Wittenbergplatz.

Heute ist das *KaDeWe* mit 60.000 m² Verkaufsfläche (so groß wie 9 Fußballfelder) das zweitgrößte Warenhaus Europas. Das größte ist das *Harrods* in London. Täglich besuchen zwischen 40.000 und 50.000 Gäste das exklusive Warenhaus. In der Vorweihnachtszeit sind es bis zu 100.000 Kunden. Die Etagenpläne sind

in 18 Sprachen übersetzt. Es ist mehr als ein Einkaufsparadies auf acht Etagen, wo man über 380.000 verschiedene Artikel finden kann. Am beliebtesten ist aber bei den Besuchern die Feinschmeckerabteilung in der 6. Etage. Hier findet man ein reiches Angebot an Delikatessen aus der ganzen Welt, die man an den Theken oder im Restaurant probieren kann. Hier arbeiten täglich 110 Köche, 40 Konditoren und Bäcker!

1 Wo kann man in Berlin shoppen? ..............................

2 Was sind die *Galeries Lafayette*? ..............................

3 Was ist das *KaDeWe*? ..............................

4 Was kann man dort kaufen? ..............................

5 Warum ist die sechste Etage so beliebt? ..............................

## SCHREIBEN

**2** **Schreib deinem Brieffreund oder deiner Brieffreundin eine E-Mail über Berlin und seine Geschichte. Berücksichtige dabei folgende Punkte:**

- Was hat dich besonders an der Stadt Berlin beeindruckt?
- Was interessiert dich an seiner Geschichte?
- Was denkst du über die Mauer?
- Was möchtest du in Berlin sehen?

Senden | Chat | Anhang | Schriften | Farben | Als Entwurf sichern

Hallo ...........................

......................................................................................................................

......................................................................................................................

......................................................................................................................

......................................................................................................................

......................................................................................................................

......................................................................................................................

Schreib mir bald!
Dein / Deine ...........................

## HÖREN

**3** 080 **Anne Richter erzählt von ihrem Leben in der DDR. Hör zu und kreuze richtig (R) oder falsch (F) an.**

| | | R | F |
|---|---|---|---|
| 1 | Frau Richter ist 1952 in Ostberlin geboren. | ☐ | ☐ |
| 2 | Bis sie 12 Jahre alt war, war sie Pionierin. | ☐ | ☐ |
| 3 | Sie war oft allein. | ☐ | ☐ |
| 4 | In den 80er Jahren hat sie nur die Rockmusik des Westens gehört. | ☐ | ☐ |
| 5 | Mit 18 Jahren kaufte sie sich ein Auto. | ☐ | ☐ |
| 6 | Der Trabi war das Auto der DDR. | ☐ | ☐ |
| 7 | Ihr Vater musste 10 Jahre warten, um das Auto zu haben. | ☐ | ☐ |
| 8 | Sie ist mit dem Auto nach Paris gefahren. | ☐ | ☐ |
| 9 | Nach dem Mauerfall ist sie nach Westdeutschland gefahren. | ☐ | ☐ |
| 10 | Das Leben im Westen war sehr schön und ohne Probleme. | ☐ | ☐ |

## SPRECHEN

**4** PRODUKTION **Lies die Punkte und sprich ca. 3 Minuten.**

- Stelle deine Lieblingsstadt vor. (*Wo liegt sie? Wie groß ist sie?*)
- Ihre Sehenswürdigkeiten. (*Welche Monumente kann man dort besichtigen?*)
- Was ist besonders interessant für dich?
- Was kann man abends dort machen?

**5** INTERAKTION **Schüler A und Schüler B wollen eine Klassenfahrt nach Berlin organisieren. Schüler A interessiert sich sehr für Geschichte und schlägt ein Programm vor. Schüler B will die Stadt (den Fernsehturm, den Tiergarten, den Potsdamer Platz) sehen. Diskutiert zusammen.**

## Zum Schluss

# Wie weit bist du jetzt?

| | ☹ | 😐 | 🙂 | 😀 |
|---|---|---|---|---|
| Comprendo informazioni riguardanti i luoghi d'interesse di una città. | | | | |
| So scrivere un breve testo sulla storia e i luoghi d'interesse di una città. | | | | |
| Comprendo conversazioni in cui si raccontano eventi del passato. | | | | |
| So parlare di una città visitata descrivendone i luoghi d'interesse ed esprimendo pareri a riguardo. | | | | |

**Hai scoperto il nome del quartiere? Scrivilo qui!** _ _ _ _ _ _ _ _ _ _ _ _ _ _ _ _ _ _ _ _ _ _ _ _ _ _ _

**Ora, per saperne di più su Berlino, vai al filmato e svolgi gli esercizi.**

## Le mie competenze chiave

# Wir fahren nach Berlin!

Competenza digitale
Imparare a imparare
Competenze sociali e civiche
Spirito di iniziativa e imprenditorialità
Consapevolezza ed espressione culturale

### PRODOTTO

Presentazione in PowerPoint del progetto di un viaggio di istruzione a Berlino di quattro giorni.

### MATERIALE

Computer, eventuali fotografie, (eventuale stampante)

### FASI DI LAVORO

1. Riguardate insieme il filmato di presentazione di Berlino.
2. In gruppi, cercate in Internet ulteriori informazioni sulla città (*günstige Flüge*, *Jugendherbergen*, *Preise und Öffnungzeiten von Museen, Restaurants...*) prendendo nota delle notizie più interessanti.
3. Decidete quando partire e scegliete, fra tutte le proposte, dove alloggiare, quali attività svolgere al mattino, al pomeriggio e che cosa fare la sera. Fatelo per tutti e quattro i giorni di permanenza, prendendo nota di quanto avete deciso.
4. Formate 4 gruppi. Ogni gruppo, utilizzando gli appunti, prepara nel dettaglio una slide operativa, con tutte le attività relative a una giornata.
5. Le quattro giornate vengono unite in un unico file PowerPoint e mostrate agli insegnanti del C.d.C per l'approvazione della gita. *Gute Reise!*

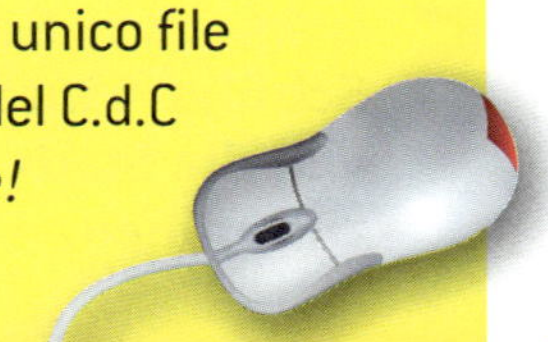

# Aktuelles
## Deine Leseseiten

# Martinas beste Freundin

081

**1** **Beantworte die Fragen.**

1 Wie alt sind Lea und Martina?

..........................................................

2 Welche Klasse besuchen sie?

..........................................................

3 Was machen sie zusammen?

..........................................................

4 Wer ist gut in Mathe bzw. in Deutsch?

..........................................................

5 Was passiert in einem Monat?

..........................................................

**2** **a.** **Such Informationen im Text und ergänze die Tabelle.**

| | |
|---|---|
| **Name** | Lea |
| **Alter** | |
| **Haare** | |
| **Augen** | |
| **Größe** | |
| **Charakter** | |
| **Lieblingsfach** | |
| **Hobbys** | |

**b.** **Such den folgenden Ausdruck im Text.**

*Lea e io siamo praticamente inseparabili.*

Ich heiße Martina und wohne in Frankfurt. Meine beste Freundin heißt Lea: Wir kennen uns seit der Grundschule und sie ist auch 14 wie ich. Sie wohnt in meiner Straße und wir gehen immer zusammen zur Schule. Wir besuchen beide das Gymnasium in Frankfurt und gehen in die Klasse 7. Wir lernen auch oft zusammen und haben viele gemeinsame Hobbys: Wir spielen in derselben Mannschaft Volleyball, wir fahren jeden Dienstag Inlineskates und wir kochen auch sehr gern zusammen. Unsere Linzer Torte ist sehr lecker!

Lea ist so groß wie ich, einen Meter sechzig, und sie ist sehr schlank. Lea hat lange, blonde Haare, grüne Augen und einen guten Charakter. Sie ist lustig und hat immer ein gutes Wort, wenn ich Probleme habe. Sie ist auch in der Schule gut, vor allem in Mathe. Sie hilft mir gern bei den Matheaufgaben. Und ich helfe ihr bei den Deutschaufsätzen. Ich kann nämlich sehr gut schreiben und habe viel Fantasie, verstehe aber nichts von Mathe.

Testo parlante

In einem Monat ist das Schuljahr zu Ende und Lea muss unser Gymnasium verlassen und mit ihrer Familie nach Hamburg ziehen. Ihr Vater arbeitet schon dort und hat jetzt auch für seine Familie eine Wohnung gefunden. Ich bin sehr traurig darüber. Lea und ich sind praktisch unzertrennlich. Wie kann ich ohne sie leben? Ich werde meine Freundin sehr vermissen. Zum Glück können wir viel skypen, aber für zwei dicke Freundinnen wie wir ist das bestimmt nicht genug!

## 3 Ergänze die Zusammenfassung mit folgenden Ausdrücken.

Volleyball • hilft • Deutschaufgaben • zieht • Frankfurt • Jahre alt • kochen

Lea und Martina sind 14 [1]........................ und dicke Freundinnen.
Sie wohnen in [2]........................ und gehen zusammen aufs Gymnasium.
Sie helfen einander in der Schule: Lea [3]........................ Martina bei den Matheaufgaben und Martina hilft Lea bei den [4]........................ .
In der Freizeit spielen sie [5]........................, fahren Inlineskates oder [6]........................ .
Martina ist traurig: In einem Monat [7]........................ Lea nach Hamburg.

## 4 Ein Interview über deinen besten Freund / deine beste Freundin. Beantworte folgende Fragen.

- ✔ Wie heißt dein bester Freund / deine beste Freundin?
- ✔ Seit wann kennt ihr euch?
- ✔ Wo wohnt er / sie?
- ✔ Wie sieht er / sie aus?
- ✔ Was sind seine / ihre Hobbys?
- ✔ Besucht ihr dieselbe Schule?
- ✔ Was magst du besonders an ihm / ihr?

## 5 Du möchtest dein Deutsch trainieren und suchst einen Brieffreund bzw. eine Brieffreundin. Schreibe eine Anzeige (ca. 50 Wörter). Schreib auch deine E-Mail und Telefonnummer.

**Hallo**

........................................................................................
........................................................................................
........................................................................................
........................................................................................
........................................................................................
........................................................................................
........................................................................................
........................................................................................
........................................................................................
........................................................................................

# Eine typische deutsche Speise und ihre Geschichte: die Kartoffel

082

In Deutschland nennt man die Italiener ironisch „Makkaronifresser", weil sie sehr gern „Pasta", also Nudeln essen. Die Deutschen nennen sich selbst dagegen „Kartoffelfresser", denn sie essen tatsächlich im Jahr mehr Kartoffeln als Franzosen, Italiener oder Engländer.
Die Kartoffel ist deshalb „typisch deutsch": Man kann sie kalt oder warm, trocken oder feucht essen, als Suppe, Beilage oder Salat. Aber woher kommt sie? Wann und wie hat man sie nach Deutschland importiert? Das wissen nicht viele.
Eigentlich kommt die Kartoffel aus dem Gebiet der Anden, also aus Südamerika. Sie ist eine alte Nutzpflanze, wahrscheinlich schon 13.000 Jahre alt. Niemand weiß genau, wie sie nach Europa gekommen ist. Ein Seefahrer, vielleicht der berühmte Pirat Sir Francis Drake, hat sie seiner Königin 1580 als Reisesouvenir mitgebracht. Aber das ist nicht sicher. Vielleicht waren es auch die Spanier? Niemand weiß es ganz genau. Eines Tages war die Kartoffel einfach da.

## 1 Schreib R (richtig) oder F (falsch). Verbessere dann die falschen Aussagen.

1 Die Italiener essen nicht gern Nudeln. ☐
2 Die Deutschen essen gern Kartoffeln. ☐
3 Die Deutschen haben die Kartoffel entdeckt. ☐
4 Die Kartoffelpflanze kommt aus den Anden. ☐
5 Anfangs wollten die Deutschen keine Kartoffeln essen. ☐
6 Unter Friedrich II. durften die Deutschen nur Kartoffeln essen. ☐

## 2 Was bedeutet das? Rate mal und kreuze a, b oder c an.

1 die Beilage
a ☐ piatto b ☐ contorno c ☐ dessert
2 das Gebiet
a ☐ confine b ☐ centro c ☐ regione
3 die Nutzpflanze
a ☐ pianta da salotto b ☐ pianta alimentare c ☐ pianta velenosa
4 die unreifen Beeren
a ☐ i tuberi acerbi b ☐ i fiori sbocciati c ☐ le radici vecchie
5 giftige Stoffe
a ☐ sostanze miracolose b ☐ sostanze nutrienti c ☐ sostanze velenose



Testo parlante

Anfangs haben die Europäer die Kartoffel nur als Zierpflanze[1] in ihren Häusern gehabt, d.h. sie wollten sie nicht essen, denn die Kartoffel schmeckte nicht gut. Kein Wunder! Die unreifen Beeren der Kartoffel enthalten giftige Stoffe und nur die reife Kartoffelknolle[2] ist essbar. Außerdem haben viele damals nach dem Sprichwort gelebt „Was der Bauer nicht kennt, isst er nicht".
Schließlich musste Friedrich II., König von Preußen, die Deutschen mit dem Kartoffelbefehl im Jahr 1756 an die Kartoffel bringen. Danach sollten seine Untertanen[3] Kartoffeln anbauen, wo immer ein Plätzchen frei war. Auch vor Rathäusern und Schulen.
Aber erst, als Soldaten die Kartoffelfelder bewachen[4] sollten, hat man die Kartoffel als Speise akzeptiert. Man hat sich gedacht: „Wenn sogar Soldaten vom König diese braune Knolle bewachen, dann muss sie ja wertvoll sein!"

1 die Zierpflanze, -n: *pianta ornamentale*
2 die Knolle, -n: *tubero*
3 der Untertan, -en: *suddito*
4 bewachen: *sorvegliare*

## 3 Beantworte die Fragen.

1 Woher kommt die Kartoffel?

..........................................................................

2 Seit wann existiert sie?

..........................................................................

3 Wann kommt sie nach Europa?

..........................................................................

4 Wie finden die Deutschen die Kartoffel am Anfang? Warum?

..........................................................................

5 Wann akzeptieren die Deutschen die Kartoffel als Speise?

..........................................................................

## 4 Ergänze die Zusammenfassung.

Die Deutschen essen Kartoffeln [1]................................ .
Die Kartoffel kommt [2]................................ .
Im 16. Jahrhundert erreicht sie [3]................................ .
Die Deutschen finden anfangs die Kartoffeln [4]................................ .
Sie akzeptieren die Kartoffel als Speise erst unter dem König [5]................................ .

## 5 Schreib einen kurzen Text über deine Lieblingsspeisen (ca. 50 Wörter) und berichte dann in der Klasse.

# Raus aus der Schule, rein in den Traumberuf

083

**Es gibt gute Nachrichten für die Fans der *Daily Doku „Dienstags ein Held sein“*: Es gibt eine 3. Staffel[1] im SWR: Fernsehreporter waren beim Casting in Mannheim an der IGMH dabei.**

Heute herrscht in der Integrierten Gesamtschule Mannheim (IGMH) große Aufregung, denn statt Unterricht gibt es ein Casting für die Serie *Dienstags ein Held sein*. Acht Jugendliche können vor der Kamera ihren Traumberuf ausprobieren. Sie werden ihn hautnah[2] kennenlernen und sich selbst auf die Probe stellen. Ein Coach hilft ihnen dabei und gibt ihnen Tipps.

Mark mag fotografieren und träumt von einer Karriere als Kameramann: „Ich möchte nicht nur den Augenblick fixieren, sondern wirklich lernen, Szenen zu drehen.“

Julie möchte dagegen Schauspielerin werden: „Als Schauspielerin kann man in verschiedene Rollen hineinschlüpfen und dann besser verstehen, wie man ist.“

Viele Jugendliche träumen von spannenden Berufen. Am Ende des Tages gibt es hunderte Bewerbungen[3] und jetzt hat die Jury die Qual der Wahl[4]: „Wir möchten Leute finden, die für einen bestimmten Beruf ‚brennen‘ und ihnen die Möglichkeit geben, diesen Beruf zu testen.“

Sabrina und Anton haben jetzt diese Möglichkeit. Hier erfährst du mehr über sie.

Sabrina (15) möchte Polizistin werden. Sie ist sehr hilfsbereit, das wissen ihre Freundinnen. Sie ist ein wenig schüchtern[5], aber beim Sport merkt man davon nichts und Sport treibt Sabrina in jeder freien Minute. Aber die Voraussetzungen[6] für den Polizeidienst sind sehr hart: „Man muss körperlich fit sein,“ sagt Sabrinas Coach, Helmut Peter. „Sabrina muss in den nächsten Wochen hart trainieren, um die

## 1 Was bedeutet das? Rate mal und kreuze a, b oder c an.

1 ein Held sein
- a ☐ essere un leader
- b ☐ essere un divo
- c ☐ essere un eroe

2 große Aufregung
- a ☐ grande gioia
- b ☐ grande paura
- c ☐ grande eccitazione

3 das Schlagzeug
- a ☐ timpani
- b ☐ batteria
- c ☐ tamburo

4 auftreten
- a ☐ registrare un disco
- b ☐ andare in tournée
- c ☐ esibirsi in pubblico

5 die Daumen drücken
- a ☐ augurare il peggio
- b ☐ augurare fortuna
- c ☐ augurare pronta guarigione

Testo parlante

Sportprüfung an der Polizeischule zu bestehen." Das ist aber noch lange nicht alles: Sabrina darf die Arbeit der Polizei hautnah miterleben und muss auch psychisch stark sein. Ihre Freundinnen sind sicher, dass Sabrina es schaffen wird, denn sie liebt diesen Beruf wirklich sehr.

Anton (13) hat auch einen Traumberuf: Er will Profi-Schlagzeuger werden. „Das Schlagzeug war immer schon mein Traum," sagt Anton. „Wenn ich eine schlechte Note in der Schule bekomme, dann spiele ich eine Stunde lang Schlagzeug, und mein Ärger geht von selbst weg. Schlagzeug spielen ist mein Ventil." Anton begleitet auch gern seine kleine Schwester Lara mit dem Schlagzeug, wenn sie Geige spielt. „Er ist wirklich begabt[7]. Ich glaube, Schlagzeug spielen ist genau das Richtige für ihn!" sagt Lara und die Mutter meint: „Sein Onkel konnte auch sehr gut Schlagzeug spielen und sein Opa war auch sehr musikalisch. Er wird es schaffen!" In den nächsten 4 Monaten muss Anton sehr hart trainieren und am Ende darf er hoffentlich mit einer Rockband auf einem Konzert richtig auftreten und sein Talent beweisen. Wir drücken ihm die Daumen!

1 **die Staffel, -n:** *stagione (televisiva)*
2 **hautnah:** *da vicino*
3 **die Bewerbung, -en:** *domanda di partecipazione*
4 **die Qual der Wahl:** *l'imbarazzo della scelta*
5 **schüchtern:** *timido/a*
6 **die Voraussetzung, -en:** *presupposto, condizione*
7 **begabt:** *portato, dotato*

## 2 Beantworte die Fragen.

1 Wen sucht die Fernsehserie *Dienstags ein Held sein*?
2 Wer hilft den Jugendlichen dabei?
3 Was ist der Traumberuf von Sabrina?
4 Was ist wichtig in diesem Beruf?
5 Was möchte Anton werden?
6 Was kann er am Ende machen?

## 3 Fasse den Text zusammen.

Im Artikel geht es um ...
Acht Jugendliche ...
Sabrina will ...
Das ist schwierig: Sie muss ...
Anton will ...
Am Ende des Trainings ...

## 4 Antworte schriftlich. Stelle dann die Fragen einem Mitschüler oder einer Mitschülerin und mache so ein Interview.

1 Hallo, heute will ich junge Leute über ihre Wunschberufe interviewen. Hast du einen Traumberuf?
2 Was ist schön und was ist dagegen langweilig oder anstrengend an diesem Beruf?
3 Welche Qualitäten braucht man für diesen Beruf?
4 Sind deine Eltern für oder gegen diesen Beruf? Warum?
5 Welche Schule musst du besuchen, bzw. was musst du studieren?
6 Was meinst du? Wirst du deinen Traumberuf eines Tages ergreifen oder bleibt er nur ein Traum?

084

# Mode – öko und fair[1]

Im Wormser Gauß-Gymnasium tragen viele Schülerinnen und Schüler keine üblichen Markenklamotten, sondern schuleigene Mode – fair und natürlich. Auch für die Lehrer und Lehrerinnen gibt es die richtigen Größen.
Die Kollektion ist das Ergebnis von einem jahrelangen, ungewöhnlichen Schulprojekt: In elf Klassen hat man nachgeforscht, wie die großen Firmen ihre Kleidung produzieren. Wie kann man sie bei uns dann so billig kaufen?
Die Schüler haben herausgefunden, dass Klamotten so billig sind, weil die Näherinnen[2] und Näher in Asien so schlecht bezahlt sind und kaum von dem Geld leben können. Sie bekommen nur wenige Cent in der Stunde. Auch viele teure Marken produzieren so und wollen damit mehr Gewinn machen.
Dazu kommt, dass man die Sicherheitsvorschriften[3] in den Fabriken oft ignoriert: Beim Brand in einer Textilfabrik in Bangladesh sind deshalb viele Arbeiterinnen und Arbeiter gestorben.
„Es geht auch anders", meint die Projekt-Arbeitsgruppe. Sie hat nach Textilfirmen gesucht, die fair produzieren.
Die Gauß-Kleidung kommt aus einer Werkstatt in Afrika. Der Raum ist groß und sauber, giftige Chemikalien gibt es nicht. Gauß-Fashion kann man im Laden in der Schule kaufen. Wenn man dort kauft, ist man bereit, mehr zu bezahlen und vielleicht ein paar Klamotten weniger im Schrank zu haben.

1 **fair**: *onesto/a*
2 **die Näherin, -nen**: *sarta*
3 **die Sicherheitsvorschrift, -en**: *norme di sicurezza*

**Testo parlante**

## 1 Schreib R (richtig) oder F (falsch). Verbessere dann die falschen Aussagen.

1 Viele Schüler tragen im Gauß-Gymnasium Markenklamotten. ☐
2 Die Gauß-Mode ist fair und ohne Chemikalien. ☐
3 Alle Modefirmen bezahlen die Arbeiter gut. ☐
4 Viele Arbeiter sind bei einem Brand in Bangladesh gestorben. ☐
5 Gauß-Mode bekommt man im Internet. ☐

..................................................................................

..................................................................................

## 2 Was bedeutet das? Rate mal und kreuze a, b oder c an.

1 das Ergebnis von einem jahrelangen, ungewöhnlichen Schulprojekt
   a ☐ il risultato di un progetto scolastico insolito durato alcuni anni
   b ☐ il risultato di uno strano progetto scolastico durato anni
   c ☐ il risultato di un progetto scolastico assurdo che dura da anni
2 Sie wollen damit mehr Gewinn machen
   a ☐ vogliono dare più soldi
   b ☐ vogliono vincere di più
   c ☐ vogliono ricavare un maggior guadagno

## 3 Beantworte die Fragen.

1 Was tragen die Schüler gern?
2 Wo ist die Fabrik für die Gauß-Kleidung?
3 Was konnten die Schüler im Projekt herausbekommen?
4 Warum ist die Gauß-Mode fair?
5 Warum produzieren viele Markenfirmen in armen Ländern?

## 4 Ergänze die Zusammenfassung mit folgenden Wörtern.

ignorieren • billig • Mode • Schulprojekt • wenig • Firmen • Schrank • fair

Im Gauß-Gymnasium tragen viele Schülerinnen und Schüler eine besondere [1]......................... . In einem großen [2]......................... haben die Schüler erfahren, wie große [3]......................... ihre Mode produzieren: Oft ist die Kleidung [4]........................., weil die Arbeiter zu [5]......................... Geld für ihre Arbeit bekommen. Die großen Firmen wollen nur Profit und [6]......................... sogar die Sicherheitsvorschriften. Die Schüler sind absolut dagegen. Ihre Kleidung ist [7]......................... und natürlich. Sie ist nicht billig, aber die Schüler haben gerne dafür ein paar weniger Klamotten im [8]......................... .

## 5 Partnerarbeit Interviewt euch zum Thema: Mode.

- ● **A** chiede a **B** come si veste.
- ▲ **B** risponde che gli/le piace vestirsi in modo sportivo.
- ● **A** vuole sapere se **B** compera vestiti di marca.
- ▲ **B** risponde che compera solo qualche volta una maglietta o un paio di scarpe di (indicare la marca).
- ● **A** chiede perché.
- ▲ **B** dice che in genere i vestiti di marca sono cari.
- ● **A** vuole sapere se compera i vestiti da solo/a.
- ▲ **B** dice che va con sua madre o con un/a suo/a amico/a.
- ● **A** chiede quanto spende al mese per il vestiario.
- ▲ **B** dice che spende circa 50 € al mese.

## 6 Beschreibe Aussehen, Kleidung und Charakter der Personen auf den Bildern. Erzähle dann: Was ziehst du normalerweise an? Beschreibe deinen Stil.

# Bremen, die Stadt der Freiheit

085

**1 Ergänze und kreuze a, b oder c an.**

1 Bremen war
- a ☐ eine Stadt der Hanse.
- b ☐ ein Fürstentum.
- c ☐ ein Königreich.

2 Bremen liegt
- a ☐ in Süddeutschland.
- b ☐ am Meer.
- c ☐ nicht mehr an der Nordsee.

3 Die Wahrzeichen der Stadt sind
- a ☐ zwei Statuen.
- b ☐ der Hafen und das Rathaus.
- c ☐ die Weser und der Bremer Roland.

4 Bremerhaven ist
- a ☐ 16 km von Bremen entfernt.
- b ☐ 65 km von Bremen entfernt.
- c ☐ 56 km von Bremen entfernt.

5 Bremen hat Bremerhaven
- a ☐ gekauft.
- b ☐ gebaut.
- c ☐ besetzt.

6 Der Bremer Hafen ist
- a ☐ an der Wesermündung.
- b ☐ in der Stadt Bremen.
- c ☐ nicht mehr da.

**2 Was bedeutet das? Rate mal und kreuze a, b oder c an.**

1 der Ritter, -
- a ☐ re
- b ☐ cavaliere
- c ☐ imperatore

2 die Eigenständigkeit
- a ☐ forza
- b ☐ indipendenza
- c ☐ coraggio

3 tief
- a ☐ profondo
- b ☐ superficiale
- c ☐ limpido

4 befahrbar
- a ☐ percorribile
- b ☐ attraversabile
- c ☐ navigabile

5 der Hafen
- a ☐ aeroporto
- b ☐ porto
- c ☐ spiaggia

Die Geschichte von den Bremer Stadtmusikanten macht klar, dass die Stadt Bremen in alter Zeit für die Deutschen ein Symbol der Freiheit war. Warum?

Bremen war im Mittelalter[1] wie Hamburg und Lübeck eine Stadt der Hanse.

In den Hansestädten war das Leben besser als auf dem Land: Man konnte einen Beruf ausüben, gut verdienen und vor allem „frei" leben. Deshalb wollten auch die alten vier Tiere aus dem Märchen der Brüder Grimm nach Bremen!

*Die Bremer Stadtmusikanten* sind immer noch ein Wahrzeichen[2] der Stadt Bremen. Eine Statue auf dem Rathausplatz erinnert noch an sie. Viele Menschen glauben, dass ein Wunsch in Erfüllung geht, wenn man die Vorderbeine[3] des Esels anfasst[4] und sich etwas wünscht.

Bremen hat noch ein anderes Wahrzeichen und zwar den Bremer Roland. Der Bremer Roland ist die Statue eines Ritters mit seinem Schwert. Er hat für die Freiheit der Stadt gekämpft und ist ein Symbol für die Eigenständigkeit Bremens.

Bremen ist nicht besonders groß, aber noch heute nach Hamburg eine wichtige Hafenstadt. Das kann komisch klingen, denn Bremen liegt nicht mehr an der Nordseeküste. Doch zu Bremen gehört auch Bremerhaven.

Bremerhaven liegt direkt an der Nordsee. Der Fluss – die Weser – verbindet die zwei Städte miteinander. Bremen und Bremerhaven liegen ungefähr 65 Kilometer auseinander. Die Region dazwischen gehört allerdings nicht zu Bremen, sondern zum Bundesland Niedersachsen. Warum ist das so? Das Problem liegt an der Weser: Die Schiffe können den Fluss seit vielen Jahren nicht mehr bis nach Bremen hochfahren, denn die Weser transportiert immer mehr Sand ins Land. Große Schiffe können nicht durch, weil das Wasser nicht tief genug ist. Der letzte Teil des Flusses ist nicht mehr befahrbar. Deshalb hat die Freistadt Bremen im 19. Jahrhundert dem Königreich Hannover ein wenig Land an der Wesermündung[5] abgekauft und dort die Stadt Bremerhaven gebaut.
So konnten die großen Schiffe wieder problemlos anlegen[6], und Bremen hatte wieder einen großen Bremer Hafen!

**1 das Mittelalter:** *medioevo*
**2 das Wahrzeichen, -:** *emblema, simbolo*
**3 das Vorderbein, -e:** *zampa anteriore*
**4 anfassen:** *toccare*
**5 die Wesermündung:** *foce del fiume Weser*
**6 anlegen:** *approdare*

## 3 Beantworte die Fragen.

1 Wo ist die Statue der Bremer Stadtmusikanten?
2 Was soll man anfassen, wenn man sich etwas wünscht?
3 Warum hat die Freistadt Bremen heute keinen Hafen mehr?
4 Wo legen die Schiffe an?
5 Von wem hat Bremen das Land für Bremerhaven gekauft?
6 Welche Hafenstadt ist größer als Bremen und hat einen noch größeren Hafen?

## 4 Ergänze die Zusammenfassung mit folgenden Ausdrücken.

Hafen • Schiffe • an der Weser • Bremerhaven • Hansestadt • frei • der Bremer Roland

Bremen liegt [1]........................................ in Norddeutschland. Früher war Bremen eine reiche [2]................................. und im Mittelalter konnte man dort [3]........................................ leben. Symbole der Stadt sind zwei Statuen: die Bremer Stadtmusikanten und [4]....................................... . Heute besteht Bremen aus zwei Teilen: Bremen und [5]....................................... . Bremerhaven liegt an der Wesermündung. Hier ist der neue [6]....................................... Bremens. Die Stadt Bremen hat diesen Stadtteil gebaut, als die [7]....................................... die Weser nicht mehr bis zur Stadt hochfahren konnten.

## 5 Partnerarbeit Spielt den Dialog.

Sei un turista e ti trovi a Brema. Chiedi informazioni a un passante (almeno 5 domande). Poi scambiatevi i ruoli.

Testo parlante

# Einheit macht stark

086

**1** **Ergänze und kreuze a, b oder c an.**

1 Die vier Tiere waren
- a ☐ alt.
- b ☐ krank.
- c ☐ jung.

2 Ihre Herren wollten sie
- a ☐ verkaufen.
- b ☐ töten.
- c ☐ verschenken.

3 Der Weg nach Bremen war
- a ☐ kurz.
- b ☐ lang.
- c ☐ gefährlich.

4 Sie wollten im Wald übernachten, und zwar
- a ☐ unter einem Baum.
- b ☐ in einer Jugendherberge.
- c ☐ in einem Räuberhaus.

5 Die Tiere bilden eine Pyramide und
- a ☐ singen.
- b ☐ kommen ins Haus.
- c ☐ schlagen die Räuber.

6 Die vier Tiere wollen dann
- a ☐ nach Bremen fahren.
- b ☐ im Wald wohnen.
- c ☐ zu ihren Herren zurückgehen.

Freundschaft spielt in unserem Leben eine wichtige Rolle. Ein Freund ist Goldes wert, sagt man oft. Es gibt auch in der Märchensammlung der Brüder Grimm ein Märchen zum Thema Freundschaft. Dieses Märchen heißt *Die Bremer Stadtmusikanten*.

## Die Bremer Stadtmusikanten

Es waren einmal ein Esel, ein Hund, eine Katze und ein Hahn. Alle vier Tiere waren alt und konnten nicht mehr arbeiten. Deshalb wollten ihre Herren sie töten. Den Tieren war das nicht recht: Sie wollten noch lange leben und es gut haben. Der Esel wollte nach Bremen fliehen und dort Stadtmusikant werden. Der Hund, die Katze und der Hahn waren einverstanden und wollten mit. Der Weg nach Bremen war aber sehr lang und am Abend waren sie noch nicht in der Stadt.
„Wir müssen jetzt eine Unterkunft für die Nacht suchen", sagte der Esel. Sie waren in einem Wald und es war dunkel und kalt. Plötzlich sagte der Hahn, der oben im Baum

**2** **Was bedeutet das? Rate mal und kreuze a, b oder c an.**

| | a | b | c |
|---|---|---|---|
| 1 der Räuber | ☐ assassino | ☐ brigante | ☐ ladro |
| 2 aus dem Haus jagen | ☐ chiudere in casa | ☐ spaventare | ☐ buttare fuori di casa |
| 3 einen Schreck bekommen | ☐ ricevere un assegno | ☐ ricevere Shrek | ☐ prendersi uno spavento |
| 4 das Monster | ☐ monastero | ☐ mostro | ☐ orso |
| 5 der Teufel | ☐ angelo | ☐ mostro | ☐ diavolo |
| 6 die Hölle | ☐ paradiso | ☐ purgatorio | ☐ inferno |



Testo parlante

saß: „Da vorne ist ein Haus und im Haus sitzen Leute. Sie essen und trinken. Ich glaube, es sind Räuber...!“ Die vier Tiere hatten Hunger und waren müde: Sie wollten auch essen! Da hatte der Esel eine Idee: „Hört mal, wir müssen die Räuber aus dem Haus jagen. Ich habe eine Idee: Wir steigen aufeinander, bilden also eine Pyramide und dann machen wir laut Musik. Die Räuber bekommen bestimmt einen Schreck und sie verlassen das Haus!“ „Gut“, sagten die Tiere. „Das ist ein guter Plan!“
Gesagt, getan: Der Hund stellte sich auf den Rücken des Esels, die Katze auf den Rücken des Hundes und der Hahn flog auf die Katze. So sahen die vier Tiere wirklich wie ein schreckliches Monster aus. Dann begannen sie zusammen ihre Musik zu machen: Der Esel iahte, der Hund bellte, die Katze miaute und der Hahn krähte. Die Räuber im Haus glaubten, vor dem Fenster ist ein Gespenst, vielleicht der Teufel und er wollte sie alle in die Hölle mitnehmen. Sie hatten Angst und liefen in den Wald.
Als die Räuber weg waren, konnten die vier Tiere endlich ins Haus gehen, essen und trinken. Nach dem Essen sagte der Esel: „Freunde, warum wollen wir nach Bremen? Wir haben hier alles, was wir brauchen, und wir sind frei!“ „Stimmt!“ sagten die Tiere: „Bleiben wir vier Freunde hier lieber zusammen!“
Und wenn sie nicht gestorben sind, dann leben sie noch heute.

## 3 Beantworte die Fragen.

1 Wer sind die Protagonisten des Märchens?
2 Warum wollen sie ihre Herren verlassen?
3 Wohin wollen sie gehen?
4 Was wollen sie dort machen?
5 Warum wollen sie im Wald übernachten?
6 Wie können die vier Tiere ins Räuberhaus kommen?

## 4 Ergänze die Zusammenfassung mit folgenden Ausdrücken.

bleiben • aus dem Haus • verlassen • Wald • alte • müde • töten • Unterkunft • Räuberhaus

Vier [1]...................... Tiere wollen nach Bremen, denn ihre Herren wollen sie [2]...................... . Auf dem Weg nach Bremen kommen sie in einen [3]...................... . Es ist Abend und die Tiere sind [4]...................... . Deshalb suchen sie eine [5]...................... für die Nacht. Der Hahn sieht ein [6]...................... . Der Esel will eine Pyramide bilden und die Räuber mit ihrer Musik [7]...................... jagen. Die Räuber [8]...................... sofort das Haus und die vier Tiere [9]...................... da und gehen nicht mehr nach Bremen.

## 5 Bist du einverstanden? Schreib *Ja* oder *Nein*. Schreib dann 1 bis 2 Sätze über dieses Märchen.

1 Thema des Märchens ist die Freundschaft ............
2 Zusammen erreicht man mehr als allein. ............
3 Die Menschen sind immer dankbar. ............

## 6 Beantworte die Fragen und äußere deine Meinung.

✔ Welche Rolle spielen alte Leute in unserer Gesellschaft?
✔ Was können jüngere Generationen von ihnen lernen? Denke an deine Großeltern!

087

# Die beste Zeit meines Lebens

## Lucia Arroyo (17) aus Mexiko berichtet über ihr Schuljahr in Deutschland

Ich lerne immer sehr gern neue Leute kennen und ich mag auch große Aufgaben. Deutsch ist so eine große Aufgabe. Es heißt ja „deutsche Sprache, schwere Sprache." Ein Schuljahr in Deutschland war also super für mich und ich konnte mein Deutsch in den 12 Monaten gut verbessern.

Meine Gastfamilie hat einen Bauernhof in Köthensdorf. Das kleine Dorf liegt in Sachsen.

Das Leben auf dem Land war etwas Neues für mich, denn ich komme aus Mexiko-Stadt. Dort leben 22 Millionen Menschen und in Köthensdorf sind es nur 800. Ich habe es wunderbar gefunden, in Deutschland mitten in der Natur zu wohnen. Es war ganz anders als in der großen Stadt, nämlich sehr ruhig und idyllisch.

Ich habe gern auf dem Feld oder im Stall geholfen, wie alle anderen auf dem Bauernhof. Das Leben mit den vielen Tieren war toll: Es gab Kühe, Schafe, Schweine, Hühner und drei Pferde auf dem Hof. Und natürlich viel, viel Arbeit!

Auch das Schulsystem ist in Sachsen anders als in Mexiko. In meiner Heimat besuche ich eine Privatschule.

**1 Schreib R (richtig) oder F (falsch). Verbessere dann die falschen Aussagen.**

1. Lucia ist in den Sommerferien nach Sachsen geflogen. ☐
2. Sie hat auf dem Land gewohnt. ☐
3. Das Leben im Dorf war nicht so schön wie in einer Großstadt wie Mexiko-Stadt. ☐
4. In Deutschland können alle die Schule besuchen. ☐
5. Sie besucht eine Privatschule in Mexiko-Stadt, weil ihre Eltern reich sind. ☐
6. Sie möchte später in Deutschland studieren. ☐

**2 Such im Text die Informationen über Lucias Stadt und ergänze die Tabelle.**

| | |
|---|---|
| Name | |
| Einwohner | |
| Kontakt zur Natur | |
| Schule | |



Testo parlante

Der Unterricht kostet normalerweise 1000 Euro im Monat. Zum Glück habe ich ein Stipendium und meine Eltern müssen nicht so viel Geld für die Schule bezahlen!
In Deutschland bin ich auf ein tolles Gymnasium gegangen – und musste nichts dafür bezahlen. Dieses Schulsystem ist genial! Ich meine: Jeder Schüler hat die gleichen Chancen. Man kann auf das Gymnasium gehen, auch wenn die Eltern nicht viel Geld haben.
Mein Jahr in Deutschland war die beste Zeit meines Lebens! Ich habe nicht nur Deutsch gelernt, sondern auch sehr viele deutsche Freunde und Freundinnen gefunden. Sie besuchen mich jetzt sogar für drei Wochen in Mexiko. Ich freue mich schon sehr!
Die deutsche Kultur vermisse ich schon. Die Deutschen sind nicht so gestresst und nervös wie die Leute in Mexiko. Um 15:00 Uhr treffen sich alle im Wohnzimmer und es gibt Kaffee und Kuchen. Das finde ich gemütlich. Ich möchte gern nach der Schule wieder nach Deutschland gehen und dann an der Universität studieren.

**3 Beantworte die Fragen.**

1 Woher kommt Lucia?
2 Wie lange ist sie in Deutschland geblieben?
3 Wo hat sie in Deutschland gewohnt?
4 Was hat sie besonders fasziniert?
5 Wie hat sie die deutsche Schule gefunden?
6 Wie ist die Situation „Schule“ in Mexiko-Stadt?
7 Möchte Lucia später wieder nach Deutschland fahren? Warum?

**4 Fasse den Text zusammen. Benutze die Fragen von Übung 3.**

**5 PARTNERARBEIT Interview mit Lucia. Stellt mindestens 5 Fragen und antwortet. Benutzt die Informationen im Text. Ihr könnt z.B. so anfangen:**

● Hallo Lucia, woher kommst du?
▲ Ich komme aus Mexiko-Stadt.
● Du sprichst aber gut Deutsch. Wieso?
▲ Ich habe ein Jahr in Deutschland verbracht.

**6 In welchem Land möchtest du ein Schuljahr verbringen? Schreib an Thomas / Tina und erzähle (ca. 50 Wörter).**

An:
Betreff:

Hallo Thomas / Tina!
..............................................................
..............................................................
..............................................................
..............................................................
..............................................................
..............................................................
..............................................................
..............................................................
Tschüs

# 088 Berlin, eine Multikulti-Stadt auch für die Deutschen

**1 Schreib R (richtig) oder F (falsch). Verbessere dann die falschen Aussagen.**

1 Viele Ausländer ziehen nach Berlin. ☐
2 Die Deutschen aus Süddeutschland wohnen nicht gern dort. ☐
3 Die Deutschen aus Süddeutschland haben Probleme mit der Sprache. ☐
4 Es gibt in Berlin Restaurants, Cafés und Bars im süddeutschen Stil. ☐
5 Münchner trinken gern eine Cola an einer Berliner Strandbar. ☐
6 Stuttgarter können in Berlin keine Brezeln essen. ☐
7 Den Kölner Karneval feiert man auch in einem Restaurant in Berlin. ☐

**2 Rate mal! Kreuze a, b oder c an.**

1 Eine Brezel ist ein typisches Brot
a ☐ aus dem Süden.
b ☐ aus dem Norden.
c ☐ aus dem Osten.
2 Ein Radler ist ein Getränk
a ☐ aus Berlin.
b ☐ aus England.
c ☐ aus München.
3 In einer Brauerei produziert man
a ☐ Kölnisch Wasser.
b ☐ Bier.
c ☐ Wein.

**3 Beantworte die Fragen.**

1 Wer wohnt in Berlin?
2 Warum wollen so viele Leute nach Berlin ziehen?
3 Welche Probleme haben die Deutschen in Berlin?
4 Welche regionalen Produkte suchen die Deutschen in Berlin?
5 Welche Feste kann man auch in Berlin fast so feiern wie in Bayern oder im Rheinland?

In Berlin leben viele Nationalitäten zusammen: Türken, Griechen, Russen, Polen, Italiener... und je nach Herkunft findet man in der Großstadt kleine Welten mit ihren Kulturen und Traditionen.
Man kann in Berlin die verschiedensten Restaurants finden und jeden Tag Rezepte aus der ganzen Welt probieren!
In Berlin wohnen aber auch Deutsche aus verschiedenen Teilen Deutschlands. Sie kommen aus Baden-Württemberg und Bayern, Hamburg und dem Rheinland.
Aus ganz Deutschland ziehen Menschen nach Berlin. Warum auch nicht? Die Hauptstadt ist billig. Eine Wohnung in Berlin kostet weniger als in Hamburg, Köln oder München, und das Leben ist auch nicht teuer. Aber die deutschen „Migranten“ haben einige Probleme, zum Beispiel mit der Sprache. Man sagt: Die Berliner berlinern! Sie sagen zum Beispiel nicht „ich“, sondern „icke“. Die Leute aus Hessen und Bayern sagen dafür „isch“. Klar, sie kommen alle aus Deutschland, aber sie fühlen sich ein bisschen fremd in Berlin.
Deshalb haben sich in Berlin je nach Herkunft bestimmte Treffpunkte etabliert, wo man sich wie „zu Hause“

Testo parlante

fühlt. So haben die Bayern ihre eigenen Restaurants, Cafés und Bars. Geht man ins Restaurant *Maximilians* in der Friedrichstraße rein, dann fühlt man sich wie auf dem Oktoberfest. Dort kann man Weißwürste essen und Weißbier trinken, genau wie in München. Auch Kölner haben in Berlin eine eigene Brauerei, die *Privatbrauerei Gaffel*. Dort kann man Kölsch trinken. Im Regierungsviertel gibt es sogar ein Restaurant wie in Köln: *die Ständige Vertretung*. Dort kann man den Kölner Karneval am besten feiern. Treffen sich zwei Münchner im Sommer in Berlin, sprechen sie schon nach 5 Minuten bestimmt über Biergärten, denn für sie gibt es keinen Sommer ohne einen Radler* im Englischen Garten in München! Und sie sind froh zu erfahren, dass es jetzt auch in Berlin Biergärten gibt! Treffen sich zwei Stuttgarter, erzählen sie sich, wo sie „Brezeln" bekommen. Vielleicht haben manche Ausländer in Berlin ein Integrationsproblem... Sicher ist: Auch die Deutschen haben eines!

* **das Radler, -:** Gemisch aus Bier und Limonade

## 4 Ergänze die Zusammenfassung.

In Berlin leben viele Menschen aus...
Auch viele Deutsche ziehen nach Berlin, weil...
Die Deutschen aus dem Süden fühlen sich in Berlin...
In Berlin spricht man anders als z.B. ...
Die deutschen Migranten suchen oft in Berlin...
In Berlin haben die Deutschen je nach Herkunft...
Dort können sie sich wie...
Dort können sie Kölsch trinken wie... oder Brezeln kaufen wie...

## 5 PARTNERARBEIT Spielt den Dialog in Berlin.

- ● Saluti e chiedi al signor Müller la provenienza.
- ▲ Il signor Müller risponde che viene da Monaco.
- ● Chiedi se si trova bene a Berlino.
- ▲ Dice di sì, la città è poco cara.
- ● Chiedi se gli manca Monaco.
- ▲ Dice di sì. Qui si sente un po' "straniero".
- ● Chiedigli se non ha trovato locali tipici bavaresi.
- ▲ Dice che è arrivato da un mese e che non li ha ancora cercati.
- ● Proponigli di andare al *Biergarten*.
- ▲ Lui accetta entusiasta. Chiede quando e dove.
- ● Gli proponi sabato alle 17 al *Prater Garten* nella *Kastanienallee*.
- ▲ Ti chiede dove si trova.
- ● Digli che è vicino alla fermata della metropolitana *Eberswalder Straße*.
- ▲ Dice che ha capito e ti saluta.

## 6 Schreib Thomas / Tina eine E-Mail und erzähle über deine Stadt. Folgende Fragen können dir helfen.

- ✔ Was muss man unbedingt in deiner Lieblingsstadt sehen?
- ✔ Wo kann man am besten essen?
- ✔ Welche Geschäfte sind dort sehr schön?
- ✔ Wo kann man einen Spaziergang machen?
- ✔ Wo kann man sich abends treffen?

# Los geht's zur Abschlussprüfung!

Ed eccoci arrivati quasi alla fine di questo ciclo di studi: ci stiamo avvicinando all'Esame di stato, ma... *Keine Panik!* Nelle pagine che seguono troverai tanti consigli su come affrontarlo e tanto materiale per esercitarti e arrivare preparato/a per affrontare e superare al meglio le prove.

## Ma... in che cosa consiste l'esame?

Molto probabilmente, per la lingua tedesca, dovrai sostenere due prove:

- l'**esame scritto**, che avrà una durata di circa due ore;
- l'**esame orale**, che farà parte dell'esame orale generale su tutte le materie.

## Esame scritto

L'esame scritto è costituito di solito da una delle seguenti prove:

- un **questionario**: dovrai leggere un testo e rispondere a una serie di domande;
- una **lettera**: dovrai scrivere una lettera o un'e-mail seguendo una traccia data;
- un **dialogo**: dovrai completare un dialogo o scriverne uno seguendo una traccia data.

## Esame orale

L'esame orale comprende solitamente due parti:

- conversazione su argomenti legati alla tua sfera **personale**;
- esposizione di argomenti di **civiltà** trattati durante l'anno. Spesso si tratta di argomenti che hai studiato anche in altre materie, e che ti permettono quindi di fare dei collegamenti durante il colloquio orale.

# Schriftliche Prüfung



# Mündliche Prüfung

# Schriftliche Prüfung

## 1 Il questionario

**Devi leggere un testo e rispondere a un questionario? Procedi così!**

**Fase 1**

Leggi il testo una prima volta per intero senza soffermarti sui dettagli, ma cercando di cogliere il suo significato globale. Se incontri vocaboli sconosciuti, cerca sul dizionario bilingue in primo luogo quelli che ti impediscono di comprendere globalmente il testo.

**Fase 2**

Leggi attentamente le domande del questionario, accertandoti di aver capito bene tutte le richieste. Inoltre, grazie alla lettura preliminare di tutte le domande, potrai dosare bene le tue risposte, distribuendo le informazioni in modo equilibrato.

**Fase 3**

Rileggi bene il testo e sottolinea le informazioni richieste dal questionario. Abbina loro lo stesso numero della domanda cui si riferiscono.
In questa fase, se ti sembra necessario, usa il dizionario per comprendere il testo anche nel dettaglio.

**Fase 4**

Rispondi alle domande del questionario con frasi complete.
Cerca di non copiare le informazioni del testo parola per parola.
Inoltre non scrivere di più di quanto ti viene richiesto perché potresti andare "fuori tema".

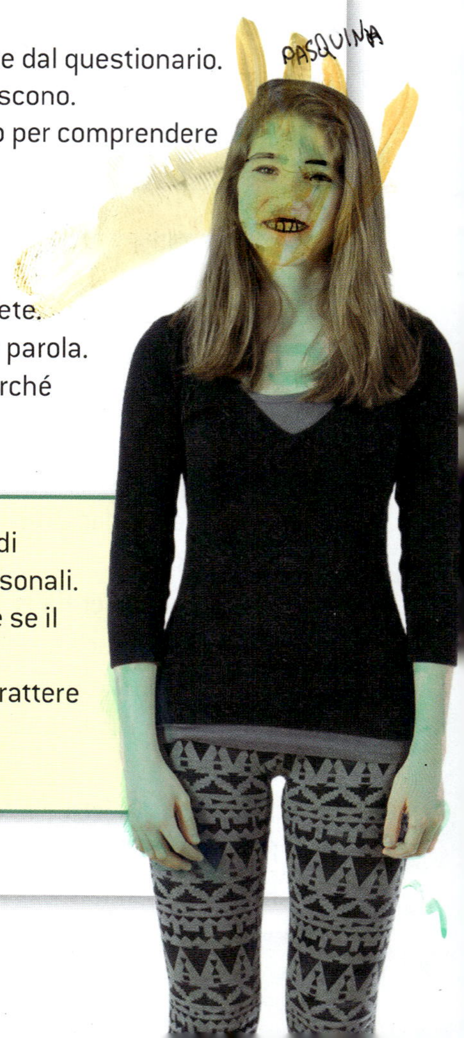

**TIPPS**

- Utilizza la formulazione della domanda per rispondere! Eviterai così di copiare le frasi dal testo di partenza e scriverai delle risposte più personali.
- Ricordati di scrivere sempre le tue risposte alla terza persona, anche se il testo di partenza è scritto in prima persona!
- Spesso, alla fine del questionario, vengono formulate domande di carattere personale. Cerca di rispondere anche a queste con frasi intere e ben strutturate. Evita risposte troppo sintetiche.

## Questionario 1

089

# Mitten in Berlin, aber wie im Urlaub: die Berliner Strandbars

*Zum Meer ist es meistens zu weit – trotzdem wollen sich viele Berliner an heißen Tagen ein bisschen wie im Urlaub fühlen.*

Patrick arbeitet in Berlin, aber jetzt will er unbedingt Pause machen. Er sitzt mit drei Kollegen am Captains Beach in Friedrichshain in einem Liegestuhl. Er trägt eine Anzughose und ein Hemd.
Seine schwarzen Schuhe hat er ausgezogen. Seine Füße liegen im Sand. In der Hand hat er ein kaltes Bier. „Der Sand ist herrlich! Hier fühlt man sich wie im Urlaub“, sagt Patrick, „und das tut gut!“.
Die Urlaubsidylle ist 600 Quadratmeter groß. Die Liegestühle sind direkt an der Spree.
Rund herum stehen Palmen, Strohschirme, eine Bar und ein Restaurant.
Die Besucher können in der Sonne liegen oder in einem Liegestuhl sitzen, lesen und sich entspannen. Kellnerinnen bringen ihnen etwas zum Trinken oder zum Essen. Nur Badehosen und Bikinis fehlen hier, denn der Strand liegt mitten in der Stadt.
Die Idee der Strandbar kommt aus Paris. Die erste Strandbar hat man 2002 in Berlin-Mitte geöffnet. Sie hatte Sand, war aber ohne Wasser. Inzwischen gibt es in der Hauptstadt 17 Strandbars am Spreeufer und 13 Strandbars mit Sand, aber ohne Wasser. Eine Bar ist sogar auf dem Dach eines Parkhauses!

**Lies den Text und beantworte die Fragen.**

1 Wo ist Patrick?
2 Was macht er dort?
3 Trägt er sportliche Kleidung?
4 Was gibt es in Captains Beach?
5 Wie groß ist Captains Beach?
6 Wer hat Patrick sein Bier gebracht?
7 Wo war die erste Strandbar in Europa?
8 Wann hat Berlin die erste Strandbar bekommen?
9 Wie viele Strandbars gibt es insgesamt in Berlin?
10 Wie findest du Strandbars?
11 Wo möchtest du eine Strandbar haben? Warum?

Testo parlante

## Questionario 2

090

# Gummibärchen von HARIBO
# Die machen Kinder froh und Erwachsene ebenso!

*Es gibt sie in verschiedenen Farben und sie schmecken alle gut – Gummibärchen sind bei Klein und Groß beliebt.*

Gummibärchen – alle schwärmen davon!
Eine große Tüte Gummibärchen aufreißen, viele rausfischen und auf einmal in den Mund stecken – hm, lecker!
Der Bonbonmacher Hans Riegel aus Bonn erfindet die Gummibärchen im Jahr 1920. Seine Firma heißt HARIBO, eine Abkürzung von seinem Vor- und Nachnamen und seinem Wohnort: **HA**ns – **RI**egel – **BO**nn.
Wie kommt er auf diese Idee? Hans Riegel will eines Tages ein neues Rezept ausprobieren.
Er rührt Gelatine, Zucker, Zitronensäure, Geschmacks- und Farbstoffe zusammen.
Er lässt das Ganze heiß werden, und dann probiert es: Es schmeckt gut!
Er tut dann die bunte Masse in eine Bären-Form hinein – und fertig ist das erste Gummibärchen:

ein Gummibonbon in Form von einem Bären! Zuerst sind die Bären noch groß und dünn. Es gibt gelbe Fruchtgummibären und Schwarzbären aus Lakritze. Dann werden die Gummibären kleiner, dicker und bunter. Man findet sie heute in den Farben Grün, Weiß, Gelb, Orange und Rot.
Die Farben der Gummibärchen sind heute ein wenig blasser als früher, denn die Farbstoffe kommen von natürlichen Produkten, aus Obst und Pflanzen. Grüne Gummibärchen bekommen zum Beispiel die Farbe vom Spinat, die roten das Aroma von natürlichen Himbeeren und die weißen das von Ananas.
Es gibt inzwischen auch Gummibärchen für Vegetarier und Veganer, d.h. ohne Gelatine, denn Gelatine kommt von Tieren. Gelatinefreie Gummibärchen sehen dann nicht so klar aus und sind nicht so fest, sie schmecken dafür aber nicht weniger gut.
Gummibärchen sind bis heute sehr beliebt: Man findet sie in jedem Supermarkt.

**Lies den Text und beantworte die Fragen.**

1 Was war Hans Riegel von Beruf?
2 Woher kommt der Name HARIBO?
3 Was sind Gummibärchen?
4 Welche Zutaten braucht man für die Gummibärchen?
5 Wie sind die ersten Gummibärchen?
6 Wie sehen die Bären heute aus?
7 In welchen fünf Farben gibt es heute Gummibärchen?
8 Welche Zutat haben Gummibärchen für Vegetarier nicht?
9 Wie sehen die Gummibärchen für Vegetarier aus?
10 Magst du Gummibärchen oder isst du lieber Pralinen? Warum?
11 Wann isst du ein Gummibärchen? Vor dem Fernseher? Beim Lernen?



Testo parlante

## Questionario 3

091

# Albert Schweitzer, ein Philanthrop aus Deutschland

Albert Schweitzer ist 1875 in Kaysersberg im Elsass geboren. Als Kind spricht er perfekt Deutsch und Französisch und kann sehr gut Orgel spielen. Er liebt die Musik von Bach.

An der Universität Straßburg studiert er zuerst Theologie und Philosophie, aber 1905, im Alter von 30 Jahren, will er Missionsarzt werden und beginnt sein Medizinstudium. Im November 1911 ist er mit der Universität fertig und fährt ein Jahr später mit seiner Frau nach Afrika. Er will in Lambaréné in Gabun ein Tropenhospital für arme, kranke Menschen eröffnen. Er braucht aber viel Geld für das Krankenhaus. Deshalb muss er immer wieder von Afrika nach Europa fahren und dort Konferenzen halten oder Orgelkonzerte geben, um genug Geld für sein Krankenhaus zu sammeln.

Besonders bekannt ist sein Motto: „Ich bin Leben, das leben will, inmitten von Leben, das leben will." Keiner darf einem anderen wehtun. Auch Tiere haben ein Recht auf Leben. Aus Liebe und Respekt zu ihnen war Schweitzer Vegetarier.

Albert Schweitzer engagiert sich nicht nur in Afrika. Schon 1932 versteht er, dass Hitler Deutschland in den Krieg führen wird und er ruft in seinen Reden immer wieder zum Frieden auf. Zusammen mit Albert Einstein setzt er sich auch gegen Atomwaffen ein, denn er weiß: Eine Atombombe kann Tausende von Menschen töten. 1952 bekommt er den Friedensnobelpreis.

Albert Schweitzer kämpft als Pazifist für Wahrheit, Freiheit und Gerechtigkeit. Er hat einmal gesagt: „Ich kann nicht zufrieden sein, wenn andere Menschen leiden."

In seiner Biographie *Aus meinem Leben und Denken* erklärt Albert Schweitzer seine Missionsarbeit. Durch seine Ideen und sein Leben ist er ein Vorbild für viele Menschen. Deshalb tragen noch heute Plätze, Straßen oder Schulen seinen Namen, genau so wie das moderne Krankenhaus im afrikanischen Lambaréné.

**Lies den Text und beantworte die Fragen.**

1. Wann und wo ist Albert Schweitzer geboren?
2. Welche Sprachen spricht er perfekt?
3. Was kann er schon als Kind sehr gut spielen?
4. Was studiert er an der Universität?
5. Was macht er nach dem Studium?
6. Was macht er in Afrika?
7. Für wen ist das Krankenhaus?
8. Wie finanziert er das Krankenhaus?
9. Was hat er im Jahr 1952 bekommen?
10. Wer ist für dich ein Vorbild? Dein Vater, deine Mutter, dein Opa ... ? Erzähle etwas von dieser Person.

Testo parlante

## Questionario 4

092

# Die Macht der Mode

Zirka 1200 Euro gibt eine deutsche Familie jedes Jahr für Kleidung und Schuhe aus. Auf dem Etikett steht fast immer „Made in" Vietnam, Bangladesch oder Thailand. Mehr als ein Drittel der Kleidung in Deutschland kommt aus Ostasien. In den Fabriken arbeiten nicht nur Frauen und Männer, sondern auch Kinder. Die Arbeit ist sehr hart. Arbeiter atmen den ganzen Tag giftige Chemikalien ein. Sie arbeiten 16 Stunden am Tag, sieben Tage die Woche. Das ist normal dort. Und sie verdienen viel zu wenig Geld. Zum Beispiel in Bangladesch: Zirka 3,5 Millionen Menschen nähen dort Kleidung für Europa und die USA. Ein No-Name-Shirt kostet 5 Euro in Europa, aber eine Arbeiterin in Bangladesch bekommt zirka 13 Cent für ihre Arbeit. Der Rest ist für den Fabrikbesitzer, den Baumwoll-Lieferanten, für den Transport und für die Modefirma selbst. Ein Arbeiter verdient zirka 42 Euro im Monat. Eine Familie mit zwei Kindern braucht dort 120 Euro im Monat. Auch wenn beide Eltern einen Job haben, kann man nicht einmal genug Milch und Brot für die ganze Familie kaufen. Deshalb müssen auch Kinder arbeiten, deshalb gibt es so viel Kinderarbeit, vor allem in Bangladesch: Dort ist die Armut sehr groß.

**Wer bekommt was vom T-Shirt-Preis?**

Das sind die Kosten von einem T-Shirt zu 5 Euro im Geschäft.

- Baumwolle → 0,40 €
- Der Textilfabrikant bekommt → 0,82 €
- Die Arbeiter verdienen → 0,13 €
- Transport von Asien nach Deutschland → 0,06 €
- Die Modefirma verdient → 0,65 €
- Umsatzsteuer (*taxes*) → 0,79 €
- Kosten in Deutschland für Ladenmiete, Lohn für Verkäufer, Werbung, ... → 2,15 €

Wie kann man den Kindern in diesen Ländern ein besseres Leben garantieren? Hier ist die Lösung: Wenn die Eltern genug Geld verdienen, dann ist Kinderarbeit nicht mehr nötig, dann können die Kinder in die Schule gehen. Wenn die Firmen zum Beispiel auch nur 100 Euro an die Eltern zahlen, müssen Kleidungsstücke nur 12 Cents teurer sein. Aber die Firmen wollen das einfach nicht.

Wie kann man also den Kindern in Ostasien helfen? Man soll stärker gegen Kinderarbeit in der Welt protestieren, zu billige Kleidung nicht kaufen und mit Spenden und Fernadoptionen den Kindern in diesen Ländern helfen.

**Lies den Text und beantworte die Fragen.**

1 Wie viel Geld gibt eine deutsche Familie jeden Monat für Kleidung aus?
2 Aus welchen Ländern kommt die Kleidung?
3 Wie viele Fabrikarbeiter arbeiten in Bangladesch?
4 Wie ist die Fabrikarbeit?
5 Wie viele Stunden pro Tag arbeitet man in einer Fabrik in Ostasien?
6 Wie viel verdient ein Fabrikarbeiter in Bangladesch?
7 Wie viel braucht eine Familie in Bangladesch im Monat zum Leben?
8 Was ist die Konsequenz von dieser Situation?
9 Kann man etwas gegen Kinderarbeit tun?
10 Kaufst du oft billige Kleidung aus Ostasien? Wie viel Geld gibst du im Monat für Kleidung aus?



Testo parlante

## Questionario 5

093

# Eine Familie auf Weltreise

Keine Wohnung, keine Schule und alle zwei Wochen ein neues Land. Familie Zapp macht eine Weltreise in einem sehr alten Auto.

„Das Auto ist unser Zuhause", sagt Pampa. Der Zehnjährige lebt mit seinen Eltern und seinen drei Geschwistern in einem 85 Jahre alten Wagen. Mit dem Wagen ist die Familie schon 350 000 km durch die Welt gefahren.

Die argentinische Familie Zapp reist seit 13 Jahren um die Welt. Jedes der vier Kinder ist in einem anderen Land geboren: Pampa in den USA, sein Bruder Tehue in Argentinien, die Schwester Paloma in Kanada und Wallaby in Australien. Für alle sechs ist das alte Auto gleichzeitig Schlafzimmer, Schule und Wohnzimmer. Sie haben auch warmes Wasser: Der Vater hat einen Wassertank im Motor montiert. Wenn das Auto fährt, wird das Wasser heiß.

Nur ein Radio gibt es im alten Auto nicht. „Wir langweilen uns aber nie", sagen Pampa und Tehue. Während der Fahrt spielen sie Karten, lesen oder singen.

Die Familie war schon in 45 Ländern.

Die Leute sehen das Auto und wollen mit der Familie sprechen. Fast immer findet sie einen Schlafplatz bei einer Familie und sie brauchen kein Hotel.

Pampa und seine Geschwister haben schon überall geschlafen, manchmal in einem Haus, aber auch im Auto oder am Strand. In der Schule war Pampa noch nie, nur manchmal zu Besuch mit Kindern, die er unterwegs getroffen hat. Die Familie bleibt ja meist nur ein paar Tage an einem Ort.

Deswegen unterrichtet Mutter Candelaria ihre Kinder im Auto. Dort haben Pampa und Tehue auch Lesen und Schreiben gelernt. Sie gehen nicht in die Schule, aber sie lernen! Als sie durch das Himalaya-Gebirge gefahren sind, konnten sie ganz praktisch sehen, wie Wolken zu Regen werden. Man kann also auch ohne Bücher viel lernen.

Viel Platz für Sachen haben die Zapps nicht. Für jedes neue Buch oder jedes neue Spielzeug oder Kleidungsstück müssen die Geschwister ein altes verschenken. „Nicht so schlimm", sagt Pampa, „dafür habe ich Freunde überall in der Welt. 200, mindestens."

Die Eltern wollen nur noch drei Jahre unterwegs sein, dann werden sie nach Argentinien zurückkommen und in einem richtigen Haus leben: „Wenn die Kinder zu Teenagern werden, gibt es keinen Platz mehr für alle im Auto."

Vorher will aber die Familie durch Europa reisen.

**Lies den Text und beantworte die Fragen.**

1 Woher kommt Familie Zapp?
2 Wie viele Personen sind in der Familie Zapp?
3 Seit wann ist Familie Zapp unterwegs?
4 Wie viele Kilometer ist die Familie schon gereist?
5 Wie lange bleibt die Familie an jedem Ort?
6 Wo schlafen die Zapps?
7 Was machen die Kinder während der Fahrt?
8 Wie können die Kinder lesen und schreiben lernen?
9 Wohin will die Familie noch fahren?
10 Möchtest du wie Familie Zapp leben? Warum (nicht)? Erkläre.

Testo parlante

## Questionario 6

094

# Klaus Störtebeker – der Pirat der Nord- und Ostsee

Piraten hat es immer gegeben. Man hört noch heute von Seeräubern in den tropischen Meeren. Aber auch in der Nord- und Ostsee gibt es viele Geschichten und Legenden über Piraten. Störtebeker ist bestimmt der berühmteste Pirat aus Deutschland. Hier ist seine Geschichte.

Im 14. Jahrhundert sind Hansestädte wie Bremen und Hamburg sehr reich: Jeden Tag sind viele Schiffe voll von Schmuck, Lebensmitteln und anderen Schätzen auf der Nord- und Ostsee unterwegs – eine gute Beute für Piraten! Klaus Störtebeker und seine Seeräuberbande, die „Vitalienbrüder", überfallen und plündern diese Schiffe. Sie sind der Schrecken der Nord- und Ostsee! Die Lebensmittel und Schätze verteilen die Piraten gratis an arme Leute oder sie verkaufen sie auf Märkten in Friesland für wenig Geld. Deshalb sind sie für die Friesen keine Piraten, sondern eher gute Freunde!

Im Jahr 1401 fängt man Störtebekers Seeräuberbande, bringt sie nach Hamburg und verurteilt die Männer zum Tode. Man will ihnen den Kopf abschlagen. Man sagt aber Klaus Störtebeker vor seinem Tod, er kann seine Männer retten, wenn er ohne Kopf an ihnen vorbeiläuft. Und tatsächlich läuft Klaus ohne Kopf an ihnen vorbei. Trotzdem hält man das Versprechen nicht und tötet auch alle anderen Piraten.

Heute gibt es keine Piraten mehr in der Nord- und Ostsee. Klaus Störtebekers Geschichten sind aber noch immer sehr beliebt. Auf der Ostseeinsel Rügen gibt es jedes Jahr die bekannten „Störtebeker Festspiele". 150 Schauspieler, 4 Schiffe und 30 Pferde machen mit und spielen die Geschichten von Störtebeker. Im Dorf Marienhafen gibt es ein Störtebekermuseum, ein Bier mit dem Namen „Störtebeker" ist Kult und in Hamburg steht eine Bronzestatue von dem Piraten mitten im Hafen.

**Lies den Text und beantworte die Fragen.**

1. Wann hat Klaus Störtebeker gelebt?
2. Warum nennt man ihn „den Schrecken der Nord- und Ostsee"?
3. Warum gibt es im 14. Jahrhundert Piraten in der Nord- und Ostsee?
4. Warum sind die Piraten der Bande von Störtebeker den Leuten in Friesland sympathisch?
5. Wann fängt man Störtebeker und seine Bande?
6. Was verspricht man Störtebeker vor seinem Tod?
7. Kann er seine Männer vor dem Tod retten?
8. Was erinnert noch heute an Störtebeker?
9. Was spielt man auf den Festspielen in Rügen?
10. Welche Geschichten liest du gern? Magst du Abenteuer- oder Liebesgeschichten?
11. Welches Buch hat dir neulich besonders gefallen und warum?



Testo parlante

## Questionario 7

095

# Potsdam, eine Stadt mit viel Tradition

**Stadt der Schlösser und Parks** – Potsdam ist eine kleine Stadt im Südwesten von Berlin. Ihre Schlösser, Parks und Seen sind wunderschön und schon seit Jahren Teil des Weltkulturerbes der UNESCO. Am bekanntesten ist das Schloss Sanssouci aus dem 18. Jahrhundert. Es war das Sommerschloss von Friedrich dem Großen. Er hat es so genannt, weil er hier „ohne Sorge", „ohne Probleme" sein wollte. Insgesamt gibt es in der Stadt Potsdam 15 Schlösser, hinzu kommen noch 5 Schlösser in der Umgebung.

**Filmstadt** – Potsdam ist seit 1911 die wichtigste deutsche Filmstadt. Das Filmstudio *Babelsberg* ist das älteste Großfilmstudio der Welt. Dort hat man die ersten deutschen Filme gedreht, z.B. *Metropolis* von Fritz Lang oder *Der Blaue Engel* mit Marlene Dietrich. Zur Zeit der Teilung Deutschlands war *Babelsberg* das Filmzentrum der DDR. Heute produziert man dort Filme und Sendungen für das Fernsehen. Im Filmpark *Babelsberg* können Besucher die Filmkulissen besichtigen und Stuntshows sehen.

**Militärstadt** – Von 1945 bis 1991 war Potsdam die Militärstadt der sowjetischen Soldaten. Seit Juli 2001 plant man hier alle militärischen Missionen im Ausland.

**Universitätsstadt** – In Potsdam kann man auch studieren: an der Universität, an der Fachhochschule und an der Hochschule für Film und Fernsehen.

**Internationale Stadt** – Viele Potsdamer haben noch heute einen ausländischen Pass.

Früher war die Stadt internationaler. Vor 300 Jahren waren die Potsdamer zum größten Teil Franzosen, denn König Friedrich Wilhelm I. wollte französische und holländische Handwerker (Tischler, Maler, Maurer, ...) in seiner Stadt haben. Ein Stadtviertel ist noch heute im holländischen Stil: Alle Häuser sind aus roten Backsteinen. Die Handwerker bauten sich nämlich Häuser wie in ihrer Heimat. Auch die russische Kolonie Alexandrowka ist schon fast 200 Jahre alt.

**Die Potsdamer Konferenz und die deutsche Teilung** – Nach dem Zweiten Weltkrieg haben die Siegermächte in Potsdam die Teilung Deutschlands beschlossen: Deutschland sollte in vier Besatzungszonen geteilt werden. Potsdam war in der sowjetischen Besatzungszone. So trennte die Mauer von 1961 bis 1989 auch Potsdam von Westberlin.

**Lies den Text und beantworte die Fragen.**

1 Wo liegt Potsdam?
2 Warum ist die Stadt Teil des Weltkulturerbes der UNESCO?
3 Das Schloss Sanssouci ist sehr berühmt. Was bedeutet das Wort „Sanssouci"?
4 Wie viele Schlösser hat Potsdam in der Stadt und in seiner Umgebung?
5 Was kann man im Filmpark *Babelsberg* sehen?
6 Kann man in Potsdam studieren?
7 Warum gibt es Häuser im holländischen Stil in Potsdam?
8 Leben noch Russen in Potsdam?
9 In welcher Besatzungszone war Potsdam zur Zeit der Teilung?
10 In Potsdam leben viele Ausländer. Gibt es viele Ausländer in deiner Stadt? Woher kommen sie? Welche Traditionen haben sie mit sich in deine Stadt gebracht?

Testo parlante

## Questionario 8

096

# Armer Süden, reicher Norden in der EU

*Den Menschen in der Europäischen Union geht es nicht überall gleich gut.*

Die Leute im Norden haben mehr Geld in der Tasche, im Süden und Osten gibt es dagegen mehr Armut und Arbeitslosigkeit.

### Arm und Reich in der EU

In Europa haben zurzeit fast 19 Millionen Menschen keine Arbeit, vor allem in den schönen Urlaubsländern am Mittelmeer.
In Deutschland ist das Wetter schlechter, aber die Ökonomie funktioniert gut – auch, wenn es natürlich auch hier viele arme Menschen gibt. Immer mehr Handwerksbetriebe suchen junge Leute für eine Ausbildung etwa zum Dachdecker oder Fleischer, finden aber keine jungen Arbeitskräfte. Die jungen Leute möchten oft einen Job im Büro. Sie wollen nicht als Handwerker arbeiten.

### Im Süden mehr Arbeitslosigkeit

Die Arbeitslosigkeit in Deutschland, aber auch in Österreich, Schweden, Finnland und den Niederlanden ist niedrig. Den Ländern in Südeuropa geht es viel schlechter: In Griechenland und Spanien haben mehr als die Hälfte der jungen Leute keinen Job, und die Situation ist auch in Italien nicht viel besser. Die jungen Leute können sich keine eigene Wohnung leisten und brauchen die Hilfe von Eltern und Großeltern. Oft wohnen sie auch mit 30 Jahren noch bei den Eltern.
Viele Geschäfte mussten schließen.
Hunderttausende von jungen Griechen und Spaniern, darunter viele Ärzte und Architekte, wandern in die nördlichen Länder der Europäischen Union aus.

**Lies den Text und beantworte die Fragen.**

1. Wo sind die Leute arm in Europa?
2. Wo geht es den Leuten in Europa gut?
3. Warum gibt es Arm und Reich in Europa?
4. Was für Arbeiten suchen junge Leute in Deutschland?
5. Welche Arbeitskräfte sucht man in Deutschland?
6. Wie viele junge Leute sind in Ländern wie Spanien und Griechenland ohne Arbeit?
7. Wer hilft den jungen Arbeitslosen?
8. Wo leben viele junge Arbeitslose in Südeuropa?
9. Was machen viele Jugendliche aus Südeuropa?
10. Gibt es viele Arbeitslose in deiner Stadt? Welche Probleme haben die Kinder von armen Familien in der Schule?



Testo parlante

# 2 Il dialogo

**Qui dovrai completare un dialogo o scrivere un dialogo su una traccia data.**

## Dialogo da completare

- Leggi tutte le battute date e cerca di capire bene la situazione.
- Scrivi le battute che mancano dopo aver letto bene la battuta che precede e quella che segue.
- Ricordati che le tue battute possono essere risposte oppure domande.

## Dialogo su traccia

- Leggi bene le richieste.
- Definisci gli interlocutori (due ragazzi, due adulti, un ragazzo e un adulto...), la situazione e il loro stato d'animo.
- Nel dialogo entrambi gli interlocutori devono esprimere il loro stato d'animo, la loro opinione, approvazione o rifiuto, suggerimenti ecc.
- Stendi il dialogo secondo la traccia, facendo attenzione all'andamento logico.
- Fai particolare attenzione all'apertura e alla chiusura del dialogo.

### TIPPS

**Ripassa le funzioni utili**

| | |
|---|---|
| 1 **Fare una proposta** | *Wollen wir ... ? / Möchtest du ... ? / Warum machen wir nicht ...? / Hast du Lust?* |
| 2 **Commentare una proposta** | 😊 *Wie schön! / Prima! / Super!*<br>😐 *Die Idee ist nicht schlecht.*<br>☹ *Wie langweilig! Ach nein!* |
| 3 **Esprimere un'opinione** | *Ich meine, das ... Meiner Meinung nach ...* |
| 4 **Esprimere accordo** | *O.K., einverstanden. / Genau! / Richtig! / Das stimmt! / Da hast du Recht!* |
| 5 **Esprimere disaccordo** | *Das stimmt nicht. / Das ist nicht wahr. / Ich bin anderer Meinung.* |
| 6 **Esprimere uno stato d'animo** | 😊 *Es geht mir super! / prima!*<br>😐 *Es geht mir solala. / Es geht mir nicht schlecht.*<br>☹ *Es geht mir schlecht. / Ich habe keine Lust. / Ich bin müde.* |

# Dialogo da completare

**Dialog 1** **Vai a trovare il tuo amico Thomas a Monaco. Thomas viene a prenderti in stazione. Leggi e completa il dialogo.**

| | |
|---|---|
| Thomas | Hallo, ........................ (dein Name). Wie geht's? |
| Du | ........................................................................................................ . |
| Thomas | Bist du müde? |
| Du | ........................................................................................................ . |
| Thomas | Ich verstehe. Wie war die Fahrt? |
| Du | ........................................................................................................ . |
| Thomas | Komm, wir fahren sofort nach Hause. |
| Du | ........................................................................................................ ? |
| Thomas | Wir nehmen die U-Bahn. |
| Du | ........................................................................................................ ? |
| Thomas | Sieben. Wir müssen am Stachus Tor aussteigen und dann 5 Minuten zu Fuß gehen. Die U-Bahn kommt in 5 Minuten ... Möchtest du inzwischen etwas trinken? |
| Du | ........................................................................................................ . |
| Thomas | Da vorne ist ein Automat. Was möchtest du trinken? |
| Du | ........................................................................................................ . |
| Thomas | Okay, hier! Da kommt die U-Bahn. Steigen wir ein! In einer Viertelstunde sind wir zu Hause. Meine Mutter hat für dich Wiener Schnitzel und Pommes zubereitet. |
| Du | ........................................................................................................ ! |

**Dialog 2** **Sei a Berlino e incontri per strada Markus, un ragazzo che hai conosciuto durante uno scambio in Germania. Leggi e completa il dialogo.**

| | |
|---|---|
| Markus | Entschuldigung, bist du nicht ........................ (dein Name)? |
| Du | ........................................................................................................ ? |
| Markus | Danke gut! Was machst du hier in Berlin? |
| Du | ........................................................................................................ . |
| Markus | Toll! Ich auch. Wie lange bleibst du hier? |
| Du | ........................................................................................................ . |
| Markus | Dann können wir uns vielleicht noch einmal treffen? |
| Du | ........................................................................................................ ? |
| Markus | Vielleicht am Montagabend zum Abendessen. Was meinst du dazu? |
| Du | ........................................................................................................ . |
| Markus | Natürlich. Gib mir doch bitte deine Handynummer! |
| Du | ........................................................................................................ ? |
| Markus | 00 49 157 4837502. Gut. Leider muss ich schon gehen. Meine Eltern warten auf mich am Potsdamer Platz! |
| Du | ........................................................................................................ . |
| Markus | Perfekt. Bis dann. Tschüs! |
| Du | ........................................................................................................ . |

# Dialogo su traccia

**Dialog 1** **Jan telefona a Lisa per chiederle di uscire insieme questo fine settimana. Scrivi il dialogo aiutandoti con le seguenti informazioni.**

- Jan fa il numero di Lisa e la saluta.
- Jan risponde che sta bene e le chiede che cosa fa sabato sera.
- Jan le propone di andare al cinema.
- Allora Jan le propone di andare a ballare la sera.
- Allora Jan le propone di andare a mangiare una pizza insieme.
- Jan propone di incontrarsi nella piazza del mercato alle 19:00.
- Jan la saluta.

- Lisa saluta Jan e gli chiede come va.
- Lisa dice che non lo sa ancora.
- Lisa non trova la proposta molto interessante. È andata al cinema anche sabato scorso.
- Lisa dice che andrebbe volentieri, ma i suoi genitori non vogliono che vada in discoteca.
- Lisa è d'accordo. Chiede a che ora e dove si devono incontrare.
- Lisa è d'accordo. Dice che però adesso deve andare: ha lezione di piano. Lo saluta.

**Dialog 2** **Jan e Lisa si incontrano in centro. Vogliono andare a comprare un regalo per il loro amico Michael che sabato festeggia il compleanno. Scrivi il dialogo aiutandoti con le seguenti informazioni.**

- Lisa saluta Jan e gli chiede se ha già un'idea per il regalo a Michael.
- Lisa propone di andare al centro commerciale e di cercare un calendario della sua squadra preferita.
- Lisa chiede quanto costa un biglietto per lo stadio.
- Lisa dice che è troppo caro. Propone di comperare una biografia del suo calciatore preferito.
- Lisa vede in libreria la biografia di M.
- Lisa dice che costa 27 €. Chiede se come regalo va bene.
- Lisa ferma Jan. Dice che devono prendere anche un biglietto di auguri per Michael.
- Lisa è d'accordo.

- Jan non ha proprio nessuna idea. Sa solo che Michael gioca volentieri a calcio.
- Jan non è d'accordo. Dice che un biglietto per la prossima partita è meglio.
- Jan sa che costa 40 €. Suo padre ne ha comperato uno una settimana fa.
- Jan è d'accordo e invita Lisa ad andare in libreria.
- Jan chiede quanto costa.
- Jan dice di sì. Esorta ad andare alla cassa.
- Jan riconosce che ha ragione. Vede un biglietto carino vicino alla cassa. Chiede a Lisa se le piace.

# 3 La lettera

**Se devi scrivere una lettera su traccia, procedi così!**

- Leggi la traccia e assicurati di aver compreso per quale scopo deve essere scritta la lettera;
- leggi attentamente i punti della traccia e scrivi per ogni punto una o due frasi;
- imposta la lettera con gli elementi ricorrenti:

1 luogo e data in alto a destra (per le e-mail tralascia questo elemento)

2 formule di saluto iniziali a sinistra (con virgola o punto esclamativo)

3 corpo della lettera: si inizia con una frase in cui si chiede come va o si ringrazia per la lettera ricevuta. Poi si trattano i punti della traccia nell'ordine che si ritiene più logico.

4 frase conclusiva (lascia una riga di spazio dopo il corpo della lettera)

5 saluti (a sinistra)

6 firma (sotto i saluti)

7 PS (=Postskriptum) se devi aggiungere un'informazione che ti sei dimenticato/a di mettere nel testo.

**TIPPS**
Vai a capo ogni volta che tratti un punto diverso della traccia.

1 Verona, 22. September 20...

2 Lieber Paul,

3 wie geht's dir? Ich habe heute dein Geschenk bekommen und danke dir sehr dafür. Ich habe das Buch schon begonnen. Es ist wirklich spannend!
Wann kommst du mal nach Italien? Wir können zusammen zum Vergnügungspark Gardaland oder an den Gardasee fahren und dort baden, segeln und viel Spaß haben.

4 Schreib mir bald!

5 Liebe Grüße

6 Martina

7 PS: Grüße deine Eltern auch von mir!

**1 Luogo e data in alto a destra**
Attenzione! Virgola dopo il luogo e puntini dopo i numeri sono obbligatori!

- Mailand, 07. Mai 20…
- Mailand, 07.05. 20…

**2 Formule di saluto a sinistra**
Attenzione! Si inizia sempre il saluto con la maiuscola.
Puoi concludere con virgola o punto esclamativo.

- Hallo Karl! / Hallo Lea!
- Lieber Karl! / Liebe Lea!
- Lieber Karl, / Liebe Lea,

**3 Corpo della lettera**
1 Chiedere informazioni generali
2 Dare informazioni su di sé
3 Motivo della lettera
4 Informazioni sull'evento

- Wie geht's dir?
- Was machst du?
- Hast du viel Spaß im Urlaub?
- Was macht die Schule?

- Es geht mir solala.
- Ich habe Schulstress.
- Ich bin im Gebirge / am Meer.
- Ich bin krank / liege im Bett.

- Ich schreibe dir, weil ich dich zu meiner Geburtstagsparty / zu mir nach Italien / zum Abendessen einladen will.

- Wir feiern am Dienstag, den 2.7. bei mir / im Restaurant / in der Disko.
- Das Fest beginnt um 20:00 Uhr.

**4 Frase di congedo**

- Hoffentlich kannst du kommen!
- Ich warte gespannt auf deine Antwort.
- Schreib mir bald!
- Ich vermisse dich!

**5 Saluti finali**

- Liebe Grüße! / Alles Liebe!
- Alles Gute!

**6 Firma**
sempre e solo il nome

- David / Corinna / Carlo / Adele

**7 PS**

- Liebe Grüße auch an deine Schwester / an deinen Bruder!

# Brieftraining

**Brief 1**

Deine Klasse beginnt einen Briefwechsel mit einer Klasse aus München. Du hast von deiner Deutschlehrerin die Adresse von Thomas Berger bekommen und schreibst ihm deinen ersten Brief. Berücksichtige die vier Punkte unten.

1 *Alter, Wohnort*
2 *Aussehen und Charakter*
3 *Hobbys und Sportaktivitäten*
4 *E-Mail-Adresse*

Frag Thomas auch nach Informationen über ihn und seine Interessen.

**Brief 2**

Schreib deinem Brieffreund Thomas über deine Familie. Berücksichtige die vier Punkte unten.

1 *Eltern (Name, Alter, Aussehen, Charakter und Beruf)*
2 *Geschwister (Name, Alter, Aussehen, Charakter)*
3 *Oma und Opa*
4 *Haustiere (Name, Alter, Charakter)*

Frag Thomas auch nach Informationen über seine Familie.

**Brief 3**

Schreib deinem Brieffreund Thomas über deine Schule. Berücksichtige die vier Punkte unten.

1 *Klassenkameraden*
2 *Lieblingsfächer und Schwierigkeiten*
3 *Lehrer*
4 *Stundenplan*

Frag Thomas auch nach Informationen über seine Schule.

**Brief 4**

Schreib deinem Brieffreund Thomas über deine Stadt und dein Haus / deine Wohnung. Berücksichtige die vier Punkte unten.

1 *Wo liegt deine Stadt? Wie groß ist sie?*
2 *Geschäfte, Lokale, Schulen,...*
3 *Beschreibe dein Haus (Lage, Zahl der Zimmer, Garten, Balkone,...)*
4 *Lieblingszimmer*

Frag Thomas auch nach Informationen über seinen Wohnort und sein Haus / seine Wohnung.

**Brief 5**

Deine Klasse organisiert gerade einen Austausch mit der deutschen Partnerklasse. Bald kommen die Schüler nach Italien.
Das Austauschprogramm ist schon fertig, aber das Wochenende ist noch frei und du hast einige Ideen. Schreib deinem Brieffreund Thomas darüber. Berücksichtige die vier Punkte unten.

1. *Datum der Austauschwoche*
2. *Uhrzeit der Ankunft und Informationen über das Austauschprogramm.*
3. *Dein Programm für Samstagnachmittag und Samstagabend (sich mit Freunden in der Stadt treffen, zusammen essen gehen, ...)*
4. *Dein Programm für Sonntag (Besichtigung einer Stadt, Ausflug an einen See ...)*

Frag Thomas auch nach seiner Meinung über dein Programm für das Wochenende.

**Brief 6**

Schreib deinem Brieffreund Thomas einen Brief über deinen letzten Sonntag. Berücksichtige die vier Punkte unten.

1. *Wo warst du?*
2. *Wie war das Wetter?*
3. *Was hast du gemacht?*
4. *Hattest du Spaß oder hast du dich gelangweilt?*

Frag Thomas auch nach seinem letzten Sonntag.

**Brief 7**

Dein Brieffreund Thomas hat dich im Sommer nach München eingeladen. Du bist begeistert! Berücksichtige die vier Punkte unten.

1. *Was sagen deine Eltern dazu?*
2. *Wann kannst du nach München fahren?*
3. *Wie lange kannst du bleiben?*
4. *Wie kommst du nach München (Zug, Flugzeug, Bus, ...)?*

Frag Thomas auch nach weiteren Informationen.

**Brief 8**

Du bist soeben aus dem Urlaub zurückgekommen. Erzähle deinem Brieffreund Thomas von deinen Ferien. Berücksichtige die vier Punkte unten.

1. *Wo und wie lange warst du im Urlaub?*
2. *Was hast du gemacht?*
3. *Mit wem hast du deine Ferien verbracht?*
4. *Was hast du besichtigt? / Was hast du besonders interessant / lustig / ... gefunden?*

Frag Thomas auch nach seinen Ferien.

# Mündliche Prüfung

## 1 Parlare di sé

**In apertura dell'esame orale ti verrà chiesto di parlare di un argomento personale per 2-3 minuti. Per prepararti a questa parte dell'esame, procedi così!**

**Modalità 1**

- Crea per ogni argomento una mappa lessicale con le *W-Wörter*.
- Abbina a ciascuna parola chiave le informazioni che vuoi trattare. Se sono molte, cerca di sistemarle in una scaletta, mettendole già in un ordine logico.

**Modalità 2**

- Per ogni argomento pensa a 7-8 domande fondamentali che ti guidino a svilupparlo.
- Pensa poi in che ordine e come collegare le risposte in modo da avere un testo da esporre.

Ripassa le **funzioni** necessarie a esporre l'argomento. Per esempio, se devi parlare della tua famiglia, dovrai ripassare come si dice l'età, come si descrive una persona, come si parla della professione.
Sulla base della tua mappa formula per ogni punto delle frasi e collegale fra loro, usando anche **vari connettori** (*aber*, *außerdem*, *und*, *dann*, *früher*, *jetzt* ecc.), per evitare che la presentazione sia monotona.
Ripeti più volte **ad alta voce** il tuo intervento, prima con la mappa davanti, poi senza, finché non riuscirai a esprimerti con fluidità e scioltezza.

**TIPPS**

Registrati e ascoltati per valutare la tua preparazione!

**Esempio di mappa sull'argomento "tempo libero" – Freizeit**

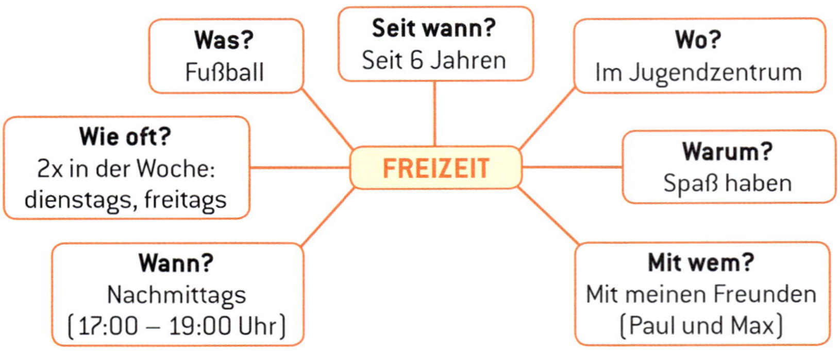


**Strutture fondamentali per parlare dell'argomento**

Inversione, complementi di luogo e di tempo, il caso dativo, costruzione dei modali, *denn* + frase principale / *weil* + subordinata.

**Esempio di svolgimento**

*In meiner Freizeit spiele ich am liebsten Fußball. Ich spiele seit 6 Jahren Fußball. Meine Fußballmannschaft trainiert auf dem Fußballplatz im Jugendzentrum. Wir trainieren zweimal in der Woche, dienstags und freitags, und zwar nachmittags von 17:00 Uhr bis 19:00 Uhr. In meiner Fußballmannschaft spielen auch zwei Freunde von mir. Sie heißen Paul und Max. Sie wohnen in meiner Straße und wir gehen immer zusammen zum Training. Sonntags haben wir fast immer ein Fußballspiel. Unsere Fußballmannschaft ist nicht besonders gut: Manchmal gewinnen wir, manchmal verlieren wir das Spiel, aber das ist nicht so wichtig für mich. Ich spiele Fußball vor allem, weil ich Spaß habe. Nach dem Spiel bin ich müde, aber immer glücklich.*

Qui di seguito trovi una **lista degli argomenti** che più frequentemente vengono richiesti all'esame. Per aiutarti nell'organizzazione del tuo intervento, trovi per ognuno una serie di possibili domande, rispondendo alle quali potrai facilmente svolgere l'argomento in 2-3 minuti.

**Thema 1** **Stell dich vor.**

1 Wie heißt du?
2 Wie alt bist du?
3 Wo wohnst du?
4 Bist du Einzelkind oder hast du Geschwister?
5 Hast du auch Haustiere?
6 Was machst du in deiner Freizeit? Was sind deine Hobbys?

**Thema 2** **Sprich von deiner Familie.**

1 Wie viele Personen sind bei dir zu Hause?
2 Kannst du etwas über deine Eltern sagen: Wie heißen sie? Wie alt sind sie? Was sind sie von Beruf?
3 Hast du auch Geschwister?
4 Was machst du mit deinen Eltern / mit deinen Geschwistern in der Freizeit?
5 Mit wem kommst du am besten aus?
6 Kannst du ihn / sie beschreiben? (Aussehen, Charakter und Hobbys)
7 Wohnen auch deine Großeltern bei dir?
8 Triffst du dich oft mit deinen Cousins und Cousinen?

**Thema 3** **Sprich von deiner Schule.**

1 Wie heißt deine Schule und wo liegt sie?
2 Ist sie groß oder klein?
3 Gehst du gern in die Schule? Warum? Warum nicht?
4 Wann gehst du zur Schule?
5 Wie viele Unterrichtsstunden hast du an einem Tag und in der Woche?
6 Gibt es eine Mensa in der Schule?
7 Bleibst du oft nachmittags in der Schule?
8 Was ist dein Lieblingsfach und welches Fach magst du nicht? Warum?

**Thema 4** **Sprich von deinem Schultag.**

1 Wann stehst du auf?
2 Wie kommst du zur Schule: mit dem Bus, mit dem Fahrrad, zu Fuß, ...?
3 Wann und wo isst du zu Mittag?
4 Was machst du nach dem Essen: Siehst du fern, räumst du dein Zimmer auf oder machst du Hausaufgaben?
5 Wie lange machst du jeden Tag Hausaufgaben?
6 Treibst du auch Sport?
7 Wann isst du zu Abend?
8 Was macht du abends?

**Thema 5** **Sprich von deinen Essgewohnheiten.**

1 Was sind deine Lieblingsspeisen?
2 Magst du auch Gemüse und Obst?
3 Findest du, dass du gesund isst?
4 Wie findest du Junk-Food?
5 Wann isst du einen Hamburger mit Pommes?
6 Isst du immer, was deine Mutter kocht? Warum?
7 Was isst du gewöhnlich zum Frühstück, zum Mittagessen und zum Abendessen?
8 Wer kocht in eurer Familie?

**Thema 6** **Sprich von deinen Hobbys zu Hause.**

1 Was sind deine Lieblingsaktivitäten zu Hause: Lesen, Fernsehen, Kochen, ...?
2 Wie lange bist du damit beschäftigt?
3 Was sind deine Lieblingssendungen im Fernsehen?
4 Wann läuft deine Lieblingssendung?
5 Welche Computerspiele findest du besonders toll? Warum?
6 Wie viel Zeit verbringst du mit Computerspielen?
7 Spielst du oft mit deinen Freunden zusammen oder spielst du meist allein?
8 Spielst du auch gern Gesellschaftsspiele mit deiner Familie oder findest du das langweilig?

**Thema 7** **Sprich von deiner Stadt und von deinem Haus.**

1 Wie heißt deine Stadt?
2 Wo liegt sie?
3 Ist sie groß oder klein?
4 Wie viele Einwohner hat sie?
5 Gibt es schöne Geschäfte, Kirchen oder Denkmäler?
6 Magst du deine Stadt?
7 Wo wohnst du? Im Stadtzentrum oder in einem Vorort, in einem Haus oder in einer Wohnung?
8 Kannst du dein Haus beschreiben?

**Thema 8** **Sprich von deinem besten Freund / von deiner besten Freundin.**

1 Kannst du deinen besten Freund / deine beste Freundin beschreiben? (Alter, Aussehen, Charakter)
2 Was sind seine / ihre Hobbys?
3 Seit wann kennt ihr euch?
4 Seid ihr auch in derselben Klasse?
5 Was macht ihr zusammen?
6 Was ist besonders schön an ihm / an ihr?
7 Was ärgert ihn / sie besonders?
8 Wie oft trefft ihr euch?

**Thema 9** **Was hast du letzten Sonntag gemacht?**

1 Um wie viel Uhr bist du aufgestanden?
2 Was hast du zum Frühstück gegessen?
3 Hast du vormittags gelesen, geduscht, Hausaufgaben gemacht ...?
4 Hast du mit deiner Familie zu Mittag gegessen oder warst du bei einem Freund?
5 Hast du nachmittags etwas in der Stadt gemacht oder bist du zu Hause geblieben?
6 Hast du am Computer gespielt, gelernt oder ferngesehen?
7 Warst du abends zu Hause oder bist du ausgegangen?
8 Was hast du nach dem Abendessen gemacht?

**Thema 10** **Erzähle etwas von deinen letzten Ferien.**

1 Wo warst du?
2 Wie lange warst du dort?
3 Wie war das Wetter?
4 Hattest du Spaß oder hast du dich gelangweilt?
5 Was hast du dort gemacht?
6 Hast du nette Leute kennengelernt?
7 Durftest du abends mit deinen Freunden ausgehen?
8 Bist du auch tanzen gegangen?
9 Um wie viel Uhr bist du ins Bett gegangen?

**Thema 11** **Was möchtest du nach der Schule werden?**

1 Welche Schule willst du nächstes Jahr besuchen?
2 Möchtest du nach der Schule zur Uni gehen oder dir sofort eine Arbeit suchen?
3 Möchtest du lieber in einem Büro oder in einem Geschäft arbeiten?
4 Ist der Beruf deines Vaters oder deiner Mutter für dich interessant?
5 Was möchtest du werden?
6 Was ist interessant an diesem Beruf?
7 Möchtest du in Italien bleiben oder ins Ausland gehen?
8 In welchem Land möchtest du eventuell leben und arbeiten?

# 2 Parlare di un argomento di civiltà

**Per prepararti bene a esporre un argomento di civiltà, procedi così!**

**Fase 1**

Rileggi con attenzione il testo, eventualmente cercando sul dizionario i vocaboli che non conosci.

**Fase 2**

Dividi il testo in paragrafi e riassumi ciascun paragrafo in una o due frasi con le informazioni principali.

**Fase 3**

Memorizza la sequenza dei paragrafi, ossia l'ordine in cui le informazioni sono esposte nel testo.

**Fase 4**

Rileggi anche gli esercizi di comprensione già svolti e corretti e utilizzali eventualmente come base di partenza.

**Fase 5**

Esponi ad alta voce il testo che hai preparato. Devi parlare senza interruzione per tre / quattro minuti. Ripeti più volte, finché capisci di aver raggiunto un soddisfacente livello di scioltezza espositiva e padronanza nell'uso di lessico e strutture.

**Fase 6**

Prepara ulteriori domande e risposte per approfondire punti fondamentali del testo. Infatti, dopo la tua esposizione, l'insegnante potrebbe richiederti qualche chiarimento ulteriore sull'argomento.

**TIPPS**

- Quando esponi (Fase 5) è molto utile registrarti e poi riascoltare il tuo discorso. Ti accorgerai subito se la tua esposizione è ancora da migliorare!

097

## Landeskunde • Text 1

In Verbindung mit... GEOGRAFIE

# Die deutschsprachigen Länder stellen sich vor

Die deutschsprachigen Länder umfassen den größten Teil Europas.
**Deutschland** ist die größte Nation in Europa. Es liegt in der Mitte Europas und hat fast 83 Millionen Einwohner, darunter viele Ausländer (ca. 7,5 Millionen) und viele Einwohner mit Migrationshintergrund[1], vor allem Türken.
**Das Fürstentum**[2] **Liechtenstein** ist das kleinste deutschsprachige Land und liegt zwischen der Schweiz und Österreich. Hier regiert die Fürstenfamilie von Liechtenstein in der Residenzstadt Vaduz.
**Die Schweiz** liegt südwestlich, **Österreich** liegt südöstlich von Deutschland.

### Das politische System

Deutschland und Österreich sind eine **Föderation von Bundesländern.**
Deutschland hat 16 Bundesländer, Österreich nur 9. Jedes Bundesland hat seine Landesregierung und sein Landesparlament.

Deutschlands Hauptstadt ist **Berlin.** Dort hat auch das Parlament (Bundestag und Bundesrat) seinen Sitz. **Wien** ist die Hauptstadt und Sitz der Regierung in Österreich.
Die Schweiz ist eine Föderation von 26 Kantonen. **Bern** ist ihre Hauptstadt.
In den deutschsprachigen Ländern gibt es viele **Religionen.** Vor allem im Süden und im Westen sind viele Katholiken, im Norden und im Osten sind mehr Protestanten. Die Ausländer sind meist Muslime, Orthodoxen oder Juden.

### Geografie der deutschsprachigen Länder

Im Norden von Deutschland ist das Land flach[3] und an der Nord- und Ostseeküste gib es viele Strände und es ist oft windig.
Im Zentrum von Deutschland sind Hügel[4] und das Mittelgebirge. Im Süden sind die Alpen. Die Bundesländer im Süden sind also alle sehr gebirgig[5] und haben viele Wälder. Sehr bekannt ist der Schwarzwald mit schönen Skiorten[6], Wander- und Radwegen.
**Die Flüsse** fließen von Süden nach Norden und sie münden in die Nordsee oder in die Ostsee.
Die längsten Flüsse sind die Donau (2860 km), der Rhein (1239 km), die Elbe (1091 km), und der Main (527 km). Sie sind sehr wichtig für die Industrie, denn sie sind alle befahrbar[7]. Nur die Donau Fließt von Westen nach Osten und mündet ins Schwarze Meer.
Man findet in den deutschsprachigen Ländern auch viele **Seen** im Norden und im Süden. Der größte See ist der Bodensee. Er gehört nicht nur zu Deutschland, sondern auch zur Schweiz und zu Österreich.

### Wirtschaft[8]

**Deutschland** ist die Nummer 1 in den drei Industriebranchen: Automobilindustrie, Maschinenbau und Chemie.
Große Industrieregionen sind im Norden die Gebiete[9] um Hamburg und Berlin, im Westen das Ruhrgebiet und die Mainregion um Frankfurt, im Osten das Land Sachsen mit Leipzig und Chemnitz und im Süden die Regionen um Stuttgart und München.

**Die Schweiz** ist bekannt für ihre Milchprodukte (Käse, Schokolade), für die Uhrindustrie[10] und ihre Taschenmesser, für die Modell-Bahn Märklin und für Pharmazeutika. Der Tourismus und das Bankwesen



Testo parlante

spielen auch eine große Rolle. Das Bankwesen ist auch in Liechtenstein sehr wichtig.

Aus **Österreich** kommen das Swarowski-Glas und die Motorräder von KTM. Auch die Automobilindustrie und der Weinbau[11] sind gut entwickelt, ebenso der Wintertourismus. Es gibt in allen südlichen Regionen der deutschsprachigen Länder sehr schöne Skiorte.

## Natur

Trotz der Industrialisierung haben die deutschsprachigen Länder viele Parks, Wiesen und Wälder. Der größte Wald ist der Schwarzwald im Süden Deutschlands. Deshalb machen viele in ihrem eigenen Land Urlaub. Beliebte Urlaubsziele sind z.B. die Ostsee, die Nordsee und Bayern.

1 **der Migrationshintergrund, ¨-e**: *origine straniera*
2 **das Fürstentum, ¨-er**: *principato*
3 **flach**: *piatto, pianeggiante*
4 **der Hügel, -**: *collina*
5 **gebirgig**: *montuoso*
6 **der Skiort, -e**: *località sciistica*
7 **befahrbar**: *navigabile*
8 **die Wirtschaft**: *economia*
9 **das Gebiet, -e**: *territorio*
10 **die Uhrindustrie**: *industria degli orologi*
11 **der Weinbau**: *viticoltura*

## 1 Wähle a oder b.

1 Die Hauptstadt Deutschlands ist
a ☐ Berlin. b ☐ Wien.
2 Liechtenstein ist
a ☐ eine Republik. b ☐ ein Fürstentum.
3 Im Süden ist das Land
a ☐ flach. b ☐ gebirgig.
4 Die meisten Flüsse fließen von
a ☐ Süden nach Norden b ☐ Norden nach Süden.
5 Der Bodensee gehört zu
a ☐ Deutschland, Österreich und der Schweiz.
b ☐ nur Österreich.
6 Eine wichtige Industrieregion ist
a ☐ das Ruhrgebiet. b ☐ Thüringen.

## 2 Beantworte die Fragen.

1 Welche deutschsprachigen Länder sind eine Föderation?
2 Wie heißen die Hauptstädte der vier Länder?
3 Wo ist das Land in Deutschland flach, wo ist es gebirgig?
4 Wie heißen die zwei längsten Flüsse der deutschsprachigen Länder?
5 In welchem Land produziert man viele Autos?
6 Welche Produkte sind typisch für die Schweiz?
7 Was ist in den Ländern für den Tourismus interessant?

## 3 Ergänze die Zusammenfassug mit folgenden Wörtern.

flach • Protestanten • gebirgig • Bundesrepublik • Elbe • transportieren • Donau • Automobilindustrie • Ostsee • 83 Millionen • Bayern

Deutschland ist eine ..........................[1] in Mitteleuropa. Dort wohnen zirka ..........................[2] Menschen. In Deutschland leben fast 20% Ausländer. Die meisten Deutschen sind Katholiken oder ..........................[3]. Im Norden ist das Land ..........................[4], im Süden ..........................[5]. Deutschland hat viele Flüsse: den Rhein, die ..........................[6], die ..........................[7], den Main. Auf den Flüssen fahren viele Schiffe und sie ..........................[8] Ware. Deutschland hat eine sehr gute ..........................[9]: Audi, Volkswagen, Opel, Porsche, BMW und Mercedes. Die Deutschen machen gern an der Nordsee, an der ..........................[10] oder auch in ..........................[11] Urlaub.

## 4 Bereite dein Referat vor.

*Rileggi le risposte che hai dato agli esercizi 1 e 2 e il riassunto dell'esercizio 3 e prepara una relazione sul testo che hai letto. Allenati a parlare per 3-4 minuti.*

098

## Landeskunde • Text 2

In Verbindung mit… GESCHICHTE

# Deutschland auf dem Weg zur Diktatur

### Die Jahre nach dem Ersten Weltkrieg

Deutschland hat 1918 den Ersten Weltkrieg verloren. Das Land muss viel Geld zurückzahlen und Länder und Kolonien zurückgeben. 1919 gründet man die Weimarer Republik, aber sie kann die Probleme der Zeit nicht lösen: Viele Menschen sind arbeitslos und haben Hunger.
Das Volk wünscht sich einen starken Politiker. Hitler verspricht[1] ihm genau das: Arbeit, Ordnung und einen starken Staat. Viele Menschen glauben ihm und wählen[2] ihn 1933 zum Reichskanzler der Weimarer Republik.

### Die Hitlerzeit: das Dritte Reich

Hitler will allein mit seiner Partei – der Nationalsozialistischen Deutschen Arbeiterpartei (NSDAP) – regieren.
Er macht aus der Republik eine Diktatur.
In seinem Buch *Mein Kampf*[3] hat er sein Programm zusammengefasst:

- Er will Juden und Kommunisten bestrafen[4], weil er meint, sie sind an allem schuld. Deshalb lässt er sie ermorden oder ins Konzentrationslager deportieren.
- Er will die deutsche Rasse stärken, deshalb ist er gegen alle Minderheiten (Zigeuner[5], Homosexuelle, Behinderte[6], Zeugen Jehovas', ...). Auch sie landen im Konzentrationslager.
- Er träumt von einem neuen großen deutschen Reich in Europa. Er will deshalb mehr Raum erobern[7].



Testo parlante

Eine Szene aus dem Film *Sophie Scholl – Die letzten Tage* (2005).

## Die Erziehung unter Hitler

Hitler will ein Volk von Nationalsozialisten: Ab 1936 müssen alle Jungen Mitglieder der *Hitlerjugend*[8] sein und die Mädchen zum *Bund Deutscher Mädel*[9] gehören. Dort bekommen die Jugendlichen eine militärische und rassistische Ausbildung[10]. Die Jungen sollen gute Soldaten werden, die Mädchen gute Mütter und Hausfrauen.
Es gibt auch Gruppen, die gegen die Ideale des Nationalsozialismus sind, wie z.B. die „Weiße Rose", aber die Polizei Hitlers verfolgt sie. Die meisten Mitglieder landen im Konzentrationslager oder werden zum Tode verurteilt, wie die Geschwister Hans und Sophie Scholl.

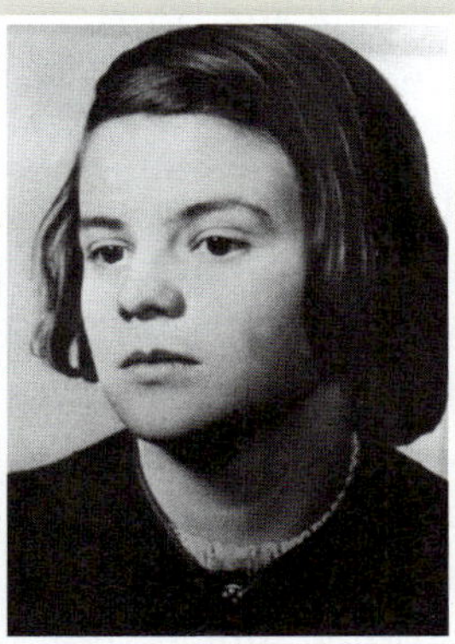

Sophie Scholl (1921-1943).

1 **versprechen**: *promette*
2 **wählen**: *eleggere*
3 ***Mein Kampf***: *La mia battaglia*
4 **bestrafen**: *punire*
5 **der Zigeuner, -**: *zingaro*
6 **der Behinderte, -n**: *disabile*
7 **Raum erobern**: *conquistare spazio*
8 **Mitglieder der *Hitlerjugend***: *membri della gioventù hitleriana*
9 **der *Bund Deutscher Mädel***: *lega delle ragazze tedesche*
10 **die Ausbildung**: *formazione*

**1 Beantworte die Fragen.**

1 Warum ist die Situation in Deutschland nach dem Ersten Weltkrieg tragisch?
2 Warum wählen viele Hitler?
3 Was macht Hitler als Reichskanzler?
4 Was ist Hitlers Traum?
5 Wie ist die Erziehung unter Hitler?

**2 Vervollständige die Zusammenfassung frei.**

Nach dem Ersten Weltkrieg beginnt für Deutschland eine schwierige Zeit: ....................
...................................................................... .
Zur Zeit der Weimarer Republik sind viele Menschen ....................................................
...................................................................... .
Die Deutschen wollen eine starke Regierung,
...................................................................... .
Deshalb wählen viele 1933 ..............................
...................................................................... .
Hitler will allein regieren und ..........................
...................................................................... .
Er schickt auch viele Menschen ins Konzentrationslager: ...................................
......................................................................
...................................................................... .
Hitler will ein neues ........................................
...................................................................... .
Die Jugend soll ..................................................
...................................................................... .
Alle Jugendlichen gehören zur Hitlerjugend oder ......................................................
...................................................................... .
Sophie und Hans Scholl gründen die Widerstandsbewegung „Weiße Rose" gegen Hitler und seine Ideen, aber ..........................
...................................................................... .

**3 Bereite dein Referat vor.**

*Utilizza le risposte dell'esercizio 1 e il riassunto e preparati a parlare per 3-4 minuti dell'argomento.*

099

## Landeskunde • Text 3

In Verbindung mit... GESCHICHTE

# Die Judenverfolgung und der Zweite Weltkrieg

### Die Judenverfolgung[1]

Hitler benutzt Radio, Presse und Filme zur Verbreitung seiner Ideen[2]. Fast täglich treten neue Gesetze in Kraft[3]. Bald haben Juden und Kommunisten keine Rechte mehr in Deutschland. Laut den Nürnberger Gesetzen von 1935 dürfen Juden nicht mehr als Ärzte, Lehrer oder Ingenieure arbeiten, Deutsche heiraten, öffentliche Lokale betreten oder deutsche Schulen und Universitäten besuchen. Ab 1941 müssen sie auch einen gelben Stern[4], den Davidstern, an ihrer Kleidung tragen. Juden müssen nun in Ghettos leben und immer mehr von ihnen bringt man in so genannte Arbeitslager oder Konzentrationslager, wie z.B. auch die Familie von **Anne Frank**. In den Lagern sterben sechs Millionen Juden, 1,5 Millionen allein in Auschwitz (heute: Oswiecim), in Polen. Am 27. Januar 1945 befreien die russischen Soldaten das Konzentrationslager Auschwitz. Der 27. Januar ist heute noch der Holocaust-Gedenktag[5].

Das KZ Auschwitz-Birkenau.

### Anne Frank

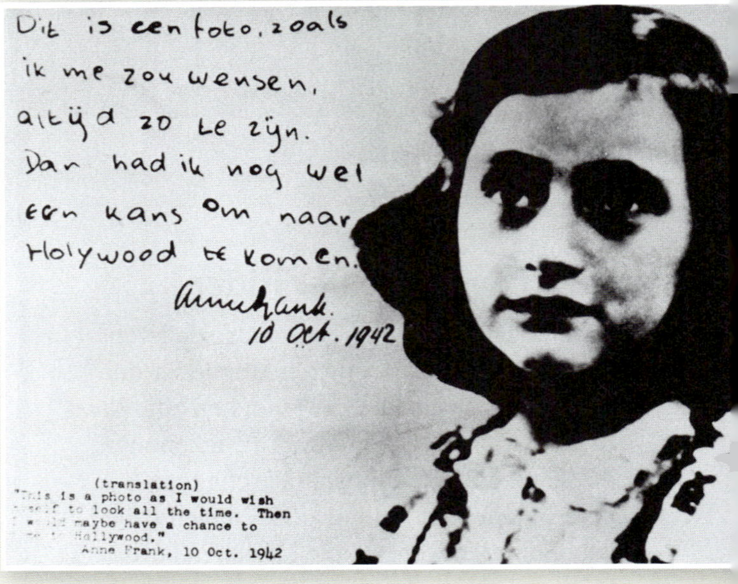


Wegen[6] der Judenverfolgung unter Hitler muss auch Anne Frank (1929 in Frankfurt am Main geboren) mit ihrer Familie Deutschland verlassen. 1934 wandert sie in die Niederlande aus[7]. Dort bekommt Anne zu ihrem 13. Geburtstag ein Tagebuch geschenkt.

Von jetzt an[8] schreibt sie darin ihre Erlebnisse und Gedanken[9] auf. Die Texte schreibt sie in Briefform an eine fiktive Freundin, Kitty. In Amsterdam lebt Anne lange in einem Hinterhaus versteckt[10], und zwar vom Juli 1942 bis August 1944. Leider entdecken die Nazis das Versteck der Familie und die Familienmitglieder kommen in verschiedene Konzentrationslager. Anne verbringt ihre letzten Lebensmonate mit ihrer Schwester Margot im Konzentrationslager Bergen-Belsen: Hier stirbt sie kurz vor Ende des Krieges. Alle Mitglieder der Familie Frank sterben in den KZs, außer[11] Annes Vater. Er findet Annes Tagebuch und veröffentlicht es. Das Buch ist weltberühmt und ist ein einzigartiges[12], historisches Dokument aus der Zeit des Holocaust.



Testo parlante

## Der Zweite Weltkrieg

Mit dem deutschen Überfall[13] auf Polen am 1. September 1939 beginnt der Zweite Weltkrieg. Er dauert fast sechs Jahre lang und 55 Millionen Menschen sterben – darunter 6 Millionen Juden. Der Krieg endet im Mai 1945 nach Hitlers Selbstmord[14] und der Kapitulation Deutschlands. Japan kapituliert ein paar Monate später, im August 1945, nach dem Abwurf[15] von amerikanischen Atombomben auf Hiroshima und Nagasaki. Nach dem Krieg findet die Teilung Deutschlands statt: Die Alliierten teilen Deutschland zuerst in vier Besatzungszonen auf. Im Jahr 1949 gründen die Westalliierten die Bundesrepublik Deutschland im Westen: Die Sowjetunion antwortet darauf mit der Gründung der DDR im Osten.

Die Flagge der Sowjetunion auf dem Reichstag in Berlin im Mai 1945.

1 **die Judenverfolgung**: *la persecuzione degli Ebrei*
2 **zur Verbreitung seiner Ideen**: *per diffondere le sue idee*
3 **treten neue Gesetze in Kraft**: *entrano in vigore nuove leggi*
4 **der Stern, -e**: *stella*
5 **der Holocaust-Gedenktag**: *giorno della Memoria*
6 **wegen**: *a causa di*
7 **auswandern**: *emigrare*
8 **von jetzt an**: *d'ora in avanti*
9 **Erlebnisse und Gedanken**: *esperienze e pensieri*
10 **versteckt**: *nascosta*
11 **außer**: *eccetto*
12 **einzigartiges**: *unico*
13 **der Überfall, ¨-e**: *attacco, aggressione*
14 **der Selbstmord, -e**: *suicidio*
15 **der Abwurf, ¨-e**: *lancio*

### 1 Fasse zusammen. Ergänze den Text mit folgenden Wörten.

Stern • Konzentrationslagern • Arzt • verfolgt • Lehrer • Rechte

Hitler ...............................[1] die Juden und nimmt ihnen alle ...............................[2] weg. Bald dürfen sie nicht mehr studieren oder in ihren Berufen als ...............................[3] oder ...............................[4] arbeiten. Alle Juden sollen einen gelben ...............................[5] links auf ihrer Kleidung tragen. 6 Millionen Juden sterben in ...............................[6].

### 2 Beantworte die Fragen über Anne Frank.

1 Warum muss Anne Frankfurt verlassen?
2 Wo lebt sie dann?
3 Was bekommt sie zum 13. Geburtstag?
4 Wie lange lebt sie im Hinterhaus versteckt?
5 Wo stirbt Anne?
6 Wer veröffentlicht ihr Tagebuch?

### 3 Beantworte die Fragen über den Zweiten Weltkrieg.

1 Wann beginnt der Krieg für Deutschland?
2 Wie viele Menschen sterben im Krieg?
3 Was macht Hitler im Mai 1945?
4 Wann kapituliert Deutschland?
5 Was passiert nach dem Krieg?

### 4 Bereite dein Referat vor.

*Utilizza i testi di pagina 142 e gli esercizi 1 e 2 di questa pagina per parlare per 3-4 minuti della persecuzione degli Ebrei al tempo di Hitler e di Anna Frank. Concludi parlando della seconda guerra mondiale e del suo esito (utilizza il testo di pagina 143 e le informazioni dell'esercizio 3).*

100

## Landeskunde • Text 4

In Verbindung mit... GESCHICHTE

# Deutschland nach dem Zweiten Weltkrieg: von der Teilung bis zur Wiedervereinigung

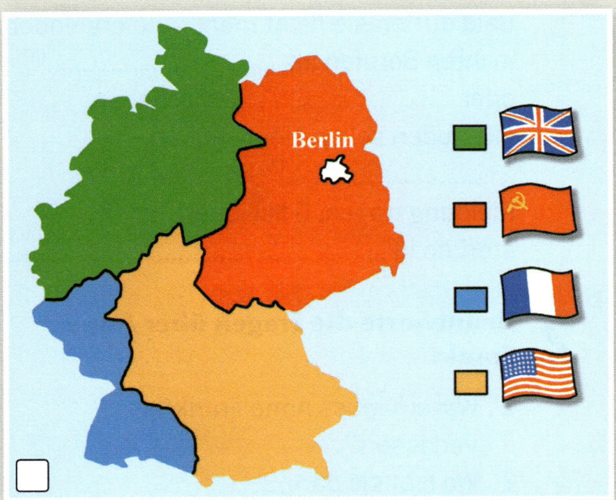


Als der Zweite Weltkrieg zu Ende ist, teilen die Siegermächte (USA, Großbritannien, Frankreich und die Sowjetunion) das Land in vier Besatzungszonen und Berlin in vier Sektoren ein[1]. Sie wollen Deutschland helfen, eine demokratische Nation zu werden. Aber das ist nicht so einfach, denn die Sowjetunion versteht das Wort „Demokratie" anders als Frankreich, Großbritannien und die USA und will aus ihrer Besatzungszone einen sozialistischen Staat machen. Die Zusammenarbeit ist bald unmöglich[2]. Aus den Besatzungszonen entstehen[3] 1949 zwei deutsche Staaten: im Westen die Bundesrepublik Deutschland mit Bonn als Hauptstadt; im Osten, in der sowjetischen Besatzungszone, die Deutsche Demokratische Republik (die DDR), ein sozialistischer Staat unter Kontrolle der Sowjetunion mit Ostberlin als Hauptstadt.

Viele Ostdeutsche sind aber mit der DDR-Regierung nicht zufrieden, weil man dort wie in einer Diktatur lebt, und sie fliehen in den Westen. Als immer mehr Menschen von Ostberlin nach Westberlin gehen, baut[4] die DDR-Regierung 1961 eine Mauer zwischen Ostberlin und Westberlin.

Die Flucht[5] nach Westberlin ist von jetzt an unmöglich: Die Mauer ist fast 4 Meter hoch und wird Tag und Nacht militärisch bewacht[6]. Trotzdem wollen viele Menschen raus aus der DDR: In 28 Jahren verlieren mehr als hundert Menschen ihr Leben an der Mauer.

Der Protest gegen den Kommunismus und für Freiheit und Demokratie wird in den folgenden Jahren immer stärker und nach 40 Jahren kapituliert die sozialistische DDR-Regierung. Am 9. November 1989 öffnen die Deutschen die Berliner Mauer und feiern die Wiedervereinigung. Ein Jahr später, am 3. Oktober 1990, ist Deutschland wieder ein einziger Staat[7]. Berlin ist seit 1991 wieder die Hauptstadt von ganz Deutschland.

In Berlin gibt es heute nur noch einige wenige Mauerreste sowie drei Wachtürme[8]. Man kann aber noch auf den Straßen sehen, wo die Mauer war: Pflastersteine[9] erinnern noch daran.

Testo parlante

1 **einteilen**: *dividere*
2 **unmöglich**: *impossibile*
3 **entstehen**: *nascere*
4 **bauen**: *costruire*
5 **die Flucht**: *fuga*
6 **militärisch bewacht**: *controllato militarmente*
7 **ein einziger Staat**: *un unico Stato*
8 **der Wachturm, ¨-e**: *torre di vedetta*
9 **der Pflasterstein, -e**: *lastra di pietra*

## 1 Verbinde Deutsch und Italienisch.

1 ☐ der Zweite Weltkrieg
2 ☐ die Siegermächte
3 ☐ die Besatzungszone, -n
4 ☐ die Mauer
5 ☐ die Teilung
6 ☐ die Wiedervereinigung

a *riunificazione*
b *divisione*
c *le potenze vincitrici*
d *la seconda guerra mondiale*
e *il Muro*
f *zona di occupazione*

## 2 Welcher Satz passt zu welchem Bild? Ordne zu.

A Der Mauerfall in Berlin.
B Die Siegermächte teilen Deutschland in vier Besatzungszonen.
C Am 3. Oktober 1990 feiert man die Wiedervereinigung Deutschlands.
D 1961 baut man eine Mauer durch Berlin.

## 3 Fasse zusammen. Ergänze den Text mit folgenden Wörtern.

Wiedervereinigung • DDR • gestorben • Mauer • Westberlin (2x) • Ostberlin • 1991 • die Hauptstadt • die Flucht • 1961 • geteilt • Menschen • 1989 • Bonn • Sowjetunion

Berlin ist seit ............................[1] wieder ............................[2] Deutschlands. Als Deutschland noch in zwei Staaten geteilt war, war ............................[3] die Hauptstadt der Bundesrepublik. Die sozialistische Republik, die ............................[4], war unter Kontrolle der ............................[5] und hatte ............................[6] als Hauptstadt. Viele Ostdeutsche wollten die DDR verlassen und nach ............................[7] gehen, denn das Leben in der DDR war nicht einfach. ............................[8] wollte die DDR-Regierung eine ............................[9] durch Berlin bauen, weil man ............................[10] in den Westen stoppen wollte. Als die Mauer da war, haben viele Leute versucht, nach ............................[11] zu kommen. Mehr als 100 ............................[12] sind bei ihrem Versuch ............................[13]. Die Mauer ist ............................[14] gefallen. Sie hat 28 Jahre die Stadt Berlin ............................[15]. Die ............................[16] hat am 3. Oktober 1990 stattgefunden.

## 4 Bereite dein Referat vor.

*Utilizza il riassunto che hai completato e aggiungi eventualmente altre informazioni per prepararti a parlare per 3-4 minuti sull'argomento.*

101 **Landeskunde • Text 5** In Verbindung mit... GESCHICHTE

# Das Leben in der DDR

Die DDR (Deutsche Demokratische Republik) ist ein sozialistischer Staat unter der Kontrolle der Sowjetunion. Sie existiert von 1949 bis 1990. Zur DDR gehören die heutigen Bundesländer: Brandenburg, Sachsen, Mecklenburg-Vorpommern, Sachsen-Anhalt und Thüringen. Im Kommunismus gibt es keine Armen und keine Reichen, denn alle sind gleich und alles gehört dem Staat. In den sozialistischen Staaten wie in der DDR gibt es aber auch keine Meinungsfreiheit[1]. Die Regierung kontrolliert alle Bürger durch die STASI. Die STASI ist die Staatssicherheit, ein Geheimdienst[2] der DDR. Sie kontrolliert die DDR-Bürger auch in ihrem Privatleben. Wer die Regierung kritisiert, ist ein Republikfeind[3]. Ein Beispiel: Am 17. Juni 1953 protestiert man in Ostberlin gegen die Unfreiheit. Die Sowjetunion schickt sofort Panzer[4] nach Berlin und tötet[5] viele Demonstranten auf der Straße. Die Menschen in der DDR dürfen nur bestimmte Radio- und Fernsehsender empfangen[6] und nur bestimmte Zeitungen und Bücher lesen. Die Medien machen nur Volkspropaganda. Der Westen und die kapitalistischen Staaten sind Feinde des Sozialismus. Der Bau der Berliner Mauer am 13. August 1961 ist für die SED (Sozialistische Einheitspartei Deutschland) die Errichtung eines „antifaschistischen Schutzwalls[7]" gegen den Westen. Kinder und Jugendliche bekommen in der DDR schon in der Grundschule eine „politische Erziehung". Die *Pionierorganisation Ernst Thälmann* interessiert sich für die Kleinen und organisiert ihre Freizeit. An einem Pioniernachmittag macht man zusammen Wanderungen und Ausflüge[8]. Mit 14 Jahren kommt man in die FDJ, die *Freie Deutsche Jugend*, und engagiert sich[9] mehr sozial und

Eine Szene aus dem Film *Das Leben der Anderen*: Man kontrolliert manchmal die Leute in ihrem Privatleben.

Panzer in Berlin, 17. Juni 1953.



Testo parlante

politisch. Die Jugendlichen haben auch soziale Aufgaben: Sie helfen z.B. alten Menschen aus den Bussen, organisieren Hilfsaktionen für die armen Kinder in anderen kommunistischen Ländern wie im Vietnam. Sie sammeln auch Geld für sie. In der Schule lernt man vor allem wissenschaftlich-technische Fächer. Man lebt in der DDR nicht im Luxus. Die DDR-Industrie produziert nur, was das Volk braucht. Aber jeder hat Recht auf[10] eine Arbeit, auf eine Wohnung und auch auf ein Kleinauto. Nur meistens muss man lange auf ein Auto warten. Man bekommt eine Wohnung, wenn man heiratet und Kinder hat.

1 **die Meinungsfreiheit**: *libertà di opinione*
2 **der Geheimdienst, -e**: *sevizio segreto*
3 **der Republikfeind, -e**: *nemico della repubblica*
4 **der Panzer, -**: *carro armato*
5 **töten**: *uccidere*
6 **empfangen**: *ricevere*
7 **der Schutzwall**: *barriera di protezione*
8 **der Ausflug, ¨-e**: *gita*
9 **sich engagieren**: *impegnarsi*
10 **Recht haben auf + A**: *avere diritto a*

## 1 Beantworte die Fragen.

1 Wie lange existiert die DDR?
2 Welche heutigen Bundesländer gehören zur DDR?
3 Ist man in der DDR frei?
4 Was ist die STASI?
5 Welche Funktion hat die STASI?
6 Wer ist ein Republikfeind?
7 Was passiert 1953 in Berlin?
8 Wer organisiert die Freizeit der Jugendlichen?
9 Welche Aufgaben haben Jugendliche in der DDR?
10 Welche Rechte hat man in der DDR?

## 2 Ergänze die Zusammenfassung mit folgenden Wörtern.

Aufgaben • Freizeit • darf • politische • Länder • Staat • Sowjetunion • Privatleben • Meinungsfreiheit • Republikfeind

Brandenburg, Mecklenburg-Vorpommern, Sachsen, Sachsen-Anhalt und Thüringen sind die ............................(1) der Ex-DDR. Die DDR existiert von 1949 bis 1990. Sie ist ein sozialistischer ............................(2) unter der Kontrolle der ............................(3). In der DDR hat jeder Recht auf eine Wohnung, auf eine Arbeit und auch auf ein Auto, aber hier gibt es keine ............................(4). Die Regierung kontrolliert alle und alles. Wenn man den Staat kritisiert, ist man ein ............................(5). Die STASI kontrolliert auch das ............................(6) der Menschen hier. Man ............................(7) nur bestimmte Radio- und Fernsehsendungen empfangen und nur bestimmte Bücher und Zeitungen lesen. In der Schule bekommen alle eine ............................(8) Erziehung. Alles ist organisiert, auch die ............................(9) für die Kleinen, die *Pioniere*, und für die Jugendlichen. Die Jugendlichen werden mit 14 Jahren Mitglieder der FDJ und haben bereits politische und soziale ............................(10).

## 3 Bereite dein Referat vor.

*Utilizza le risposte dell'esercizio 1 e il riassunto dell'es. 2, aggiungi altre informazioni che ti sono sembrate utili o interessanti e preparati a parlare per 3-5 minuti dell'argomento.*

102

## Landeskunde • Text 6

In Verbindung mit... ITALIENISCH

# Bertolt Brecht (1898-1956)

**Bertolt Brecht** ist in Deutschland als Dramatiker und Lyriker des 20. Jahrhunderts sehr berühmt.

**Leben** – Brecht ist am 10.02.1898 in Augsburg als Sohn eines Fabrikdirektors geboren. Schon als Schüler schreibt er Gedichte[1]. Nach seinem Abitur (1917) studiert er Literatur und Philosophie, später auch Medizin in München.
Im Ersten Weltkrieg muss er als Sanitäter in einem Augsburger Reservelazarett[2] arbeiten und wird dort wegen der schlechten Erfahrungen zum Kriegsgegner[3]. In einem Gedicht aus dem Jahr 1909 sagt Brecht, der Krieg bringt nur Leid und das Volk trägt die Konsequenzen.

*Als der letzte [Krieg] vorüber war*
*Gab es Sieger und Besiegte.*
*Bei den Besiegten das niedere Volk*
*Hungerte. Bei den Siegern*
*Hungerte das niedere Volk auch.*

(Verse aus dem Gedicht von Brecht, *Der Krieg, der kommen wird*, 1909)

1919 bekommt Brecht zusammen mit seiner Jugendliebe Paula Banholzer einen Sohn. Die beiden heiraten aber nicht. Mit 22 Jahren hat Brecht schon über 200 Gedichte geschrieben. Im Jahr 1922 heiratet er Marianne Zoff. Mit ihr hat er auch ein Kind. Die Ehe[4] geht aber schnell kaputt. Im Jahr 1923 beendet Brecht sein Studium und wird Dramaturg und Regisseur in München. Von 1924 bis 1926 arbeitet er an der Theaterschule Max Rheinhardt in Berlin. 1928 heiratet er zum zweiten Mal und wird wieder Vater von zwei Kindern. Seine zweite Frau heißt Helene Weigel und ist eine der besten Schauspielerinnen von Brechts Theaterstücken. Als Gegner von Hitler emigriert Brecht 1933 mit seiner Familie von Deutschland über Österreich, die Schweiz, Frankreich, Dänemark, Schweden, Finnland und die Sowjetunion in die USA, nach Kalifornien (Hollywood). In Deutschland verbrennen[5] die Nazis inzwischen seine Bücher, denn er ist ein politischer Gegner und Kommunist. Nach dem Krieg kehrt er nach Deutschland zurück und gründet mit seiner Frau Helene Weigel das Theater *Berliner Ensemble* in Ostberlin, in der DDR, wo er 1956 stirbt.

Eine Szene aus Brechts Theaterstück *Die Dreigroschenoper.*

**Werke** – Brecht hat vor allem Gedichte und Theaterstücke geschrieben. Hauptthema seiner Werke ist das Leben von den Armen und Hilflosen[6]. Berühmt sind seine Theaterstücke: *Die Dreigroschenoper* (1928), *Leben des Galilei* (1938), *Mutter Courage und ihre Kinder* (1939), *Der gute Mensch von Sezuan* (1938 – 1941), *Der kaukasische Kreidekreis* (1944 – 1945). Neben Natur- und Liebeslyrik hat er viele politische Gedichte geschrieben, besonders gegen Hitler und den Krieg, wie *Deutschland 1933* (1933), *Das Lied vom Anstreicher Hitler* (1933), *Mein Bruder war ein Flieger* (1937), *Der Krieg, der kommen wird* (1938).

Die Bücherverbrennung am 10. Mai 1933.



Testo parlante

## 1 Kreuze richtig (R) oder falsch (F) an.

| | | R | F |
|---|---|---|---|
| 1 | Brecht ist in Süddeutschland geboren. | ☐ | ☐ |
| 2 | Er wird Arzt. | | |
| 3 | Nach seinen Kriegserfahrungen im Lazarett wird er Pazifist. | ☐ | ☐ |
| 4 | Nach dem Krieg arbeitet er als Dramaturg in München und in Berlin. | ☐ | ☐ |
| 5 | Er heiratet zweimal. | ☐ | ☐ |
| 6 | Er kämpft gegen den Nationalsozialismus. | ☐ | ☐ |
| 7 | Er muss 1933 Deutschland verlassen. | ☐ | ☐ |
| 8 | Er emigriert nach Südamerika. | ☐ | ☐ |
| 9 | Nach dem Krieg zieht er in die DDR. | ☐ | ☐ |
| 10 | Er gründet das Theater *Berliner Ensemble*. | ☐ | ☐ |

## 2 a. Lies das Gedicht noch einmal und ordne zu.

Als der letzte [Krieg] vorüber war
Gab es Sieger und Besiegte.
Bei den Besiegten das niedere Volk
Hungerte. Bei den Siegern
Hungerte das niedere Volk auch.

*Tra i vincitori il popolo aveva fame. Tra i vinti il popolo anche aveva fame.*
*Quando [la guerra] terminò c'erano vincitori e vinti.*

### b. Was meint Brecht mit diesen Versen? Kreuze an.

a ☐ In jedem Krieg leiden die Besiegten.
b ☐ Jeder Krieg bringt Leid und Armut mit sich.
c ☐ In jedem Krieg haben die Sieger weniger Hunger als die Besiegten.

1 **das Gedicht, -e**: *poesia*
2 **das Reservelazarett, -e**: *ospedale militare nelle retrovie*
3 **der Kriegsgegner, -**: lett. *nemico della guerra, ossia pacifista*
4 **die Ehe, -n**: *matrimonio*
5 **verbrennen**: *bruciare*
6 **das Leben von den Armen und Hilflosen**: *la vita dei poveri e degli indifesi*

## 3 Beantworte die Fragen.

1 Wann und wo ist Brecht geboren?
2 Was hat er studiert?
3 Was ist er von Beruf?
4 Was denkt Brecht über den Krieg?
5 Warum ist Brecht 1933 emigriert?
6 Wo lebt er zur Zeit Hitlers?
7 Was passiert mit seinen Büchern in Deutschland?
8 Was ist das Hauptthema seiner Werke?
9 Wann kommt Brecht nach Deutschland zurück?
10 Wo wohnt er bis zu seinem Tod?

## 4 Ergänze die Zusammenfassung mit folgenden Wörtern.

Armen • Dramatiker • studiert • geboren • Berlin • gegen • Regisseur • Pazifist • Diktatur • Theater

Bertolt Brecht ist ein großer ....................[1] und Lyriker des 20. Jahrhunderts. Er ist 1898 in Augsburg ....................[2]. Nach dem Abitur ....................[3] er Literatur, Philosophie und Medizin. Im Ersten Weltkrieg arbeitet er als Sanitäter in einem Lazarett. Nach dieser traumatischen Erfahrung wird er ....................[4]. In den 20er Jahren arbeitet er als Dramaturg und ....................[5] in München und dann in ....................[6]. 1933 muss er Deutschland verlassen, denn er ist Kommunist und schreibt viele Gedichte und Texte ....................[7] Hitler und die ....................[8]. Die Nazis haben seine Bücher verbrannt. Nach dem Krieg kommt Brecht nach Deutschland zurück und wohnt in Ostberlin, in der DDR. Hier gründet er sein ....................[9] *Berliner Ensemble*. Brecht hat viele Werke geschrieben: Gedichte, Dramen und Erzählungen. Sein Hauptthema ist das Leben von den ....................[10] und Hilflosen.

## 5 Bereite dein Referat vor.

*Utilizza l'esercizio 1 o 3 per preparare la tua relazione orale. Usa eventualmente il testo dell'esercizio 4 come base, se hai difficoltà, e amplialo con ulteriori dettagli. Aggiungi una breve spiegazione dei versi che hai letto.*

103

## Landeskunde • Text 7

In Verbindung mit... TECHNIK

# Der Trabi und der Käfer: zwei deutsche Kultautos

Wie soll ein Auto heute sein? Schnell, bequem und ökologisch! Deutsche Autos haben eine lange Tradition, aber zwei sind mit der Zeit zum Mythos geworden: der Käfer und der Trabi.

Der Käfer von Volkswagen ist das Auto der 50er Jahre der BRD. Der Käfer gibt ein neues Bild von Deutschland nach der Tragödie des Zweiten Weltkriegs. Er wird das Symbol für das Wirtschaftswunder[1], für die Konsumgesellschaft, also für den Wohlstand[2] der BRD.
Im ganzen Westen ist der Käfer das Auto für die Arbeit, aber auch für die Freizeit. Im August 1955 verkauft man schon den millionsten Käfer. 1969 wird er sogar als „Herbie" in einem Disney-Film zum Kinohelden[3].
In Italien ist auch ein deutsch-schweizerischer Film aus dem Jahr 1971 mit dem Käfer „Dudu" sehr erfolgreich.
In bunten Flower-Power-Farben wird der Käfer zu einer Hippy-Ikone. Bis 2002 ist er das meistverkaufte Auto der Welt.
In den letzten Jahren wird der Käfer nur noch in Mexiko und Brasilien gebaut, aber 2003 endet die Produktion des VW-Käfers. Trotzdem gibt es immer noch viele VW-Käfers-Fans auf der ganzen Welt!

### 1 Wähle a oder b aus.

| | | |
|---|---|---|
| 1 Der Trabi ist das Kultauto ... | a ☐ der DDR. | b ☐ der BRD. |
| 2 Der Käfer von VW symbolisiert die BRD ... | a ☐ nach dem Krieg. | b ☐ vor dem Krieg. |
| 3 Der millionste Käfer ist aus dem Jahr ... | a ☐ 1945. | b ☐ 1955. |
| 4 Man baut mehr als 3 Millionen Trabis ... | a ☐ bis 1980. | b ☐ 1990. |

### 2 Beantworte die Fragen.

1 Was symbolisiert der Käfer nach dem Krieg für die BRD?
2 Ist der Käfer ein Luxusauto?
3 Wer sind „Herbie" und „Dudu"?
4 Wie lebt der Käfer weiter?
5 Wann beginnt die Produktion vom Trabant?
6 Wie soll dieses Auto der DDR sein?
7 Woraus ist die Karosserie des Trabis?
8 Konnte man einen Trabi schnell kaufen?
9 Was symbolisiert der Trabi im positiven und negativen Sinn?
10 Wo kann man heute noch Trabi fahren?



Testo parlante

1958 kommt der erste Trabant zur Welt, und zwar in Zwickau in der DDR. Der Trabant, oder Trabi soll ein robustes und billiges Kleinauto sein, aber Blech[4] ist teuer, deshalb ist die Karosserie aus einem Plastik namens Duroplast. Bis 1990 baut man mehr als 3 Millionen Autos. Es ist aber nicht einfach einen Trabi zu haben, man muss lange Zeit warten: in den 70er Jahren auch 17 Jahre!
Der Trabi wird zum Symbol der DDR, auch im negativen Sinn. In den Jahren von 1958 bis 1990 hat das Auto keine Weiterentwicklung[5], genauso wie die Ökonomie der DDR. Der Trabi symbolisiert also die ökonomische Stagnation und das Ende der DDR.
Den Trabant produziert man heute nicht mehr, aber in Berlin organisiert man für Nostalgiker, Trabi-Fans und Touristen Stadttouren in einem Trabi. Im DDR-Museum kann man eine virtuelle Fahrt mit dem Kultauto der DDR machen. Bald will man sogar ein Trabi-Museum in Berlin bauen. Der Trabi lebt also weiter!

1 **das Wirtschaftswunder**: *miracolo economico degli anni '50*
2 **der Wohlstand**: *benessere*
3 **der Kinoheld, -en**: *eroe del cinema*
4 **das Blech**: *lamiera*
5 **die Weiterentwicklung**: *sviluppo ulteriore*

## 3 Ergänze die Zusammenfassung mit folgenden Wörtern.

**Kultautos • Wirtschaftswunder • Symbol • Protagonist • Kleinauto • Wartezeit • Stadttouren • Weiterentwicklung • Karosserie • Produktion**

Der Käfer und der Trabant sind zu ......................(1) geworden. In der Nachkriegszeit wird der Käfer zum ......................(2) eines neuen Deutschlands. Es ist das Symbol vom ......................(3), von der Konsumgesellschaft und vom Wohlstand. Der Käfer wird als „Herbie" oder „Dudu" der ......................(4) von erfolgreichen Filmen und zur Hippy-Ikone. Die ......................(5) endet im Jahr 2003 in Mexiko. Die DDR hat auch 1958 ihr ......................(6): den Trabant, Trabi genannt. Der Trabant soll robust und klein sein, aber seine ......................(7) ist aus Duroplast, weil Blech zu teuer ist. Die ......................(8) ist sehr lang: Man muss auch 17 Jahre auf einen Trabi warten. Die Produktion von Trabis dauert von 1958 bis 1990, in dieser Zeit hat das Auto keine ......................(9), wie die DDR. Der Trabi symbolisiert die DDR und ihr Ende. Heute leben diese zwei Kultautos weiter, denn sie haben viele Fans. Mit dem Trabi kann man noch ......................(10) durch Berlin machen oder virtuell im DDR-Museum fahren. Es leben der Käfer und der Trabi!

## 4 Bereite dein Referat vor.

*Utilizza le risposte degli esercizi e il riassunto per preparare la tua esposizione orale. Allenati a parlare per 3-4 minuti.*

104

## Landeskunde • Text 8

In Verbindung mit... TECHNIK – SOZIALKUNDE

# Können Kids auch ohne Handy leben?

Viele Kinder und Jugendliche haben ein Handy. Mit einem Handy kann man SMS verschicken[1], Fotos und Videos machen, und die Eltern können ihre Kinder immer erreichen und umgekehrt[2]. Deshalb ist ein Handy heutzutage ein gutes Geschenk für Kids. Aber Vorsicht[3]! Psychologen und Pädagogen sagen oft, dass Kinder unter 10 Jahren noch kein Handy brauchen. Wenn Eltern ihrem Kind unbedingt ein Handy geben wollen, damit[4] es im Notfall[5] telefonieren kann, dann bitte ein einfaches, preiswertes Handy mit wenigen Funktionen, also kein Smartphone mit Internetanschluss! Mit 12 Jahren ist ein Kind ohne Handy fast eine Ausnahme[6], denn meistens haben alle Freunde in diesem Alter schon ein Handy. Die Clique[7] organisiert alles übers Handy: den Nachmittag im Schwimmbad, Hausaufgaben, einen Ausflug, ein Treffen im Zentrum, Partys... Wer kein Handy hat, fühlt sich oft allein, ist nicht informiert und bleibt einfach zu Hause!
Handys gehören heute zum Alltagsleben und keiner will ohne leben. Aber Teens und Jugendliche benutzen ihre Handys oft falsch. Sie verschicken viel zu viele SMS pro Tag, spielen stundenlang auf dem Handy und sind den ganzen Tag damit beschäftigt. Ist das wirklich nötig? Oft schickt man nur aus Langeweile SMS oder ruft den Freund oder die Freundin an, auch wenn man sich nichts zu sagen hat. Oft macht man aber auch Fotos oder Videos von anderen und zeigt sie dann den Freunden. Dabei vergisst man leider oft, das Privatleben einer

Testo parlante

Person zu respektieren! Übrigens ist es verboten, Videos von Personen zu machen, wenn sie nicht damit einverstanden sind.
Handys muss man also mit Vorsicht benutzen. Es ist besser, die Zeit mit seinen Freunden zu verbringen und mit ihnen im Freien zu spielen, als mit ihnen nur übers Handy zu chatten.

**Einige Infos**

Fast zwei Drittel von 600 Jugendlichen im Alter von 14 bis 19 Jahren sagen, sie verzichten[8] lieber eine Woche auf das Fernsehen, aber nicht auf ihr Handy oder Smartphone. Für 60 Prozent aller Befragten ist das Telefon sogar wichtiger als ihre Freunde. Besonders für Mädchen ist das Handy wichtig[9]. Nur 39 Prozent der Mädchen können sich vorstellen[10], eine Woche lang ohne Handy zu leben. Bei den Jungen ist die Hälfte dazu bereit.
Jannika musste eine Woche ohne ihr Handy auskommen[11] und erzählt: „Ohne Handy fühle ich mich allein. Meine Freunde können mich nicht anrufen und ich kann keine SMS schreiben. Zu Hause benutze ich dann das Haustelefon, aber das ist sehr nervig. Ich kenne nämlich die Telefonnummern meiner Freunde nicht auswendig."

1 **SMS verschicken**: *mandare SMS*
2 **und umgekehrt**: *e viceversa*
3 **Vorsicht!**: *prudenza!*
4 **damit**: *affinché*
5 **im Notfall**: *in caso di necessità*
6 **fast eine Ausnahme**: *quasi un'eccezione*
7 **die Clique, -n**: *compagnia di amici*
8 **verzichten auf + A**: *rinunciare a*
9 **wichtig**: *importante*
10 **sich vorstellen**: *immaginarsi*
11 **auskommen**: *(qui) cavarsela*

## 1 Beantworte die Fragen.

1 Ist das Handy für Kinder unter 10 Jahren ein schönes Geschenk?
2 Warum kaufen Eltern oft auch Kindern ein Handy?
3 Wie soll das Handy für Kinder unter 10 Jahren sein?
4 Wann wird ein Handy wichtig für Kids?
5 Was passiert, wenn man kein Handy hat?
6 Was machen Jugendliche oft falsch, wenn sie ein Handy haben?
7 Wann darf man keine Videos drehen?
8 Wie soll man ein Handy oder ein Smartphone benutzen?
9 Was ist wichtig, wenn man ein Kind ist?
10 Wann benutzt du dein Handy? Was machst du mit deinem Handy?

## 2 Vervollständige die Zusammenfassung frei.

Kinder und Jugendliche wollen ..........................................
.................................................................................... .
Mit einem Handy kann man ..........................................
.................................................................................... .
Die Eltern schenken oft ihren Kindern ein Handy, denn ..........................................
.................................................................................... .
Aber Psychologen finden, Kinder können auch
....................................................................................
.................................................................................... .
Für Teens und Jugendliche ist ein Handy wichtig, denn
.................................................................................... .
Wenn man kein Handy hat, ..........................................
.................................................................................... .
Man benutzt Handys aber oft falsch: Man ..........................
.................................................................................... .
Handys sind wichtig in unserem Alltagsleben, aber man soll sie ..........................................
.................................................................................... .
Kinder und Jugendliche müssen auch ..............................
.................................................................................... .
Laut Statistiken ist das Handy besonders für ..................
.................................................................................... .

## 3 Bereite dein Referat vor.

*Utilizza l'esercizio 2 per preparare la tua relazione. Anche le risposte all'esercizio 1 possono aiutarti. Dopo aver riassunto il testo, pensa ad alcune frasi su come utilizzi il cellulare e aggiungile alla tua presentazione. Devi parlare per 3-4 minuti.*

105 Landeskunde • Text 9

In Verbindung mit... SOZIALKUNDE

# Die Europäische Union

Nach dem Zweiten Weltkrieg will man in Europa im Frieden[1] leben. Man will keine Diktatur mehr, sondern Demokratie und man denkt an einen großen europäischen Markt. Sechs Staaten (Deutschland, Frankreich, Luxemburg, die Niederlande, Belgien und Italien) gründen in den Fünfziger Jahren die **Europäische Gemeinschaft**[2]. Das ist die Basis der Europa-Union.

Rom, 25. März 1957: Gründung der Europäischen Gemeinschaft.

**Die Europäische Union (EU) ist heute eine Föderation von 28 Staaten➝** in Europa. Diese Staaten wollen im Frieden und im Wohlstand[3] leben. Alle Staaten haben gemeinsame Werte[4] wie Toleranz, Respekt der Menschenrechte[5], Umweltschutz, aber auch eigene Traditionen. Die EU will sie bewahren[6]. Deshalb lautet das Motto der EU seit dem Jahr 2000 „In Vielfalt geeint" (auf Italienisch: „Uniti nella diversità"). Der Vertrag von Lissabon (2009) hat das Programm der EU für das 21. Jahrhundert noch genauer zusammengefasst.

**Die Sitze** der Europäischen Union sind heute drei:

- Der Sitz des EU–Parlaments ist in Straßburg.
- Der Sitz der EU-Kommission ist in Brüssel.
- Der Sitz der EU-Zentralbank ist in Frankfurt am Main.

**Die gemeinsame Währung**[7] der Union ist seit 2002 der Euro. Trotzdem bezahlt man nicht in allen EU-Ländern mit Euro. Zur Euro-Zone gehören zurzeit 19 Länder.

➜ **Die Mitgliedstaaten der Union** sind schon **28 Staaten**: Irland, Großbritannien, Finnland, Schweden, Dänemark, Lettland, Litauen, Estland, Deutschland, Portugal, Spanien, Frankreich, Luxemburg, die Niederlande, Belgien, Polen, die Tschechische Republik, die Slowakei, Slowenien, Österreich, Italien, Ungarn, Bulgarien, Rumänien, Griechenland, Malta, Zypern und seit dem 1. Juli 2013 auch Kroatien. Nächste Mitgliedstaaten sollen Mazedonien, die Türkei, Island, Serbien und Montenegro sein. Die Schweiz, Norwegen und das Fürstentum Liechtenstein liegen in Europa, gehören aber nicht zur EU. Trotzdem sind sie für die Ideale der Union.

Das EU-PArlament in Straßburg.



Testo parlante

**Die Flagge** der Europäischen Union zeigt einen Kreis aus zwölf goldenen Sternen auf blauem Hintergrund. Die Sterne stehen für die Werte Einheit, Solidarität und Harmonie zwischen den Völkern Europas. Auch der Kreis hat eine Bedeutung: Er ist ein Symbol für die Einheit.

**Die Hymne** der Europäischen Union ist eine Melodie von Ludwig van Beethoven aus der 9. Sinfonie aus dem Jahr 1824. Beethoven hat die Melodie der Hymne für die Ode *An die Freude* von Friedrich Schiller komponiert. In diesem Text wünscht sich Friedrich Schiller, dass alle Menschen zu Brüdern werden. Aber die Hymne der Europäischen Union ist ohne Worte, denn sie soll in der universellen Sprache der Musik die europäischen Werte Freiheit, Frieden und Solidarität zum Ausdruck bringen.

**Der Feiertag** der EU ist am 9. Mai, denn an diesem Tag hat der französische Außenminister Robert Schuman zum ersten Mal von einem geeinten Europa gesprochen. Die Europäische Union hat 2012 den **Friedensnobelpreis** bekommen, denn die EU hat sich immer für Werte wie Frieden und Versöhnung[8], Demokratie und Menschenrechte engagiert.

1 **der Frieden**: *pace*
2 **Europäische Gemeinschaft**: *Comunità Europee*
3 **der Wohlstand**: *benessere*
4 **gemeinsame Werte**: *valori comuni*
5 **die Menschenrechte**: *diritti umani*
6 **bewahren**: *conservare*
7 **die Währung, -en**: *valuta*
8 **die Versöhnung**: *riconciliazione*

## 1 Beantworte die Fragen.

1 Welche Länder haben als erste die Idee einer europäischen Union gehabt?
2 Wann ist das Motto der EU entstanden? Was bedeutet „In Vielfalt geeint"?
3 Wie viele Mitgliedstaaten hat die EU heute?
4 Seit wann gibt es eine EU-Währung?
5 Bezahlen alle EU-Staaten mit Euro?
6 Wie sieht die Flagge der EU aus? Welche Bedeutung hat sie?
7 Woher kommt die Melodie der EU-Hymne?
8 Welche Werte soll die Hymne vermitteln?
9 Wann feiert man die Europäische Union?
10 Was für einen Preis hat die EU im Jahr 2012 bekommen?

## 2 Ergänze die Zusammenfassung mit folgenden Ausdrücken.

9. Mai • den Euro • den Friedensnobelpreis • mit 12 Sternen • 19 Staaten • Frieden • die Ideale • Beethoven • 28 Staaten • „In Vielfalt geeint"

Die Europäische Union ist eine Föderation von ..........................................(1). Die Union hat das Motto: ..........................................(2) und will Freiheit, ..........................................(3), Demokratie und Solidarität in Europa. Seit 2002 hat die Union ..........................................(4). Aber nur ..........................................(5) haben diese Währung. Die Flagge der Union ist blau und hat einen Kreis ..........................................(6) in der Mitte. Die Sterne symbolisieren ..........................................(7) der Union. Die Hymne der Union ist eine Melodie aus der 9. Sinfonie von ..........................................(8). Der Feiertag der Union ist am ..........................................(9). Im Jahr 2012 hat die EU ..........................................(10) bekommen.

## 3 Bereite dein Referat vor.

*Preparati a parlare per 3-4 minuti sull'argomento.*

**a** *Rileggi le tue risposte all'esercizio 1 e il riassunto. Arricchisci il riassunto con altre informazioni che ti sembrano utili.*
**b** *Cerca in internet quali sono gli ultimi Stati entrati nell'Unione e inseriscili nel tuo riassunto, se mancano.*
**c** *Ascolta l'inno dell'Unione Europea e cerca il testo di Friedrich Schiller* An die Freude*. Quale verso ti sembra particolarmente bello riportare per sottolineare i valori dell'Europa unita?*

106 Landeskunde • Text 10

In Verbindung mit... MUSIK

# Ludwig van Beethoven (1770 - 1827)

## Seine Familie

Ludwig wird 1770 in einer Musikerfamilie in Bonn geboren. Das genaue Geburtsdatum von Ludwig van Beethoven ist nicht bekannt. Die Familie van Beethoven kommt aus Belgien. Sie ist nicht reich oder adelig[1].

## Seine Kindheit

Ludwig hat keine glückliche Kindheit. Sein Vater ist alkoholkrank, sehr autoritär und profitiert von dem Talent seines Sohnes: Der Kleine muss den ganzen Tag üben und spielt Klavier, Orgel und Violine. Sein Vater will einen zweiten kleinen Mozart aus ihm machen und viel Geld verdienen. Im Jahr 1778, mit acht Jahren, gibt Ludwig schon sein erstes Klavierkonzert. Auf den Plakaten steht aber, dass Ludwig 6 Jahre alt ist: So wird Ludwig zum „Wunderkind".

## Seine Jugend

1784 wird Beethoven Mitglied der Hofkapelle in Bonn. Hier lernt er die wichtigsten Werke von Haydn und Mozart kennen. 1787 spielt der siebzehnjährige Beethoven in Wien vor Mozart. Dieser ist vom Talent des jungen Mannes begeistert und will ihn unterrichten. Doch dann stirbt die Mutter von Beethoven und er geht nach Bonn zurück. Dann stirbt auch sein Vater und im Jahr 1792 geht Beethoven wieder nach Wien.

## Als Erwachsener

Mit 22 Jahren ist Beethoven in Wien schon berühmt. Er arbeitet als Komponist und Musiklehrer bei vielen Adeligen und Fürsten[2]. Der Komponist Joseph Haydn und andere reiche Fürsten finanzieren gern seine Konzerte.

Beethoven verdient sein Geld auch mit Musikunterricht und verkauft die Noten von seinen Kompositionen. So kann er jetzt als unabhängiger Komponist ohne Sorgen leben.

Beethoven ist ein schwieriger und extrem launischer Mensch. Sein Personal[3] bleibt nicht lange bei ihm und er muss 25 Mal die Wohnung wechseln. Ein großes Problem für Beethoven ist seine Schwerhörigkeit[4]. Sie beginnt schon mit 27 Jahren. Mit 48 Jahren ist Beethoven taub und hört gar nichts mehr. Er komponiert aber immer noch weiter. Seine späte Musik – zum Beispiel die berühmte 9. Sinfonie – kann er nicht mehr hören.

Am 26. März 1827 stirbt Beethoven in Wien. 20000 Menschen kommen zur Beerdigung[5].

## Seine Werke

Beethoven komponiert z.B. 9 Sinfonien, Ballette, 5 Klavierkonzerte, ein Violinkonzert, Ouvertüren und andere Orchesterwerke, 16 Streichquartette, 8 Klaviertrios, 10 Violinsonaten, 5 Cellosonaten, 32 Klaviersonaten, Bagatellen, Variationswerke,



Testo parlante

Beethovens 9. Sinfonie.

Klavierlieder, 2 Messen und 1 Oper (*Fidelio*).
Seine Musikstücke sind meistens heroisch und dramatisch und sie haben oft ein großes Finale. Beethoven ist der erste Komponist, der seine Musikstücke für ein Massenpublikum komponiert hat und nicht nur für Adelige und ihre Paläste. Seine Musik ist auch für Bürger[6] und ihre Konzertsäle. Sie braucht große Orchester und große Räume.

1 **adelig**: *nobile*
2 **der Fürst, -en**: *principe*
3 **das Personal**: *servitù*
4 **die Schwerhörigkeit**: *problemi di udito*
5 **die Beerdigung**: *funerale*
6 **der Bürger, -**: *borghese*

## 1 Beantworte die Fragen.

1 Wann und wo ist Ludwig van Beethoven geboren?
2 Wie ist sein Vater?
3 Wann gibt Ludwig sein erstes Konzert?
4 Was passiert im Jahr 1787?
5 Wann kommt er wieder nach Wien?
6 Wie lebt er in Wien?
7 Warum muss er oft seine Wohnung wechseln?
8 Welches Problem hat er schon mit 27 Jahren?
9 Wann ist er total taub?
10 Für wen komponiert er?

## 2 Ergänze die Zusammenfassung mit folgenden Wörtern.

geboren • Orgel • Mozart • Musik • Bürger • Orchester • spielt • taub • Komponist • komponiert

Ludwig van Beethoven ist im Jahr 1770 in Bonn .......................... (1). Sein Vater will aus ihm einen zweiten .......................... (2) machen, deshalb muss der kleine Ludwig viel üben. Er spielt .......................... (3), Klavier und Violine. 1784 wird er Mitglied der Hofkapelle in Bonn. 1787 .......................... (4) er vor Mozart in Wien. Mit 22 Jahren arbeitet er als freier .......................... (5) und Lehrer in Wien und kann so gut leben. Seine Gehörprobleme beginnen leider schon mit 27 Jahren. Mit 48 Jahren ist er völlig .......................... (6) und kann seine .......................... (7) nicht mehr hören. Er .......................... (8) aber weiter. Seine Werke sind für alle: für Adelige und .......................... (9). Für seine Musik braucht man immer größere .......................... (10) und Konzertsäle.

## 3 Bereite dein Referat vor.

*Utilizza le risposte dell'esercizio 1 e il riassunto e preparati a parlare per 3-4 minuti. Arricchisci la tua esposizione con altri particolari che hai trovato interessanti e cita alcune delle più importanti composizioni di Beethoven.*

107

## Landeskunde • Text 11

In Verbindung mit... KUNST

# Der Jugendstil und Gustav Klimt

Haus der Secession, Wien.

Am Ende des 19. Jahrhunderts kritisieren viele Künstler in Europa die traditionelle Kunst des Realismus und wollen neue Wege gehen. Ihre neue Kunst ist sehr dekorativ, die Formen und Farben von ihren Bildern sind nicht mehr realistisch, sondern fantasievoll. In Italien nennt man diese neue Kunst *Arte Floreale*, in England *Liberty*, in Frankreich *Art Nouveau* und in Österreich *Jugendstil*.
Erster Maler des *Jugendstils* ist **Gustav Klimt** (1862-1918). Er gründet in Wien die Wiener Secession unter dem Motto „Der Zeit ihre Kunst. Der Kunst ihre Freiheit."
Er ist von Beruf Goldschmied[1] und benutzt oft Gold für die Kleidung und den Schmuck[2] seiner Figuren, geometrische Formen, mosaikartige Motive und dekorative Elemente wie Linien und Blumen. Doch die Gesichter seiner Figuren bleiben sehr realistisch. Klimt malt Landschaften, Menschen und besonders gerne Frauen. Leben, Tod, Freude und Angst sind Motive seiner Kunst.

*Der Kuss* (1907-1908) von Gustav Klimt ist weltberühmt.
Ein Mann und eine Frau umarmen sich[3] auf einer Blumenwiese. Sie küssen sich[4] und sind glücklich. Der Mann hält die Frau dicht an sich. Sie bilden fast eine perfekte Einheit, einen Körper. Die goldenen Dekorationen der Kleidung von Mann und Frau zeigen verschiedene geometrische Motive: Auf dem Mantel des Mannes sind quadratische Formen, auf dem Kleid der Frau sind runde Formen, Kreise und Spiralen. Gustav Klimt benutzt immer quadratische Formen für das männliche Element und runde Formen für das weibliche Element. In dem Kuss symbolisieren die quadratischen und runden Formen den Unterschied zwischen Mann und Frau. In dem Moment des Kusses werden aber Mann und Frau eins, und Zeit und Ort spielen keine Rolle mehr. Doch man sieht neben ihnen einen Abgrund[5]. Man fragt sich: Wie lange kann

Gustav Klimt, *Der Kuss*.



Testo parlante

Gustav Klimt, *Beethovenfries*: Chor und Umarmung, Chor der Paradiesengel „Freunde, schöner Götterfunken... Diesen Kuss der ganzen Welt".

das Glück dieser Liebe dauern? Die perfekte Harmonie dauert vielleicht nur einen Moment ...
Das Kussmotiv ist auch in Klimts *Beethovenfries* (1902). Dieses Gemälde[6] dekoriert die vier Wände vom Haus der Secession in Wien. Der Bildzyklus besteht aus drei Teilen und ist 34 Meter breit und mehr als zwei Meter groß. Klimt inspiriert sich an der 9. Sinfonie von Ludwig van Beethoven. Der Zyklus beschreibt den Wunsch des Menschen nach Freiheit, Glück und Liebe. Der Mensch muss aber auch in seinem Leben Leid, Krankheit und Tod kennenlernen. Am Ende seiner Suche steht die Belohnung[7]: Er findet die Liebe. Auf dem letzten Bild sieht man ein Liebespaar, das sich küsst. Engel singen dabei. Dieser Kuss hat eine symbolische Bedeutung: Er symbolisiert das Glück der Welt. Nur in der Liebe kann man perfekt glücklich sein. „Diesen Kuss der ganzen Welt": So endet auch die 9. Sinfonie von Beethoven mit seiner Hymne an die Freude. Liebe und Freundschaft sind am wichtigsten im Leben eines Menschen. Dieses Lied ist auch zur Hymne der EU geworden (siehe S. 154-155).

1 Goldschmied, -e: *orafo*
2 der Schmuck: *gioielli*
3 sich umarmen: *abbracciarsi*
4 sich küssen: *baciarsi*
5 der Abgrund, ¨-e: *abisso*
6 das Gemälde, -: *dipinto, quadro*
7 die Belohnung, -en: *ricompensa*

## 1 Kreuze a, b, oder c an.

1 Das Motto „Der Zeit ihre Kunst. Der Kunst ihre Freiheit" bedeutet
- a ☐ jede Zeit hat ihre Kunst. Die Kunst ist frei.
- b ☐ die Zeit und die Kunst sind nicht frei.
- c ☐ nur die Kunst ist frei.

2 Die Kunst des Jugendstils ist
- a ☐ realistisch.
- b ☐ traditionell.
- c ☐ dekorativ und fantasievoll.

3 Klimt benutzt
- a ☐ nur goldene geometrische Formen und Linien.
- b ☐ geometrische Formen, mosaikartige Motive und dekorative Elemente.
- c ☐ nur realistische Figuren mit goldener Kleidung.

4 Klimt malt gern
- a ☐ Frauenportraits und Landschaften.
- b ☐ nur Landschaften.
- c ☐ Menschen und Landschaften.

## 2 Beantworte die Fragen.

1 Wo sind der Mann und die Frau auf dem Gemälde *Der Kuss* von Klimt und was machen sie?
2 Was symbolisieren die quadratischen und die runden Formen auf ihrer Kleidung?
3 Was passiert im Moment des Kusses?
4 Was symbolisiert der Abgrund?
5 Wo malt Klimt noch ein Bild von einem Kuss?
6 Warum heißt das Gemälde von Klimt *Beethovenfries*?
7 Was beschreibt Klimts *Beethovenfries*?
8 Was lernt der Mensch in seinem Leben kennen?
9 Was findet der Mensch am Ende seiner Suche?
10 Was symbolisiert dieser Kuss?
11 In Klimts Gemälden und in Beethovens 9. Sinfonie sind die Liebe und die Freundschaft am wichtigsten im Leben. Was ist für dich am wichtigsten im Leben?

## 3 Bereite dein Referat vor.

*Utilizza l'esercizio 1 per riassumere il contesto storico del movimento* Jugendstil *e le risposte dell'esercizio 2 per descrivere i due quadri di Klimt. Preparati a parlare per 2-3 minuti.*

108

## Landeskunde • Text 12

In Verbindung mit... NATURWISSENSCHAFTEN – SOZIALKUNDE

# Trinkwasser – jetzt ein Menschenrecht!

Seit dem 28. Juli 2010 ist Trinkwasser ein Menschenrecht[1], aber Trinkwasser ist für einige Länder immer noch ein Luxus!
Willst du in Deutschland duschen oder Wasser trinken? Das ist ganz einfach, du drehst den Wasserhahn[2] auf und frisches, reines Wasser kommt! So ist es aber nicht für eine Milliarde Menschen auf der Erde! Warum? Es gibt doch so viel Wasser auf unserem Planeten. Warum müssen immer noch Menschen Durst leiden oder schmutziges Wasser trinken? Warum müssen z.B. Kinder aus Tansania jeden Tag drei Stunden laufen, um Wasser zu holen?

Das passiert aus drei Gründen.

- **Erstens**: Ein Großteil des Trinkwassers auf unserem Planeten ist in Form von Eis in der Antarktis und in der Arktis. Es gibt auch Wassermassen tief in der Erde, aber man kann sie nicht erreichen.
- **Zweitens**: In Deutschland regnet es oft und genug, aber in anderen Regionen, z.B. in Chile, Somalia und auch in den USA ist das nicht so. Im Süden Somalias regnet es seit langer Zeit nicht und auf dem Land wächst kein Gemüse und kein Obst mehr. Alles ist vertrocknet[3].
- **Drittens**: Die Menschen verbrauchen zu viel Wasser! Wir haben nur eine begrenzte Menge[4] Trinkwasser auf dieser Welt. Deshalb müssen alle Menschen Trinkwasser sparen.

Jeder von uns kann mithelfen, das Wasserproblem zu lösen. Hier sind einige Tipps:

- ✔ Kürzer duschen!
- ✔ Gemüse und Obst nicht unter fließendem Wasser waschen, sondern in einer Schüssel.
- ✔ Regenwasser in Wassertonnen oder Eimern auffangen und das Wasser für die Balkonblumen benutzen.
- ✔ Beim Zähneputzen den Wasserhahn zudrehen!
- ✔ Die Spülmaschine erst anmachen[7], wenn sie ganz voll ist.

Testo parlante

Das ist auch für die Industrie eine wichtige Aufgabe. Bis jetzt verschmutzen Fabriken pro Jahr weltweit Seen, Flüsse und Meere mit bis zu 400 Millionen Tonnen Schwermetallen[5], giftigen Stoffen[6] und Abfällen. Leider!
99 Liter Trinkwasser verbraucht jeder Deutsche jeden Tag, im Badezimmer, in der Küche und zum Putzen!

1 **das Menschenrecht, -e**: *diritto umano*
2 **der Wasserhahn, ¨-e**: *rubinetto*
3 **vertrocknet**: *inaridito*
4 **eine begrenzte Menge**: *una quantità limitata*
5 **das Schwermetall, -e**: *metallo pesante*
6 **giftige Stoffe**: *sostanze velenose*
7 **die Spülmaschine anmachen**: *accendere la lavastoviglie*

## 1 Beantworte die Fragen.

1 Warum ist das Datum 28. Juli 2010 so wichtig?
2 Gibt es genug sauberes Wasser auf unserem Planeten?
3 Wo leidet man unter Trockenheit?
4 Wie lange müssen Kinder aus Tansania laufen, um Wasser zu holen?
5 Was machen die Fabriken in der ganzen Welt?
6 Wer kann das Problem vom Trinkwasser lösen?
7 Was kann jeder von uns tun?
8 Sparst du Wasser? Wann und wie?

## 2 Unterstreiche das richtige Wort und fasse den Text zusammen.

Im Jahr *2010 / 2011* ist *sauberes / schmutziges* Trinkwasser zum Menschenrecht geworden. Leider leiden eine Milliarde Menschen *immer noch / nicht mehr* Durst und für sie ist Trinkwasser immer noch *kein / ein* Luxus. Das passiert aus *vier / drei* Gründen: Erstens ist viel Wasser zu Eis gefroren, wie in der Antarktis und in der Arktis oder es ist zu tief in der Erde und deshalb unerreichbar.
Zweitens: Es regnet in vielen Ländern *nicht / viel* und der Boden ist trocken.
Drittens: Menschen verbrauchen jeden Tag *zu wenig / zu viel* Wasser. Deshalb ist das Trinkwasser auf der Welt nicht genug.
Die *Fabriken / Regierungen* sollen deshalb Flüsse, Seen und Meere nicht mehr mit giftigen Stoffen verschmutzen. Jeder von uns soll *Regenwasser / Trinkwasser* sparen, wenn er duscht oder Obst und Gemüse abwäscht oder Balkonblumen gießt.

## 3 Bereite dein Referat vor.

*Rileggi bene le risposte e il riassunto e preparati a parlare per 3-4 minuti dell'argomento. Aggiungi anche se questo articolo ti ha convinto a risparmiare l'acqua; se sì, spiega che cosa fai già o che cosa farai d'ora in poi.*

109 Landeskunde • Text 13

In Verbindung mit... NATURWISSENSCHAFTEN

# Freya testet mit ihrer Familie ein Energiesparhaus

„Meine Eltern sind Energiesparer" sagt Freya, (12 Jahre), „Wir haben kein Auto, heizen unsere Wohnung so wenig wie möglich und duschen nicht länger als nötig. Deshalb hat das Bundesministerium für Verkehr, Bau und Stadtentwicklung[1] unsere Familie ausgewählt[2], um ein Energiesparhaus zu testen. Seit März wohnen wir – meine Eltern, mein kleiner Bruder Lenz, unsere Katze Susi und ich – für ein Jahr in einem Energiesparhaus in Berlin-Charlottenburg.

Das Haus hat Solarzellen auf dem Dach und an einer Außenwand. Sie versorgen[3] uns mit Energie. Diese ist genug für Licht, Heizung und für zwei kleine Elektroautos. Die Experten und Techniker, die das Haus entworfen und geplant haben, helfen uns.

Es gibt viel Technik: Ein Touchscreen im Flur steuert[4] das Haus, schaltet das Licht an und aus, fährt die Jalousien[5] hoch und runter, stellt die Temperatur ein. Damit kann auch viel Unsinn[6] passieren. Ich war unter der Dusche und plötzlich ... kein Licht mehr! Mein kleiner Bruder Lenz war vor dem Touchscreen und hat es berührt[7].

Man kann das Haus auch aus der Ferne[8] steuern, mit dem Handy. Das ist praktisch: Wenn ich meinen Schlüssel vergessen habe, rufe ich Papa an. Mit seinem Handy kann er die Tür öffnen. Wenn Lenz und ich allein zu Hause sind, gibt uns meine Mutter ein Zeichen[9], wenn wir ins Bett gehen sollen: Sie macht einfach die Wohnzimmerlampe an und aus.

Früher konnten wir nur mit dem Fahrrad zur Schule fahren, jetzt fährt uns Papa manchmal auch mit dem Elektroauto, oder wir fahren mit dem Bus und der Bahn. Und wichtig: Ich lasse manchmal das Licht oder das Radio an, auch wenn ich nicht gerade in meinem Zimmer bin. Ich habe keine Gewissensbisse[10], ich weiß ja, die Energie kommt direkt von der Sonne! Schön, oder?"

Testo parlante

Energie sparen – das ist die Parole unserer Zeit.
Doch die Industrie verbraucht viel Energie und benutzt noch zum größten Teil Atomenergie, Kohle[11] und Erdöl[12]. Diese Rohstoffe[13] sind aber gefährlich[14] für die Umwelt[15], denn sie verschmutzen sie.
Die Frage ist: Wie kann man Energie gewinnen und dabei die Umwelt schützen? Deutschland ist das Land in Europa, das am meisten erneuerbare Energiequellen[16] benutzt.
Erneuerbar nennt man die Sonnenenergie, die Windenergie und die Wasserkraft, denn diese Energiequellen sind immer da. Die Reserven von Kohle und Erdöl sind dagegen begrenzt[17].
Vor allem im Norden von Deutschland erzeugen viele Windräder Energie.
In einigen Städten Deutschlands gibt es schon Elektrobusse und Elektroautos.
Viele Häuser haben Solardächer zur Erzeugung von Energie für Licht und Heizung.

1 **das Bundesministerium für Verkehr, Bau und Stadtentwicklung**: *ministero federale dei trasporti, dell'edilizia e dello sviluppo urbano*
2 **auswählen**: *scegliere*
3 **versorgen mit**: *rifornire di*
4 **steuern**: *comandare*
5 **die Jalousie, -n**: *tapparella*
6 **der Unsinn**: *sciocchezze*
7 **berühren**: *toccare*
8 **aus der Ferne**: *da lontano*
9 **das Zeichen, -**: *segno, segnale*
10 **der Gewissensbiss, -e**: *rimorso di coscienza*
11 **die Kohle**: *carbone*
12 **das Erdöl**: *petrolio*
13 **der Rohstoff, -e**: *materia prima*
14 **gefährlich**: *pericoloso*
15 **die Umwelt**: *l'ambiente*
16 **die Energiequelle, -n**: *fonte energetica*
17 **begrenzt**: *limitato*

## 1 Beantworte die Fragen.

1 Warum leben Freya und ihre Familie in einem Energiesparhaus?
2 Wie lange bleiben sie in dem Energiesparhaus?
3 Wie gewinnt man in dem neuen Haus Energie?
4 Wozu ist der Touchscreen im Haus?
5 Wann kann man Probleme im Haus haben?
6 Warum lässt Freya jetzt ohne Gewissensbisse das Licht oder das Radio an, wenn sie das Zimmer verlässt?
7 Wie fährt sie zur Schule?
8 Sonne, Wind und Wasser können Energie erzeugen. Wie nennt man diese Quellen?
9 Wo findet man besonders viel Windenergie?
10 Warum ist es wichtig, erneuerbare Energiequellen zu benutzen?

## 2 Ergänze die Zusammenfassung mit folgenden Wörtern.

Sonne • Energiesparhaus • sparen • Energiesparer • Solarzellen • Energie • Touchscreen • Ferne • steuern • Elektroautos

Freya und ihre Familie sind ..................................... (1). Deshalb wohnen sie ein Jahr lang in einem ..................................... (2) in Berlin-Charlottenburg. ..................................... (3) auf dem Dach und an der Wand erzeugen ..................................... (4) für Licht, Heizung und zwei ..................................... (5). Mit einem Handy und einem ..................................... (6) im Flur kann man das ganze Haus auch aus der Ferne ..................................... (7). Zum Beispiel kann Freyas Vater die Haustür mit dem Handy aus der ..................................... (8) öffnen, wenn Freya den Schlüssel vergessen hat. Manchmal kann auch etwas Komisches passieren: Das Licht geht plötzlich aus, weil jemand den Touchscreen berührt. Jetzt kann Freya das Licht und das Radio im Zimmer anlassen, auch wenn sie kurz aus dem Zimmer geht, weil sie keine Energie mehr ..................................... (9) muss: Die Energie für alles kommt nämlich direkt von der ..................................... (10)!

## 3 Bereite dein Referat vor.

*Utilizza le risposte dell'esercizio 1 e il riassunto per strutturare la tua esposizione orale. Aggiungi anche dettagli sulle forme di energia rinnovabili. Devi parlare per 3-4 minuti.*

110

## Landeskunde • Text 14

In Verbindung mit... SPORT – SOZIALKUNDE

# Hautfarbe: anders!

Der Ex-Fußballprofi Otto Addo ist in Hamburg geboren. Er spricht perfekt Deutsch und hat einen deutschen Pass. Addo fühlt sich in Deutschland zu Hause, aber er hat eine schwarze Haut[1] und deshalb behandeln[2] die Leute ihn oft anders.

In der Grundschule haben die meisten Kinder eine weiße Haut. Das ist für Addo aber nicht so schlimm: Er ist in der Schule beliebt, weil er sehr sportlich ist.

Später, mit 13 Jahren, hat er Probleme mit Neonazis:

Einmal will er mit seinen persischen Freunden mit dem Fahrrad zum Fußballtraining fahren. Plötzlich stoppt ein Auto mit Rechtsradikalen hinter der Gruppe.

Die Neonazis wollen sie blau schlagen[3], weil sie Ausländer sind. Zum Glück können die Radfahrer schnell wegfahren und den Fußballplatz erreichen. Von diesem Erlebnis hat Addo seiner Mutter nie erzählt.

Als Fußballprofi in der Bundesliga[4] haben die Fans der anderen Mannschaft einmal während des Spiels mit Bananen geworfen. 90 Minuten lang muss Otto Urwaldgeräusche[5] wie „uh, uh, uh" hören.

Zum Glück gibt es aber seit mehreren Jahren in Deutschland sehr erfolgreiche Kampagnen gegen Rassismus und Diskriminierung. Dank dieser Kampagnen und tollen Fußballfans gibt es heute in der Bundesliga kaum noch rassistische Sprechchöre in den Stadien. Wichtige Kampagnen sind z.B. „Vereint gegen Rechtextremismus" (www.vereint-gegen-rechtsextremismus.de) und „Am Ball bleiben" (www.amballbleiben.org).

## 1 Wähle a oder b aus.

1 Otto Addo kommt aus
- a ☐ Hamburg.
- b ☐ Berlin.

2 Er ist
- a ☐ Basketballspieler.
- b ☐ Fußballspieler.

3 Seine dunkle Haut ist für ihn
- a ☐ kein Problem.
- b ☐ manchmal ein Problem.

4 In der Grundschule ist Addo
- a ☐ nicht integriert.
- b ☐ gut integriert.

5 Neonazis wollten ihn einmal
- a ☐ blau geschlagen.
- b ☐ feiern.

6 Heute gibt es viele Kampagnen
- a ☐ für Rassismus.
- b ☐ gegen Rassismus.

## 2 Beantworte die Fragen.

1. Wer ist Otto Addo?
2. Wo ist er zu Hause?
3. Warum behandeln ihn die Leute manchmal anders?
4. Warum fühlt er sich in der Schule wohl?
5. Was passiert ihm einmal auf dem Weg zum Fußballtraining?
6. Wie haben ihn Fans der anderen Mannschaft im Fußballstadion diskriminiert?
7. Warum gibt es Kampagnen wie „Vereint gegen Rechtsextremismus" oder „Am Ball bleiben"?
8. Was macht Otto Addo, wenn er eine rassistische Bemerkung hört?
9. Was passiert ihm oft im Kaufhaus oder im Verkehr?
10. Was tun immer mehr Menschen gegen Rassismus?



Testo parlante

Otto Addo ist heute ein Mann, der bei jeder kleinen rassistischen Bemerkung protestiert. Trotzdem gibt es noch heute Situationen, die ihn ärgern. Im Kaufhaus hat ihn der Ladendetektiv[6] manchmal ohne Grund durchsucht[7]. Er muss oft bei Verkehrskontrollen anhalten[8] und seine Papiere zeigen. Einmal ist ihm das viermal an einem Tag passiert! Er kennt keinen weißen Deutschen, dem das so oft passiert ist. Das macht ihn wütend!
Schön ist, dass immer mehr Menschen gegen Rassismus und Diskriminierung sind und dass sie den Mund aufmachen, wenn Ungerechtigkeit passiert, auch wenn sie selbst nicht betroffen sind. Das ist wichtig und gut!

1 **die Haut, ¨-e**: *pelle*
2 **behandeln**: *trattare*
3 **blau schlagen**: *picchiare*
4 **Bundesliga**: *serie A di calcio in Germania*
5 **das Urwaldgeräusch, -e**: *rumore della foresta*
6 **der Ladendetektiv, -e**: *guardia antitaccheggio*
7 **durchsuchen**: *perquisire*
8 **anhalten**: *fermarsi*

## 3 Ergänze die Zusammenfassung mit folgenden Wörtern.

protestiert • beliebt • wütend • akzeptieren • anders • Haut • Sprüche • Hamburger • blau schlagen

Der Fußballprofi Otto Addo ist ...................................[1], er spricht perfekt Deutsch und hat einen deutschen Pass. Aber seine ...................................[2] ist schwarz und die Leute behandeln ihn oft ...................................[3]. Als Kind muss er sich manchmal blöde ...................................[4] anhören, aber das stört ihn nicht. Bei seinen Klassenkameraden in der Grundschule ist er ...................................[5]. Als Jugendlicher muss er einmal vor Neonazis fliehen, denn sie wollen ihn ...................................[6]. Als Fußballprofi muss er sich auch Beschimpfungen anhören. Noch heute hat Addo manchmal Probleme im Kaufhaus oder man hält ihn oft bei Verkehrskontrollen an. Das macht ihn ...................................[7]. Heute ...................................[8] er bei rassistischen Bemerkungen. Zum Glück gibt es viele Kampagnen gegen Rassismus und immer mehr Menschen ...................................[9] keine Ungerechtigkeit mehr.

## 4 Bereite dein Referat vor.

*Rileggi le risposte dell'esercizio 2 e il riassunto (es. 3) e preparati a parlare per 3-4 minuti dell'argomento. Conosci iniziative analoghe in Italia contro il razzismo in generale, e in particolare nello sport? Se sì, parlane.*

DÄNEMARK
Nordsee
Nordfriesische Inseln
Kieler Bucht
Ostsee
Rügen
Pommersche Bucht
Deutsche Bucht
Kiel
Oldenburg
Neumünster
SCHLESWIG-HOLSTEIN
Itzehoe
Lübeck
Warnemünde
Rostock
MECKLENBURG-VORPOMMERN
Cuxhaven
Hamburg
HAMBURG
Schwerin
Wilhelmshaven
Bremerhaven
Emden
Prenzlau
Schwedt
POLEN
Oldenburg
BREMEN
Bremen
Delmenhorst
NIEDERSACHSEN
Elbe
Weser
BERLIN
BERLIN
Brandenburg
Potsdam
Frankfurt an der Oder
Hannover
Braunschweig
Osnabrück
Hildesheim
Wolfenbüttel
Salzgitter
Magdeburg
BRANDENBURG
NIEDERLANDE
NORDRHEIN-WESTFALEN
Bielefeld
Hameln
SACHSEN-ANHALT
Wittenberg Lutherstadt
Münster
Gütersloh
Dessau
Cottbus
Recklinghausen
Hamm
Paderborn
Göttingen
Dortmund
Halle
Essen
Bochum
Leipzig
Duisburg
SACHSEN
Iserlohn
Kassel
Meissen
Krefeld
Wuppertal
Hagen
Dresden
Düsseldorf
Mönchen-gladbach
Rhein
HESSEN
Erfurt
Weimar
Jena
Gera
Chemnitz
Köln
Siegen
Thüringer Wald
THÜRINGEN
Aachen
Bonn
Marburg
Giessen
Fulda
BELGIEN
Wetzlar
Koblenz
TSCHECHISCHE REPUBLIK
RHEINLAND-PFALZ
Frankfurt am Main
Wiesbaden
Schweinfurt
LUXEMBURG
Mainz
Darmstadt
Bamberg
Würzburg
Trier
Erlangen
Nürnberg
Böhmer Wald
SAARLAND
Ludwigshafen
Mannheim
Neunkirchen
Heidelberg
DEUTSCHLAND
Saarbrücken
Regensburg
Heilbronn
Karlsruhe
Donau
Pforzheim
Passau
FRANKREICH
Stuttgart
Ingolstadt
Mühlviertel
Waldviertel
Tübingen
BAYERN
Linz
Sankt Pölten
WIEN
BADEN-WÜRTTEMBERG
Ulm
Augsburg
Steyr
Wiener Neustadt
Eisenstadt
München
Innviertel
Freiburg
Biberach
ÖSTERREICH
Schwarzwald
Salzburg
Bad Ischl
Schaffhausen
Bodensee
Watzmann 2713
Enns
Leoben
Basel
Frauenfeld
Konstanz
Liestal
Sankt Gallen
Bregenz
Salzach
Delémont
Aarau
Zugspitze 2963
Inn
Gleinalpe
Zürich
LIECHTENSTEIN
Lechtaler Alpen
Innsbruck
Mur
Graz
Schweizer Jura
Solothurn
Zug
Vaduz
Grossglockner 3797
Biel
Luzern
Glarus
Reschen Pass 1508
Wolfsberg
Neuchâtel
BERN
Schwyz
Ötztaler Alpen
Brenner Pass 1375
Klagenfurt
Chur
Villach
SCHWEIZ
Glarne Alpen
Freiburg
Jungfrau 4158
St. Gotthard 2108
Albula Alpen
Lausanne
Berner Alpen
Splügenpass 2118
St. Moritz
ITALIEN
SLOWENIEN
Genf
Simplon Pass 2005
Bellinzona
Piz Bernina 4049
Sion
Dom 4545
Alpi Pennine
Lugano
Matterhorn 4478
M. Rosa 4634
Luganer See
Bernard Pass 2473

DÄNEMARK
Nordsee
Nordfriesische Inseln
Kieler Bucht
Ostsee
Rügen
Pommersche Bucht
Kiel
Oldenburg
Neumünster
Deutsche Bucht
SCHLESWIG-HOLSTEIN
Itzehoe
Lübeck
Warnemünde
Rostock
MECKLENBURG-VORPOMMERN
Cuxhaven
Hamburg
HAMBURG
Schwerin
Wilhelmshaven
Bremerhaven
Emden
Prenzlau
Schwedt
POLEN
Oldenburg
BREMEN
Bremen
Delmenhorst
NIEDERSACHSEN
Elbe
Weser
BERLIN
BERLIN
Brandenburg
Potsdam
Frankfurt an der Oder
Hannover
Braunschweig
Hildesheim
Wolfenbüttel
Salzgitter
Magdeburg
BRANDENBURG
Osnabrück
NIEDERLANDE
NORDRHEIN-WESTFALEN
Münster
Bielefeld
Gütersloh
Hameln
SACHSEN-ANHALT
Dessau
Wittenberg Lutherstadt
Cottbus
Recklinghausen
Hamm
Dortmund
Paderborn
Göttingen
Halle
Essen
Bochum
Krefeld
Wuppertal
Hagen
Iserlohn
Kassel
Leipzig
SACHSEN
Meissen
Dresden
Mönchen-gladbach
Düsseldorf
Erfurt
Weimar
Jena
Gera
Chemnitz
Köln
Rhein
Siegen
HESSEN
Aachen
Bonn
Marburg
Giessen
Wetzlar
Fulda
THÜRINGEN
BELGIEN
TSCHECHISCHE REPUBLIK
Koblenz
RHEINLAND-PFALZ
Frankfurt am Main
Wiesbaden
Mainz
Darmstadt
Schweinfurt
Bamberg
Würzburg
LUXEMBURG
Trier
Erlangen
Nürnberg
SAARLAND
Ludwigshafen
Mannheim
Neunkirchen
Heidelberg
Saarbrücken
DEUTSCHLAND
Heilbronn
Regensburg
Donau
Karlsruhe
Ingolstadt
Passau
FRANKREICH
Pforzheim
Stuttgart
Tübingen
BAYERN
BADEN-WÜRTTEMBERG
Ulm
Augsburg
Inn
München
Biberach
Freiburg
ÖSTERREICH
SCHWEIZ

# Die Europäische Union (EU)

## Legende

- **1957**: Bundesrepublik Deutschland (BRD) – Belgien – Frankreich – Italien – Luxemburg – Niederlande
- **1973**: Dänemark – Irland – Vereinigtes Königreich
- **1981**: Griechenland
- **1986**: Spanien – Portugal
- **1990**: deutsche Wiedervereinigung
- **1995**: Österreich – Finnland – Schweden
- **2004**: Tschechien – Estland – Ugarn – Lettland – Litauen – Polen – Slowakei – Slowenien – Malta – Zypern
- **2007**: Rumänien – Bulgarien
- **2013**: Kroatien

# Arbeitsbuch

## Einheit 7



## Einheit 8



## Einheit 9



## Einheit 10



## Zum Schluss

### Eine Klassenfahrt nach Berlin!

# Ich habe Kopfschmerzen

## 1 002 ZUR EPISODE Ascolta e rileggi i testi a p. 10 del *Kursbuch,* poi completa il riassunto.

hofft • gesund • krank • Kopfschmerzen • Fieber • besser • Halsschmerzen • Sonntag • Salzbergwerk • Nase • Bett

Sophie ist [1]............................ . Sie hat [2]............................ und liegt mit [3]............................ im [4]............................ . Ihre [5]............................ läuft und sie hat [6]............................ . Sie möchte am [7]............................ wieder [8]............................ sein, denn sie will mit ihren Freunden zum [9]............................ Berchtesgaden fahren. Matthias [10]............................, es geht Sophie morgen schon [11]............................ .

## 2 Trascrivi le parti del corpo al posto giusto.

der Kopf, ¨-e • der Zahn, ¨-e • das Ohr, -en • das Auge, -n • der Hals • der Rücken • der Magen • der Bauch • die Hand, ¨-e • der Arm, -e • das Bein, -e • die Nase • der Fuß, ¨-e

## 3 Che cosa fa male? Osserva le immagini e scrivi frasi come nell'esempio.

1 Was tut Maria weh?
Der Zahn tut Maria weh.

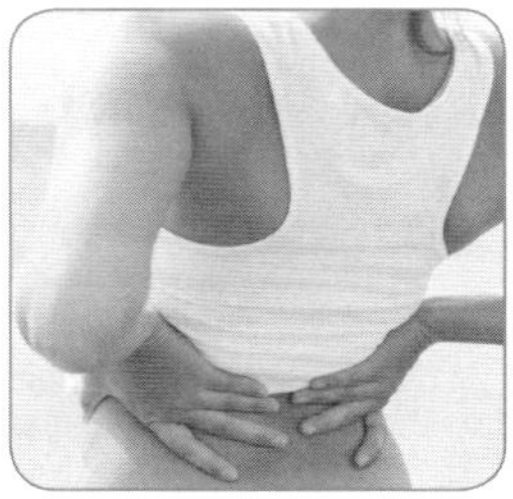

2 Was tut Tina weh?
..........................................
..........................................
..........................................

3 Was tut Oma weh?
..........................................
..........................................
..........................................

4 Was tut Erika weh?
..........................................
..........................................
..........................................

5 Was tut Tante Lena weh?
..........................................
..........................................
..........................................

6 Was tut Mesut weh?
..........................................
..........................................
..........................................

## 4 111 Ascolta e rispondi sul quaderno utilizzando le parole fra parentesi. Poi riascolta e controlla.

1 Hat Franz Halsschmerzen? (*Kopf*)
Nein, er hat Kopfschmerzen.
2 Hat Oma Ohrenschmerzen? (*Rücken*)
3 Haben die Kinder Zahnschmerzen? (*Ohren*)
4 Hat Thomas Magenschmerzen? (*Bauch*)
5 Hat Lina Rückenschmerzen? (*Hals*)

## 5 Completa le frasi con le forme verbali *tut / tun* e i pronomi *mir, dir, ihm, ihr, uns, euch, ihnen, Ihnen*.

1 Katja isst sehr gern Bonbons und die Zähne .................... .................... oft weh. Ihr Bruder Giovanni isst sehr gern Schokolade vor dem Fernseher und jetzt .................... .................... der Magen weh.
2 Opa und Oma machen nicht so oft Gymnastik und der Rücken .................... .................... oft weh.
3 Ich gehe oft ohne Jacke aus und heute bin ich erkältet: Der Hals .................... .................... weh!
4 Du siehst nicht gut aus! .................... .................... der Kopf weh, Franz?
5 Herr Frenzel, Sie sind krank. Was .................... .................... weh?
6 ● Geht es .................... wieder gut?
▲ ■ Nein, der Bauch .................... .................... noch weh.

## 6 Indovina di che cosa soffrono queste persone.

~~Bauchschmerzen~~ • Halsschmerzen • Zahnschmerzen • Kopfschmerzen • Rückenschmerzen • Ohrenschmerzen

1 Die Kinder essen heute nur eine Suppe.
Sie haben Bauchschmerzen.
2 Maria kann nicht laut sprechen.
3 Opa kann nicht lange stehen.
4 Sabine kann heute nicht gut hören.
5 Wir können heute nicht mehr lernen.
6 Frau Lange kann heute nichts essen.

## 7 Esprimi un augurio come nell'esempio.

1 Martina hat heute Halsschmerzen.
Hoffentlich geht es ihr morgen besser!
2 Jasper hat heute Kopfschmerzen.
3 Die Kinder haben Ohrenschmerzen.
4 Oma hat Rückenschmerzen.
5 Opa hat Bauchschmerzen.
6 Meine Eltern haben Magenschmerzen.

## 8 Ricevi questo messaggio su Facebook. Rispondi dicendo che sei malato/a. Descrivi i sintomi, esprimi una speranza di guarigione (*hoffentlich* + verbo + soggetto), chiudi con saluti e firma.

Hallo,
kommst du morgen mit Theo und Lisa ins Schwimmbad? Wir warten um 16:00 Uhr am Eingang. Melde dich!
Chris

..........................................................................
..........................................................................
..........................................................................
..........................................................................
..........................................................................

### Quello che ho imparato
## *Ora so dire...*

● Sono malato/a, ho mal di gola e mal di pancia.
..........................................................................
▲ Hai anche la febbre?
..........................................................................
● Sì, e mi fa anche male la testa!
..........................................................................
▲ Mi spiace! Rimettiti presto!
..........................................................................
● Speriamo che sabato possa uscire con voi!
..........................................................................

# 2 Du darfst nicht ausgehen!

**1** 004 ZUR EPISODE **Ascolta di nuovo il dialogo a p. 12 del *Kursbuch* e rispondi.**

1 Was tut Sophie weh?

..........................................................................

2 Gibt ihr die Ärztin Injektionen oder verschreibt sie ihr Tabletten?

..........................................................................

3 Was nimmt Sophie gegen den Husten?

..........................................................................

4 Hat sie eine Bronchitis?

..........................................................................

5 Wie lange muss sie zu Hause bleiben?

..........................................................................

6 Was darf sie heute nicht tun?

..........................................................................

**2** **a. Quali rimedi per questi sintomi e/o malattie? Abbina.**

1 ☐ Magenschmerzen
2 ☐ Grippe
3 ☐ Husten
4 ☐ Lungenentzündung
5 ☐ Verstopfung

a Hustensirup
b Antibiotikum
c Kamillentee
d Obst und Gemüse
e Tablette gegen das Fieber

**b. Completa le frasi come nell'esempio utilizzando le informazioni dell'esercizio 2a.**

1 Gegen Magenschmerzen hilft ein *Kamillentee.*
2 Gegen Grippe ...................................... .
3 Gegen Husten ...................................... .
4 Gegen eine Lungenentzündung
...................................... .
5 Gegen Verstopfung ...................................... .

**3** **Deduci dai sintomi la malattia e completa le frasi.**

Blinddarmentzündung • Grippe • Bronchitis • Allergie • Gluten-Intoleranz • Laktose-Intoleranz

1 Claudia, du hast einen starken Husten. Hast du eine ...............................?
2 Theo, du hast Fieber, Kopfschmerzen und Durchfall. Ich glaube, du hast eine ............................... .
3 Bitte keine Katzen! Ich habe eine ............................... gegen Katzenhaare und bekomme Schnupfen in ihrer Nähe.
4 Herr Doktor, ich kann keine Milch mehr trinken. Ich glaube, ich habe eine ............................... .
5 Meine Schwester isst gern Nudeln, aber sie bekommt dann immer Magenschmerzen. Ich glaube sie hat eine ............................... .
6 Tina hat immer Bauchschmerzen. Hat sie vielleicht eine ...............................?

**4** **Scrivi sul quaderno domande e divieti con il verbo *dürfen*. Segui l'esempio.**

Il verbo ***dürfen*** è modale; tema del **singolare *darf-***, tema del **plurale *dürf-***.

1 du, eine Erkältung haben? Dann nicht ausgehen!
*Hast du eine Erkältung? Dann darfst du nicht ausgehen!*
2 Lisa, Fieber haben? Dann nicht tanzen gehen!
3 ihr, Bauchschmerzen haben? Dann keine Schokolade essen!
4 Sie, Zahnschmerzen haben? Dann kein Eis essen!
5 du, Halsschmerzen haben? Dann nicht singen!

## 5 Dai un consiglio.

1 Ich habe Magenschmerzen. Darf ich einen Kaffee trinken? (*Kamillentee*)
Nein, du darfst keinen Kaffee trinken. Trink lieber einen Kamillentee!

2 Ich habe Durchfall. Darf ich eine Birne essen? (*Reis*)
..................................................................
..................................................................
..................................................................

3 Ich habe eine Bronchitis. Darf ich im Park joggen? (*zu Hause bleiben*)
..................................................................
..................................................................
..................................................................

4 Ich habe eine Verstopfung. Darf ich Schokolade essen? (*Obst und Gemüse*)
..................................................................
..................................................................
..................................................................

5 Ich habe eine Laktose-Intoleranz. Darf ich den Käsekuchen essen? (*Obstkuchen*)
..................................................................
..................................................................
..................................................................

## 6 Leggi l'intervista e completala con le parole date.

darfst • Milch • Magenschmerzen • zum • Tee • Laktose-Intoleranz • Käse • Butter • Darf

**Jan** Herr Doktor. Ich habe immer nach dem Frühstück [1]........................ .

**Arzt** Was isst du [2]........................ Frühstück?

**Jan** Ich esse Brot mit [3]........................ , Schinken, [4]........................ und Marmelade. Ich trinke auch immer eine Tasse [5]........................ .

**Arzt** Vielleicht hast du eine [6]........................ .

**Jan** [7]........................ ich also keine Milch mehr trinken?

**Arzt** Nein, du [8]........................ nur [9]........................ trinken und Soja-Produkte essen.

## 7 Descrivi i sintomi e dai consigli scegliendo fra quelli dati.

im Bett bleiben • ~~zum Zahnarzt gehen~~ • an die frische Luft gehen • Gymnastik machen

1 Martin
Martin hat Zahnschmerzen.
Martin, geh zum Zahnarzt!

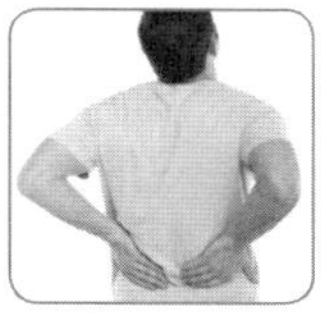

2 Thomas
..............................................
..............................................

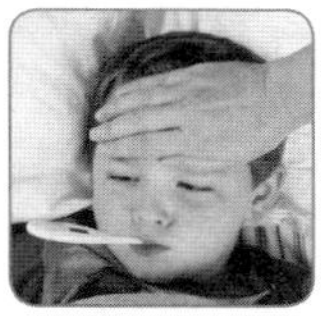

3 Kai
..............................................
..............................................

4 Frau Waser
..............................................
..............................................

## 8 Rispondi personalmente alle domande.

1 Du hast Magenschmerzen. Was machst du?
2 Du hast Fieber. Was nimmst du?
3 Du hast Halsschmerzen. Was isst du?
4 Du hast Husten. Was trinkst du?
5 Du hast Durchfall. Was isst du?
6 Du hast eine Verstopfung. Was darfst du nicht essen?

### Quello che ho imparato
### *Ora so dire...*

Ho la bronchite. Devo stare a letto e non posso uscire. Devo prendere uno sciroppo per la tosse e anche delle pastiglie contro la febbre. Forse posso uscire fra due giorni.
..................................................................
..................................................................

● Hai la tosse. Hai un'allergia?
..................................................................

▲ No, ho il raffreddore.
..................................................................

# 3 Was läuft im Fernsehen?

## 1

008 ZUR EPISODE **Ascolta di nuovo il dialogo a p. 14 del *Kursbuch*, leggi il riassunto e completalo.**

ORF2 • 16:30 Uhr • Sendung • weiß • läuft • fernsehen • Krimiserien

Sophie langweilt sich und möchte [1]........................, aber was [2]........................ im Fernsehen? Sie [3]........................ es nicht und fragt ihre Mutter nach den Sendungen. Sie möchte den Dokumentarfilm über Sissi nicht sehen, denn sie mag lieber [4]........................ . Sie will *SOKO Kitzbühel* auf [5]........................ sehen. Die [6]........................ beginnt um [7]........................ .

## 2

**Scopri i verbi della tv aggiungendo le lettere mancanti.**

1 cambiare canale: _ _SCHALTEN
2 accendere la tv: den Fernseher _ _ _SCHALTEN
3 fare zapping: ZAPP_ _
4 spegnere la tv: den Fernseher _ _ _SCHALTEN

## 3

**Scrivi l'articolo e il plurale dove necessario, poi traduci i vari tipi di trasmissione.**

| | |
|---|---|
| 1 die Quizshow, -s | telequiz |
| 2 ...... Thriller, ..... | .............................. |
| 3 ...... Nachrichten, ..... | .............................. |
| 4 ...... Film, ..... | .............................. |
| 5 ...... Soap, ..... | .............................. |
| 6 ...... Cartoon, ..... | .............................. |
| 7 ...... Dokumentarfilm, ..... | .............................. |
| 8 ...... Talkshow, ..... | .............................. |
| 9 ...... Serie, ..... | .............................. |
| 10 ...... Krimi, ..... | .............................. |
| 11 ...... Sportsendung, ..... | .............................. |
| 12 ...... Reportage, ..... | .............................. |
| 13 ...... Spielshow, ..... | .............................. |
| 14 ...... Kochshow, ..... | .............................. |

## 4

**Indovina la trasmissione.**

1

2

3

4

5

6

1 Das ist eine Nachrichtensendung.
2 ..............................................................................
3 ..............................................................................
4 ..............................................................................
5 ..............................................................................
6 ..............................................................................

## 5

**Scegli 3 delle tue trasmissioni preferite. Scrivi il loro titolo e a che ora vanno in onda, come nell'esempio.**

Ich mag Quizshows. Meine Lieblingssendung heißt *L'eredità* und läuft um 19:00 Uhr im Ersten.

..............................................................................
..............................................................................
..............................................................................

| | | | | |
|---|---|---|---|---|
| 1 ARD<br>ARD | 20:00<br>*Tagesschau*<br>(Nachrichten) | 20:15<br>*Tatort: Willkommen in Hamburg*<br>(Krimiserie) | 21:45<br>*Günther Jauch*<br>(Talkshow) | 22:45<br>*Tagesthemen* (Nachrichten) |
| 2 ZDF<br>ZDF | 19:30<br>*Faszination Erde*<br>(Reportage) | 20:15<br>*Rosamunde Pilcher Sonntagskinder* (Familienserie) | 21:45<br>*heute-journal*<br>(Nachrichten) | 22:00<br>*Kommissarin Lund Das Verbrechen III* (Krimiserie) |
| 3 RTL<br>RTL | 19:05<br>*Einsam unter Palmen* (Serie) | 20:15<br>*Evan Allmächtig* (Komödie) | | 22:05<br>*Spiegel TV-Magazin*<br>(Nachrichten) |
| 4 PRO7 | 19:05<br>*Galileo* (Kultur) | 20:15<br>*Freundschaft Plus*<br>(Jugendserie) | | 22:30<br>*Kill Bill Vol 2*<br>(Actionfilm) |
| 5 SAT1<br>SAT.1 | 20:00<br>*Sat 1-Nachrichten* | 20:15<br>*Navy CIS* (US-Krimiserie) | 21:15<br>*The Mentalist*<br>(US-Krimiserie) | 22:15<br>*Hawaii Five-0*<br>(US-Krimiserie) |

## 6 Leggi i programmi tv e rispondi alle domande.

1 Was läuft um 20:00 Uhr im Ersten?
*Es läuft die Tagesschau.*

2 Was läuft um 19:05 Uhr auf PRO7?
..........................................................................

3 Was läuft um 19:30 Uhr im ZDF?
..........................................................................

4 Was läuft um 22:05 Uhr auf RTL?
..........................................................................

5 Was läuft um 21:15 Uhr auf SAT1?
..........................................................................

6 Was läuft um 22:00 Uhr im ZDF?
..........................................................................

7 Was läuft um 22:30 Uhr auf PRO7?
..........................................................................

## 7 Completa il dialogo con le forme del verbo *wissen*.

**Jan** Peter, [1]................ du, was Karl heute macht?
**Peter** Nein, ich [2]................ es nicht. Vielleicht [3]................ es Katja. Fragen wir sie!
**Katja** Was?! Ihr [4]................ nicht, was alle schon [5]................?
**Jan+ Peter** Nein! Aber Entschuldigung, was [6]................ alle?
**Katja** [7]................ ihr das nicht?! Karl geht heute mit Martina aus!

## 8 Aiutandoti con i programmi tv dell'esercizio 6, scrivi un dialogo in cui due persone discutono su cosa vedere. Segui l'esempio.

● Ich möchte jetzt um 20:15 Uhr meine Krimiserie *Tatort* sehen.
▲ Ach, schon wieder Krimis? Ich kann Krimis nicht mehr leiden. Warum sehen wir nicht eine Kultursendung wie *Galileo*?
● Ich bitte dich! Ich finde Kultursendungen und Dokumentarfilme so langweilig!
▲ Dann können wir vielleicht Rosamunde Pilcher *Sonntagskinder* im Zweiten sehen.
● O.k., schalte auf ZDF um!

### Quello che ho imparato
## *Ora so dire...*

● Per favore, accendi la tv!
..........................................................................

▲ Che cosa danno sul primo?
..........................................................................

● Non mi piacciono le soap. Cambia, per favore!
..........................................................................

▲ A che ora c'è la nostra serie preferita?
..........................................................................

● Non lo so, penso alle 20:15 su SAT1.
..........................................................................

# 4 Backen wir einen Kuchen!

## 1

011 ZUR EPISODE **Ascolta di nuovo il dialogo a p. 16 del *Kursbuch* e completa.**

**Sophie** Mama, ich möchte heute eine Linzer Torte [1]………………… . Hast du alle [2]…………………?

**Mutter** Ja, ich glaube schon: Eier, Zucker, Butter, Mehl, Mandeln und Himbeermarmelade. Lies bitte die [3]………………… in unserem Rezeptbuch vor.

**Sophie** Also, hier steht: Alle Zutaten [4]…………………, schnell zu einem [5]………………… verkneten und 30 Minuten [6]………………… stellen. Eine [7]………………… mit Butter fetten und zwei Drittel des Mürbeteigs ausrollen, in die Form geben und mit der Konfitüre bestreichen. Mit dem restlichen Teig [8]………………… formen und darüberlegen.

**Mutter** Alles klar. Wie lange muss der Kuchen im [9]………………… backen?

**Sophie** Warte mal, hier steht: Die Torte 45 Minuten [10]………………… 180°C im Backofen backen.

## 2

**Scrivi accanto a ogni termine la parola tedesca corrispondente.**

**Substantive**: die Zubereitung • der Streifen • die Springform • der Teig • der Backofen • die Zutat, -en
**Verben**: kalt stellen • verkneten • backen • mischen • formen • fetten

1 ingrediente ……………………………
2 preparazione ……………………………
3 teglia ……………………………
4 forno ……………………………
5 pasta ……………………………
6 striscia ……………………………
7 ungere ……………………………
8 mescolare ……………………………
9 impastare ……………………………
10 mettere in fresco ……………………………
11 dare la forma di ……………………………
12 cuocere in forno ……………………………

## 3

**Abbina.**

1 ☐ mescolare gli ingredienti
2 ☐ mettere in fresco la pasta
3 ☐ fare delle strisce
4 ☐ impastare gli ingredienti
5 ☐ ungere una teglia
6 ☐ cuocere il dolce in forno

a den Kuchen im Ofen backen
b Streifen formen
c eine Springform fetten
d die Zutaten mischen
e den Teig kalt stellen
f die Zutaten zu einem Teig verkneten

die Pfanne, -n

der Topf, ⸚e

die Schüssel, -n

## 4

**Leggi la ricetta e traducila in italiano. Trova prima i seguenti verbi: *condire, far bollire, aggiungere, mettere in padella, fare sciogliere.***

**Zutaten für 4 Personen**

100 g Schinken
1 Ei
je 1 Prise Pfeffer und Salz
100 g Frischkäse
50 g Sahne
20 g Butter

**Zubereitung**
(5 Minuten)

*Die Spaghetti kochen. Inzwischen den Schinken klein schneiden und mit dem Frischkäse mischen. Die Butter in einer Pfanne schmelzen, den Frischkäse mit dem Schinken in die Pfanne tun. Ei, Sahne, Pfeffer und Salz dazugeben, alle Zutaten schnell zu einer Creme mischen. Die Nudeln in die Pfanne tun und mit der Creme würzen. Die Spaghetti mit Parmesankäse servieren. Guten Appetit!*

## 5 Immagina di essere lo chef in cucina. Dai ordini ai tuoi aiutanti.

würzen • ~~klein schneiden~~ • dazugeben • waschen • köcheln lassen • tun

1 die Zwiebel
Die Zwiebel klein schneiden!

2 die Pfanne, Olivenöl
..........................................
..........................................
..........................................

3 die Tomaten
..........................................
..........................................
..........................................

4 die Soße, 10 Minuten
..........................................
..........................................
..........................................

5 Pfeffer und Salz
..........................................
..........................................
..........................................

6 die Nudeln, die Soße
..........................................
..........................................
..........................................

## 6 Riassumi il dialogo in una ricetta.

● Was brauchen wir für den Obstsalat?
▲ Wir brauchen eine Schüssel und viel Obst: eine Banane, eine Orange, einen Apfel, eine Birne, einen Pfirsich, 3 Aprikosen, 3 Esslöffel Zucker und Zitronensaft.
● Ich wasche die Aprikosen und den Pfirsich und schneide sie klein.
▲ O.k., ich schäle den Apfel, die Birne, die Banane und die Orange.
● Ist gut. Schneide sie dann auch bitte klein und tue sie in die Schüssel.
▲ Geht klar! Und du? Presse bitte eine Zitrone aus. Wir brauchen den Saft.
● Hier ist er schon! Und jetzt geben wir den Zitronensaft und den Zucker zu dem Obst.
▲ Misch alle Zutaten. Fertig!
● Hm, lecker!

**Rezept (Titel):** ..........................................
**Zutaten:** 3 EL Zucker, 1 Banane, ..........................
..........................................................
**Zubereitung:** Das Obst waschen, ...................... .
Das Obst in eine Schüssel tun, die Zitrone ......
..........................................................
..........................................................

## 7 Prendi una confezione di preparato per torta o budino, ritaglia i disegni sul retro e scrivi sotto ognuno le istruzioni in tedesco. Verifica poi con l'insegnante. In alternativa: disegna o fotocopia le immagini della preparazione di una ricetta. Scrivi sotto le istruzioni, poi in classe prepara con i compagni un cartellone con tutte le ricette.

### Quello che ho imparato
## *Ora so dire...*

Ungere una teglia con del burro, mescolare tutti gli ingredienti, mettere l'impasto nella teglia e cuocere il dolce in forno per 30 minuti.
..........................................................
..........................................................
..........................................................

# Grammatiktraining

## Il verbo weh*tun*

**1** ★ **Sottolinea la forma corretta.**

1 Die Beine **tut** / **tun** uns weh.
2 Der Kopf **tut** / **tun** mir weh.
3 Was **tut** / **tun** dir weh?
4 Die Zähne **tut** / **tun** Lisa noch weh.
5 Die Ohren **tut** / **tun** den Kindern noch weh.

**2** ★★ **Inserisci l'articolo determinativo al dativo.**

1 Gib bitte ............. Frau das Buch.
2 Lisa spricht den ganzen Abend mit ............. Freund von Sandra.
3 Anne schenkt ............. Kinder...... von Frau Drechsler Buntstifte zum Zeichnen.
4 Frau Hanisch schreibt ............. Lehrer von ihrem Sohn einen langen Brief.
5 Wollen wir ............. Freundin von Jasper und Ina eine Überraschung machen?

## I verbi *dürfen* e *wissen*

**3** ★ **Completa con le forme del verbo *dürfen*.**

darf • darfst • dürfen (x2) • dürft

1 ..................... ihr heute in die Stadt gehen?
2 ..................... du schon bis 24:00 Uhr in der Disko bleiben?
3 Die Kinder ..................... diesen Film nicht sehen!
4 Wir ..................... mitkommen, aber um 11 Uhr müssen wir zu Hause sein.
5 ..................... ich Sie um 21:00 Uhr anrufen?

**4** ★ **Completa con le forme dei verbi *dürfen* e *wissen*.**

darfst • darf • wisst • weiß • weißt • dürft

1 ..................... du, was im Ersten läuft?
2 Petra ..................... heute nicht ausgehen.
3 ..................... ihr es schon? Dirk fliegt nach Australien!
4 ● Morgen läuft meine Lieblingsserie.
▲ Ich ..................... es!
5 ..................... ihr bis 23:30 Uhr fernsehen?
6 Was ..................... du nicht machen?

**5** ★★ **Domanda o rispondi con il verbo *wissen* e i suggerimenti tra parentesi.**

1 Wo ist die Zeitung? (*ich, nicht*)
*Ich weiß es nicht.*
2 Was gibt es zum Nachtisch? (*du?*)
3 Wer ist der Sänger? (*ihr?*)
4 Was sieht Claudia heute Abend? (*wir, nicht*)
5 Wie ist die Soap? (*ich, nicht*)

**6** ★★ **Ripassa i verbi modali *dürfen, können, wollen, müssen*. Riscrivi le frasi con il modale adeguato. Più soluzioni possibili.**

1 ● Gehst du heute Abend aus?
▲ Nein, ich lerne.
● *Kannst du heute Abend ausgehen?*
▲ *Nein, ich muss lernen.*
2 ● Gehen wir heute Volleyball spielen?
▲ Nein, wir bleiben im Bett. Wir gehen heute nicht aus.
.....................................................................
.....................................................................
.....................................................................
3 ● Spielt Martina gut Tennis?
▲ Nein, sie spielt immer Tennis, aber sie spielt nicht gut Tennis.
.....................................................................
.....................................................................
.....................................................................
4 ● Trinkst du Milch?
▲ Nein, ich trinke keine Milch. Ich habe eine Laktose-Intoleranz.
.....................................................................
.....................................................................
.....................................................................
5 ● Fahrt ihr schon Auto?
▲ Nein, wir sind erst 17! Wir fahren noch kein Auto!
.....................................................................
.....................................................................
.....................................................................

# I verbi *laufen, zappen, ausschalten*

**7** ★ **Inserisci accanto ai pronomi le forme dei verbi fra parentesi.**

1 du .......................................... (*zappen*)
2 er .......................................... (*laufen*)
3 Sie .......................................... (*ausschalten*)
4 sie (f) .......................................... (*umschalten*)
5 ihr .......................................... (*zappen*)
6 ihr .......................................... (*laufen*)
7 du .......................................... (*einschalten*)
8 er .......................................... (*ausschalten*)

**8** ★ **a. Scrivi delle frasi abbinando gli elementi giusti.**

| | | |
|---|---|---|
| Um 8 Uhr | ist so | meine Lieblingssendung. |
| Die Sendung | Schalte sofort | die ganze Zeit? |
| Es ist 21:00 Uhr! | zappst du | aus. Ich will schlafen! |
| Wieso | Schalte sofort den Fernseher | langweilig. Schalten wir um? |
| Ich habe Kopfschmerzen. | läuft | ein! Die Krimiserie beginnt! |

1 ..........................................................................
..........................................................................
..........................................................................
2 ..........................................................................
..........................................................................
..........................................................................
3 ..........................................................................
..........................................................................
..........................................................................
4 ..........................................................................
..........................................................................
..........................................................................
5 ..........................................................................
..........................................................................
..........................................................................

★★★ **b. Trascrivi le frasi sul quaderno e traducile in italiano. Poi, sempre sul quaderno, ritraduci in tedesco senza guardare sul libro.**

# L'infinito con funzione di imperativo

**9** ★ **Che cosa diresti in queste situazioni? Scegli fra le espressioni date e dai ordini.**

Nicht ausgehen! • Keine Milch trinken! • Keine Bonbons essen! • Sofort ins Bett gehen! • Nicht über die Straße gehen!

1 Die Ampel zeigt ROT.
..........................................................................
2 Peter hat Magenschmerzen.
..........................................................................
3 Paul hat eine Erkältung.
..........................................................................
4 Ich habe eine Laktose-Intoleranz.
..........................................................................
5 Ich habe Fieber.
..........................................................................

**10** ★★ **Esprimi in tedesco questi ordini prima con l'imperativo e poi con l'infinito.**

1 Thomas – nicht zappen!
Thomas, zappe nicht, bitte!
Thomas, nicht zappen, bitte!
2 Lea – nicht ausschalten!
3 Kinder – nichts essen!
4 Frau Mayer – nicht nervös sein!
5 du – nicht ausgehen!
6 Mama – den Kuchen kalt stellen!

**11** ★★★ **Traduci sul quaderno.**

1 Hai la febbre! Oggi non puoi uscire!
2 Jens non può bere il latte, ha una intolleranza al lattosio.
3 Kai ha sempre mal di stomaco! Non deve mangiare più gelati!
4 Stasera danno il film *Hunger Games* su SAT1!
5 Spegni la tv e vai a letto!
6 Facciamo una torta? Ho tutti gli ingredienti.
7 Mescola farina, burro e uova.
8 ● Dov'è la teglia? ▲ Non lo so!

# Vokabeltraining

## Körperteile

**1 Scrivi per ogni immagine il termine giusto.**

der Arm, -e • der Zahn, ¨e • die Hand, ¨e • das Bein, -e • das Ohr, -en • der Rücken • der Hals • die Nase • der Magen • der Bauch • der Fuß, ¨e

1

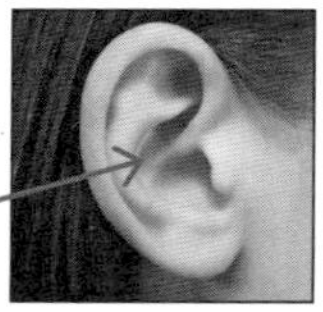
2

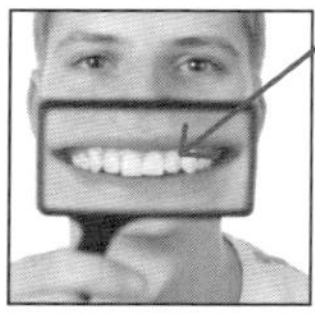
3

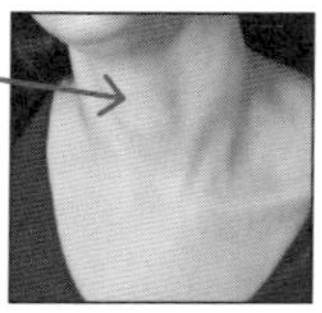
4

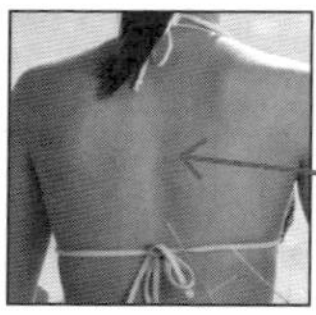
5

1 ..........................
2 ..........................
3 ..........................
4 ..........................
5 ..........................
6 ..........................
7 ..........................
8 ..........................
9 ..........................
10 ..........................
11 ..........................

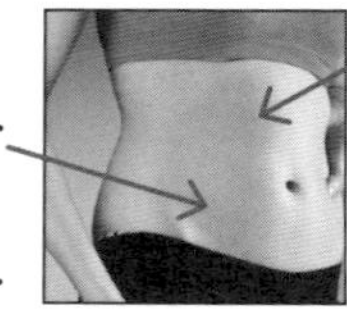
6-7

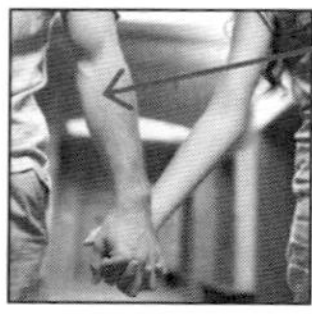
8

9

10

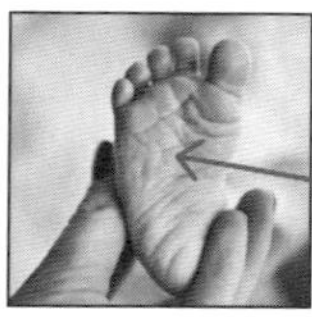
11

## Krankheiten und Medikamente

**2 Completa le parole.**

1 Ich habe Hust_n. Ich brauche einen Hust_nsir_p.
2 Ich habe F_eb_r. Ich brauche T_bl_tten.
3 Ich habe H_lsschm_rzen. Ich brauche H_lsb_nbons.
4 Ich habe eine Br_nch_t_s. Ich muss ein Ant_bi_t_kum nehmen.
5 Ich habe eine V_rstopf_ng. Ich muss kein M_d_k_ment nehmen, sondern nur mehr Obst und Gemüse essen!

## Sendungen

**3 Abbina.**

1 ☐ die Talkshow, -s
2 ☐ die Sendung, -en
3 ☐ die Nachrichten (Pl)
4 ☐ der Krimi, -s
5 ☐ die Quizshow, -s
6 ☐ der Film, -e
7 ☐ die Serie, -n
8 ☐ die Soap, -s
9 ☐ der Dokumentarfilm, -e
10 ☐ das Programm, -e

a programma
b documentario
c serie tv
d film
e telequiz
f poliziesco
g talk show
h notiziario
i soap
j trasmissione

## Kochen

**4 Scrivi accanto a ogni termine italiano la parola tedesca corrispondente.**

dazugeben • kalt stellen • backen • fetten • mischen • schälen • kochen • schmelzen • schneiden

1 tagliare ..................................
2 cuocere in acqua ..................................
3 sbucciare ..................................
4 mescolare ..................................
5 aggiungere ..................................
6 sciogliere ..................................
7 cuocere in forno ..................................
8 mettere in fresco ..................................
9 imburrare ..................................

**5 Quali recipienti servono per cucinare? Completa le frasi con le parole date.**

der Topf, ¨e • die Pfanne, -n • die Schüssel, -n • die Springform, -en

1 Zum Backen braucht man .......................... .
2 Zum Kochen braucht man .......................... .
3 Zum Mischen braucht man .......................... .
4 Zum Schmelzen braucht man .................... .

# Teste deine Sprachkenntnisse!

## Lessico

**1 Scrivi i termini in tedesco con articolo e plurale dove necessario.** 8

1 mal d'orecchi ..........
2 mal di gola ..........
3 mal di pancia ..........
4 mal di testa ..........
5 trasmissione ..........
6 film ..........
7 ingrediente ..........
8 padella ..........

## Grammatica

**2 Inserisci nel dialogo le parole date. Attenzione! Alcune sono in più.** 8

im Ersten • Kopfschmerzen • backe • läuft • Darf • Bronchitis • krank • Erkältung • koche • tut • weiß

● Mama, ich glaube, ich bin [1]..........: der Kopf [2].......... mir weh und die Nase [3].......... .
▲ Du hast bestimmt eine [4].......... . Hast du auch Fieber?
● Ich [5].......... nicht, vielleicht habe ich ein wenig Temperatur.
▲ Dann bleib im Bett. Ich [6].......... dir einen Tee.
● [7].......... ich inzwischen fernsehen? Es läuft meine Lieblingsserie [8].......... .
▲ Nein, bei Kopfschmerzen nicht fernsehen, bitte!

**3 Rispondi con i pronomi personali al dativo *ihr, ihm, ihnen, mir*.** 4

1 ● Tut Monika der Hals weh? ▲ Ja, der Hals tut ihr weh.
2 ● Tun den Kindern die Ohren weh? ▲ Ja, .......... .
3 ● Tut dir der Zahn noch weh? ▲ Ja, .......... .
4 ● Tun deiner Schwester die Füße noch weh? ▲ Ja, .......... .
5 ● Tut deinem Vater der Kopf weh? ▲ Ja, .......... .

**4 Utilizza i seguenti ordini per scrivere una breve ricetta.** 4

Schneide Zwiebel und Tomaten klein.
Tue sie in eine Pfanne.
Lass sie 20 Minuten köcheln.
Tue die Soße auf die Nudeln.

..........
..........
..........

## Produzione

**5 Vieni intervistato a proposito di televisione. Scrivi risposte complete.** 6

1 Wann siehst du fern? ..........
2 Um wie viel Uhr ist deine Lieblingssendung? ..........
3 Wo läuft sie? ..........
4 Was siehst du nicht gern im Fernsehen? ..........
5 Wie findest du Talkshows? ..........
6 Wie lange siehst du in der Woche fern? ..........

Lessico 8 | Grammatica 16 | Produzione 6 | Hai totalizzato 30

Meno di 18 punti? Vai alle pagine successive!

# Noch einmal!

## Lessico

**1 Abbina.**

1 ☐ mal d'orecchi — a Kopfschmerzen
2 ☐ mal di stomaco — b Halsschmerzen
3 ☐ mal di pancia — c Zahnschmerzen
4 ☐ mal di testa — d Magenschmerzen
5 ☐ mal di schiena — e Ohrenschmerzen
6 ☐ mal di gola — f Bauchschmerzen
7 ☐ mal di denti — g Rückenschmerzen

**2 Ripassa il lessico della televisione. Scegli la risposta giusta.**

1 Du möchtest dich informieren. Du suchst
  a ☐ einen Film.
  b ☐ die Nachrichten.
  c ☐ eine Talkshow.
2 Du möchtest Micky Mouse sehen. Du suchst
  a ☐ einen Cartoon.
  b ☐ eine Soap.
  c ☐ eine Serie.
3 Du möchtest ein Fußballspiel sehen. Du suchst
  a ☐ einen Dokumentarfilm.
  b ☐ eine Sportsendung.
  c ☐ einen Krimi.

**3 In ogni gruppo di parole ci sono due intrusi. Scoprili e cerchiali. Poi scrivi per ogni termine la sua traduzione.**

1 kochen, einschalten, backen, ausschalten, braten, schneiden, schälen, mischen
2 Hals, Zutat, Kopf, Rücken, Pfanne, Ohren, Hände, Magen, Bauch

## Grammatica

**4 a. Completa con le forme *tut / tun ... weh*.**

1 Der Kopf ............... mir ............... .
2 Die Ohren ............... uns ............... .
3 Der Zahn ............... mir ............... .
4 Die Augen ............... den Kindern ............... .

**b. Traduci le frasi sul quaderno e poi ritraducile in tedesco. Verifica con l'esercizio.**

**5 Completa con i pronomi personali dati.**

mir • ihm • ihr • uns • euch • Ihnen • ihnen

1 ● Wie geht's Maria?
  ▲ Es geht .................... (*a lei*) solala.
2 ● Tut Franz der Magen weh?
  ▲ Ja, der Magen tut .................... (*a lui*) sehr weh.
3 ● Wie geht's .................... (*a Lei*), Herr Müller?
  ▲ Es geht .................... (*a me*) sehr gut, danke!
4 ● Tut den Kindern der Bauch noch weh?
  ▲ Nein, der Bauch tut .................... (*a loro*) nicht mehr weh.
5 ● Hallo Thomas! Tag Jan! Wie geht's .................... (*a voi*)?
  ▲ (*A noi*) .................... geht es gut, danke!

**6 Scrivi accanto al pronome la forma corretta del verbo *wissen*.**

***Wissen*** ha una coniugazione **simile** a quella dei **verbi modali**.

1 ich ....................
2 er ....................
3 sie (Pl) ....................
4 ihr ....................
5 wir ....................

**7 Trasforma le frasi come nell'esempio.**

1 Ich habe keine Ahnung.
  *Ich weiß es nicht.*
2 Du hast keine Ahnung.
  ..............................................................................
3 Er hat keine Ahnung.
  ..............................................................................
4 Wir haben keine Ahnung.
  ..............................................................................
5 Ihr habt keine Ahnung.
  ..............................................................................
6 Sie haben keine Ahnung.
  ..............................................................................

## 8 Chiedi il permesso o esprimi un divieto. Usa il verbo *dürfen.*

**darf – darfst – dürfen – dürft**

● Mama, [1]............................ ich heute bis 23:00 Uhr mit meinen Freunden in der Stadt bleiben?
▲ Nein, morgen ist Schule. Du [2]............................ nicht so spät ins Bett gehen.
● [3]............................ wir dann hier zu Hause fernsehen?
▲ Ja, ihr [4]............................ bis 22:00 Uhr fernsehen. Deine Freunde können bei uns zum Abendessen bleiben.
● Danke! [5]............................ auch Christine mitkommen?
▲ Natürlich!

## 9 Ripassa le forme dell'imperativo. Aggiungi la forma mancante.

1 Cuoci gli spaghetti!
Die Nudeln kochen! / *Koch die Nudeln!*
2 Tagliate la cipolla!
.............................. / Schneidet die Zwiebel!
3 Mescola gli ingredienti!
Die Zutaten mischen! / ..............................
4 Imburra la teglia!
.............................. / Fette die Springform!
5 Aggiungete le uova!
Die Eier dazugeben! / ..............................

## 10 Scrivi sotto ogni situazione la frase adeguata. Poi, sul quaderno, traduci in italiano e nuovamente in tedesco.

a. Nein, Fritz, nicht alle Pommes essen! Dann bekommst du Bauchschmerzen!
b. Tut mir leid! Ich kann die Torte jetzt nicht essen! Nicht böse sein, bitte! Ich habe Bauchschmerzen.
c. Du darfst nicht zum Fußballtraining gehen. Bleib zu Hause. Das ist besser!
d. Den Fernseher nicht einschalten, bitte! Ich habe Kopfschmerzen und will schlafen.

1 Du hast Kopfschmerzen und möchtest schlafen, aber Max will den Fernseher einschalten.
..............................................................................
..............................................................................
..............................................................................

2 Du hast Bauchschmerzen, aber deine Gastfamilie will dir ein Stück Torte geben.
..............................................................................
..............................................................................
..............................................................................

3 Du bist allein mit dem kleinen Fritz zu Hause. Fritz will alle Pommes essen.
..............................................................................
..............................................................................
..............................................................................

4 Du bist erkältet, möchtest aber zum Fußballtraining gehen. Deine Gastmutter ist dagegen.
..............................................................................
..............................................................................
..............................................................................

# Produzione

## 11 Scrivi un'e-mail al tuo corrispondente tedesco o a un'amica raccontando che sei ammalato/a: di' che cosa ti fa male, se hai la febbre, quanti giorni devi restare a casa da scuola e che cosa fai.

**An:** ..............................................
**Betreff:** Ich bin krank

Hallo ............................ (*Thomas, Anne*),
wie geht's dir? Heute bin ich leider krank: Ich habe ........................................................................ und ....................... tut mir weh. Ich habe auch ....................... ! Deshalb bin ich im Bett. Ich muss ............................... zu Hause bleiben.
Ich ............................... und ...............................:
Meine Lieblingssendung läuft um ............................ Uhr. Sie heißt ............................ . Hast du auch eine Lieblingssendung?

Antworte mir bald!
Liebe Grüße
............................

# Ganz leicht!

## 1 Collega con una freccia l'immagine al sintomo giusto.

a

b

c

**1** Ohrenschmerzen
**2** Zahnschmerzen
**3** Bauchschmerzen
**4** Halsschmerzen
**5** Kopfschmerzen

d

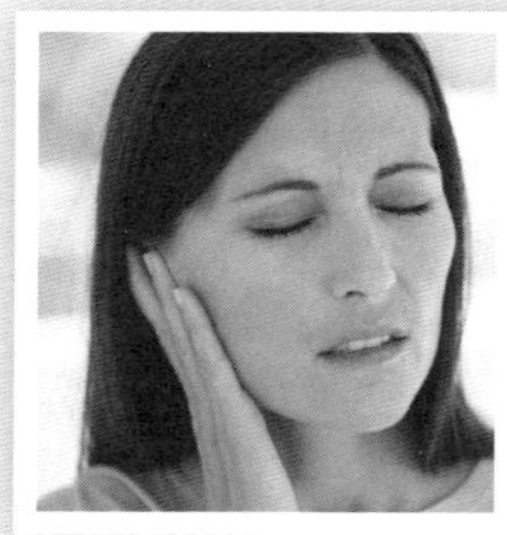

e

## 2 Completa con le forme di *tun* prendendole dall'insieme a fianco.

**1** ● .................. Vati **der Magen** noch weh?
▲ Ja, ihm .................. **der Magen** noch sehr weh.
**2** ● .................. Lisa **die Ohren** weh?
▲ Nein, ihr .................. **sie** nicht mehr weh.
**3** ● **Was** .................. euch weh?
▲ **Der Hals und der Kopf** .................. uns weh!

Tun Tut tun tut tun tut

## 3 Completa le frasi con le seguenti parole.

Bronchitis | Gluten-Intoleranz | Allergie | Laktose-Intoleranz

**1** Oh, bitte **keine Katzen**! Ich habe eine ........................ gegen Katzenhaare.
**2** Ich darf **keine Milch** mehr trinken. Ich habe eine ........................ .
**3** **Ich esse gern Nudeln**, aber ich bekomme dann immer **Magenschmerzen**. Ich glaube, ich habe eine ........................ .
**4** Hast du **Fieber** und einen starken **Husten**? Vielleicht hast du eine ........................ .

## 4 Completa le frasi con le seguenti forme di *dürfen*.

darf | dürft | dürfen | darf | dürfen

1 Maria hat Fieber. Sie ........... heute Abend nicht tanzen gehen.
2 Es ist schon 23:00 Uhr! Die Kinder ........... nicht so spät ins Bett gehen.
3 Herr Braun, ........... ich das Fenster öffnen?
4 Ihr ........... nicht in die Disko gehen!
5 Thomas und Klaus sind noch 17. Sie ........... noch nicht Auto fahren.

## 5 Theo è malato e si annoia. Sua madre gli dice che cosa deve o non deve fare. Abbina.

1 ☐ Ich will **aufstehen**!
2 ☐ Ich will **ausgehen**?
3 ☐ Ich will **tanzen gehen**!
4 ☐ Ich will **nicht im Bett bleiben.**

a Nein, nicht tanzen gehen!
b Nein, im Bett bleiben!
c Nein, nicht aufstehen!
d Nein, nicht ausgehen!

## 6 Completa la ricetta della salsa di pomodoro con i verbi dati.

1 Die **Tomaten** .................... und .................... .
2 Etwas **Zwiebel**, **Knoblauch**, **Olivenöl**, **Pfeffer** und **Salz in eine Pfanne** .................... .
3 Die **Tomaten** .................... und 20 Minuten .............................. .

dazugeben
waschen
schneiden
tun
braten lassen

## 7 Completa con il prefisso corretto: *EIN*, *AUS*, *UM*?

1 Accendi (la tv)! Schalte ...............!
2 Spegni (la tv)! Schalte ...............!
3 Cambia canale! Schalte ...............!

## 8 Rispondi oralmente.

1 **Wann** siehst du fern?
2 Siehst du lieber **Talkshows oder Filme**?
3 Wie heißt **deine Lieblingssendung**?
4 **Wie viele Stunden** siehst du jeden Tag fern?

# Welche Größe trägst du?

**1** 016 **ZUR EPISODE** **Ascolta di nuovo il dialogo a p. 28 del *Kursbuch* e indica vero o falso.**

| | | V | F |
|---|---|---|---|
| 1 | Meret und Ines sind in einer Boutique. | ☐ | ☐ |
| 2 | Meret braucht eine Bluse für eine Party. | ☐ | ☐ |
| 3 | Die Bluse zu 24 Euro ist elegant. | ☐ | ☐ |
| 4 | Die Bluse steht ihr sehr gut. | ☐ | ☐ |
| 5 | Sie kauft die Bluse nicht, sie ist zu teuer. | ☐ | ☐ |

**2** **Suddividi i capi di abbigliamento secondo il genere. Aggiungi anche il plurale.**

~~Jeans~~ • Pullover • Hose • Sweatshirt mit Kapuze • Hemd • Kleid • ~~Minirock~~ • ~~T-Shirt~~ • ~~Ballerinas~~ • Leggings • Pullover • Pumps • Trainingsanzug • Lederjacke • Sportschuh • Bluse

| | |
|---|---|
| der | der Minirock, ¨-e |
| die | die Jeans, - |
| das | das T-Shirt, -s |
| die (Pl) | die Ballerinas |

**3** **Scegli il tuo look per una festa di compleanno e per una passeggiata in centro.**

Für eine Geburtstagsparty möchte ich ..............................
..............................

Für einen Spaziergang im Zentrum möchte ich ..............................
..............................

**4** 112 **Ascolta e indica gli indumenti di cui parlano Nils, Jens, Julia e Sophie.**

**5** 113 **Completa il dialogo con le domande date. Poi ascolta e controlla.**

- Welche Farbe möchte er?
- Welche Schuhnummer hat er?
- Welche Größe trägt er?
- Was möchte er noch anprobieren?
- Welches Sweatshirt möchte Jens?

● ..........................................................................

▲ Das Sweatshirt zu 65 €.

● ..........................................................................

▲ Weiß.

● ..........................................................................

▲ Large.

● ..........................................................................

▲ Die Sportschuhe im Schaufenster.

● ..........................................................................

▲ 42.

**6** **Aggiungi la desinenza corretta.**

1 ● Welch.......... Rock möchtest du kaufen?
▲ Den Rock in Grün!

2 ● Welch.......... Hose kaufst du?
▲ Die Hose zu 45 €.

3 ● Welch.......... Sweatshirt magst du?
▲ Das Sweatshirt in Grau mit Kapuze.

4 ● Welch.......... Rock ist modisch?
▲ Der Rock in Schwarz.

5 ● Welch.......... Ballerinas passen dir gut?
▲ Die Ballerinas in Rosa!

**7** **Rispondi alla e-mail di Verena.**

An: ..........................................

Betreff: Mode

Hallo ........................,
wie geht es dir? Mir geht es gut! Ich gehe heute mit Sophie shoppen. Ich möchte ein T-Shirt und einen Rock in Schwarz kaufen! Schwarz ist nämlich meine Lieblingsfarbe! Im Zentrum von Zürich sind viele schöne Boutiquen, aber die sind zu teuer für mich. Ich kaufe lieber bei H&M oder bei Zara. Die Klamotten sind sehr modisch und auch sehr billig! Und du? Gehst du gern shoppen? Mit wem? Wo kaufst du deine Klamotten? Was trägst du gern? Welche Farbe magst du besonders?
Schreib mir bald!
Tschüs
deine Verena

**Quello che ho imparato**

## *Ora so dire...*

● Che taglia hai?

..........................................................................

▲ Porto la taglia 40.

..........................................................................

● Quale gonna vuoi provare?

..........................................................................

▲ La gonna da 55 €.

..........................................................................

● Quale colore ti piace?

..........................................................................

# 2 Kids und Taschengeld

## 1

018 ZUR EPISODE **Ascolta di nuovo Meret e Ines a p. 30 del *Kursbuch* e rispondi.**

1 Von wem bekommt Meret ihr Taschengeld?

..........................................................................

2 Wie oft bekommt sie das Geld?

..........................................................................

3 Was macht sie mit dem Geld?

..........................................................................

4 Mit wem geht sie shoppen?

..........................................................................

5 Wann bekommt Ines ihr Taschengeld?

..........................................................................

6 Was kauft sie sich mit dem Geld?

..........................................................................

## 2

**Descrivi le situazioni date come nell'esempio.**

| Wer? | Wie oft? | Von wem? | Was? |
|---|---|---|---|
| 1 Sarah | jeden Monat | Eltern | Klamotten und Ohrringe |
| 2 Janina | jede Woche | Mutter | DVDs |
| 3 Julian | jeden Samstag | Vater | Computerspiele |
| 4 Felix | jeden Monat | Eltern | Bücher, Comics |
| 5 Eva und Ina | jeden Sonntag | Eltern | Klamotten und Schuhe |

1 *Sarah bekommt jeden Monat Geld von ihren Eltern. Mit dem Geld kauft sie sich Klamotten und Ohrringe.*

2 ..........................................................................

..........................................................................

3 ..........................................................................

..........................................................................

4 ..........................................................................

..........................................................................

5 ..........................................................................

..........................................................................

## 3

**Completa con le desinenze: *-em, -er, -en.***

**von, mit + Dativ**

1 Ich bekomme kein Geld von mein........ Eltern. Sie sind gegen Taschengeld.

2 ● Bekommst du auch Geld von dein....... Tante?

▲ Ja, ich bekomme auch jeden Monat Geld von mein....... Tante Irina.

3 Sören möchte jede Woche Geld von sein....... Eltern bekommen.

4 Geht ihr jeden Samstag mit eur....... Freundinnen shoppen?

5 Ja, wir gehen jeden Samstag mit unser....... Freundinnen shoppen.

6 Frau Hoffmann, gehen Sie mit Ihr....... Tochter shoppen?

## 4

**Rispondi sul quaderno come nell'esempio.**

1 Was machst du heute? (*mit Freundin shoppen*)

*Ich gehe mit meiner Freundin shoppen.*

2 Mit wem geht ihr Samstag in die Pizzeria? (*Freunde*)

3 Von wem bekommt Tina Taschengeld? (*Großvater*)

4 Mit wem verbringen die Jugendlichen ihre Freizeit? (*Freunde*)

5 Mit wem geht Maren ins Kino? (*Freund*)

## 5

114 **Ascolta il dialogo e completa.**

**für, gegen + Akkusativ**

Die Mutter von Markus ist [1].............. Taschengeld. Sein Vater ist dagegen [2].............. Taschengeld. Markus' Noten sind im Moment nicht [3]..............! Zum Schluss geben Markus' Eltern ihrem Sohn jede [4].............. 5 Euro, aber er muss wieder gut in der [5].............. sein!

## 6 a. *Für wen?* Scrivi frasi sul quaderno come nell'esempio.

| | | |
|---|---|---|
| 1 ich |  Computerspiel | Bruder Kai |
| 2 Alva und Greta |  Blumen | Lehrerin |
| 3 Nils |  CDs | Freundin Irina |
| 4 Marlene |  T-Shirts | Freunde Markus und Olaf |
| 5 Romina |  Pralinen | Opa Gerhard |
| 6 Herr Hanisch | 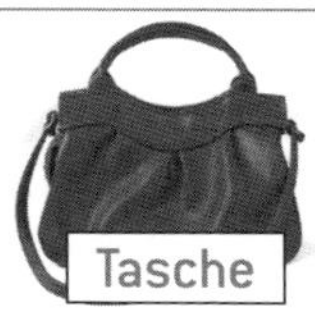 Tasche | Frau Hanisch |

1 *Ich kaufe ein Computerspiel für meinen Bruder Kai.*

### b. Completa con i pronomi all'accusativo.

1 ● Ist das Computerspiel für deinen Bruder?
▲ Ja, es ist für ihn!

2 **Lehrerin**: Sind die Blumen für ..............., Kinder?
**Alva und Greta**: Ja, sie sind für ...............!

3 **Irina**: Nils, sind die CDs für ...............?
**Nils**: Ja, sie sind für ...............!

4 **Freunde**: Marlene, sind die T-Shirts für ...............?
**Marlene**: Ja, sie sind für ...............!

5 ● Romina, sind die Pralinen für deinen Opa?
▲ Ja, sie sind für ...............!

6 ● Herr Hanisch, ist die Tasche für Frau Hanisch?
▲ Ja, sie ist für ............... .

## 7 Leggi la e-mail di Klara e rispondile, considerando i suggerimenti dati.

**An:** ...........................................

**Betreff:** Markus' Geburtstag

Hallo ..........,
morgen hat mein Freund Markus Geburtstag und ich möchte ihm ein Computerspiel schenken, er ist nämlich ein Computerfreak. Computerspiele sind seine Leidenschaft!
Aber ich habe nicht so viel Geld.
Ich bekomme kein Taschengeld. Meine Eltern sind gegen Taschengeld. Ich bekomme nur zum Geburtstag Geld von meinen Eltern, meinen Großeltern und meinem Onkel Wilhelm. Jetzt habe ich fast nichts mehr.
Nur noch 10 Euro! Bitte! Hilf mir!
Deine Klara

- Dai un consiglio per un regalo economico;
- di' come guadagnare (ad esempio fare dei lavoretti in casa);
- dai un'alternativa (scrivere un biglietto oppure fare una torta);
- di' che cosa regali tu a un amico o a un'amica per il compleanno;
- di' quanto spendi di solito.

### Quello che ho imparato
## Ora so dire...

Ricevo ogni settimana / ogni mese una paghetta dai miei genitori.

.......................................................................................

I nostri genitori sono contro la paghetta.

.......................................................................................

Kai riceve soldi da sua madre e dai suoi nonni a Natale e per il compleanno.

.......................................................................................

Con la mia paghetta vado a fare shopping con le mie amiche.

.......................................................................................

# 3 Schluss mit dem Simsen!

**1** 020 **ZUR EPISODE** **Ascolta di nuovo il dialogo a p. 32 del *Kursbuch* e rispondi.**

1 Mit wem spricht Ines?
..........
..........

2 Was macht Ines?
..........
..........

3 Warum ist die Mutter so nervös?
..........
..........

4 Wem muss Ines eine SMS schreiben?
..........
..........

5 Wie lange ist sie am Simsen?
..........
..........

6 Was muss sie unbedingt haben?
..........
..........

**2** **Completa.**

1 eine MMS schicken
*inviare un MMS*
2 eine .......... schreiben / schicken
.......... */ inviare una e-mail*
3 ..........
*twittare*
4 skypen
*usare* ..........
5 im Internet ..........
*navigare in internet*
6 das Handy aufladen
.......... *il cellulare*
7 die Telefonkarte ..........
*caricare la scheda telefonica*
8 das Handy einschalten
.......... *il cellulare*
9 das Handy ausschalten
.......... *il cellulare*
10 simsen / eine SMS ..........
*inviare / scrivere SMS*

**3** **Descrivi le azioni delle persone come nell'esempio.**

Anne → Jasper
1 *Anne simst Jasper.*

Karen mit Nina
2 ..........

Birgit und Timo
3 ..........

Markus → Lehrer
4 ..........

Franzi, Internet
5 ..........

Heinrich, das Handy
6 ..........

Sophie, das Smartphone
7 ..........

**4** **Completa la tabella con i termini dati.**

~~Jahr~~ • ~~Woche~~ • ~~Tag~~ • Sonntag • Sommer • Monat • Abend • Nacht • Wochenende

| der | das | die |
|---|---|---|
| *den ganzen Tag* | *das ganze Jahr* | *die ganze Woche* |

## 5 Completa come nell'esempio, utilizzando i termini dati.

Nachmittag • ~~Sommer~~ • Jahr • Nacht • Monat • Woche

1 ● Wie lange bleibst du am Meer?
▲ Von Juni bis September, also *den ganzen Sommer.*

2 ● Wann lernst du Mathe?
▲ Von 14:00 Uhr bis 17:00 Uhr, also ................................................................ .

3 ● Wie lange bleibt Sylvia in Kanada?
▲ Vom Januar 2013 bis Januar 2014, also ................................................................ .

4 ● Wie lange bist du in der Schweiz?
▲ Vom 1. bis zum 30. Juni, also ................................................................ .

5 ● Wie lange dauert der Kurs?
▲ Von Montag bis Sonntag, also ................................................................ .

6 ● Wie lange simst Ina mit Tim?
▲ Von 22:00 Uhr bis 7:00 Uhr, also ................................................................ .

## 6 Completa con i termini dati e gli aggettivi possessivi.

Klamotten • Smartphone • Bücher • Schokolade • Fahrrad • ~~Hund~~ • Freund

1 Alexander ist sehr tierlieb. Er kann ohne *seinen* Hund nicht leben.
2 Andreas ist ein Fahrrad-Fanatiker. Er kann ohne ........................................ nicht leben.
3 Für Emma ist die Mode ihr Hobby. Sie kann ohne ........................................ nicht leben.
4 Julius liebt Horrorromane. Er kann ohne ........................................ nicht leben.
5 Tina und Leo simsen immer! Sie können ohne ........................................ nicht leben!
6 Ach, Nina ist so sehr in Stefan verliebt! Sie kann ohne ........................................ nicht leben.
7 Jennifer kauft sich jeden Tag Süßigkeiten. Sie kann ohne ........................................ nicht leben.

## 7 Leggi la e-mail di Julian e rispondigli considerando i suggerimenti dati.

An: ................................................

Betreff: Cybermobbing

Hallo ........... !
Ich habe ein neues Handy. Mit meinem Handy kann ich alles: twittern, simsen, im Internet surfen, fotografieren, MMS schicken. Supertoll! Aber ich will nicht alles von mir öffentlich schreiben, wie mein Freund Markus. Auf Facebook findet man alles über ihn: seine Fotos auf Partys, seine Meinung über Freunde. Nein, das ist nichts für mich. Am schlimmsten ist für mich Cybermobbing. Der Ex-Freund von Ina schreibt ihr immer noch 30 SMS am Tag, schickt ihre Fotos auf Facebook und sie will das gar nicht! Er respektiert das nicht. Das ist nicht fair! Was sagst du zu dem Thema?
Schreib mir!
Dein Julian

- Di' che cosa fai con il tuo cellulare;
- scrivi i lati positivi e quelli negativi dell'uso del cellulare;
- dai la tua opinione sul tema *Cybermobbing*.

### Quello che ho imparato
## *Ora so dire...*

Quanto tempo passi (sei) al cellulare?

................................................................................

Mando SMS ai miei amici tutto il giorno.

................................................................................

Molti non possono vivere senza cellulare.

................................................................................

Devo caricare la carta telefonica.

................................................................................

# 4 Was soll ich tun?

## 1 021 ZUR EPISODE Ascolta di nuovo il dialogo a p. 34 del *Kursbuch* e indica vero o falso.

| | V | F |
|---|---|---|
| 1 Ines sucht Infos zum Jazzfestival. | ☐ | ☐ |
| 2 Das Jazzfestival ist nächste Woche. | ☐ | ☐ |
| 3 Ines' Mutter will einen Platz reservieren. | ☐ | ☐ |
| 4 Sie will die Tickets online kaufen. | ☐ | ☐ |
| 5 Sie soll auf „Buchung" klicken. | ☐ | ☐ |

## 2 021 Ascolta ancora e completa.

Ines Mutter will zum [1]........................... gehen. Sie will online buchen.
Was [2]........................... sie tun?
Sie soll „Jazzfestival Zürich" in die [3]........................... eingeben. Da findet sie Infos zum [4]........................... .
Sie will [5]........................... Plätze reservieren, deshalb soll sie [6]........................... „Buchung" klicken.

## 3 Traduci.

1 die Maus, ¨-e
...........................
2 der Internetanschluss, ¨-e
...........................
3 der / das Laptop, -s
...........................
4 die Datei, -en
...........................
5 der Drucker, -
...........................
6 der Brenner, -
...........................
7 der Ordner, -
...........................
8 die Suchmaschine, -n
...........................

## 4 a. Completa le espressioni con i termini dati.

eingeben • speichern • gehen • schicken • surfen • klicken

1 im Internet ...........................
2 auf das Icon ...........................
3 eine Datei ...........................
4 auf die Website ...........................
5 eine E-Mail ...........................
6 einen Namen in die Suchmaschine ...........................

**b. Traduci in italiano le espressioni dell'esercizio 4a.**

1 ...........................
2 ...........................
3 ...........................
4 ...........................
5 ...........................
6 ...........................

## 5 Completa le istruzioni con le vocali mancanti.

1 S_rf_ im Internet.
2 Kl_ck_ auf die W_bs_t_ von den *Green Day*.
3 Gib „*Green Day* – Konzerte" in die S_chm_sch_n_ ein.
4 Sp_ _ch_r_ sofort die D_t_ _ in deinen _rdn_r!
5 Geh mit der M_ _s auf das _c_n!
6 Sch_ck_ deiner Freundin eine _-M_ _l!

## 6 [115] Ascolta e scegli a, b oppure c.

1 Martina interviewt Leute auf der Straße über das Thema
- a ☐ Internet.
- b ☐ Facebook.
- c ☐ Computer.

2 Sie fragt
- a ☐ zwei Frauen.
- b ☐ eine Frau und ein Mädchen.
- c ☐ eine Frau und einen jungen Mann.

3 Die Frau
- a ☐ surft gern im Internet, sie chattet und skypt mit ihren Freunden in Italien.
- b ☐ hat keinen Internetanschluss.
- c ☐ arbeitet mit Internet und ist in Kontakt mit ihren Freunden.

4 Ihre Söhne
- a ☐ besuchen die Websites von ihrer Lieblingsfußballmannschaft und chatten mit Freunden.
- b ☐ besuchen die Websites von Rockstars.
- c ☐ chatten nur mit ihren Cousins.

5 Eine Zensur
- a ☐ ist nicht wichtig.
- b ☐ ist gut. Man soll einige Websites zensurieren.
- c ☐ ist gut aber nur für Kleinkinder.

6 Der junge Mann
- a ☐ surft im Internet nur für die Universität.
- b ☐ hat einen Blog mit seinen Fotos.
- c ☐ hat keinen Computer.

7 Er sagt,
- a ☐ die Zensur im Internet ist nicht gut.
- b ☐ Eltern sollen die Kinder am Computer kontrollieren.
- c ☐ Teenagers brauchen keine Zensur.

## 7 Inserisci le forme del verbo *sollen*.

1 Was ........................ ich tun?
2 Was ........................ wir tun?
3 Du ........................ nicht am Computer sein!
4 Lisa ........................ mehr lernen!
5 Der Mathelehrer sagt: „Ihr ........................ mehr Übungen machen!"

## 8 Scrivi un'e-mail al tuo o alla tua corrispondente in cui dai la tua opinione su internet, considerando i suggerimenti dati.

- Quando e quanto tempo navighi in internet?
- Hai o non hai divieti dai tuoi genitori?
- Che cosa cerchi in internet?
- Si possono trovare nuovi amici in internet o sui social networks?

An:
Betreff:

Hallo Ramon,
Ich surfe auf Internet 5 Stunde
Jeden Tag, weil habe Kein Zensure.
..........................................................................
..........................................................................
..........................................................................
..........................................................................
..........................................................................

dein / deine ....................

### Quello che ho imparato
## *Ora so dire...*

- Che cosa devo fare?

..........................................................................

▲ Clicca sull'icona.

..........................................................................

Inserisci "Festival" nel motore di ricerca.

..........................................................................

Salva il file in una cartella.

..........................................................................

Devo cliccare sul sito web della mia squadra?

..........................................................................

## Il verbo modale *sollen*

**1 ★ Completa con le forme del verbo *sollen*.**

1 Du .................... die Datei sofort speichern!
2 Was .................... ich tun?
3 Was .................... wir tun?
4 Ihr .................... nur eine Stunde auf Facebook sein!
5 Meine Mutter sagt immer, wir Kinder .................... nicht immer nur simsen.

**2 ★★ Riscrivi sul quaderno le frasi con le forme del verbo *sollen*.**

1 Ina sagt zu ihrer Mutter: „Klicke auf ‘Versand’“!
*Ina sagt zu ihrer Mutter, sie soll auf „Versand“ klicken!*
2 Mein Lehrer sagt zu uns: „Lernt mehr!“
3 Der Arzt sagt: „Iss nicht so viele Bonbons!“
4 Leo sagt zu Andreas: „Bring deine Computerspiele mit!“
5 Meine Schwester sagt zu ihrer Freundin: „Ruf mich morgen an!“
6 Jens sagt zu seiner Mutter: „Backe bitte meinen Lieblingskuchen!“

## L’interrogativo *Welch-?*

**3 ★ Aggiungi la desinenza corretta.**

1 Welch........ Computerspiel magst du besonders?
2 Welch........ Schuhe soll ich für die Wanderung anziehen?
3 Welch........ Jacke kaufst du?
4 Welch........ Mädchen findest du sympathisch?
5 Welch........ Farbe magst du nicht?
6 Welch........ Pullover steht mir gut?
7 Welch........ Rock ist besser?
8 Welch........ T-Shirt probiert Lukas an?

**4 ★★ Formula domande con *Welch-*.**

1 ● Ich trage Größe 40!
▲ ............................................?
2 ● Ich möchte den Rock zu 45 € kaufen.
▲ ............................................?
3 ● Zoe mag die Farbe Rosa.
▲ ............................................?
4 ● Die CD von *Green Day* ist super!
▲ ............................................?
5 ● Die Schuhe in Blau sind echt toll!
▲ ............................................?

**5 ★★★ Traduci.**

1 Quale vestito vuoi comprare?
............................................
2 Quale felpa è cara?
............................................
3 Quale regalo compriamo?
............................................
4 Quali scarpe trovi belle?
............................................
5 Quale computer vorresti?
............................................
6 Quale ragazza trovi simpatica?
............................................
7 Quale gonna compri?
............................................

## Le preposizioni *mit* e *von* + *Dativ* (aggettivi possessivi)

**6 ★ Inserisci le desinenze *-em, -er, -en*.**

1 Von meinem Vater und von mein........ Mutter bekomme ich jeden Monat mein Taschengeld.
2 Eva geht mit ihr........ besten Freundin ins Kino.
3 ● Ist das Geschenk von dein........ Großeltern?
▲ Nein, das Geschenk ist von mein........ Bruder!
4 Warum gehst du nicht mit dein........ Mutter shoppen?
5 Herr Werner fährt morgen mit sein........ Frau und sein........ Kindern in Urlaub.

## 7 ★★ Inserisci l'aggettivo possessivo giusto al caso dativo.

1 Frau Lehmann geht heute mit .................. Schülern zum Zoo.
2 Hannes bekommt viele MMS von .................. Tante aus Buenos Aires.
3 ● Peter, Sören, spielen wir mit .................. Computerspielen?
▲ Ja, wir spielen mit .................. Computerspielen!
4 Lisa bekommt viele SMS von .................. Freund!

## 8 ★★★ Traduci.

1 Kai riceve la paghetta da suo padre.
2 Ora vado con il mio cane al parco.
3 Irina riceve soldi solo dai suoi nonni.
4 Alle 15 mi incontro con i miei amici.
5 Andate sempre con i vostri genitori o con i vostri amici a fare shopping?
6 I miei amici ricevono la paghetta dai loro genitori e anche dalla loro zia.

# Le preposizioni *gegen*, *für* e *ohne* + *Akkusativ*

## 9 ★ Inserisci le desinenze all'accusativo.

***Gegen***, ***für***, ***ohne***, così come ***um***, reggono **l'accusativo**.

1 Wollen wir ein T-Shirt für unser.......... Freund kaufen?
2 Herr Schulze kann ohne sein.......... Hund nicht leben!
3 Ich bin gegen dein.......... Idee.
4 Sind diese Geschenke für dein.......... Freunde oder für dein.......... Familie?
5 Diese Geschenke sind für mein.......... Großvater und mein.......... Großmutter!
6 Frau Hoffmann geht heute ohne ihr.......... Sohn einkaufen!

## 10 ★★ Inserisci le preposizioni *gegen, für, um, ohne*.

1 Meine Eltern sind .................. Atomkraft!
2 Ich bin .................. mehr Taschengeld.
3 Wir treffen uns .................. 12:00 Uhr!
4 Der Film beginnt .................. 15:00 Uhr!
5 Die Kinder haben Blumen .................. ihre Großeltern!
6 .................. sein Handy kann Heinrich nicht leben!

## 11 ★★★ Traduci.

1 Non posso vivere senza di te!
2 Mio padre compra sempre fiori per mia madre.
3 Mia sorella e io siamo per la paghetta, ma i nostri genitori sono contro la paghetta!
4 ● Quando ci vediamo? Verso le 10?
▲ No, vediamoci alle 11!
5 ● Per chi sono questi orecchini? Per la tua amica?
▲ No, sono per mia sorella.

# Le espressioni di tempo con l'accusativo

## 12 ★★ Completa con l'espressione data tra parentesi.

1 Die Jugendlichen möchten (*tutta la notte*) .............................................. Party machen!
2 Sari bleibt (*tutto il mese*) .......................................... auf der Insel Sylt.
3 Wir wollen (*tutto il pomeriggio*) .............................................. im Park Fußball spielen.
4 Meine Schwester möchte gern (*tutta la settimana*) .............................................. shoppen gehen.
5 Mein Bruder bleibt (*tutto il fine settimana*) .............................................. in Boston.
6 Die Schüler möchten (*tutto l'anno*) .............................................. Urlaub machen!
7 Herr Hanisch möchte (*tutta l'estate*) .............................................., also drei Monate in Miami Urlaub machen!

# Vokabeltraining

## Die Kleidung

**1 Scrivi l'articolo e il plurale, dove occorre.**

1 ............. Ballerinas
2 ............. Sweatshirt, .............
3 ............. Kleid, .............
4 ............. Jeans, .............
5 ............. Hemd, .............
6 ............. Minirock, .............
7 ............. Pumps, .............
8 ............. Lederjacke, .............
9 ............. T-Shirt, .............
10 ............. Pullover, .............
11 ............. Hose, .............
12 ............. Trainingsanzug, .............
13 ............. Sportschuh, .............
14 ............. Leggings
15 ............. Bluse, .............
16 ............. Shorts

## Technologie

**2 Completa le espressioni con i verbi appropriati.**

1 eine E-Mail ..........................................
2 im Internet ..........................................
3 eine SMS ..........................................
4 die Telefonkarte ..........................................
5 eine MMS ..........................................
6 das Handy ..........................................

**3 Completa le espressioni con i termini giusti.**

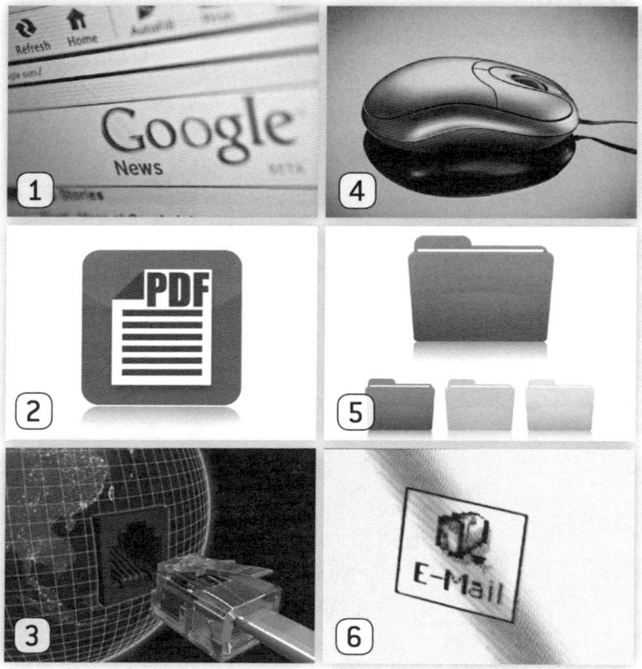


1 einen Namen in die ...................................... eingeben
2 auf das ...................................... klicken
3 den ...................................... haben
4 mit der ...................................... auf die Website gehen
5 eine Datei in einen ...................................... speichern
6 eine ...................................... schicken

**4 Inserisci le vocali mancanti.**

1 der _rdn_r
2 die M_ _s
3 der Dr_ck_r
4 die D_t_ _
5 der _nt_rn_t_nschl_ss
6 der Br_nn_r
7 der L_pt_p
8 die S_chm_sch_n_

# Teste deine Sprachkenntnisse!

## Lessico

**1 Traduci.** 5

1 inviare SMS ..........
2 masterizzatore ..........
3 salvare il file ..........
4 paghetta ..........
5 giacca di pelle ..........

## Grammatica

**2 Inserisci le forme del verbo *sollen*.** 3

1 Was .......... ich tun?
2 Ihr .......... auf das Icon klicken!
3 Was .......... wir tun?

**3 Formula domande per ogni frase.** 4

1 Kai trägt Größe 40. ..........
2 Ich mag die Farbe Rosa. ..........
3 Tina kauft den Rock in Blau. ..........
4 Jens kauft das Sweatshirt zu 60 €. ..........

**4 Inserisci le preposizioni *von, mit, gegen, für, ohne* e l'aggettivo possessivo richiesto.** 5

1 Kai kauft ein Geschenk .......... .......... Freundin Alina.
2 Anna bekommt etwas Geld .......... .......... Tante zum Geburtstag.
3 Seid ihr .......... .......... (*mia*) Idee?
4 Wollen wir .......... .......... Freunden an den Fluss gehen?
5 Meine Freundin kann .......... .......... Freund nicht leben.

**5 Inserisci il suggerimento dato tra parentesi.** 3

1 Die Kinder wollen .......... (*tutto il giorno*) im Garten spielen.
2 Wir wollen .......... (*tutto il fine settimana*) am Meer verbringen.
3 Ich kann .......... (*tutta la notte*) nicht schlafen. Ich bin sehr nervös.

## Produzione

**6 Scrivi un'e-mail a un amico o a un'amica e racconta come spendi la tua paghetta o i tuoi risparmi (minimo 5 frasi).** 10

Lessico 5 Grammatica 15 Produzione 10 Hai totalizzato 30

**Meno di 18 punti? Vai alle pagine successive!**

# Noch einmal!

## Lessico

### 1 Trascrivi al posto giusto le parole date.

die Lederjacke, -n • die Ballerinas • der Pumps, - • das Sweatshirt, -s • der Rock, ¨-e • der Trainingsanzug, ¨-e • der Sportschuh, -e • die Hose, -n • das Hemd, -en • die Bluse, -n

1 felpa ..................
2 tuta da ginnastica ..................
3 giacca di pelle ..................
4 ballerine ..................
5 scarpa con il tacco ..................
6 pantaloni ..................
7 scarpa da ginnastica ..................
8 camicetta ..................
9 camicia da uomo ..................
10 gonna ..................

### 2 Abbina italiano e tedesco.

1 ☐ provare
2 ☐ negozio di seconda mano
3 ☐ mercato delle pulci
4 ☐ stare bene (addosso)

a Secondhandshop
b anprobieren
c gut stehen
d Flohmarkt

### 3 Scrivi le vocali mancanti e indica articolo e plurale.

1 .................. H_ndy, ..................
2 .................. S_chm_sch_n_, ..................
3 .................. _rdn_r, ..................
4 .................. D_t__, ..................
5 .................. Dr_ck_r, ..................
6 .................. L_pt_p, ..................
7 .................. _-M__l, ..................
8 .................. M__s, ..................

### 4 Completa le espressioni con uno dei verbi dati.

klicken • eingeben • surfen • aufladen • schicken • speichern • einschalten • ausschalten

1 eine MMS ..................
2 eine Datei ..................
3 auf eine Website ..................
4 im Internet ..................
5 das Handy ..................
6 die Telefonkarte ..................
7 einen Namen in die Suchmaschine ..................
8 den Computer ..................

## Grammatica

### 5 Abbina.

1 ☐ Ich kann online Tickets nicht kaufen.
2 ☐ Es ist so heiß hier in der Küche!
3 ☐ Ich habe Fieber!

a Soll Vati den Arzt rufen?
b Soll ich das Fenster öffnen?
c Soll ich dir helfen?

### 6 Completa con le forme del verbo *sollen*.

1 du ..................
2 er ..................
3 Sie ..................
4 ich ..................
5 ihr ..................
6 es ..................

### 7 Completa con le forme date del verbo *sollen*.

sollt • soll (x2) • sollen

1 Was .................. wir tun?
2 Was .................. ich tun?
3 .................. Ina dir eine E-Mail schicken?
4 Ihr .................. die Datei sofort speichern!

## 8 Inserisci le desinenze *-e, -es, -e, -en*. Leggi il suggerimento tra parentesi.

1 Welch......... Schuhe (Pl) sind besser?
2 Welch.......... Rock (M) steht mir besser?
3 Welch......... Kleid (N) soll ich auf der Party anziehen?
4 Welch.......... Größe (F) trägt deine Freundin Anna?
5 Welch........... Pullover (M + Akk) probiere ich an?
6 Welch.......... Computerspiel (N) gefällt Timo besser?
7 Welch......... Mädchen (N) findest du sehr hübsch?

## 9 Completa con *-em* (M + N), *-er* (F), *-en* (Pl).

**von, mit + Dativ**

1 Du kannst deine Ballerinas und den Rock von dein......... Schwester anziehen.
2 Das sind die Geschenke von unser......... Freunden! Wie schön!
3 Ulla, Silja, geht ihr mit eur......... Kindern in die Stadt?
4 Zum Geburtstag habe ich 50 Euro von mein......... Onkel bekommen.
5 Jens will nur mit sein......... Computerspielen spielen.
6 Nadja und Leonie fahren mit ihr......... Familien nach Sizilien in Urlaub.

## 10 Inserisci le preposizioni *um, gegen, für,* e *ohne*.

1 Ina und Lisa möchten ein Wochenende ......................... (*senza*) ihre Eltern verbringen.
2 ......................... (*verso*) 11:30 Uhr treffen wir uns am Bahnhof.
3 Viele Jugendliche können ......................... (*senza*) ihr Handy oder ihren Computer nicht leben!
4 Meine Eltern sind ......................... (*contro*) das Taschengeld.
5 Sarah möchte ein Buch ......................... (*per*) ihren Vater kaufen!

## 11 Rispondi come nell'esempio.

1 ● Wie lange lernst du am Nachmittag? (*tutto il pomeriggio*)
▲ Den ganzen Nachmittag!
2 ● Wie lange bleibst du im Gebirge? (*tutto il mese*)
▲ .................................................................!
3 ● Wie lange möchten die Jugendlichen morgen Abend tanzen? (*tutta la sera*)
▲ .................................................................
4 ● Wie lange möchten die Schüler am Wochenende feiern? (*tutto il fine settimana*)
▲ .................................................................!
5 ● Wie lange möchtest du im Juli in Miami bleiben? (*tutto luglio*)
▲ .................................................................!

## 12 Metti in ordine per comporre frasi. Incomincia con l'elemento evidenziato.

1 auf / sollst / **du** / klicken / „Buchung" / !
.................................................................
.................................................................
2 immer / **du** / am / bist / Computer / !
.................................................................
.................................................................
3 den ganzen / **ich** / gehe / Freundinnen / Samstagnachmittag / aus / mit meinen
.................................................................
.................................................................
4 viele Geschenke / **ich** / von meinen / immer / Großeltern / bekomme
.................................................................
.................................................................
5 **ich** / ! / den ganzen / Sommer / am / bleibe / Meer
.................................................................
.................................................................

# Produzione

## 13 Scrivi un'e-mail in cui racconti come e quanto utilizzi il cellulare, il computer e i social networks. Indica gli aspetti postivi e quelli negativi (almeno 5 frasi).

# Ganz leicht!

## 1 Abbina ai capi di vestiario il termine tedesco corrispondente.

| das T-Shirt, -s | das Kleid, -er | der Schuh, -e | der Rock, ¨-e |
|---|---|---|---|

| das Sweatshirt, -s | die Hose, -n |
|---|---|

1 ..............................
2 ..............................
3 ..............................
4 ..............................
5 ..............................
6 ..............................

## 2 Aggiungi le desinenze *-ES, -ER, -E.*

1 Welch........... **Pullover** ist besser?
2 Welch........... **Schuhe** soll ich anziehen?
3 Welch........... **Farbe** magst du nicht?
4 Welch........... **Kleid** gefällt Marlene?

-ER (MASCHILE)
-E (FEMMINILE)
-ES (NEUTRO)

## 3 Completa con i termini dati.

| für mich | von | ganze | mit | Was |
|---|---|---|---|---|

1 ● .................. **machen wir** am Wochenende?
▲ Ich möchte .................. **meinen Freundinnen** einkaufen gehen!
2 Möchtest du das .................. **Wochenende** schlafen?
3 Lukas bekommt Taschengeld .................. seinen Eltern.
4 Ich will **ein T-Shirt** .................. und einen Pullover für meinen Bruder kaufen.

## 4 Completa con le vocali mancanti.

**1** die _-M_ _L

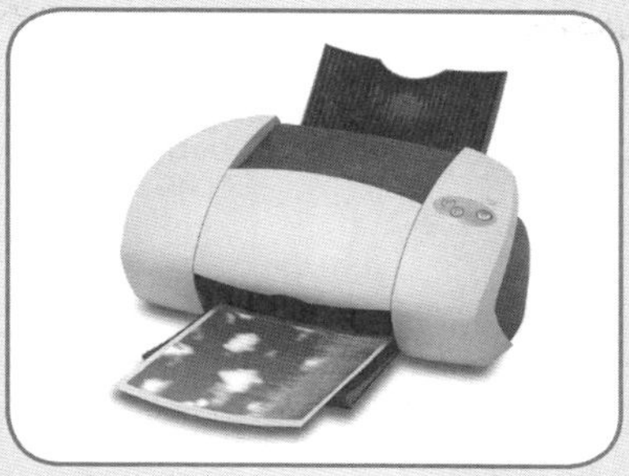

**2** der DR_CK_R

**3** die D_T_ _

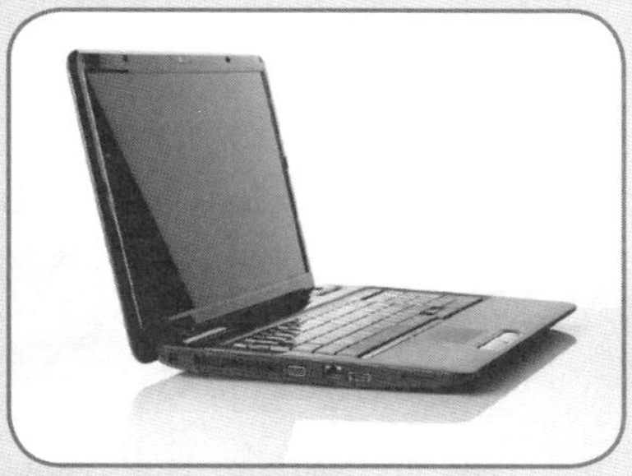

**4** der / das L_PT_P

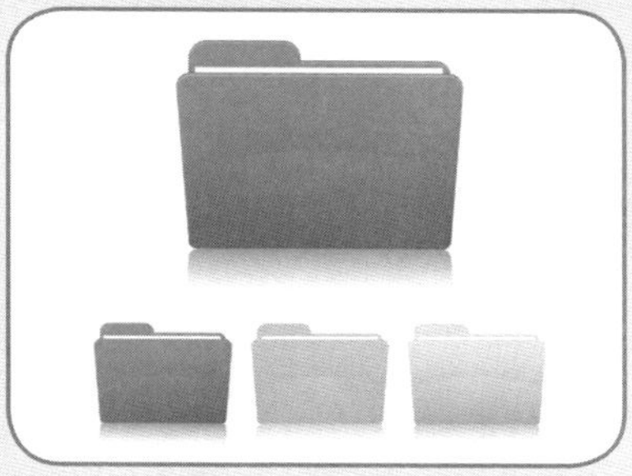

**5** der _RDN_R

## 5 Completa con il verbo adeguato prendendolo dall'insieme a fianco.

**1** Soll ich **im Internet** ..........................?
**2** Soll ich diese **Datei** ..........................?
**3** Sollen wir diese **SMS** ..........................?
**4** Sollen wir **auf** dieses **Icon** ..........................?

speichern
klicken
surfen
schicken

## 6 Rispondi sottolineando la risposta che preferisci.

**1** Wie lange bleibst du jeden Tag am Computer?
**1 Stunde. / 2 Stunden. / Mehr als 2 Stunden.**

**2** Was suchst du im Internet?
**Musik. / Informationen. / Filme.**

**3** Was machst du oft mit deinem Smartphone?
Ich **telefoniere.** / Ich **schicke SMS.** / Ich **mache Fotos.**

**4** Wie viel Geld gibst du für dein Handy im Monat aus?
**5 Euro. / 10 Euro. / Mehr als 10 Euro.**

Einheit 9

# 1 Wo liegt das Einstein-Haus?

**1** 028 **ZUR EPISODE** **Ascolta di nuovo il dialogo a p. 46 del *Kursbuch* e rispondi brevemente.**

1 Wo gibt es ein Infobüro?

..............................................................................

2 Wohin möchte die Touristin?

..............................................................................

3 Was möchte sie besichtigen?

..............................................................................

4 Wo liegt das Einstein-Haus?

..............................................................................

5 Wo liegt der BärenPark?

..............................................................................

6 Wo wohnt Andreas?

..............................................................................

**2 Indica il luogo giusto a seconda della richiesta. Utilizza *in der* o *in dem* (*im*) e i luoghi dati.**

Infobüro • Post • Boutique • Museum • Schreibwarengeschäft • ~~Blumenladen~~ • Pub • Bäckerei • Kino

1 Blumen
im Blumenladen

2 Brot und Kuchen

..................................................

3 Briefmarken

..................................................

4 Hefte und Radiergummis

..................................................

5 Kleidung

..................................................

6 einen Film sehen

..................................................

7 Bilder / Statuen sehen

..................................................

8 etwas mit Freunden trinken

..................................................

9 Informationen über die Stadt bekommen

..................................................

**3 a. Abbina.**

1 ☐ Die Eisdiele liegt neben dem Blumenladen.
2 ☐ Die Bäckerei liegt direkt am Marktplatz.
3 ☐ Der Bahnhof liegt vor dem Hotel.
4 ☐ Das Kino ist hinter der Post.
5 ☐ Die Bank ist an der Kreuzung, vor dem Park.
6 ☐ Das Theater ist neben dem Pub, in der Züricher Straße.
7 ☐ Die Museen sind im Zentrum.
8 ☐ Das Denkmal liegt vor dem Dom.

**b. Dai informazioni come nell'esempio. Fai riferimento ai disegni dell'esercizio 3a.**

1 ● Wo gibt es hier ein Hotel?
▲ Vor dem Bahnhof.
2 ● Wo gibt es hier eine Bäckerei?
▲ ..............................................................
3 ● Wo gibt es hier eine Post?
▲ ..............................................................
4 ● Wo gibt es hier einen Blumenladen?
▲ ..............................................................
5 ● Wo gibt es hier einen Park?
▲ ..............................................................
6 ● Wo gibt es hier einen Pub?
▲ ..............................................................

## 4 Osserva la piantina e completa con *an, in, neben, vor, hinter* e le desinenze o gli articoli al dativo.

Das ist meine Straße. Mein Haus liegt [1].............. Zentrum, [2].............. Schweizerstraße.
[3].............. mein....... Haus ist ein Garten.
[4].............. mein...... Haus links gibt es eine Bäckerei und rechts eine Boutique.
[5].............. Kreuzung gibt es ein kleines Café.
[6].............. Schweizerstraße ist ein Park.
[7].............. der Boutique ist die Schule.

## 5 116 Ascolta la descrizione della città di Felix e sottolinea l'informazione giusta.

1 Felix wohnt in einer *Großstadt / Kleinstadt*.
2 Er mag seine Stadt *sehr / nicht*.
3 Hier gibt es *wenige / viele* Geschäfte.
4 Im Zentrum gibt es *ein Museum / eine Kirche* an einem Platz.
5 *An der Ecke / An der Kreuzung* gibt es eine Eisdiele.
6 In der Hauptstraße gibt es *die Post / die Bank*.
7 Felix' Schule liegt *in der Einstein-Straße / Berner Straße*.
8 In seiner Stadt gibt es *eine / keine* Diskothek.
9 *In der / Neben der* Stadt liegt auch ein großer Park.

## 6 Descrivi in un'e-mail a un amico o un'amica la strada dove vivi (5 frasi).

Hallo Martina,
..............................................................
..............................................................
..............................................................
..............................................................
..............................................................
..............................................................
Tschüs!
Dein / Deine ........................

### Quello che ho imparato
## *Ora so dire...*

● Mi scusi, c'è una cartoleria qui?
..............................................................
▲ Sì, la cartoleria si trova nella piazza del mercato, dietro al municipio.
..............................................................
Sono al semaforo.
..............................................................
L'ufficio postale si trova all'incrocio.
..............................................................
Abito in centro, in via Einstein.
..............................................................

Einheit 9

# 2 Wie ist das Wetter heute?

## 1

030 **ZUR EPISODE Ascolta di nuovo il dialogo a p. 48 del *Kursbuch* e rispondi.**

1 Regnet es heute wieder?

Ja heute Regnet wieder ..................................................

2 Wie ist das Wetter heute?

..................................................

3 Was machen Andreas und sein Vater, wenn das Wetter schön ist?

..................................................

4 Machen sie auch ein Picknick?

..................................................

5 Was nehmen sie mit?

..................................................

6 Was machen sie, wenn es warm ist?

..................................................

## 2

**Abbina le frasi ai simboli.**

1 ☐ c Es ist windig.
2 ☐ A Es ist neblig.
3 ☐ E Es schneit.
4 ☐ B Es regnet.
5 ☐ F Es ist wolkenlos.
6 ☐ H Es ist unbeständig.
7 ☐ D Es ist bedeckt / bewölkt.
8 ☐ G Es ist sonnig.

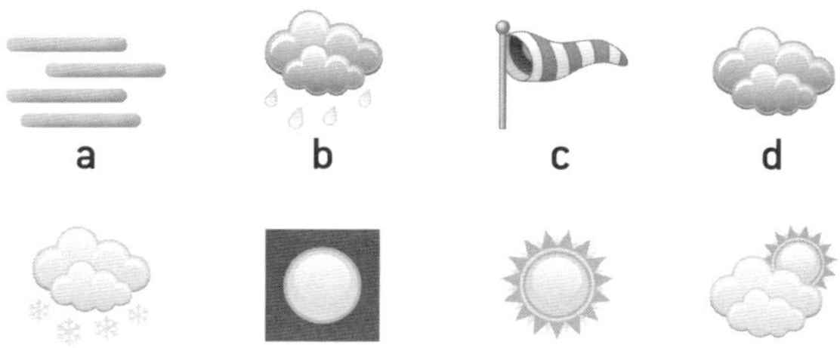


## 3

**Ordina gli aggettivi da "freddissimo" a "caldissimo".**

heiß • kalt • warm • eiskalt • kühl

eiskalt; kalt; heiß; warm; kühl ..................................................

..................................................

## 4

**Leggi la temperatura e commenta come nell'esempio.**

1 Helsinki 0°C
In Helsinki liegt die Temperatur bei 0°C.
Es ist kalt.

2 Sevilla +35°C

..................................................

..................................................

3 Warschau –3°C

..................................................

..................................................

4 Kiel +4°C

..................................................

..................................................

5 Genf +13°C

..................................................

..................................................

6 Bern +20°C

..................................................

..................................................

## 5

**Descrivi il tempo atmosferico per il fine settimana.**

| Städte | Samstag | Sonntag |
|---|---|---|
| Zürich | 10°C  | 15°C  |
| Lugano | 7°C  | 10°C  |
| St. Moritz | 0°C  | –5°C  |
| Lausanne | 18°C  | 25°C  |
| Chur | 15°C  | 9°C  |

In Zürich ist es am Samstag unbeständig.
Die Temperatur liegt bei 10°C. Am Sonntag ist es sonnig. Die Temperatur liegt bei 15°C.

## 6 Descrivi i programmi di queste persone.

1 Nils, Freitag, Nachmittag
*Am Freitagnachmittag ist es sonnig. Nils geht schwimmen.*

2 Alina, Sonntag, Abend
..................................................
..................................................

3 Lukas, Montag, Vormittag
..................................................
..................................................

4 Timo, Samstag, Nachmittag
..................................................
..................................................

## 7 117 Ascolta e completa.

Am Montag haben Timo und Julian schulfrei. Wenn das Wetter [1].............................. ist, wollen sie [2].............................. gehen. Julian will Fußball oder Frisbee spielen. Das Wetter ist leider [3].............................. . Wenn es also [4].............................., möchte Timo in eine Buchhandlung gehen, aber Julian will lieber am Computer spielen.

## 8 Inserisci i verbi dati al posto giusto.

**Wenn** es bewölkt **ist** (*verbo a fine frase*), **bleibe ich** (*inversione*) lieber zu Hause.

ist (x2) • bleibe • gehe • liegt • haben • gehen • segelt • bin • schneit

1 Ich .............................. gern zu Hause, wenn es eiskalt .............................. .
2 Wenn die Temperatur bei 30C° .............................., .............................. ich gern schwimmen.
3 Wenn es .............................., .............................. ich sehr glücklich!
4 Felix .............................. so gern, wenn es an der Ostsee windig ..............................!
5 .............................. wir shoppen, wenn wir Zeit ..............................?

## 9 Completa in modo personale, indicando le tue attività preferite.

1 Wenn die Sonne scheint, *chille ich im Garten.*
2 Wenn es neblig ist, ..............................................................
3 Wenn es regnet, ..............................................................
4 Wenn es schneit, ..............................................................
5 Wenn es eiskalt ist, ..............................................................

## 10 Sei a St. Moritz per le vacanze invernali. Leggi l'e-mail di Martin e rispondigli sul quaderno.

An: ..........................
Betreff: Was macht ihr?

Hallo ......................,
wie geht es dir? Hier in Bern ist alles o.k. Wie ist das Wetter in St. Moritz? Hoffentlich gibt es viel Schnee. Du kannst dann Ski laufen und snowboarden! Sind auch Yvette und Kai dort? Ihr habt bestimmt viel Spaß zusammen! Aber, was macht ihr, wenn das Wetter schlecht ist? Geht ihr in eine Café oder spielt ihr zu Hause am Computer? Oder macht ihr Matheaufgaben? ;-)
Schreib mir bald!
Tschüs
Martin

### Quello che ho imparato
## Ora so dire...

Com'è il tempo oggi?
..................................................................................

Sabato pomeriggio piove!
..................................................................................

La temperatura è di +3°C, fa freddo.
..................................................................................

● Che cosa facciamo se il tempo è bello?
..................................................................................

▲ Se il tempo è bello, facciamo il bagno!
..................................................................................

Di notte fa molto freddo a St. Moritz.
..................................................................................

# Fahren wir ins Gebirge?

**1** 033 **ZUR EPISODE** **Ascolta di nuovo il dialogo a p. 50 del *Kursbuch* e completa.**

Andreas und sein Vater wollen heute eine Radtour machen. Andreas' Vater möchte [1]........................... Grindelwald fahren, aber Andreas will gar nicht [2]........................... Gebirge fahren. Die Tour ist anstrengend! Er möchte lieber [3]........................... See fahren und dort chillen. Andreas und sein Vater wollen dann also doch [4]........................... Thunersee fahren. Die Tour ist einfach: Sie radeln [5]........................... Land.

**2** **Abbina.**

| | |
|---|---|
| 1 ☐ mare | a die Insel |
| 2 ☐ lago | b das Land |
| 3 ☐ isola | c der Wald |
| 4 ☐ campagna | d die Donau |
| 5 ☐ fiume | e der Rhein |
| 6 ☐ bosco | f der Strand |
| 7 ☐ Reno | g das Gebirge |
| 8 ☐ Danubio | h der See |
| 9 ☐ spiaggia | i der Fluss |
| 10 ☐ montagna | j der Berg |
| 11 ☐ monte | k das Meer |

**3** **Completa con i luoghi dell'esercizio 2. Aggiungi l'articolo dove manca.**

| | **Wo? + D** | **Wohin? + A** |
|---|---|---|
| **an** | am *Meer* | ans *Meer* |
| | am ........................... | an ........................... |
| | am ........................... | an ........................... |
| | am ........................... | an ........................... |
| | an ........................... | an ........................... |
| | am ........................... | an ........................... |
| **in** | im *Wald* | in *den Wald* |
| | im ........................... | ins ........................... |
| | in ........................... | in ........................... |
| **auf** | *auf dem Land* | *aufs Land* |
| | auf ........................... | auf ........................... |

**4** **Aiutandoti con le immagini, scrivi frasi sul quaderno come nell'esempio.**

1 Annette und Maren, Kiel, Ostsee, segeln
*Annette und Maren wohnen in Kiel. Sie fahren an die Ostsee. Sie möchten gern am Meer segeln.*
2 Kai, Chur, St. Moritz, Ski fahren
3 Nina, Genf, Genfer See, Rad fahren
4 Sophie und Karl, Fulda, Madrid, besichtigen
5 Silja, Bonn, der Rhein, joggen

## 5 Completa con *an, auf, in + A, nach + D* e gli articoli al caso corretto.

1 Wohin fährst du Samstag?
..................... See.
2 Wohin radeln Ina und Timo?
..................... Fluss.
3 Wohin fährt Annette?
..................... Kiel.
4 Wohin will Simon?
..................... Gebirge.
5 Wohin fahren Sie, Frau Seifert?
..................... Land.
6 Wohin will Herr Drumbl?
..................... Meer.

## 6 Completa con *an, auf, in + D* e gli articoli.

1 Wo wohnt Meret?
..................... Zürich, ..................... Schweiz.
2 Wo will Ina relaxen?
..................... Meer.
3 Wo sind Thomas und Paul?
..................... Stadt.
4 Wo bist du jetzt?
..................... Strand.
5 Wo spielen wir Fußball?
..................... Land.
6 Wo verbringt Herr Drumbl seine Ferien?
..................... Adria.

## 7 Completa con le preposizioni e gli articoli al caso accusativo o dativo.

1 Sari fährt ..................... See. ..................... See will sie relaxen.
2 Giulia fährt ..................... Gebirge. ..................... Gebirge kann sie wandern und Ski fahren.
3 Lara fährt ..................... Meer. Sie kann ..................... Meer surfen und baden.
4 Meine Großeltern fahren gern ..................... Land. Sie können ..................... Land Rad fahren und picknicken.
5 Elisabeth fährt gern ..................... Insel Sylt. Sie kann ..................... Insel wandern und Rad fahren.

## 8 a. Completa l'e-mail di Thomas con le preposizioni di moto e stato in luogo.

**An:** Eva
**Betreff:** Die Insel Rügen

Hallo Eva,
wie geht es dir? Mir geht es sehr gut! Ich bin hier [1]..................... Insel Rügen und bin sehr glücklich! Ich komme jedes Jahr [2]..................... Insel. Sie ist wunderschön! Meine Eltern haben ein Ferienhaus auf Rügen. Hier kann ich surfen und segeln. Ich gehe am Vormittag [3]..................... Strand und bleibe bis Nachmittag [4]..................... Wasser, wenn es schön ist. Wenn das Wetter schlecht ist, gehe ich [5]..................... Stadt. Am Abend treffe ich meine Freunde und wir gehen manchmal [6]..................... Zentrum. Im Zentrum ist nämlich eine supertolle Eisdiele! Wir essen ein Eis oder trinken eine Cola und dann gehen wir [7]..................... Hause.
Und du? Wohin fährst du gerne im Sommer und im Winter? Was machst du dort?
Antworte mir bald!
Tschüs Thomas

**b. Scrivi sul quaderno un'e-mail a Thomas in cui gli racconti dove vai di solito d'estate e come trascorri le tue giornate.**

### Quello che ho imparato
## *Ora so dire...*

● Dove vai questo fine settimana?
.....................................................................................
▲ Vado in campagna. In campagna posso andare in bici.
.....................................................................................

● Che cosa fai al mare?
.....................................................................................
▲ Mi rilasso in spiaggia, nuoto, faccio surf.
.....................................................................................

Einheit 9

# 4 Wollen wir paddeln?

**1** 035 ZUR EPISODE **Ascolta di nuovo il dialogo a p. 52 del *Kursbuch* e completa.**

Andreas' Vater will eine Stunde [1]...................... , aber Andreas hat keine [2]...................... . Er möchte lieber in der Sonne [3]...................... . Sein Vater [4]...................... dann allein paddeln. Sie [5]...................... sich in einer Stunde wieder.

**2** **a. Per ogni situazione scrivi una proposta rivolta alle persone indicate, come nell'esempio. Usa i verbi dati.**

~~sich sonnen~~ • zelten • picknicken • paddeln • Fußball spielen • baden • joggen • inlineskaten • angeln

1 Tim und Lukas

2 Markus

3 Lisa

4 Jan und Maxi

5 Anna

6 Lea und Peter

7 Kinder

8 Meret

9 Frau Müller

1 Tim, Lukas, wollen wir uns sonnen? Habt ihr Lust?

**b. Ora osserva ancora le immagini dell'esercizio 2a e abbina alle proposte fatte una risposta corretta.**

a ☐ Tut mir leid, aber ich habe Rückenschmerzen und kann wirklich nicht!

b ☐ Tut mir leid. Lust habe ich schon, aber ich kann nicht schwimmen!

c ☐ Nein, wir haben keine Lust. Es ist heute zu heiß für uns!

d ☐ Ja, gerne. Um 18:00 Uhr können wir im Zentrum inlineskaten.

e ☐ Ja, gerne! Wo wollen wir denn spielen?

f ☐ Nein, in einer Stunde regnet es wieder!

g ☐ Aber Verena, ich habe keine Sportschuhe dabei!

h ☐ Nein, ich habe keine Lust. Ein Zimmer in einem Hotel finde ich viel besser!

i ☐ Ja, gerne. Gehen wir an den Fluss, Vati!

**3** **Rispondi alle proposte con *Ich habe keine Lust* o *Ich habe keine Zeit* e dai una motivazione, come nell'esempio.**

1 ● Wollen wir heute Nachmittag ausgehen? (*Mutti helfen*)
▲ Nein, danke! Ich habe keine Zeit. Ich muss Mutti helfen.

2 ● Wollen wir zu Felix gehen? (*Mit Irina ausgehen*)
▲ Nein, danke! ............................................
............................................................ .

3 ● Wollen wir Tennis spielen? (*Fußball spielen*)
▲ Nein, danke! ............................................
............................................................ .

4 ● Wollen wir Pizza essen gehen? (*Kebab essen gehen*)
▲ Nein, danke! ............................................
............................................................ .

## 4 Completa con la forma corretta del verbo modale giusto.

1 ● Hallo Lea, bist du noch krank?
▲ Hallo Franz! Es geht mir schon besser.
● Prima! [1]......................... wir ausgehen? Es ist Samstagnachmittag und wir [2]......................... nichts für die Schule lernen!
▲ Tut mir leid, leider [3]......................... ich noch nicht ausgehen!

2 ● Julian hat Geburtstag und [4]......................... mit allen Freunden eine Fahrradtour machen.
▲ Was [5]......................... wir ihm schenken?
● Vielleicht [6]......................... wir ihm ein T-Shirt oder einen Schal von seiner Lieblingsfußballmannschaft kaufen?

## 5 118 Completa il dialogo con le frasi date e la forma corretta dei verbi *können, wollen, müssen.* Poi ascolta e controlla.

eine Pizza mitbringen • Computer spielen • ein Eis essen gehen • Geschichte lernen • ins Kino gehen • eine DVD anschauen

● Hallo Nils! Ich [1]..................................
[2].................................. . Hast du Lust?
▲ Hey Sören, ein Eis? Ach nein, danke! Ich habe jetzt keinen Hunger. Ich habe aber eine Idee! [3].................................. wir ein paar Stunden [4]..................................?
● Nein, tut mir leid! Ich habe keine Zeit! Ich [5].................................. bis 17:00 Uhr [6]..................................?
▲ Dann [7].................................. wir um 18:00 Uhr [8].................................. ! Hast du Lust?
● Lust habe ich schon, aber in der Woche darf ich nicht nach 18:00 Uhr ausgehen. Meine Eltern wollen das nicht. Aber machen wir es so! Komm um 17:00 Uhr zu mir und dann [9].................................. wir [10]..................................! Geht das?
▲ Prima! Ich [11]..................................
[12]..................................!
● Supertoll! Pizza mag ich sehr! Bis später!

## 6 Completa inserendo la forma corretta dei verbi modali *wollen* e *können.*

An: Alina
Betreff: Sonntag

Liebe Alina,
Wie geht es dir? Gut? [1]................. wir am Sonntag mit dem Fahrrad an den See fahren? Das Wetter ist schön und warm. Wir [2].................. auch baden, picknicken und chillen. Wir [3].................. uns um 9:00 Uhr vor dem Rathaus treffen. Ich [4].................. Schinken und Käsebrot mitbringen und du vielleicht Wasser und Cola. Geht das? Hast du Lust?
Schreib mir bald!
Deine Anna

## 7 Scrivi sul quaderno un'e-mail a un amico o un'amica simile a quella dell'esercizio 6. Aiutati con la traccia data.

- Proponi di fare un'attività all'aperto;
- specifica ora e punto d'incontro;
- che cosa si deve portare (cibo, bibite,...);
- chiedi all'amico, all'amica se ne ha voglia.

### Quello che ho imparato
## Ora so dire...

● Vogliamo andare a nuotare? Ne hai voglia?
..............................................................................
▲ Sì, ne ho voglia, ma mi dispiace, non ho tempo. Devo ancora riordinare la mia stanza.
..............................................................................
..............................................................................
● Voglio andare al cinema. Ne avete voglia?
..............................................................................
▲ Volentieri! Possiamo incontrarci alle 15:00 in centro, andare a mangiare un gelato e poi al cinema.
..............................................................................
..............................................................................

## Le preposizioni *an*, *neben*, *vor*, *in*, *hinter*

**1** ★ **Completa con le preposizioni suggerite tra parentesi.**

1 Mein Haus liegt .......................... (*in*) der Bernerstraße.
2 .......................... (*davanti a*) meinem Haus ist ein Garten.
3 .......................... (*nel*) dem Garten sind viele Bäume und Blumen.
4 .......................... (*dietro a*) meinem Haus gibt es einen Platz.
5 .......................... (*vicino a*) dem Platz ist das Rathaus.
6 .......................... (*al*) der Ampel ist immer ein Polizist.
7 .......................... (*allo*) der Kreuzung gibt es einen Blumenladen.

**2** ★ **Inserisci l'articolo al caso accusativo.**

1 Ich gehe in .......... Zentrum.
2 Karl fährt in .......... Schweiz.
3 Wollen wir in .......... Stadt fahren?
4 Geh an .......... Ampel!
5 Lisa geht vor .......... Dom, sie trifft sich dort mit Ina.
6 Dann gehen sie in .......... Blumenladen und kaufen Blumen für Inas Mutter.
7 Der Tourist geht gerade hinter .......... Rathausplatz.

**3** ★★ **Inserisci *an, in, vor, hinter* + l'articolo al dativo *(dem / der)*.**

1 Das Rathaus liegt direkt .......................... Bahnhofplatz.
2 Ein Infobüro liegt .......................... Ecke.
3 Ich wohne .......................... Hofstraße.
4 .......................... (*davanti a*) .......................... Dom gibt es ein Denkmal.
5 Das Auto steht .......................... Ampel.
6 Das Café ist .......................... Zentrum.
7 Wo gibt es hier eine Bank? .......................... (*davanti*) oder .......................... (*dietro a*) .......................... Bahnhof?

**4** ★★ **Inserisci *am, an der* oppure *zum, zur*.**

Ich **gehe zum** (**zu + dem**) Bahnhof, **zur** (**zu + der**) Ampel, **zum** Platz, **zur** Kreuzung!

1 Ich gehe ............... Domplatz.
2 ............... Bahnhof sind viele Touristen.
3 Wir treffen uns heute ............... Marktplatz.
4 Der Bus fährt bis ............... Rathausplatz.
5 Geh bis ............... Kreuzung.
6 ............... Kreuzung gibt es ein Pub.
7 Frage den Passanten ............... Ampel.

**5** ★★★ **Inserisci *an, in, vor, hinter, neben, zu* e l'articolo al dativo (stato in luogo) o all'accusativo (moto a luogo).**

La preposizione ***zu* regge** sempre **solo** il caso **dativo**.

● Wo gibt es hier in der Stadt eine Bank?
▲ Sie ist [1].......... .......... Rathausstraße. Gehen Sie immer geradeaus bis [2].......... Kreuzung. [3].......... .......... Kreuzung gehen Sie nach rechts [4].......... .......... Rathausstraße. Die Bank ist genau [5].......... .......... (*davanti*) Rathaus.
● Danke, und wo gibt es hier ein Hotel?
▲ [6].......... .......... (*dietro*) Rathausplatz gibt es ein Hotel, genau [7].......... .......... (*vicino a*) Kaufhaus!
● Danke!

**6** ★★★ **Traduci sul quaderno.**

1 A Berna ci sono due cinema vicino alla stazione.
2 Klaus abita dietro alla piazza del Duomo.
3 Andiamo al parco!
4 Nella piazza del Duomo ci sono molti monumenti.
5 L'ufficio del turismo si trova all'incrocio, accanto alla banca.
6 Devo andare alla stazione. Alle 15 mi trovo con Timo davanti alla stazione.

## Moto a luogo e stato in luogo con nomi geografici

**7** ★ **Rispondi con *in* + *A* e *nach*.**

Ich fahre **in die Schweiz**.
Ich fahre **nach Italien**.
***Eccezione***: Ich gehe **nach Hause**!

1 ● Wohin fährst du im Sommer? (*Italien*)
▲ ..................................................................
2 ● Wohin fährt deine Familie am Wochenende? (*die Schweiz*)
▲ ..................................................................
3 ● Wohin fliegt Lara? (*die USA*)
▲ ..................................................................
4 ● Wohin fährt Meret in den Herbstferien? (*Mailand*)
▲ ..................................................................
5 ● Wohin fahren Silja und Elisabeth zu Weihnachten? (*die Türkei*)
▲ ..................................................................

**8** ★★ **Completa con *in, auf, an* e l'articolo all'accusativo.**

1 ● Wohin gehst du? ▲ ................ Stadt.
2 ● Wohin fahren deine Eltern?
▲ ................ Land.
3 ● Wohin fährt Sarah? ▲ ................ Donau.
4 ● Wohin fährt Nils in Urlaub?
▲ ................ Gebirge.
5 ● Wohin fahren wir morgen?
▲ ................ Fluss.

**9** ★★ **Completa con *in, auf, an* e l'articolo al dativo.**

1 Wo sind Eva und Martina? ................ Meer?
2 Wo wohnen deine Großeltern? ................ Land?
3 Wo arbeiten Sie, Herr Kaufmann? ................ Zentrum?
4 Wo bleiben die Kinder heute Nachmittag? ................ Park?
5 Wo verbringst du den Juli? ................ Gebirge?
6 Wo chillen wir? ................ Strand?

**10** ★★★ **Inserisci le preposizioni seguite dal caso giusto, moto a luogo (accusativo) o stato in luogo (dativo).**

Hallo Ina,
heute muss ich leider [1]................ Hause bleiben, aber morgen können wir [2]................ ................ See fahren. Das Wetter ist schön und wir können [3]................ Strand relaxen oder Volleyball spielen. Um 17:00 Uhr fahren wir dann [4]................ Zentrum und treffen uns mit Kevin und Julian [5]................ Bahnhof. Zusammen gehen wir zu Julian [6]................ Hause. Seine Eltern fahren [7]................ Kiel und sind nicht da! Wir können zusammen Pizza backen und einen Film sehen. Geht das?
Tschüs, Sari

## La subordinata ipotetica e temporale introdotta da *wenn*

**11** ★ **Completa le frasi con la subordinata ipotetica data.**

wenn sie Zeit haben • wenn sie müde ist • wenn das Wetter schön ist

1 Irina will im Park picknicken, ......................
.................................................................. .
2 Sie bleibt aber zu Hause, ......................
.................................................................. .
3 Auch Sören und Sven gehen mit Irina aus,
.................................................................. .

**12** ★★ **Riordina le subordinate tra parentesi e completa.**

1 Ich fahre an den See, ......................
.................................................................. .
(*wenn / ist / das Wetter / schön*)
2 Wir wollen am Strand picknicken, ......................
.................................................................. .
(*wenn / die Temperatur / ist / bei 25°C*)
3 Jasper will paddeln gehen, ......................
.................................................................. .
(*wenn / hat / er / Zeit*)

# Vokabeltraining

## Gebäude und Geschäfte

**1 Scrivi l'articolo e il plurale.**

1 .................... Eisdiele, ....................
2 .................... Apotheke, ....................
3 .................... Bahnhof, ....................
4 .................... Museum, ....................
5 .................... Denkmal, ....................
6 .................... Krankenhaus, ....................
7 .................... Blumenladen, ....................
8 .................... Infobüro, ....................
9 .................... Pub, ....................
10 .................... Schreibwarengeschäft, ....................

## das Wetter

**2 Fai previsioni sul tempo atmosferico.**

1 London  5°C In London ist es neblig. Die Temperatur liegt bei 5°C.

2 Venedig  18°C ....................................................................................................

3 Bern  0°C ....................................................................................................

4 Lugano  7°C ....................................................................................................

## Urlaubsziele

**3 Scrivi gli articoli. Poi completa la tabella facendo attenzione alle preposizioni e indicando gli articoli a seconda del complemento: moto a luogo e stato in luogo.**

1 .................. Wald
2 .................. Strand
3 .................. Land
4 .................. Meer
5 .................. See
6 .................. Fluss
7 .................. Gebirge
8 .................. Insel
9 .................. Rhein
10 .................. Donau
11 .................. Schweiz
12 .................. Adria

| | Wo? | Wohin? |
|---|---|---|
| in | ..................................................<br>.................................................. | ..................................................<br>.................................................. |
| auf | ..................................................<br>.................................................. | ..................................................<br>.................................................. |
| an | ..................................................<br>.................................................. | ..................................................<br>.................................................. |

**4 Traduci.**

1 pescare ..........................................
2 pagaiare ..........................................
3 essere sdraiato al sole ..........................................
4 fare escursioni ..........................................
5 rilassarsi ..........................................
6 fare jogging ..........................................
7 campeggiare ..........................................
8 fare il bagno ..........................................

# Teste deine Sprachkenntnisse!

## Lessico

**1** **Scrivi i termini in tedesco con l'articolo e plurale.** 5

1 cartoleria .......................................
2 panetteria .......................................
3 lago .......................................
4 tempo instabile .......................................
5 montagna .......................................

## Grammatica

**2** **Inserisci le preposizioni *an, neben, vor, in, hinter* + *Akkusativ* oppure + *Dativ*. In alcuni casi sono possibili più soluzioni.** 6

1 Die Bank ist hier ................ ................ Rathausstraße.
2 ................ Rathausplatz gibt es auch einen Parkplatz.
3 ................ ................ Bahnhof gibt es auch ein Hotel.
4 Gehen Sie ................ ................ Hotel! Dort sind viele Geschäfte.
5 Gehen Sie ................ ................ Kreuzung! Dort steht ein Polizist.
6 Gehen Sie ................ ................ Domstraße!

**3** **Inserisci le preposizioni giuste.** 4

1 Wir fahren .......... die Insel Rügen und wir bleiben dort den ganzen Tag.
2 Julians Eltern fahren immer .......... die Adria in Urlaub.
3 Seine Großeltern wohnen .......... der Türkei.
4 Wollen wir .......... den Rhein fahren?

**4** **Completa le frasi con una subordinata introdotta da *wenn*.** 4

1 Ich will in den Park gehen, wenn ...................................................................................... .
2 Tina will ins Kino gehen, wenn ........................................................................................ .

**5** **Traduci.** 6

1 Domani il tempo è bello. ..........................................................................
2 Vogliamo andare a nuotare? ..........................................................................
3 Possiamo anche fare un picnic nel parco. ..........................................................................

## Produzione

**6** **Scrivi un'e-mail (min. 5 frasi) in cui programmi il fine settimana a seconda delle previsioni del tempo.** 5

Hallo Freunde,
..........................................................................................................................
..........................................................................................................................
..........................................................................................................................
..................................

Lessico 5 | Grammatica 20 | Produzione 5 | Hai totalizzato 30

Meno di 18 punti? Vai alle pagine successive!

# Noch einmal!

## Lessico

**1** **Scrivi le vocali che mancano. Inserisci poi articolo e plurale.**

1 ........... M__ __r, ......
2 ........... Bo__t__qu__, ......
3 ........... __ns__l, ......
4 ........... B__hnh__f, ......

**2** **Abbina le mete di vacanza.**

| | | | |
|---|---|---|---|
| 1 | ☐ fiume | a | die Insel, -n |
| 2 | ☐ campagna | b | das Meer, -e |
| 3 | ☐ isola | c | das Land, ¨-er |
| 4 | ☐ montagna | d | der Fluss, ¨-e |
| 5 | ☐ lago | e | der See, -n |
| 6 | ☐ mare | f | das Gebirge, - |

**3** **Scrivi l'attività giusta in tedesco.**

spazieren gehen • chillen • inlineskaten • in der Sonne liegen • baden • zelten • wandern • angeln • klettern • paddeln

1 essere sdraiato al sole
...............................................
2 fare campeggio
...............................................
3 pescare
...............................................
4 pagaiare
...............................................
5 fare il bagno
...............................................
6 rilassarsi
...............................................
7 fare escursioni
...............................................
8 andare sui pattini in linea
...............................................
9 arrampicare
...............................................
10 passeggiare
...............................................

## Grammatica

**4** **Inserisci la forma corretta dei verbi dati.**

fahren • wohnen • chillen • hören • treffen • bleiben

1 Ich .................. am Strand.
2 Ich .................. zu Hause.
3 Wir .................. an den See.
4 Herr Müller .................. in Köln.
5 Leo .................. zu Hause Musik.
6 Franzi .................. sich mit Paula am Marktplatz.

**5** **Inserisci *in, an, neben, vor, hinter.***

1 Das ist meine Strasse. Ich wohne .................. der Bernerstrasse, .................. der Schweiz. .................. der Strasse sind viele Geschäfte. .................. der Ecke ist auch ein Restaurant. .................. (*davanti / dietro a*) meinen Haus ist ein Park. Ich treffe mich immer mit meinen Freunden .................. dem Park.
2 .................. dem Bahnhof gibt es ein Infobüro für Touristen.
3 ● Wo ist Tina?
▲ .................. (*vicino a*) ihrem Vater.

**6** **Inserisci *in, auf, an.***

1 Maria will .................. die Schweiz fahren.
2 Jasper will .................. die Türkei, nach Istanbul fliegen.
3 Viele Deutsche fahren im Sommer .................. die Insel Rügen.
4 Die Schüler machen einen Ausflug .................. das Land.
5 Wir fliegen morgen .................. die USA.
6 Peter fährt immer .................. die Adria.

## 7 Completa con l'articolo al caso corretto: accusativo (moto a luogo) o dativo (stato in luogo).

Theo fährt jeden Sommer auf [1]..................... Insel Sylt. Seine Oma wohnt auf [2]..................... Insel. Ihr Haus liegt direkt an [3]..................... (= .....................) Meer. Theo geht jeden Tag an [4]..................... Strand. Er bleibt bis 14:00 Uhr an [5]..................... (= .....................) Strand. Am Nachmittag geht er in [6]..................... Garten. Er kann in [7]..................... (= .....................) Garten chillen und Musik hören oder lesen. Gegen 18:00 Uhr geht er nach Hause und isst mit seiner Oma zu Abend. Nach dem Abendbrot geht er noch in [8]..................... (= .....................) Zentrum und an [9]..................... (= .....................) Rathausplatz trifft er sich mit Freunden. Sie gehen manchmal in [10]..................... Eisdiele an [11]..................... Kreuzung und essen ein Eis oder sie gehen einfach spazieren. Spät am Abend ist er zu Hause.

## 8 Cambia l'ordine delle frasi, come nell'esempio.

1 Wenn ich müde bin, bleibe ich zu Hause.
*Ich bleibe zu Hause, wenn ich müde bin.*

2 Wenn das Wetter schlecht ist, können wir nicht ins Gebirge fahren.
..........................................................................
..........................................................................

3 Wenn du mich besuchen willst, komm heute Nachmittag!
..........................................................................
..........................................................................

4 Wenn die Temperatur bei 20°C ist, können wir baden!
..........................................................................
..........................................................................

5 Wenn es heiß ist, liege ich nicht gern in der Sonne.
..........................................................................
..........................................................................

6 Wenn du Lust hast, können wir ein Eis essen gehen.
..........................................................................
..........................................................................

## 9 Collega le frasi date con *wenn*, come nell'esempio.

1 Werner geht nach Hause. Es regnet.
*Werner geht nach Hause, wenn es regnet.*

2 Die Schüler können nach Hause gehen. Es ist sehr heiß.
..........................................................................
..........................................................................

3 Herr Hoffmann möchte eine Woche in Sizilien verbringen. Er hat Zeit.
..........................................................................
..........................................................................

4 Zu Weihnachten fährt Felicitas immer Ski. Es schneit.
..........................................................................
..........................................................................

5 Wir wollen ins Kino gehen. Ihr habt Lust.
..........................................................................
..........................................................................

6 Maren kann nicht an den Strand gehen. Es ist sehr windig und eiskalt.
..........................................................................
..........................................................................

## 10 Traduci sul quaderno.

1 Theodor abita a Kiel, al mattino va a scuola e al pomeriggio va sempre in spiaggia. Sa nuotare e fare vela. Rimane in spiaggia sino alle 18 e poi torna a casa.

2 Karen abita in campagna a Kappeln. Quando ha tempo, va a passeggiare al lago. Se il tempo è bello, prende il sole sulla riva. Purtroppo c'è spesso il vento e la temperatura è di 5 / 6°C. Se è molto freddo, va al caffè davanti al municipio e beve una tazza di tè, poi torna a casa.

# Produzione

## 11 Scrivi sul quaderno un dialogo in cui ti accordi con un amico o un'amica su come trascorrere le vacanze autunnali (*Herbstferien*). Fai proposte anche in base al tempo atmosferico e poi prendi una decisone (min. 10 battute).

# Ganz leicht!

## 1 Scrivi sotto ogni immagine il termine tedesco corrispondente.

das Krankenhaus, ¨-er | die Apotheke, -n | die Bäckerei, -en

die Eisdiele, -n | die Post | das Denkmal, ¨-er

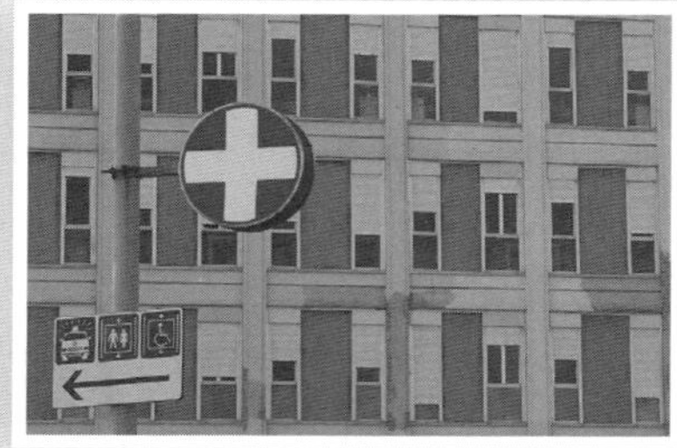

1 ..........................   2 ..........................   3 ..........................

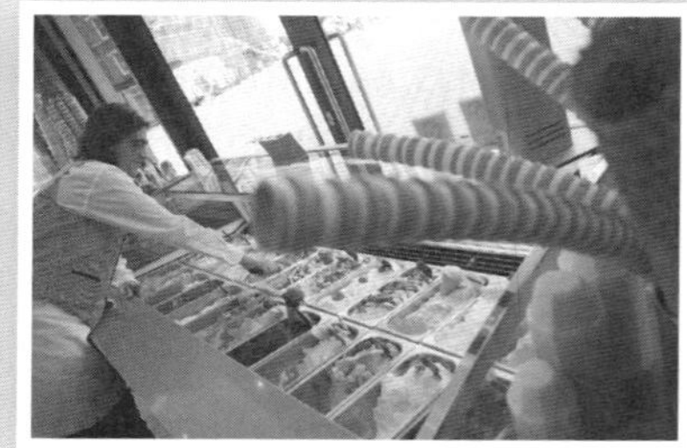

4 ..........................   5 ..........................   6 ..........................

## 2 Scegli la preposizione corretta.

1 Wie komme ich **zum** / **an der** **Bahnhof**?
2 **Zum** / **An der** Ampel musst du **nach** / **bis** **links** gehen und du bist schon **zur** / **am** **Bahnhof**.
3 **Am** /**In dem** **Marktplatz** gibt es ein Blumenladen.

## 3 Scrivi le frasi date al posto giusto.

Es ist windig. | Es regnet. | Es schneit.

Die Sonne scheint. | ~~Es ist bewölkt.~~

1  *Es ist bewölkt.*

2  ..........................

3  ..........................

4  ..........................

5  ..........................

## 4 Dove sono queste persone? Scrivi il luogo giusto sotto l'immagine.

| am Meer | ~~im Gebirge~~ | auf dem Land | am See | im Wald |
|---|---|---|---|---|

1 *im Gebirge*

2 ..............................

3 ..............................

4 ..............................

5 ..............................

## 5 Scegli dove stare o andare a seconda del tempo. Completa le frasi con le espressioni date: *ins Gebirge, ans Meer, zu Hause.*

1 Es **schneit.** Morgen fahren wir bestimmt .............................. zum **Skifahren.**
2 Es **regnet.** Ich **bleibe** heute .............................. und lese ein Buch.
3 Es ist **heiß**! Wir nehmen unsere **Badesachen** mit und gehen .............................. .

## 6 Rispondi oralmente in modo personale.

1 **Wohin** fährst du **im Sommer**? Ans **Meer** oder ins **Gebirge**?
2 Was machst du **im Gebirge**? Machst du **Wanderungen** oder **fährst du Ski**?
3 Was machst du **am Meer**? **Schwimmst du** oder **spielst du Beachvolleyball**?

Einheit 10

# 1 Wie war es im Urlaub?

**1** 046 ZUR EPISODE **Ascolta e leggi di nuovo le due e-mail a p. 64 del *Kursbuch* e completa il riassunto con le parole date.**

mit dem Fahrrad • seit • fürs • im Gebirge • hatte • war • bei • waren

Emma [1]........................ in den Ferien mit ihren Freunden [2]........................ . Sie waren [3]........................ unterwegs.
Annikas Familie fährt [4]........................ 2010 nach Bayern. Die Ferien [5]........................ ihrer Oma [6]........................ langweilig. Annika [7]........................ viel Zeit [8]........................ Lesen und Schlafen.

**2** 119 **Ascolta e completa le frasi con gli anni giusti. Poi prova a leggere.**

1999 = **neunzehn** + **hundert** + **neunundneunzig**
*ma*
2013 = **zwei** + **tausend** + **dreizehn**

1 Petras Oma fährt seit ........................ in die Alpen.
2 Ich fahre seit ........................ an die Nordsee.
3 Wir fahren seit ........................ nach Bayern.
4 Die Fischers fahren seit ........................ nach Spanien.
5 Stefan fährt seit ........................ in die Schweiz.

**3** **Rispondi personalmente indicando l'anno dove richiesto, come nell'esempio.**

1 Wann warst du zum ersten Mal am Meer?
*Ich war 2007 / im Jahr 2007 zum ersten Mal am Meer.*
2 Wann warst du letztes Mal im Gebirge?
..........................................................................
3 Wo warst du 2013?
..........................................................................
4 Wie waren deine letzten Ferien?
..........................................................................
5 Wann hattest du in den Ferien am meisten Spaß?
..........................................................................
6 Wann waren deine Ferien sehr langweilig?
..........................................................................

**4** 120 **Ascolta l'intervista e indica se le affermazioni sono vere o false.**

| | V | F |
|---|---|---|
| 1 Matthias war letztes Jahr im Sommer im Gebirge. | ☐ | ☐ |
| 2 Er mag Tiere. | ☐ | ☐ |
| 3 Er fährt seit 2 Jahren dorthin in Urlaub. | ☐ | ☐ |
| 4 Er war schon zweimal im Schloss von Ludwig von Bayern. | ☐ | ☐ |
| 5 Urlaub am Meer macht er gern, aber nur in Italien. | ☐ | ☐ |

**5** **Completa con le desinenze: *-en, -e, -es*.**

I **giorni**, i **mesi** e le **stagioni** sono di genere **maschile**;
***Jahr*** e ***Wochenende*** **sono** di genere **neutro**;
***Woche*** e ***Zeit*** sono **femminili**.

1 Letzt.......... Jahr war ich den ganzen Sommer zu Hause.
2 Wo warst du letzt.......... Woche?
3 Hattest du letzt.......... Sonntag am Meer Spaß?
4 Wohin fährst du nächst.......... Jahr in den Sommerferien?
5 Das Wetter war letzt.......... Juni im Gebirge sehr schlecht.
6 Wo warst du letzt.......... Wochenende?
7 Fährst du nächst.......... Freitag wieder an die Nordsee?

# 6 Forma frasi con il verbo *haben* al *Präteritum*.

1 Petra / Fieber
Petra hatte Fieber.
2 Jan / viel Spaß
..................................................................
3 wir / viele Hausaufgaben
..................................................................
4 Frau Meyer / Tante Irene zu Besuch
..................................................................
5 Loris / viel Zeit fürs Lesen
..................................................................
6 die Kinder / eine Bronchitis
..................................................................

# 7 Completa il testo con le forme di *haben* e *sein* al *Präteritum*.

Hallo Karin,
wie [1]................. deine Ferien? [2].................
du im Gebirge oder am Meer?
Ich [3]................. eine Woche bei meiner Tante am Meer, an der Adria, in Riccione.
Das Wetter [4]................. schön und ich [5]................. viel Spaß. Ich [6]................. den ganzen Tag am Strand.
Deshalb [7]................. ich keine Zeit für meine Hausaufgaben. Und jetzt muss ich täglich viele Stunden lernen.
[8]................. du auch viele Hausaufgaben in den Sommerferien?
Schreib mir bald!
Lena

# 8 Completa con l'espressione *keinen Spaß* o *viel Spaß haben* al *Präteritum*.

1 Am Meer war es immer sonnig.
Wir ................................................................ .
2 Im Gebirge war es kalt.
Meine Schwester ........................................ .
3 Wir waren auf dem Land. Es war langweilig.
Wir ................................................................ .
4 Meine Eltern waren in Spanien, aber das Hotel war nicht gut.
Sie ................................................................ .

# 9 Guarda l'immagine e scrivi una piccola storia con l'aiuto delle seguenti domande.

- Wo war Kai im Urlaub?
- Wie war das Wetter?
- Hatte er eine Sonnencreme dabei?
- Wie war er nach einem Tag?
- Hatte er viel Spaß im Urlaub?

..................................................................
..................................................................
..................................................................
..................................................................
..................................................................
..................................................................
..................................................................
..................................................................

## Quello che ho imparato
## Ora so dire...

L'estate scorsa sono stato/a al mare.
..................................................................
Vado in vacanza sul mare del Nord dal 2010.
..................................................................
Le vacanze in campagna sono state noiose.
..................................................................
Mi sono divertito/a molto in montagna.
..................................................................
Al mare non mi sono divertito/a. Il tempo era brutto.
..................................................................

# 2 Ich konnte nicht verreisen

## 1 049 ZUR EPISODE Ascolta di nuovo il dialogo a p. 66 del *Kursbuch* e completa con le parole date.

musste • konnte • hatte • konntest • wollte • war • los

**Lisa** Maxi, hey, was ist [1]........................?

**Maximilian** Ich [2]........................ einen Unfall beim Tennistraining. Das [3]........................ kurz vor den Ferien.

**Lisa** So ein Pech! Dann [4]........................ du im August nicht verreisen, oder?

**Maximilian** Nein, ich [5]........................ an die Nordsee fahren, aber das war unmöglich: Ich [6]........................ eine ganze Woche im Krankenhaus bleiben und [7]........................ danach nur mit Krücken gehen.

**Lisa** Oh, du Armer! Das tut mir wirklich leid!

## 2 Abbina.

1 ☐ Er hatte einen Unfall beim Tennistraining.
2 ☐ Er musste eine ganze Woche im Krankenhaus bleiben.
3 ☐ Das war kurz vor den Ferien.
4 ☐ Das tut mir wirklich leid.
5 ☐ So ein Pech!

a Che sfortuna!
b È successo poco prima delle ferie.
c Ha avuto un incidente durante l'allenamento di tennis.
d È dovuto rimanere in ospedale per una settimana intera.
e Mi dispiace davvero.

## 3 Completa con le forme di *müssen* al *Präteritum*.

1 Stefan ........................ eine Badehose und Sonnencreme kaufen.
2 Ich ........................ das Auto reparieren.
3 Meine Mutter und meine Schwester ........................ einkaufen gehen.
4 Ihr ........................ die Koffer packen.
5 Die Kinder ........................ ihre Spielsachen in eine Tasche tun.
6 ........................ du auch beim Kofferpacken mithelfen?
7 Petra ........................ die ganze Woche zu Hause bleiben.
8 ........................ ihr wieder Urlaub auf dem Land machen?

## 4 Completa con le forme dei verbi *wollen* e *können* al *Präteritum*.

1 Lisa ........................ mit ihren Freunden ans Meer, aber sie ........................ nicht. Ihre Mutter war krank.
2 Wir ........................ Trekking machen, aber wir ........................ nicht. Das Wetter war schlecht.
3 Ich ........................ eine Radtour machen, aber ich ........................ nicht. Mein Fahrrad war kaputt.
4 Die Krügers ........................ nach Italien fahren, aber sie ........................ nicht. Sie hatten einen Autounfall.
5 Und ihr? ........................ ihr nicht in die USA fliegen? ........................ ihr nicht New York besichtigen?
6 Petra ........................ nach Spanien fliegen, aber sie ........................ nicht. Die Flugtickets waren ausverkauft.
7 Zum Glück ........................ ihr an die Nordsee fahren. Ihr ........................ ja sehr schon lange surfen!

# 5 Completa il dialogo con le forme di *müssen, wollen, können* al *Präteritum.*

- ● Hallo, Martin, [1]......................... du Urlaub machen?
- ▲ Nein, ich [2]......................... zu Hause bleiben, leider.
- ● Was ist denn passiert?
- ▲ Ich hatte einen Unfall mit meinem Fahrrad.
- ● Oh, das tut mir leid! [3]......................... du ins Krankenhaus gehen?
- ▲ Nein, aber ich war am Arm und Bein verletzt und [4]......................... eine Woche einen Verband tragen, und du weißt, ich [5]......................... ja ans Meer fahren.
- ● Hm, ich verstehe. [6]......................... du dann gar nicht baden oder in der Sonne liegen?
- ▲ Nein, ich [7]......................... nur im Bett liegen, lesen und fernsehen. Das war sehr langweilig! Aber wie war deine Radtour mit Tim?
- ● Super! Wir [8]......................... vier Tage lang von Lübeck nach Kappeln radeln. Es war kalt und windig, aber zum Glück [9]......................... wir trotzdem unsere Radtour machen!

# 6 Guarda le immagini e racconta la storia di Alena. Utilizza i verbi ausiliari e i modali al *Präteritum.*

1 nach Sylt fahren

2 dort surfen

3 bei Oma wohnen

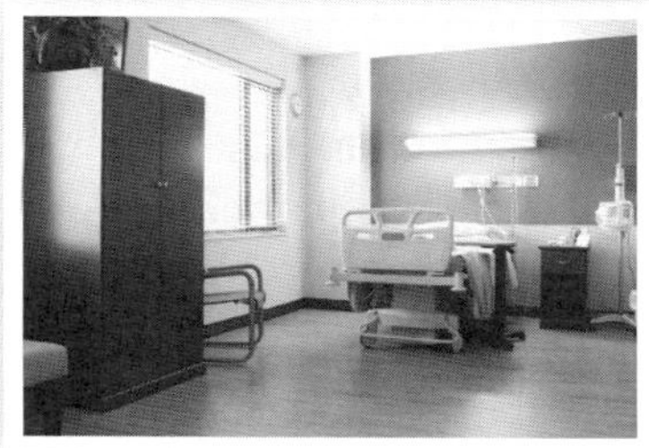

4 Oma im Krankenhaus

5 nicht verreisen

6 eine Radtour mit Max machen

Alena wollte schon seit Monaten in den Sommerferien nach Sylt fahren...

Zum Glück konnte auch ihr Freund Max nicht verreisen. Da hatte Alena eine Idee...

## Quello che ho imparato
## *Ora so dire...*

- ● Che cosa succede?

..........................................................................................

- ▲ Ho avuto un incidente e non sono potuto/a partire.

..........................................................................................

Mia madre era in ospedale e sono dovuto/a stare a casa.

..........................................................................................

Volevo fare trekking, ma il tempo era molto brutto.

..........................................................................................

# Ich bin nach England gefahren

## 1

051 ZUR EPISODE **Ascolta di nuovo il dialogo a p. 68 del *Kursbuch* e completa il riassunto con le parole date.**

vor • war • zurückgekommen • verbracht • vor einer Woche • besucht (2x) • gewohnt • am Meer • Monat

Mesut hat seine Ferien [1]............................. in Italien und in der Sächsischen Schweiz [2]............................. . Er ist [3]............................. zwei Tagen [4]............................. . Claudia [5]............................. einen [6]............................. in England und hat einen Sprachkurs [7]............................. . Sie hat bei ihrer Cousine [8]............................. . Peter aus London ist [9]............................. nach Italien gekommen und hat sie [10]............................. .

## 2

121 **a. Quando sono tornati dalle vacanze? Ascolta e abbina.**

| | |
|---|---|
| 1 ☐ Markus | a vor zwei Tagen |
| 2 ☐ Lina | b vor drei Tagen |
| 3 ☐ Tobias und Lukas | c vor einem Monat |
| 4 ☐ Martin | d vor fünf Tagen |
| 5 ☐ Sophie | e vor einer Woche |

121 **b. Riascolta e completa con le informazioni dell'esercizio 2a e le località.**

1 Markus ist ............................. aus dem Urlaub zurückgekommen. Er war auf ............................. .
2 Lina ist ............................. nach Hause gekommen. Sie war in ............................. .
3 Tobias und Lukas sind ............................. aus ihrem Urlaub in ............................. zurückgeflogen.
4 Martin ist ............................. aus ............................. zurückgekommen.
5 Sophie war die erste Woche in den Sommerferien auf ............................. . Sie ist schon ............................. zurückgekommen.

## 3

**Costruisci il participio passato di questi verbi regolari, come nell'esempio.**

***ge-* + radice infinito + *-t***
**(*-et* se la radice termina in *-t* / *-d*)**

1 machen *gemacht*
2 spielen .................................
3 tanzen .................................
4 antworten .................................
5 arbeiten .................................

**senza *ge-* con i verbi in *-ieren***

6 organisieren *organisiert*
7 studieren .................................
8 komponieren .................................
9 kontaktieren .................................
10 musizieren .................................

**senza *ge-* con i prefissi inseparabili**

11 besuchen *besucht*
12 verreisen .................................
13 besichtigen .................................
14 erzählen .................................

***-ge-* tra prefisso separabile e verbo**

15 kennenlernen .................................

## 4

**Completa le frasi con i participi dati.**

gefahren • geflogen • geschwommen • gekommen • gegangen • zurückgekommen

1 Bist du in die USA .........................?
2 Wann bist du aus dem Urlaub .....................?
3 Bist du oft tanzen .........................?
4 Meine Tante aus Australien ist gestern zu Besuch ......................... .
5 Mein Vater ist in den Ferien mit dem Auto von Hamburg nach Rom ......................... .
6 Seid ihr jeden Tag im Meer .........................?

## 5 Ricostruisci le frasi e scrivile sul quaderno.

Avverbi e/o complementi di **tempo precedono** sempre quelli di **luogo**. Il **participio passato** va sempre **in fondo** alla frase.

1 Maren / ist / gefahren / gestern / nach Griechenland
2 Vor einer Woche / wir / sind / zurückgekommen / aus unserem Urlaub auf Sardinien
3 Wir / haben / kennengelernt / viele nette Leute / im Hotel
4 Meine Eltern / haben / auf Sylt / auch 2010 / Urlaub gemacht
5 Wir / sind / nach Kreta / vor einem Monat / geflogen

## 6 Completa con l'ausiliare corretto.

1 Max ...................... jeden Tag schwimmen gegangen.
2 Erika und Sarah ...................... gestern Trekking gemacht.
3 Wir ...................... vor einer Stunde aus dem Urlaub zurückgekommen.
4 Meine Eltern ...................... Florenz besichtigt.
5 Wohin ...................... ihr in den Ferien geflogen?

## 7 Descrivi le immagini con il *Perfekt*.

1 Marion hat in den Ferien getanzt.
2 Peter ............................................................ .
3 Tim und Leo ................................................ .
4 Frau Lange ................................................ .

## 8 Scegli una risposta, poi scrivi sul quaderno delle frasi complete con gli elementi che hai scelto.

1 Wo hast du die Ferien verbracht?
- a ☐ Am Meer.
- b ☐ Im Gebirge.
- c ☐ Auf dem Land.

2 Wie bist du dorthin gefahren?
- a ☐ Mit dem Zug.
- b ☐ Mit dem Bus.
- c ☐ Mit dem Auto.

3 Wo hast du gewohnt?
- a ☐ Im Hotel.
- b ☐ In einer Wohnung.
- c ☐ Im Wohnwagen.

4 Wie lange hast du dort Urlaub gemacht?
- a ☐ Eine Woche.
- b ☐ 14 Tage.
- c ☐ Einen Monat.

5 Was hast du in den Ferien gemacht? Ich habe...
- a ☐ in der Disko getanzt.
- b ☐ Städte besichtigt.
- c ☐ Leute kennengelernt.

6 Ich bin...
- a ☐ lange geschwommen.
- b ☐ im Gebirge gewandert.
- c ☐ ins Ausland gefahren.

### Quello che ho imparato
## *Ora so dire...*

Ho trascorso le vacanze al mare.

..............................................................................................

Ho nuotato ogni giorno e alla sera sono andato/a a ballare con i miei amici.

..............................................................................................

..............................................................................................

Sono tornato/a due giorni fa dalle vacanze.

..............................................................................................

# 4 Wo warst du gestern?

**1** 053 **ZUR EPISODE** **Ascolta di nuovo il dialogo a p. 70 del *Kursbuch* e completa con le forme del *Perfekt* dei seguenti verbi: *anrufen, bleiben, singen, essen, schlafen, tanzen, aufstehen, zurückkommen.***

**Markus** Hey, Jakob! Wo warst du gestern?
**Jakob** Hallo, Markus. Ich war zu Hause, ich 1............. aber sehr spät ............................. . Gestern 2............. ich bis 15:00 Uhr ............................. .
**Markus** Warum 3............. du so lange im Bett .............................?
**Jakob** Ich 4............. erst in der Nacht aus dem Urlaub ............................. und war sehr müde. Äh, habe ich etwas verpasst?
**Markus** Ja! Ich 5............. dich oft ............................., aber dein Handy war aus. Am Nachmittag waren wir bei Petra. Sie ist 14 Jahre alt geworden und hat eine Party organisiert. Wir 6............. ............................., 7............................. und 8............................. . Es war toll!
**Jakob** Oh, so ein Pech!

**2** **Rispondi con frasi complete.**

1 Warum ist Jakob spät aufgestanden?
..................................................................
..................................................................

2 Was hat Markus gestern oft gemacht?
..................................................................
..................................................................

3 Wie hat Markus den Nachmittag verbracht?
..................................................................
..................................................................

4 Warum hat Petra eine Party organisiert?
..................................................................
..................................................................

**3** **a. Disegna sul quaderno una tabella e inserisci tutti i participi dell'esercizio 1 dividendoli in base all'ausiliare, come nell'esempio. Poi scrivi anche il *Perfekt* di *sein, passieren, schwimmen, wandern, reisen, fahren, gehen, fliegen*.**

| sein | haben |
|---|---|
| bin ... aufgestanden<br>.................................... | habe ... geschlafen<br>.................................... |

**b. Rispondi.**

1 Che cosa esprimono la maggior parte dei verbi che formano il *Perfekt* con *sein*?
2 Quali di questi verbi costituiscono un'eccezione? Studiali a memoria!

**4** **Completa il testo con le seguenti forme del *Perfekt*.**

hat ... getroffen • sind ... geblieben • sind ... gegangen • hat ... gefrühstückt • ist ... aufgestanden • haben ... genommen • ist ... gefahren • sind ... gefahren • haben ... gebadet • hat ... mitgenommen • haben ... gegessen

Tina 1........... am Sonntag früh ................., denn sie wollte mit ihren Freunden einen Ausflug machen. Sie 2........... schnell ................., sie 3........... ein paar Brötchen für das Picknick ................. und 4........... mit dem Fahrrad zur Fähre ................. . Dort 5........... sie sich mit ihren Freunden ................. . Sie 6........... die Fähre nach Amrum ................. und sie 7........... den ganzen Tag am Strand ................. . Sie 8........... im Meer ................., sie 9........... dort ihre Brötchen ................. und sie 10........... dann um 17:00 Uhr mit der Fähre wieder nach Hause ................. . Sie 11........... sehr früh ins Bett ................., denn sie waren sehr müde.

## 5 Descrivi sul quaderno la giornata sfortunata di Lukas. Utilizza le espressioni date, aggiungendo informazioni a piacere.

~~spät aufgestanden~~ • den Bus verpasst • Freundin nicht getroffen • Handy verloren • spät nach Hause gekommen • Eltern wütend geworden • Hausarrest bekommen

Lukas ist gestern spät aufgestanden, ..................
..................................................................
..................................................................
..................................................................
..................................................................

## 6 Che cosa hanno fatto ieri queste persone? Guarda le immagini e completa con le forme dei verbi dati al *Perfekt*.

arbeiten • ~~schlafen~~ • Rad fahren • tanzen • schwimmen gehen • bleiben • Volleyball spielen • fernsehen • fliegen • lernen

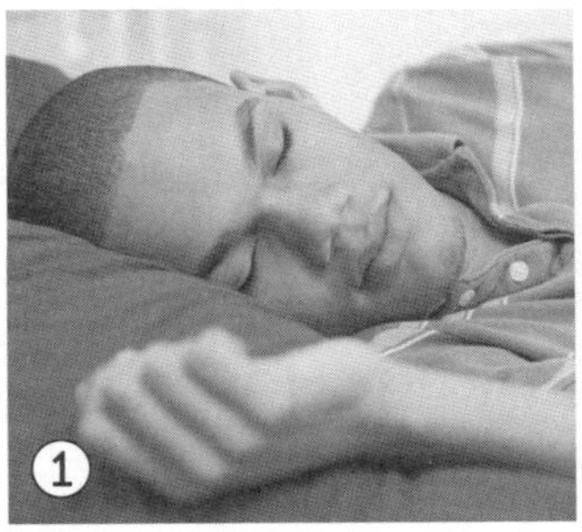
1

2

3

4

5

6

7

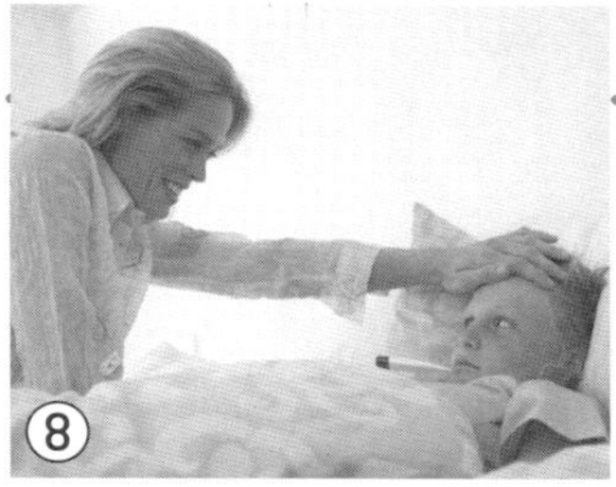
8

9

10

1 Stefan hat gestern bis 12 Uhr geschlafen.
2 Lisa ..........................................................
3 Tim und Theo ..............................................
4 Lukas .........................................................
5 Martina ......................................................
6 Herr Fischer ................................................
7 Tina ...........................................................
8 Thomas ......................................................
9 Marlen .......................................................
10 Max .........................................................

## 7 122 Ascolta e indica se le affermazioni sono vere o false.

| | V | F |
|---|---|---|
| 1 Christian hat gestern Fußball gespielt. | ☐ | ☐ |
| 2 Er hatte Magenschmerzen. | ☐ | ☐ |
| 3 Tim hat sich mit Lisa getroffen. | ☐ | ☐ |
| 4 Lisas Tante hat sie besucht. | ☐ | ☐ |
| 5 Tim hat den ganzen Nachmittag ferngesehen. | ☐ | ☐ |

### Quello che ho imparato
## Ora so dire...

Ieri mi sono alzato/a, ho fatto colazione, ma non sono andato/a a scuola perché era domenica. Ho passato la giornata con i miei amici. Sono andato/a con loro al parco e ho giocato a calcio. Poi sono tornato/a a casa, ho cenato presto, ho visto la TV fino alle 22 e sono andato/a a letto.

..................................................................
..................................................................
..................................................................
..................................................................
..................................................................

## Il *Präteritum* dei verbi *sein*, *haben* e dei modali

**1** ★ **Scrivi per ogni frase il verbo indicato al *Präteritum*.**

1 Ich (*bin*) ........................ am Meer.
2 Mein Vater (*muss*) ........................ auch im August arbeiten.
3 Wir (*haben*) ........................ keine Ferien.
4 (*Wollt*) ........................ ihr ins Gebirge fahren?
5 Wie (*kannst*) ........................ du so gut schwimmen?
6 Meine Mutter (*kann*) ........................ nicht mitfahren.

**2** ★★ **Inserisci nelle frasi i seguenti verbi al *Präteritum*.**

hattet • war (2x) • musstest • wollte • konnten • wart • hatte • durftet • musste • hatten

1 Wir ........................ viel Spaß.
2 ........................ du den ganzen Tag lernen?
3 Ich ........................ Fieber.
4 Meine Oma ........................ in den Ferien immer zu Hause arbeiten.
5 ........................ ihr in den Ferien abends nicht ausgehen?
6 Ich ........................ in den Ferien immer froh.
7 Petra ........................ ans Meer fahren, aber ihre Eltern ........................ nicht.
8 ........................ ihr einen Monat im Gebirge?
9 Greta ........................ in den Ferien bei ihrer Tante auf dem Land.
10 ........................ ihr viele Hausaufgaben in den Ferien?

## Il *Perfekt*: il participio passato dei verbi regolari

**3** ★ **Scegli la forma corretta del participio passato.**

Il **participio** dei **verbi regolari** termina in ***-t***; ***ge-*** non compare con i verbi che iniziano con: *be-*, *ge-*, *emp-*, *ent-*, *miss-*, *ver-*, *zer-*.

1 Mein Vater hat auch in den Ferien *gearbeit / gearbeitet*.
2 Tante Lina hat uns am 1. August *besucht / gebesucht*.
3 Sonja und Markus haben eine Grillparty *georganisiert / organisiert*.
4 Meine Mutter hat mit mir den Partykeller *aufräumt / aufgeräumt*.
5 Meine Eltern sind *verreist / vergereist*.
6 Du hast nicht auf meine E-Mail *antwortet / geantwortet*.

**4** ★★ **In queste frasi mancano i participi dei seguenti verbi: *kontrollieren, baden, machen, verreisen, spielen*. Scrivili al posto giusto.**

1 Was hast du in den Ferien ........................?
2 Habt ihr in den Ferien auch Fußball ........................?
3 Wohin sind deine Eltern letztes Jahr ........................?
4 Hast du die Landungszeit ........................?
5 Habt ihr auch bei 24°C in der Ostsee ........................?

## Il *Perfekt*: il participio passato dei verbi irregolari e misti

**5** ★ **Ordina i verbi nella tabella in base alla vocale che hanno al participio.**

| | | | |
|---|---|---|---|
| anrufen | hat ... angerufen | aufstehen | ist ... aufgestanden |
| lesen | hat ... gelesen | bleiben | ist ... geblieben |
| singen | hat ... gesungen | fahren | ist ... gefahren |
| trinken | hat ... getrunken | kommen | ist ... gekommen |
| essen | hat ... gegessen | fliegen | ist ... geflogen |
| nehmen | hat ... genommen | gehen | ist ... gegangen |
| verbringen | hat ... verbracht | werden | ist ... geworden |

| -e- | -ie- | -a- | -o- | -u- |
|---|---|---|---|---|
| gelesen | geblieben | gefahren | gekommen | getrunken |
| | | | | |

**6** ★ **Scegli l'ausiliare: *sein* o *haben*?**

1 Wir *sind / haben* uns in London getroffen.
2 Wir *sind / haben* viel gelesen.
3 Meine Familie *ist / hat* nach Paris gefahren.
4 Die Reise *ist / hat* 8 Stunden gedauert.
5 Ich *habe / bin* gestern geschwommen.

**7** ★★ **Costruisci 5 frasi con queste parole sparse. Per aiutarti, sotto trovi la loro traduzione in italiano.**

sind | Petra | ihre Ferien | in die USA | Meine Eltern | hat | geblieben. | Wir | geflogen. | gelesen? | verbracht. | Ich | zu Hause | immer | du | früh | am Meer | sind | bin | Hast | aufgestanden. | viel | im Urlaub

1 Petra ha trascorso le sue vacanze al mare.
..................................................................
..................................................................
2 Siamo andati (in aereo) negli Stati Uniti.
..................................................................
..................................................................
3 I miei genitori sono rimasti a casa.
..................................................................
..................................................................
4 Mi sono alzato sempre presto.
..................................................................
..................................................................
5 Hai letto molto in vacanza?
..................................................................
..................................................................

## Il complemento di tempo: *in, vor, seit + Dativ*

**8** ★ **Scrivi delle frasi sul quaderno mettendo in ordine le parole.**

Prima il tempo, poi il luogo.
Ich bin **seit einer Stunde** zu Hause.

1 Ich / bin / geflogen / nach Griechenland / vor einem Monat
2 Meine Eltern / fahren / nach Bayern / seit 5 Jahren / immer
3 Meine Freunde / nach Italien / sind / vor einer Woche / verreist
4 Wir / haben / gemacht / auf Sizilien / Urlaub / letztes Jahr
5 Markus / hat / in der Schweiz / letzten Sommer / Urlaub / gemacht

**9** ★ **Inserisci le desinenze *-en, -e, -es*.**

1 Letzt.......... Woche ist mein Onkel aus dem Urlaub zurückgekommen.
2 Letzt.......... Jahr hat es im Sommer viel geregnet.
3 Wohin fahrt ihr nächst.......... Sommer in Urlaub?
4 Letzt.......... Wochenende war ich an der Nordsee.

**10** ★★ **Inserisci le preposizioni *seit, in, vor* e gli articoli *einer, einem*.**

1 Katrin ist ......................... ............ Woche zurückgekommen.
2 Lukas fliegt ......................... ............ Monat nach Australien.
3 Wir sind ......................... ............ Tag wieder zu Hause.
4 Wirst du ......................... ............ Monat 14 Jahre alt?
5 Ich bin schon ......................... ............ Monat 14 geworden.

# Vokabeltraining

## Erzählen

**1** **Ripassa le espressioni di tempo legate al passato. Scrivi la traduzione italiana e poi componi una frase per ogni espressione, così da memorizzare sempre le espressioni in un contesto significativo per te.**

1 gestern ........................................
2 vorgestern ........................................
3 letztes Jahr ........................................
4 letzten Sommer ........................................
5 letzte Woche ........................................
6 seit 1998 ........................................
7 seit 2010 ........................................
8 seit einem Jahr ........................................
9 seit einem Monat ........................................
10 seit einer Woche ........................................
11 vor einer Woche ........................................
12 vor einem Monat ........................................
13 vor zwei Tagen ........................................
14 vor einem Jahr ........................................

**2** **a. Ripassa i verbi e le espressioni che ti servono per descrivere una vacanza al mare. Completa l'elenco aggiungendone almeno 3.**

1 ans Meer fahren / gehen
2 an den Strand gehen
3 baden
4 schwimmen
5 braun werden
6 ..................................................
7 ..................................................
8 ..................................................

**b. Ripassa i verbi e le espressioni che ti servono per descrivere una vacanza in campagna e /o in montagna. Completa l'elenco aggiungendone almeno 4.**

1 aufs Land fahren
2 ins Gebirge gehen
3 eine Radtour machen
4 wandern
5 ..................................................
6 ..................................................
7 ..................................................
8 ..................................................

**3** **Fai un elenco di almeno 3 contrattempi che possono succedere in vacanza e scrivi delle frasi al *Perfekt* o al *Präteritum* come nell'esempio.**

1 einen Unfall haben — Ich hatte einen Unfall.
2 .................................................. ..................................................
3 .................................................. ..................................................
4 .................................................. ..................................................

**4** **Ecco un elenco di verbi che esprimono azioni quotidiane. Mettili in ordine dal mattino alla sera, poi descrivi la tua giornata una volta al presente e una volta al *Perfekt*.**

- Hausaufgaben machen
- lernen
- tanzen gehen
- Sport treiben
- sich mit den Freunden treffen
- aufstehen
- essen
- duschen
- den Bus nehmen
- sich anziehen
- ins Bett gehen
- frühstücken
- zur Schule gehen / fahren
- mit den Freunden ausgehen
- schlafen

Ich stehe immer um 6:30 Uhr auf.

Letzten Sommer bin ich immer um 9:00 Uhr aufgestanden.

# Teste deine Sprachkenntnisse!

## Lessico

**1** **Scrivi l'infinito e il *Perfekt* dei seguenti verbi, come nell'esempio.** 5

1 fare *machen, hat … gemacht*
2 andare a piedi ..........
3 lavorare ..........
4 trascorrere ..........
5 viaggiare ..........
6 mangiare ..........

## Grammatica

**2** **Completa con *war, hatten, musste, wollte, konnte*.** 5

1 Meine Mutter .......... bei meiner Tante im Urlaub.
2 Ich .......... ans Meer fahren, aber ich .......... nicht.
3 Wir .......... nicht viel Spaß im Gebirge.
4 Kevin .......... den ganzen Tag lernen.

**3** **Rispondi con le forme del *Perfekt*, come nell'esempio.** 4

1 Fährst du nächste Woche in Urlaub? *Nein, ich bin schon in Urlaub gefahren.*
2 Siehst du jetzt fern? ..........
3 Gehst du später schwimmen? ..........
4 Besuchst du deine Tante heute? ..........
5 Verbringst du die Ferien am Meer? ..........

**4** **Inserisci nel testo le desinenze opportune (D / A).** 6

1 Martina ist letzt.......... Jahr nach Kanada geflogen.
2 In ein.......... Monat kommt sie zurück.
3 Sie hat vor ein.......... Woche geschrieben.
4 Die Schule ist seit ein.......... Woche aus.
5 In 14 Tage.......... fährt sie mit ihrer Gastfamilie in Urlaub.
6 Sie fliegt nächst.......... Sommer bestimmt wieder nach Kanada.

## Produzione

**5** **Descrivi una vacanza passata con i seguenti verbi al *Perfekt* e / o al *Präteritum*.** 10

sein • verbringen • fahren • wohnen • aufstehen • gehen • lesen • baden • tanzen • haben

..........
..........
..........
..........

Lessico ___ 5 Grammatica ___ 15 Produzione ___ 10 Hai totalizzato ___ 30

Meno di 18 punti? Vai alle pagine successive!

# Noch einmal!

## Lessico

**1** **Scrivi il significato italiano dei seguenti verbi e il participio con l'ausiliare. Aiutati con il glossario.**

| | | | |
|---|---|---|---|
| 1 | *fare il bagno* | baden | *hat … gebadet* |
| 2 | ............................................. | schwimmen gehen | ............................................. |
| 3 | ............................................. | Wanderungen machen | ............................................. |
| 4 | ............................................. | werden | ............................................. |
| 5 | ............................................. | regnen | ............................................. |
| 6 | ............................................. | passieren | ............................................. |
| 7 | ............................................. | aufstehen | ............................................. |
| 8 | ............................................. | verbringen | ............................................. |

**2** **Abbina le espressioni italiane alle corrispondenti tedesche e imparale a memoria.**

1 ☐ Sono andato/a al mare.
2 ☐ Sono andato/a in montagna.
3 ☐ Ho fatto dei giri in bici.
4 ☐ Ho trascorso le vacanze in Italia.
5 ☐ Ho visitato molte città.
6 ☐ Mi sono alzato/a tardi.
7 ☐ Mi sono divertito/a.
8 ☐ Il tempo è stato bello.

a Ich habe viele Städte besichtigt.
b Ich bin ans Meer gefahren.
c Ich bin ins Gebirge gefahren.
d Ich hatte Spaß.
e Das Wetter war schön.
f Ich habe Radtouren gemacht.
g Ich habe die Ferien in Italien verbracht.
h Ich bin spät aufgestanden.

## Grammatica

**3** **Completa le forme dei verbi ausiliari e modali al *Präteritum*.**

| | haben | sein | müssen | können | wollen |
|---|---|---|---|---|---|
| 1 du | hattest | .......................... | musstest | .......................... | wolltest |
| 2 er | .......................... | war | .......................... | konnte | .......................... |
| 3 wir | hatten | .......................... | .......................... | .......................... | .......................... |
| 4 ihr | .......................... | .......................... | musstet | .......................... | wolltet |
| 5 sie | .......................... | waren | mussten | .......................... | wollten |

**4** **Con l'aiuto dello schema dell'esercizio 3, inserisci le forme corrette dei verbi.**

1 Lea und Timo (*dovevano*) ......................... viel lernen.
2 Du (*potevi*) ......................... mich anrufen.
3 Meine Familie (*era*) ......................... auf Sizilien.
4 (*Volevate*) ......................... ihr lieber ins Gebirge fahren?
5 Martina (*aveva*) ......................... Fieber.
6 Meine Schwester (*dovette*) ......................... zu Hause bleiben.

**5** **a. Scrivi i participi dei seguenti verbi regolari.**

**senza *ge-* + radice + *-t***

1 passieren ............................................
2 organisieren ............................................
3 besuchen ............................................
4 besichtigen ............................................
5 verreisen ............................................

**con *ge-* + radice + *-t* / *-et***

6 spielen ............................................
7 tanzen ............................................
8 arbeiten ............................................
9 baden ............................................
10 regnen ............................................

**b. Aiutandoti con i verbi dell'esercizio 5a inserisci i participi che mancano.**

1 Hey Franz, du hast ein Gipsbein! Was ist dir ............................?
2 Lukas, wann hast du Tante Emma ............................?
3 Ich habe oft Volleyball ............................ .
4 Habt ihr oft im Meer ............................?
5 Wann hat es im Gebirge ............................?
6 Hast du in den Ferien abends oft ............................?

## 6 Completa con i participi di questi verbi irregolari. Aiutati con il glossario.

| | | |
|---|---|---|
| 1 | singen | gesungen |
| 2 | trinken | .................................. |
| 3 | geben | gegeben |
| 4 | essen | .................................. |
| 5 | lesen | .................................. |
| 6 | nehmen | genommen |
| 7 | werden | .................................. |
| 8 | fahren | gefahren |
| 9 | anrufen | .................................. |
| 10 | kommen | .................................. |
| 11 | verstehen | verstanden |
| 12 | aufstehen | .................................. |
| 13 | gehen | .................................. |
| 14 | fliegen | .................................. |
| 15 | bleiben | .................................. |

## 7 Traduci le forme verbali. Fai attenzione agli ausiliari.

Solo i verbi di **moto intransitivi** e ***bleiben***, ***aufstehen***, ***sein***, ***passieren***, ***werden*** **hanno** l'ausiliare ***sein***!

1 abbiamo cantato ..........................................
2 avete letto ..........................................
3 sono andato ..........................................
4 hanno telefonato ..........................................
5 lei ha compiuto 12 anni ..........................................
6 lui ha mangiato ..........................................
7 avete preso ..........................................

## 8 Completa le frasi con il *Perfekt dei verbi* tra parentesi.

Wir [1]......................... früh ......................... (*aufstehen*). Dann [2]......................... wir ans Meer ......................... (*gehen*). Wir [3]......................... den ganzen Tag dort ......................... (*verbringen*). Es [4]......................... nicht ......................... (*regnen*). Deshalb [5]......................... wir auch am Nachmittag am Strand ......................... (*bleiben*). Wir [6]......................... müde, aber froh nach Hause ......................... (*zurückkommen*).

## 9 Riscrivi le frasi inserendo al posto giusto il complemento di tempo fra parentesi.

1 Ich bin ans Meer gefahren. (*vor einer Woche*)
2 Hast du im Gebirge Urlaub gemacht? (*letztes Jahr*)
3 Bist du mit Erika schwimmen gegangen? (*letztes Wochenende*)
4 Ist Tante Irene zu Besuch gekommen? (*vor einem Monat*)

# Produzione

## 10 Scrivi un'e-mail al/la tuo/a corrispondente sulle tue vacanze completando le frasi liberamente.

**An:**
**Betreff:**

Hallo ......................,
wie geht's dir? Heute bin ich aus ...................... (*luogo*) zurückgekommen. Ich ...................... (*di' se ti sei divertito/a*). Ich war ...................... (*tempo*) dort. Das Wetter ...................... und ich ...................... jeden Tag ...................... (*di' quello che hai fatto*).
Abends bin ich mit meinen Freunden ................................................................................................
Wo hast du deine Ferien verbracht? ...................... (*Chiedi se si è divertito/a*)
Antworte mir bald!
Liebe Grüße
......................

# Ganz leicht!

**1** **Indica la forma corretta del verbo al *Präteritum*.**

1 Ich war / warst bei meiner Tante im Gebirge.
2 Mein Vater wolltet / wollte ins Gebirge fahren.
3 Ich konntet / konnte nicht mitfahren.
4 Ich hatte / habe Fieber.
5 Ich müsst / musste auch im Sommer Hausaufgaben machen!

**2** **Inserisci l'ausiliare giusto: *HAT* o *IST*?**

1 gehen ........... gegangen
2 machen ........... gemacht
3 arbeiten ........... gearbeitet
4 lernen ........... gelernt
5 essen ........... gegessen
6 aufstehen ........... aufgestanden

**3** **Costruisci il dialogo con le frasi date. Aiutati leggendo prima la traduzione.**

● **Wo** ~~hast du deine Ferien verbracht?~~

● **Was** hast du am Meer gemacht?

▲ Ich bin **ans Meer** gefahren.

● **Wie** war **das Wetter**?

▲ **Schön**! Nur einmal hat es geregnet.

▲ Ich habe **gebadet** und **Beachvolleyball gespielt.**

● **Dove** hai trascorso le tue **vacanze**?
***Wo hast du deine Ferien verbracht?***
▲ Sono andata al **mare.** ..............................................
● Come era il **tempo**? ..............................................
▲ **Bello**! Ha piovuto solo una volta. ..............................................
● **Che cosa** hai fatto al mare? ..............................................
▲ Ho fatto **il bagno** e ho **giocato a beach volley.**
..............................................

## 4 Abbina italiano e tedesco.

1 ☐ letzt**es** Jahr
2 ☐ vor ein**em** Tag
3 ☐ letzte Woche
4 ☐ seit ein**em** Monat

**a** la scorsa settimana
**b** da un mese
**c** l'anno scorso
**d** un giorno fa

## 5 Rispondi personalmente.

1 **Wo** hast du die letzten **Ferien** verbracht?
☐ Am **Meer.**
☐ Im **Gebirge.**
☐ Auf dem **Land.**
☐ ...........

2 **Mit wem** warst du dort?
☐ **Mit** meinen **Eltern.**
☐ **Mit** meinen **Freunden.**
☐ **Mit** meinen **Großeltern.**
☐ ...........

3 **Wie** bist du dorthin **gefahren**?
☐ **Mit** dem **Zug.**
☐ **Mit** dem **Bus.**
☐ **Mit** dem **Auto.**
☐ ...........

4 **Wo** hast du **gewohnt**?
☐ Im **Hotel.**
☐ In einer **Wohnung.**
☐ Im **Wohnwagen.**
☐ ...........

5 **Wie lange** hast du dort Urlaub gemacht?
☐ Eine **Woche.**
☐ 14 **Tage.**
☐ Einen **Monat.**
☐ ...........

6 Was hast du in den Ferien gemacht?
**Ich bin...**
☐ im **Meer geschwommen.**
☐ im **Gebirge gewandert.**
☐ ins **Ausland gefahren.**
☐ ...........
**Ich habe...**
☐ in der **Disko getanzt.**
☐ **Städte besichtigt.**
☐ nette **Leute kennengelernt.**
☐ **Bücher gelesen.**
☐ ...........

7 Hattest du **Spaß**?
☐ Ja, ich hatte **viel Spaß**!
☐ Nein, es war **sehr langweilig**!
☐ ...........

# 1 Berlin

**1** 063 **ZUR EPISODE** **Ascolta di nuovo il dialogo a p. 82 del *Kursbuch* e completa.**

1 Die Schüler fahren in einer Woche nach ......................... .
2 Julian möchte gerne viel über die ......................... und die ......................... erfahren, weil er sich für ......................... Berlins interessiert.
3 Die Schüler können das DDR-......................... und das Mauermuseum am Checkpoint Charlie besichtigen.
4 Stefan findet die Museen sehr ..................... .

**2** 063 **Ascolta ancora e abbina domande e risposte.**

1 ☐ Warum fahren die Schüler nach Berlin?
2 ☐ Warum möchte Julian sich über die Mauer und die DDR informieren?
3 ☐ Warum wollen sie die Museen besichtigen?

a Weil er Geschichte interessant findet.
b Weil die Museen sehr interessant sind.
c Weil sie auf Klassenreise fahren.

**3** **Scrivi il nome sotto ogni immagine.**

das Brandenburger Tor • der Fernsehturm • die Mauer

1 .........................................................................

2 .........................................................................

3 .........................................................................

**4** **Abbina i nomi dei luoghi di Berlino alla traduzione italiana.**

1 ☐ das Brandenburger Tor
2 ☐ das Schloss Charlottenburg
3 ☐ das Denkmal für die ermordeten Juden Europas
4 ☐ der Fernsehturm
5 ☐ der Potsdamer Platz
6 ☐ das Mauermuseum
7 ☐ der Reichstag mit der Glaskuppel
8 ☐ der Tiergarten
9 ☐ die Museumsinsel

a l'isola dei musei
b il museo del muro
c la torre della televisione
d il Parlamento con la cupola di vetro
e il parco *Tiergarten*
f la Porta di Brandeburgo
g il castello di Charlottenburg
h la piazza Potsdam
i il monumento agli ebrei uccisi

## 5 Scrivi le risposte date al posto giusto.

- Weil er ein großer Park ist.
- Weil die Mauer viele Jahre Berlin geteilt hat.
- Weil sie dort ganz Berlin von oben sehen können.
- Weil sie das Sony Center sehen wollen.
- Weil Berlin die Hauptstadt Deutschlands ist.

1 Warum besichtigen viele Touristen Berlin?
..............................................................................
..............................................................................

2 Warum wollen viele auf den Fernsehturm gehen?
..............................................................................
..............................................................................

3 Warum ist der Tiergarten so interessant?
..............................................................................
..............................................................................

4 Warum ist das Mauermuseum so wichtig?
..............................................................................
..............................................................................

5 Warum gehen die Schüler zum Potsdamer Platz?
..............................................................................
..............................................................................

## 6 Costruisci le frasi con *weil*.

1 Die East Side Gallery ist sehr wichtig, weil
..............................................................................
..............................................................................
(*sie / ist / das letzte Stück der Berliner Mauer*).

2 Sie ist in der ganzen Welt bekannt, weil
..............................................................................
..............................................................................
(*bemalt haben / Künstler aus der ganzen Welt / sie*).

3 Sie ist die längste Open-Air-Galerie der Welt, weil ..............................................................
..............................................................................
(*ein Kilometer lang / sie / ist*).

4 Die Stadt Berlin hat sie nur teils renoviert, weil ..............................................................
..............................................................................
(*hat / die Stadt / nicht mehr so viel Geld*).

5 2013 wollte man diese Galerie in einen anderen Stadtteil stellen, weil [5]..................
..............................................................................
..............................................................................
(*exklusive Häuser / man / wollte / hier / bauen*).

6 Aber die Berliner haben protestiert, weil
..............................................................................
(*sie / waren / dagegen*).

## 7 123 Ascolta il dialogo e completa con le parole date.

im Hotel bleibt • ausgehen will • tragen will • kombinieren will • läuft

Tina nimmt viele Schuhe mit, weil sie den ganzen Tag durch Berlin [1]................................ und weil sie nicht immer dieselben Schuhe [2]........................................ . Außerdem mag sie Mode sehr und braucht viele Schuhe, weil sie sie mit ihren T-Shirts und Pullovern [3]........................................ .
Sie hat viele Klamotten mitgenommen, weil sie am Abend [4]........................................ . Aber Julian meint, sie darf wahrscheinlich nicht ausgehen, weil Herr Böhm am Abend [5]...................................., und die Schüler auch!

### Quello che ho imparato
## *Ora so dire...*

Voglio andare a Berlino, perché voglio vedere il museo del muro al Checkpoint Charlie.
..............................................................................
..............................................................................

Jakob vuole mangiare una salsiccia al curry perché è la specialità di Berlino.
..............................................................................
..............................................................................

Il viaggio a Berlino è stato molto interessante, perché ora gli studenti hanno capito meglio la storia di Berlino.
..............................................................................
..............................................................................
..............................................................................

# Kreuzberg

**1** 066 ZUR EPISODE **Ascolta di nuovo il dialogo a p. 84 del *Kursbuch* e scrivi al posto giusto le risposte date.**

- Weil viele Künstler hier wohnen.
- Weil es in Deutschland viel Arbeit gab.
- Viele Polen, Franzosen, Italiener, Chinesen und Russen wohnen hier.
- Weil sie hier eine Arbeit gefunden haben.
- Sie sind nach dem Zweiten Weltkrieg gekommen.

1 Warum leben so viele Türken in Kreuzberg?
.............................................
.............................................

2 Wann sind sie nach Deutschland gekommen?
.............................................
.............................................

3 Warum sind sie nach Deutschland gekommen?
.............................................
.............................................

4 Wer wohnt jetzt in Kreuzberg?
.............................................
.............................................

5 Warum ist das Viertel sehr „in"?
.............................................
.............................................

**2 Completa utilizzando le informazioni dell'esercizio 1.**

1 Julian weiß, dass viele Türken ..................
............................................. .

2 Herr Böhm erklärt, dass die Türken ..........
............................................. .

3 Er sagt auch, dass es ..................
............................................. .

4 Er meint, dass hier viele ..................
............................................. .

5 Er weiß auch, dass ..................
............................................. .

**3 Riferisci che cosa dicono queste persone. Costruisci frasi con *dass*.**

Ich möchte gern die Lokale in Kreuzberg sehen.

Ich will unbedingt in Berlin studieren und in Kreuzberg wohnen.

In Kreuzberg sind schon viele Studenten.

Kreuzberg hat viele soziale Probleme.

Ich habe im Sommer mit meinen Eltern Berlin und auch Kreuzberg besichtigt.

1 Martina sagt, dass ..................
............................................. .

2 Thomas meint, dass ..................
.............................................
............................................. .

3 Kai weiß, dass schon ..................
............................................. .

4 Verena erklärt, dass Kreuzberg ..................
............................................. .

5 Sari sagt, dass sie im Sommer ..................
.............................................
............................................. .

## 4 Abbina a ogni capitale il nome della nazione corrispondente.

| | | | |
|---|---|---|---|
| 1 | ☐ Tunis | a | Italien |
| 2 | ☐ Rom | b | Tunesien |
| 3 | ☐ Paris | c | Polen |
| 4 | ☐ Warschau | d | Russland |
| 5 | ☐ Peking | e | Griechenland |
| 6 | ☐ Moskau | f | China |
| 7 | ☐ Tirana | g | Albanien |
| 8 | ☐ Athen | h | die Türkei |
| 9 | ☐ Ankara | i | Frankreich |

## 5 124 Completa la tabella, poi ascolta e controlla.

| | |
|---|---|
| 1 Marokko | M der Marokkaner, -<br>F die Marokkanerin, -nen |
| 2 Tunesien | M der Tunesier, -<br>F .................................. |
| 3 Albanien | M ..................................<br>F die Albanerin, -nen |
| 4 die Türkei | M der Türke, -n<br>F .................................. |
| 5 Frankreich | M der Franzose, -n<br>F die Französin, -nen |
| 6 Italien | M ..................................<br>F die Italienerin, -nen |
| 7 Polen | M der Pole, -n<br>F .................................. |
| 8 Griechenland | M der Grieche, -n<br>F .................................. |
| 9 Russland | M ..................................<br>F die Russin, -nen |
| 10 China | M der Chinese, -n<br>F .................................. |

## 6 Leggi il dialogo e riferisci.

**Karen** Irina, bist du Deutsche?

**Irina** Ja, ich bin hier in Berlin geboren, meine Mutter ist Deutsche, aber mein Vater ist Pole.

**Karen** Wann ist er nach Berlin gekommen?

**Irina** Er ist 1990 nach Berlin gekommen, weil er hier eine gute Arbeit gefunden hat.

**Karen** Ach so!

Irina sagt Karin, dass sie [1]...............................
........................................................................ .
Sie erklärt, dass ihr Vater [2]..............................
........................................................................ .
Sie weiß, dass ihr Vater 1990 [3]........................
............................................. und dass er eine gute Arbeit [4] ................................................ .

## 7 Scrivi sul quaderno un breve testo sugli stranieri in Italia seguendo l'esempio.

- Wo wohnen sie? Woher kommen sie?
- Warum sind sie nach Italien gekommen?
- Sind auch ihre Familien hier?
- Kennst du Ausländer? Woher kommen sie?
- Wie fühlen sie sich in Italien?

In Italien sind heute viele Ausländer. Sie wohnen vor allem ............................................ Sie sind hierher gekommen, weil sie ........................................................................ . Ihre Familien sind ......................... . Ihre Kinder sind oft in Italien ............................................ ............................................ . Ich kenne ........................................................................ .

### Quello che ho imparato
## Ora so dire...

Tina sa che a Kreuzberg vivono molti stranieri: cinesi, italiani, francesi, russi, polacchi e turchi.

........................................................................

........................................................................

Julian sa che Kreuzberg è multiculturale, multicolore e "in".

........................................................................

........................................................................

Herr Böhm spiega che molti turchi sono venuti in Germania dopo la Seconda Guerra Mondiale.

........................................................................

........................................................................

Eva dice che sua madre è tedesca e suo padre è russo.

........................................................................

........................................................................

Zum Schluss

# 3 Dort war die Berliner Mauer

**1** 068 **ZUR EPISODE Ascolta di nuovo il professor Böhm a p. 86 del *Kursbuch* e completa.**

Die Schüler und der Lehrer nehmen [1]................................ . An der [2].............................. Gleisdreieck steigen sie [3]................................... um. Am Potsdamer Platz nehmen die die [4].............................. und fahren nur eine Station. Sie [5]................................... am Brandenburger Tor ................ . Da war die Berliner [6]................................... .

**2 Con quali mezzi si può visitare Berlino? Completa con articolo e plurale e abbina.**

1 ☐ bicitaxi
2 ☐ taxi
3 ☐ metropolitana
4 ☐ servizio ferroviario suburbano
5 ☐ segway

a ........... S-Bahn, ......
b ........... U-Bahn, ......
c ........... Segway, ......
d ........... Taxi, ......
e ........... Velotaxi, ......

**3 Rispondi consigliando il mezzo di trasporto da prendere suggerito dall'immagine.**

1 ● Entschuldigung, wie komme ich zum Marktplatz?
▲ Fahren Sie mit der U-Bahnlinie 3 dorthin!

2 ● Entschuldigung, wie komme ich zum Brandenburger Tor?
▲ ..................................................... dorthin!

3 ● Entschuldigung, wie komme ich zum Fernsehturm?
▲ ..................................................... dorthin!

4 ● Entschuldigung, wie komme ich zum Reichstag?
▲ ..................................................... dorthin!

5 ● Entschuldigung, wie komme ich zum Checkpoint Charlie?
▲ ..................................................... dorthin!

**4 Salgo, scendo o cambio? Ricostruisci le frasi, aiutandoti con la traduzione in italiano.**

Ich steige • an der zweiten Station • am Alexanderplatz • in die U2 • Eva steigt • Wir steigen • ein. • an der ersten Station • in der Friedrichstraße • aus. • um. • an der zweiten Station • Ich steige um und steige • aus.

1 ......................................................................
......................................................................
(*Cambio e salgo sulla U2 alla prima stazione.*)

2 ......................................................................
......................................................................
(*Eva cambia alla seconda stazione.*)

3 ......................................................................
......................................................................
(*Scendo alla seconda stazione, a Alexanderplatz.*)

4 ......................................................................
......................................................................
(*Scendiamo in Friedrichstraße.*)

## 5 [125] Ricostruisci le frasi del dialogo, poi ascolta e controlla.

- ● Welche / nehmen / müssen / wir / U-Bahnlinie?

1 ..............................

- ▲ Wir / in die U9 / einsteigen / am Potsdamer Platz / müssen.

2 ..............................

- ● Stationen / Wie / viele / wir / müssen / fahren?

3 ..............................

- ▲ Stationen / Drei.

4 ..............................

- ● an der dritten Station / Also / aus / steigen / wir?

5 ..............................

- ▲ wir / Ja, / aber / steigen / um / in die U4.

6 ..............................

- ● Station / An der siebten / wir / steigen / in der / aus / Herbertstraße / . / Dort / Paul / wir / treffen.

7 ..............................

## 6 [126] Ascolta e scegli a, b oppure c.

**Dialog 1**

1 Wo treffen sich Ina und Ingrid morgen?
- a ☐ Am Flughafen.
- b ☐ Am Potsdamer Platz.
- c ☐ Am Hauptbahnhof.

2 Wie fährt Ina dorthin?
- a ☐ Sie nimmt die S2 bis zum Potsdamer Platz, dann steigt sie in die U2 um.
- b ☐ Sie steigt in die S9 zum Alexanderplatz ein und fährt dann mit der U2 bis zum Potsdamer Platz.
- c ☐ Sie nimmt die S9 und die U2 bis zum Alexanderplatz.

**Dialog 2**

3 Was weiß Ina nicht mehr?
- a ☐ Die S-Bahnlinie zum Alexanderplatz.
- b ☐ Die U-Bahnlinie zum Potsdamer Platz.
- c ☐ Die Buslinie zum Bahnhof.

**Dialog 3**

4 Wann und wo treffen sich die Freundinnen morgen?
- a ☐ Um 22:00 Uhr am Flughafen.
- b ☐ Um 10:00 Uhr am Flughafen.
- c ☐ Um 10:00 Uhr am Potsdamer Platz.

## 7 Completa con i suggerimenti dati.

1 ● Entschuldigung, wie kann ich ins Zentrum kommen?

▲ ..............................

..............................

*(U3 nehmen, 4. Station aussteigen)*

2 ● Steigen wir in die S3 ein und steigen wir am Domplatz um.

▲ ..............................

..............................

*(gut, U2 nehmen, 2. Station in der Schillerstraße aussteigen)*

● Wo steigen wir aus?

▲ ..............................

..............................

*(Schillerstraße)*

## 8 Segui le indicazioni e costruisci il percorso di Sophie da Domplatz fino alla stazione.

- Domplatz – U-Bahnlinie 1, in Richtung Rathaus
- 3 Stationen – U-Bahnlinie 2, in Richtung Nationalbibliothek
- Bus 12 zum Schloss
- 5 Minuten zu Fuß bis zur Straßenbahnhaltestelle
- Straßenbahn 2 zum Bahnhof

Sophie muss am Domplatz die U-Bahnlinie 1 in Richtung Rathaus nehmen...

### Quello che ho imparato
## Ora so dire...

Come posso arrivare in piazza del Duomo?

..............................

Sali sulla linea due della metropolitana.

..............................

Scendi alla terza fermata, alla stazione centrale.

..............................

Cambia e sali sulla S4.

..............................

# Als Deutschland geteilt war...

## 1

071 ZUR EPISODE **a. Ascolta di nuovo il dialogo a p. 88 del *Kursbuch* e indica vero (V) o falso (F).**

| | V | F |
|---|---|---|
| 1 Im Jahr 1961 ist die Mauer gefallen. | ☐ | ☐ |
| 2 Man hat die Mauer gebaut, als der Krieg 1945 zu Ende war. | ☐ | ☐ |
| 3 Viele Westberliner wollten nach Ostberlin gehen. | ☐ | ☐ |
| 4 Als viele Ostdeutsche die DDR verlassen wollten, baute man die Mauer. | ☐ | ☐ |
| 5 1989 ist der Westblock zerfallen. | ☐ | ☐ |
| 6 1989 ist die Mauer gefallen. | ☐ | ☐ |
| 7 1990 hat die Wiedervereinigung stattgefunden. | ☐ | ☐ |
| 8 Das war am 30. Oktober 1990. | ☐ | ☐ |

**b. Scrivi l'avvenimento corrispondente a ogni data.**

die deutsche Wiedervereinigung • der Mauerfall • der Bau der Berliner Mauer

1 1961 ..........................................................
2 1989 ..........................................................
3 1990 ..........................................................

## 2

**Riscrivi unendo le frasi con *als*, come nell'esempio.**

1 Die Schüler haben die Geschichte Deutschlands besser verstanden. Sie waren in Berlin.
*Die Schüler haben die Geschichte Deutschlands besser verstanden, als sie in Berlin waren.*

2 Die Schüler haben die U-Bahn genommen. Sie wollten zum Mauermuseum fahren.
..........................................................
..........................................................
..........................................................

3 Sie haben die Fotos von der Flucht aus der DDR gesehen. Sie waren im Mauermuseum.
..........................................................
..........................................................
..........................................................

4 Die Berliner haben geweint. Die Soldaten haben die Mauer gebaut.
..........................................................
..........................................................
..........................................................

## 3

**La storia della signora Henneke. Costruisci le frasi con *als*.**

1 Frau Henneke konnte jeden Tag ihre Freundin in Westberlin sehen (*10 Jahre alt*).
*Als Frau Henneke 10 Jahre alt war, sie jeden Tag ihre Freundin in Westberlin sehen.*

2 Man hat die Mauer gebaut (*11 Jahre alt*).
..........................................................
..........................................................

3 Sie durfte für einen Tag nach Westberlin fahren (*30 Jahre alt*).
..........................................................
..........................................................

4 Die Mauer ist gefallen (*39 Jahre alt*).
..........................................................
..........................................................

5 Sie hat ihre erste Reise mit ihrer Freundin nach London gemacht (*41 Jahre alt*).
..........................................................
..........................................................

# 4 Inserisci l'articolo, poi completa la traduzione.

1 der Bürger, - cittadino
2 .............. Siegermacht, ¨-e
.................................... vincitrice
3 .............. Besatzungszone, -n
.................................... di occupazione
4 .............. Zweite Weltkrieg
Seconda Guerra ....................................
5 .............. DDR
RDT (........................................................)
6 .............. BRD
RFT (........................................................)
7 .............. Regierung, -en
....................................
8 .............. Kalte Krieg
guerra ....................................

# 5 La storia del muro di Berlino. Unisci le frasi con *als*, come nell'esempio.

1 Die Siegermächte haben Deutschland in vier Besatzungszonen eingeteilt.
Der Krieg war zu Ende.
*Die Siegermächte haben Deutschland in vier Besatzungszonen eingeteilt, als der Krieg zu Ende war.*
2 Die DDR und die BRD sind entstanden.
Der Kalte Krieg war da.
..................................................................
..................................................................
3 Die DDR war unter der Kontrolle der Sowjetunion. Deutschland war geteilt.
..................................................................
..................................................................
4 Die BRD war unter der Kontrolle der Westalliierten. Die Siegermächte haben Deutschland geteilt.
..................................................................
..................................................................
5 Man hat die Mauer gebaut. Viele Ostdeutsche wollten in den Westen gehen.
..................................................................
..................................................................
6 Viele Ostdeutsche wollten die DDR verlassen. Das Leben in der BRD war besser geworden.
..................................................................
..................................................................
7 Das Leben in Berlin war sehr traurig.
Die Mauer war da.
..................................................................
..................................................................
8 Viele DDR-Bürger sind nach Westberlin gefahren. Die Mauer ist gefallen.
..................................................................
..................................................................

# 6 Rispondi scrivendo cinque frasi relative alla tua storia personale.

Rad fahren • Englisch sprechen • schwimmen • in die Grundschule gehen • Hausaufgaben machen • abends ausgehen • ein neues Handy • viele Computerspiele • in die Disko gehen

Was konntest / musstest / durftest du, als du (5 / 6 / 10 / 11 / 12) Jahre alt warst?
1 ..................................................................
..................................................................
2 ..................................................................
..................................................................
3 ..................................................................
..................................................................
4 ..................................................................
..................................................................
5 ..................................................................
..................................................................

## Quello che ho imparato
## *Ora so dire...*

Quando c'era il muro, molti tedeschi dell'Est volevano lasciare la DDR.
..................................................................
..................................................................
Molti non poterono più andare nella BRD, perché la Germania era divisa e perché si era costruito il muro.
..................................................................
..................................................................
La riunificazione tedesca ha avuto luogo il 3.10.1990.
..................................................................
..................................................................

# Grammatiktraining

## La secondaria causale introdotta da *weil*

! Le frasi introdotte da ***weil, dass*** e ***als*** vogliono il verbo in fondo.

**1** ★ **Riscrivi le frasi sul quaderno mettendole in ordine.**

1 Julian ist in die USA geflogen, weil / einen Kurs / in New York / wollte / besuchen / er
2 Meine Eltern haben eine Reise nach Berlin organisiert, weil / die Mauer / sie / wollten / sehen
3 Lara ist zum KaDeWe gegangen, weil / wollte / sie / sehen / das zweitgrößte Kaufhaus Europas
4 Jakob hat eine Currywurst gegessen, weil / Berlins / eine typische Spezialität / wollte / er / probieren
5 Die East Side Gallery ist sehr interessant, weil / das letzte Stück / ist / der Berliner Mauer / sie

**2** ★★ **Riscrivi unendo le frasi con *weil.***

1 Wir haben eine Reise nach Berlin gemacht. Wir wollten die Geschichte Berlins besser verstehen.
2 Die Schüler haben eine Reise organisiert. Sie hatten Ferien.
3 Martin ist zu Hause geblieben. Er musste zum Arzt gehen.
4 Frau Francke war traurig. Sie durfte nicht zu ihrer Cousine in Westberlin fahren.
5 Frau Francke war nach dem Mauerfall sehr glücklich. Sie durfte ihre Cousine wiedersehen.

**3** ★★★ **Completa le frasi.**

1 Rita geht heute zu Paula, weil .....................
.................................................................... .
(*vogliono studiare insieme*)
2 Theo möchte ins Kino gehen, weil ..............
.................................................................... .
(*vuole vedere il film "Avatar 2"*)
3 Zoe war letzten Sommer einen Monat in Freiburg, weil ..............................................
.................................................................... .
(*ha frequentato un corso di tedesco*)
4 Meine Eltern waren zwei Wochen in Deutschland, weil ................................
.................................................................... .
(*volevano visitare Bonn e Berlino*).
5 Warum bist du gestern nicht zu Tinas Party gekommen?
Weil ............................................................
.................................................................... .
(*dovevo ancora studiare storia*)

## La secondaria oggettiva introdotta da *dass*

**4** ★ **Completa le frasi con gli elementi indicati tra parentesi.**

1 Thomas hat gesagt, dass ............................
.................................................................... .
(*sehr interessant / die Tage in Berlin / waren*)
2 Wir wissen schon, dass ..............................
.................................................................... .
(*nicht / nach Berlin / sind / Ina und Karl / gefahren*)
3 Ich weiß, dass ...............................................
.................................................................... .
(*Herr Böhm / aufsteht / sehr früh*)

**5** ★★★ **Riformula le frasi con *sagen, erzählen, erklären, wissen* e *meinen* + *dass.* Attenzione a eventuali possessivi!**

1 Martina: „Meine Eltern waren 1970 in Ostberlin."
..................................................
..................................................
2 Sarah: „Zwei Familien sind mit dem Heißluftballon in den Westen geflohen."
..................................................
..................................................

3 **Verena:** „Viele Soldaten haben die Grenze kontrolliert.“

..........................................................

..........................................................

4 **Andreas:** „Viele Ostdeutsche sind bei der Flucht gestorben.“

..........................................................

..........................................................

5 **Rosa:** „Der Kalte Krieg hat das Leben von vielen Personen ruiniert!“

..........................................................

..........................................................

## La secondaria temporale introdotta da *als*

**6** ★ **Riscrivi mettendo in ordine dove occorre.**

Se il periodo inizia con la secondaria, la **principale** che segue inizia con **verbo** + **soggetto**.

1 Als Jakob und Alina waren in Berlin, das Wetter war immer sonnig.
2 Als Martinas Mutter hat die Fotos von Berlin gesehen, sie war sehr glücklich.
3 Als Martinas Oma hat gehört die Geschichte von der Flucht aus der DDR, sie war sehr traurig.
4 Als die Schüler zurückgekommen sind aus Berlin, sie hatten viele Informationen über die deutsche Geschichte.

**7** ★★ **Riscrivi le frasi unendole con *als*.**

1 Meine Oma hat die DDR verlassen. Man hat die Mauer gebaut.

..........................................................

..........................................................

2 Viele Türken haben eine Arbeit in Berlin gefunden. Sie sind nach dem Krieg nach Deutschland gekommen.

..........................................................

..........................................................

3 Alis Vater ist mit 10 Jahren nach Deutschland gekommen. Sein Opa wollte ein neues Leben beginnen.

..........................................................

..........................................................

4 Das Leben in Berlin war anders. Die Stadt war geteilt.

..........................................................

..........................................................

## Le preposizioni *in, an, aus* con i verbi *einsteigen, umsteigen* e *aussteigen*

**8** ★ **Abbina italiano e tedesco.**

1 ☐ Scendi dalla metropolitana alla terza fermata.
2 ☐ Sali sulla metropolitana alla terza fermata.
3 ☐ Cambia e prendi la metropolitana alla terza fermata.

a Steig an der 3. Station in die U-Bahn um!
b Steig an der 3. Station in die U-Bahn ein!
c Steig an der 3. Station aus der U-Bahn aus!

**9** ★★ **Completa con *in* oppure *an* + dativo.**

1 Du musst ...................... Bachstraße aussteigen!
2 Steig ...................... Potsdamer Platz ein!
3 Müssen wir ...................... 5. Station umsteigen?
4 Müssen wir ...................... Hauptbahnhof aussteigen?
5 Sie müssen ...................... Friedrichstraße aussteigen!

**10** ★★★ **Completa con *in* + accusativo o *aus* + dativo.**

1 Steig ...................... U1 ein!
2 Steig ...................... Bus am Hauptbahnhof aus!
3 Steigen wir sofort ...................... S9 um!
4 Du musst ...................... Bus 100 einsteigen!

# Vokabeltraining

## Nationalitäten

**1** **Completa con le vocali mancanti. Scrivi accanto il femminile.**

1 der Deutsch__, -n die ...........................
2 der Ch__n__s__, -n die ...........................
3 der Griech__, -n die ...........................
4 der T__rk__, -n die ...........................
5 der R__ss__, -n die ...........................
6 der __t__lien__r, - die ...........................

## Berlin

**2** **Scrivi i nomi dei monumenti di Berlino.**

das Mauermuseum • das Brandenburger Tor • die Glaskuppel • der Potsdamer Platz • der Fernsehturm • das Schloss Charlottenburg

1 ................................................

2 ................................................

3 ................................................

4 ................................................

5 ................................................

6 ................................................

**3** **Con quali mezzi puoi visitare Berlino? Traduci.**

1 bicitaxi ......................................................................
2 metropolitana ......................................................................
3 ferrovia suburbana ......................................................................
4 segway ......................................................................

**4** **La storia di Berlino. Abbina italiano e tedesco.**

1 ☐ la RDT
2 ☐ la RFT
3 ☐ la riunificazione
4 ☐ il muro
5 ☐ la caduta del muro
6 ☐ le forze vincitrici
7 ☐ la zona di occupazione
8 ☐ la costruzione del muro

a die Wiedervereinigung
b die Mauer
c die DDR
d der Mauerfall
e die Siegermächte
f die Besatzungszone
g der Mauerbau
h die BRD

# Teste deine Sprachkenntnisse!



## Lessico

**1 Completa scrivendo le vocali mancanti e l'articolo.** 8

1 ................ Kr__ __g
2 ................ Bürg__r
3 ................ T__ __l__ng
4 ................ Seh__nswürd__gkeit__n
5 ................ M__s__ums__nsel
6 ................ R__gi__r__ng
7 ................ Ma__erm__s__um
8 ................ Pl__tz

## Grammatica

**2 Completa i dialoghi con: *am* (x2), *an der, ein, in die, zum, aus, umsteigen*.** 8

1 ● Wie kommt man ...................... Potsdamer Platz?
▲ Steigen Sie in den Bus ......................!

2 ● Muss ich ...................... Hauptbahnhof ......................?
▲ Nein, Sie steigen hier ...................... U2 ...................... dritten Station ein. Steigen Sie dann ...................... Potsdamer Platz wieder ...................... .

**3 Inserisci *dass, weil* oppure *als*.** 6

1 Jetzt weiß ich, ................. die Mauer das Leben von vielen Deutschen zerstört hat.
2 Viele haben geweint, ................. man ihre Stadt in zwei Teile geteilt hat.
3 Viele haben die DDR verlassen, ................. sie keine Freiheit hatten.
4 Hast du gehört, ................. die Soldaten die Grenze kontrolliert haben?
5 ................. die zwei deutschen Staaten entstanden sind, war Deutschland in vier Zonen eingeteilt.
6 Bist du sicher, ................. 187 Nationalitäten in Berlin wohnen?

## Produzione

**4 Scrivi in tedesco il seguente percorso.** 4

Dobbiamo prendere la linea 1 della metropolitana, scendere ad Alexanderplatz, salire sulla S9 e scendere alla terza stazione.

..........................................................................................

..........................................................................................

**5 Racconta gli avvenimenti storici delle seguenti date.** 4

1961 ..........................................................................................
1990 ..........................................................................................

Lessico ___ 8 Grammatica ___ 14 Produzione ___ 8 Hai totalizzato ___ 30

**Meno di 18 punti? Vai alle pagine successive!**

# Noch einmal!

## Lessico

### 1 Scrivi l'articolo.

1 ........... Mauerfall
2 ........... Mauerbau
3 ........... Teilung
4 ........... Wiedervereinigung
5 ........... Krieg
6 ........... Potsdamer Platz
7 ........... Besatzungszone
8 ........... Regierung

### 2 Abbina italiano e tedesco e scrivi l'articolo.

1 ☐ castello
2 ☐ torre
3 ☐ museo
4 ☐ governo
5 ☐ cupola di vetro
6 ☐ bicitaxi
7 ☐ metropolitana
8 ☐ taxi
9 ☐ stazione della metro
10 ☐ fermata

a ........... Regierung
b ........... Glaskuppel
c ........... Schloss, ¨-er
d ........... Turm, ¨-e
e ........... Museum, Museen
f ........... Taxi, -s
g ........... U-Bahnstation, -en
h ........... Haltestelle, -n
i ........... U-Bahn, -en
j ........... Velotaxi, -s

### 3 Completa con l'articolo.

1 ........... Sehenswürdigkeit, -en
2 ........... DDR-Museum
3 ........... Fernsehturm
4 ........... Alexanderplatz
5 ........... Tiergarten
6 ........... Reichstag
7 ........... Brandenburger Tor

### 4 Rispondi indicando le nazionalità (al maschile plurale).

1 Wer wohnt in China? ...........................
2 Wer wohnt in der Türkei? ...........................
3 Wer wohnt in Italien? ...........................
4 Wer wohnt in Frankreich? ...........................

## Grammatica

### 5 Riscrivi le risposte con *weil* inserendo i verbi al posto giusto.

1 ● Warum hat Jakob einen so großen Hunger?
▲ (*Er ist früh aufgestanden.*)
Weil er früh aufgestanden ist.

2 ● Warum will Alina so viele Schuhe mitnehmen?
▲ (*Sie muss viel in Berlin laufen.*)
Weil sie ................................................ .

3 ● Warum will Jakob viel über Berlin wissen?
▲ (*Er interessiert sich für Geschichte.*)
Weil er ................................................ .

4 ● Warum hat Maria Schokolade im KaDeWe gekauft?
▲ (*Sie will ihrer Mutter ein Geschenk aus Berlin bringen.*)
Weil sie ................................................ .

5 ● Warum will Herr Böhm abends nicht ausgehen?
▲ (*Er ist sehr müde.*)
Weil er ................................................ .

### 6 Riscrivi mettendo i verbi della frase secondaria al posto giusto.

1 Kai ist sicher, dass er gekauft hat die Tickets.
................................................................
................................................................

2 Weiß Tina, dass Markus darf morgen nicht ins Kino kommen?
................................................................
................................................................

3 Sarah hat gehört, dass Markus eine Vier bekommen in Mathe hat.

..........................................................................

..........................................................................

4 Sein Vater hat ihm gesagt, dass er muss das ganze Wochenende zu Hause bleiben.

..........................................................................

..........................................................................

5 Daria erzählt, dass sie gefahren letzten Samstag ins Zentrum ist.

..........................................................................

..........................................................................

**7 Inizia il periodo con *als* e la frase fra parentesi. Attenzione alla posizione dei verbi.**

1 .........................................................................., konnte ich immer spielen. (*Ich war ein Kind.*)

2 .........................................................................., war meine Mutter 6 Jahre alt. (*Die Mauer ist gefallen.*)

3 .........................................................................., durfte ich abends nicht ausgehen. (*Ich war 12 Jahre alt.*)

4 .........................................................................., haben die Soldaten viele von ihnen getötet. (*Viele Ostdeutsche sind in den Westen geflohen.*)

**8 Riscrivi unendo le frasi fra parentesi con *dass, weil* oppure *als*.**

1 Wir sind nach Berlin gefahren, ....................
.......................................................................... .
(*Man hat die Wiedervereinigung gefeiert.*)

2 Heute gehen wir spazieren, ........................
.......................................................................... .
(*Die Sonne scheint!*)

3 Ina will auf den Fernsehturm steigen, ........
.......................................................................... .
(*Von dort oben kann man ganz Berlin sehen.*)

4 Ich weiß, ..........................................................
.......................................................................... .
(*Martina ist in Istanbul geboren.*)

5 Ich bin so müde, ..............................................
.......................................................................... .
(*Ich bin den ganzen Tag durch Berlin gelaufen.*)

**9 Scegli l'alternativa corretta.**

1 Olga muss jeden Tag die U4 nehmen, weil sie im Zentrum arbeitet. Sie geht zu Fuß *zum / zur* U-Bahnstation, steigt *in die / in den* U4 ein und steigt *an der / an die* sechsten Station *im / am* Domplatz aus.

2 Timo geht *in die / zur* Bushaltestelle und steigt *zum / in den* Bus 78 ein. Dann steigt er *an der / an dem* dritten Haltestelle *in den / in die* S6 um und steigt *an der / in der* Bonner Straße aus.

## Produzione

**10 Traduci.**

1 ● Perché scendi alla terza fermata?

..........................................................................

▲ Ma dove devo scendere?

..........................................................................

● Alla quarta fermata. Poi sali sulla metropolitana 8 e scendi in Kochstraße!

..........................................................................

..........................................................................

2 Miriam è nata a Berlino, ma suo padre è turco. Suo nonno è venuto in Germania nel 1960 perché voleva cercare un lavoro a Berlino.

..........................................................................

..........................................................................

..........................................................................

**11 Dillo in tedesco. Scrivi un breve testo sull'infanzia di Sarah mettendo insieme i suggerimenti in italiano, come nell'esempio.**

1 Sarah sapeva già parlare a un anno.
2 A 3 anni sapeva andare in bicicletta.
3 Sapeva già leggere a 4 anni.
4 A 5 anni sapeva nuotare.

Sarah konnte schon mit einem Jahr sprechen. / Als Sarah ein Jahr alt war, konnte sie schon sprechen...

# Ganz leicht!

## 1 Scrivi i nomi dei monumenti di Berlino sotto l'immagine giusta.

der Potsdamer Platz | ~~das Schloss Charlottenburg~~ | der Fernsehturm | das Brandenburger Tor | das Mauermuseum | die Glaskuppel

1 *das Schloss Charlottenburg*

2 ..............................

3 ..............................

4 ..............................

5 ..............................

6 ..............................

## 2 Completa le nazionalità; poi con il colore BLU sottolinea i nomi maschili, con il FUCSIA quelli femminili.

der Grieche | der Marokkaner | die Tunesierin | die Russin | die Türkin | der Franzose

| | | |
|---|---|---|
| **1 Marokko** | der Marokkaner | die Marokkanerin |
| **2 die Türkei** | der Türke | .............................. |
| **3 Frankreich** | .............................. | die Französin |
| **4 Griechenland** | .............................. | die Griechin |
| **5 Russland** | der Russe | .............................. |
| **6 Tunesien** | der Tunesier | .............................. |

## 3 Con quali mezzi si può visitare la città? Abbina.

1 ☐ con la **ferrovia suburbana**
2 ☐ con il **taxi**
3 ☐ con la **bicitaxi**
4 ☐ con la **metropolitana**

a mit dem **Velo-Taxi**
b mit der **U-Bahn**
c mit dem **Taxi**
d mit der **S-Bahn**

## 4 Completa il dialogo scrivendo le battute date nel giusto ordine.

- ● Wir fahren jetzt zum Potsdamer Platz!
- ▲ *4*
- ● Wir nehmen die **U-Bahnlinie 9**!
- ▲ ..........
- ● Nur **drei** Stationen!
- ▲ ..........
- ● Am **Fahrkartenautomat**. Ich habe die Fahrkarten aber schon gekauft!
- ▲ ..........
- ● Ja, steigen wir ein!

1 **Wo** kaufen wir die **Fahrkarten**?

2 Schnell, da **kommt der Zug**!

3 **Wie viele Stationen** müssen wir fahren?

4 **Welche U-Bahnlinie** müssen wir nehmen?

## 5 Abbina gli anni agli avvenimenti.

1 ☐ 1949 ...
2 ☐ 1961 ...
3 ☐ 1989 ...
4 ☐ 1990 ...

a hat die **Wiedervereinigung** stattgefunden.
b sind **die DDR** und **die BRD** entstanden.
c hat die DDR **die Mauer** in Berlin **gebaut**.
d ist **die Mauer gefallen**.

## 6 Completa l'intervista con il signor Herzog.

1 **Wo** waren Sie, als Sie **1960** sechs Jahre alt waren?
Ich war ***in Berlin***.

2 **Wo** war **Ihre Schule**?
Sie war ...................... .

3 **Hatten** Sie viele **Freunde**?
Ja, Karl war mein ...................... .

4 Konnten Sie **Karl oft sehen**?
Ja, ......................!

5 **Konnten** Sie **Karl** auch **sehen, als die Mauer da war**?
Nein, ich konnte Karl ...................... .

6 **Haben** Sie Karl **nicht mehr wieder gesehen**?
Doch, ...................... konnte ich Karl wieder sehen.
Wir waren so glücklich!

1990

~~in Berlin~~

nicht mehr sehen

bester Freund

jeden Tag

in Ostberlin

# Wortschatzliste

## A

das **Abendbrot, -e** cena

**Albanien** *n.pr.* Albania

der **Albaner, -** albanese (m)

die **Albanerin, -nen** albanese (f)

die **Allergie, -n** allergia

der **Alliierte, -n** alleato

die **Ampel, -n** semaforo

**angeln** (p.pass *geangelt*; aus. *haben*) *v.* pescare

**anmachen** (p.pass *angemacht*; aus. *haben*) *v.* accendere

**anprobieren** (p.pass. *anprobiert*; aus. *haben*) *v.* provare (*indumento*): ***Probiere die Shorts an!*** Prova i pantaloncini!

**anrufen + A**(p.pass. *angerufen*; aus. *haben*) *v.* telefonare

**anstrengend** faticoso

**antworten** (p.pass. *geantwortet*; aus. *haben*) *v.* rispondere

die **Apotheke, -n** farmacia

die **App, -s** app

**arbeiten** (*arbeitet*; p.pass *gearbeitet*; aus. *haben*) *v.* lavorare

**aufhören** (p.pass *aufgehört*; aus. *haben*) *v.* smettere

**aufladen** (*lädt … auf*; p.pass. *aufgeladen*; aus. *haben*) *v.* caricare, ricaricare

**aufstehen** (*steht … auf*; p.pass. *aufgestanden*; aus. *sein*) *v.* alzarsi: ***Bist du spät aufgestanden?*** Ti sei alzato/a tardi?

das **Auge, -n** occhio

der **Ausflug, ¨-e** gita: ***einen A. nach Berlin machen*** fare una gita a Berlino

**ausgeben** (*gibt … aus*; p.pass. *ausgegeben*; aus. *haben*) *v.* spendere: ***Wie viel Geld gibst du für Klamotten aus?*** Quanto spendi per i vestiti?

das **Ausland** estero

**ausrollen** (*rollt … aus*; p.pass. *ausgerollt*; aus. *haben*) *v.* spianare, stendere

**ausschalten** (*schaltet … aus*; p.pass. *ausgeschaltet*; aus. *haben*) *v.* spegnere

**aus sein** essere spento: ***Dein Handy war aus!*** Il tuo cellulare era spento!

**aussteigen** (*steigt … aus*; p.pass. *ausgestiegen*; aus. *sein*) *v.* scendere: ***Steig an der ersten Haltestelle aus!*** Scendi alla prima fermata!

**ausverkauft** esaurito (*di biglietti*)

der **Autounfall, ¨-e** incidente stradale

## B

**backen** (p.pass. *gebacken*; aus. *haben*) *v.* cuocere in forno o in padella: ***eine Torte b.*** fare una torta

die **Bäckerei, -en** panetteria

der **Backofen, ¨** forno: ***den B. anmachen*** accendere il forno; ***im B. backen*** cuocere al forno

die **Badehose, -n** costume da bagno (*maschile*)

**baden** (*badet*; p.pass. *gebadet*; aus. *haben*) *v.* fare il bagno

die **Badesachen (Pl)** roba per fare il bagno

der **Bahnhof, ¨-e** stazione

die **Ballerinas (Pl)** ballerine (*scarpe*)

die **Bank, -en** banca

der **Bauch** pancia: ***Der B. tut mir weh.*** La pancia mi fa male. / Ho mal di pancia.

die **Bauchschmerzen (Pl)** mal di pancia; ***B. haben*** avere mal di pancia

**Beachvolleyball spielen** giocare a beach volley

**bedeckt** coperto

**begleiten** (*begleitet*; p.pass *begleitet*; aus. *haben*) accompagnare: ***Ich begleite Sie!*** La accompagno!

das **Bein, -e** gamba

**bekommen** (p.pass. *bekommen*; aus. *haben*) *v.* ricevere

die **Besatzungszone, -n** zona di occupazione

**besichtigen** (p.pass. *besichtigt*; aus. *haben*) *v.* visitare (*luogo*)

**bestreichen** (p.pass. *bestrichen*; aus. *haben*) *v.* spalmare

der **Besuch, -e** visita: ***Morgen kommt Lisa zu B.*** Domani viene a trovarci Lisa; ***letzte Woche hatten wir unsere Oma zu B.*** la settimana scorsa la nonna è venuta a trovarci.

**besuchen** (p.pass. *besucht*; aus. *haben*) *v.* visitare (*persona*); frequentare (*corso*)

**bewölkt** nuvoloso

der **Bezirk, -e** distretto

das **Bild, -er** qui: quadro

**bleiben** (p.pass. *geblieben*; aus. *sein*) *v.* rimanere

die **Blinddarmentzündung** appendicite

der **Blumenladen, ¨** negozio di fiori

die **Bluse, -n** camicetta
der **Bonbon, -s** caramella
die **Boutique, -n** boutique
**braten** (*brät*; p.pass. *gebraten*; aus. *haben*) *v.* far arrostire
**braun werden** abbronzarsi
die **BRD (*Bundesrepublik Deutschland*)** RFT (*Repubblica Federale Tedesca*)
der **Brenner, -** masterizzatore
die **Briefmarke, -n** francobollo
**bringen** (p.pass. *gebracht*; aus. *haben*) *v.* portare
die **Bronchitis** bronchite
die **Buchhandlung, -en** libreria
die **Buchung, -en** prenotazione
der **Bus, -se** autobus

## C

das **Café, -s** caffè (*bar*)
der **Cartoon, -s** cartone animato
**chillen** (p.pass. *gechillt*; aus. *haben*) *v.* rilassarsi
**China** *n.pr.* Cina
der **Chinese, -n** cinese (m)
die **Chinesin, -nen** cinese (f)
der **Computer, -** computer: ***am C. arbeiten*** lavorare al computer
der **Computerfreak, -s** maniaco del computer
das **Computerspiel, -e** videogioco

## D

die **Datei, -en** file
**dauern** (p.pass *gedauert*; aus. *haben*) *v.* durare
***dazugeben*** (*gibt … dazu*; p.pass. *dazugegeben*; aus. *haben*) *v.* aggiungere: ***die Eier d.*** aggiungere le uova
die **DDR (*Deutsche Demokratische Republik*)** RDT (*Repubblica Democratica Tedesca*)
der **DDR-Bürger, -** cittadino della RDT
das **DDR-Museum** Museo della RDT
**denken** (p.pass. *gedacht*; aus. *haben*) *v.* pensare
das **Denkmal, ¨-er** monumento
**deshalb** per questo, perciò
die **Deutsche Teilung** la divisione tedesca
die **Disko, -s** / die **Diskothek, -en** discoteca
der **Dokumentarfilm, -e** documentario
der **Dom, -e** duomo
**doof** stupido
das **Dorf, ¨-er** paese, villaggio
**drucken** (p.pass *gedruckt*; aus. *haben*) *v.* stampare
der **Drucker, -** stampante
der **Durchfall** diarrea

## E

die **Ecke, -n** angolo
***eingeben*** (*gibt … ein*; p.pass. *eingegeben*; aus. *haben*) *v.* inserire: ***Gib „Rockmusik" in die Suchmaschine ein!*** Inserisci "Rock music" nel motore di ricerca!
***einschalten*** (*schaltet … ein*; p.pass. *eingeschaltet*; aus. *haben*) *v.* accendere
***einsteigen*** (*steigt … ein*; p.pass. *eingestiegen*; aus. *sein*) *v.* salire: ***Steig in die Straßenbahn 15 ein!*** Sali sul tram 15!
***einteilen* + in + A** (*teilt … ein*; p.pass *eingeteilt*; aus. *haben*) *v.* dividere, suddividere
die **Eisdiele, -n** gelateria
**eiskalt** freddo intenso
die **E-Mail, -s** e-mail: ***eine E. schicken*** inviare una e-mail
**entstehen** (p.pass. *entstanden*; aus. *sein*) *v.* nascere, sorgere
**erhitzen** (p.pass *erhitzt*; aus. *haben*) *v.* scaldare (*ad es. olio in padella*)
die **Erkältung** raffreddore
**erzählen** (p.pass. *erzählt*; aus. *haben*) *v.* raccontare
**essen** (*isst*; p.pass. *gegessen*; aus. *haben*) *v.* mangiare

## F

die **Fähre, -n** traghetto
**fahren** (*fährt*; p.pass. *gefahren*; aus. *sein*) *v.* andare (*con un mezzo*)
**fallen** (*fällt*; p.pass. *gefallen*; aus. *sein*) *v.* cadere
das **Ferienhaus, ¨-er** casa di villeggiatura
der **Fernsehturm, ¨-e** torre della televisione
**fertig** pronto

**fetten** (p.pass. *gefettet*; aus. *haben*) v. ungere

das **Fieber** febbre

der **Film, -e** film

**fit** in forma: ***Morgen wird du bestimmt wieder fit!*** Di sicuro domani sarai di nuovo in forma!

**fix und fertig sein** essere k.o., a pezzi

**fliegen** (p.pass. *geflogen*; aus. *sein*) v. volare; viaggiare in aereo

**fliehen** (p.pass. *geflohen*; aus. *sein*) v. fuggire: ***Viele sind in den Westen geflohen.*** Molti sono fuggiti all'Ovest.

der **Flohmarkt, ¨-e** mercato delle pulci: ***auf den F. gehen*** andare al mercato delle pulci

die **Flucht, -en** fuga: ***die F. in den Westen*** la fuga all'Ovest

der **Flug, ¨-e** volo

das **Flugticket, -s** biglietto aereo

der **Fluss, ¨-e** fiume

**folgen + D** (p.pass *gefolgt*; aus. *sein*) seguire: ***Folgen Sie mir!*** Mi segua!

**formen** (p.pass *geformt*; aus. *haben*) v. dare la forma di...

der **Fotoapparat, -e** macchina fotografica

**fragen** (p.pass *gefragt*; aus. *haben*) v. domandare, chiedere

**Frankreich** *n.pr.* Francia

der **Franzose, -n** francese (m)

die **Französin, -nen** francese (f)

die **Fremdsprache, -n** lingua straniera

**frühstücken** (p.pass *gefrühstückt*; aus. *haben*) v. fare colazione

der **Fuß, ¨-e** piede

der **Fußballplatz, ¨-e** campo di calcio

das **Fußballtraining, -s** allenamento di calcio

## G

**ganz** tutto, intero: ***die ganze Nacht*** tutta la notte; ***den ganzen Tag*** tutto il giorno

das **Gebäude, -n** edificio

das **Gebirge** montagna: ***ins G. fahren*** andare in montagna

**gehen** (p.pass. *gegangen*; aus. *sein*) v. andare (*a piedi*)

das **Geschäft, -e** negozio

das **Gipsbein, -e** gamba ingessata

die **Glaskuppel** cupola di vetro

die **Gluten-Intoleranz** intolleranza al glutine

**gratulieren** (p.pass. *gratuliert*; aus. *haben*) v. congratularsi: ***Ich gratuliere dir zu deinem neuen Job*** Mi congratulo per il nuovo lavoro

der **Grieche, -n** greco

**Griechenland** *n.pr.* Grecia

die **Griechin, -nen** greca

die **Grippe** influenza

die **Größe, -n** taglia: ***Welche G. trägst du?*** Che taglia porti?

## H

der **Hals** collo; gola

die **Hand, ¨-e** mano

das **Handy, -s** cellulare

der **Hauptbahnhof, ¨-e** stazione centrale

die **Hauptstadt, ¨-e** capitale

die **Hauptstraße, -n** strada principale

**heiß** molto caldo; bollente

das **Hemd, -en** camicia (*da uomo*)

die **Himbeermarmelade, -n** marmellata di lamponi

**hören** (p.pass *gehört*; aus. *haben*) v. sentire

die **Hose, -n** pantaloni

das **Hotel, -s** hotel, albergo

**hübsch** carino

der **Husten** tosse

der **Hustensirup** sciroppo per la tosse

## I

das **Icon, -s** icona: ***auf das I. klicken*** cliccare sull'icona

die **Info, -s** ➡ **Information**

das **Infobüro, -s** ufficio del turismo

die **Information, -en** informazione: ***Informationen zum Festival suchen*** cercare informazioni sul festival

**inlineskaten** (aus. *sein*, *haben*) v. andare sui pattini, pattinare (in linea)

die **Insel, -n** isola: ***auf der I. Sylt sein*** essere a Sylt

sich **interessieren + für + A** (p.pass. *interessiert*; aus. *haben*) v. interessarsi di das **Internet** Internet: ***im I. surfen*** navigare su internet

der **Internetanschluss, ¨-e** collegamento a Internet

## J

die **Jacke, -n** giacca

die **Jeans, -** jeans

## K

**kalt** freddo

der **Kalte Krieg** la guerra fredda

**kalt stellen** mettere a raffreddare: ***den Teig kalt stellen*** mettere al fresco la pasta

der **Kamillentee, -s** camomilla

die **Kapuze, -n** cappuccio

**kaufen** (p.pass *gekauft*; aus. *haben*) *v.* comperare

das **Kaufhaus, ¨-er** grande magazzino

die **Kids (Pl)** ragazzi

das **Kino, -s** cinema

die **Kirche, -n** chiesa

die **Klamotten (Pl)** vestiti

das **Kleid, -er** vestito

die **Kleidung** abbigliamento

das **Kleidungsstück, -e** capo di abbigliamento

**klettern** (p.pass *geklettert*; aus. *sein*) *v.* arrampicare

**klicken auf + A** (p.pass *geklickt*; aus. *haben*) *v.* cliccare su: ***Klicke mit der Maus auf „Buchung"!*** Clicca con il mouse su "Prenotazione"!

der **Knoblauch** aglio

**köcheln lassen** far cuocere a fuoco basso

**kochen** (p.pass *gekocht*; aus. *haben*) *v.* cucinare, cuocere; far bollire (*liquidi*)

der **Koffer, -** valigia: ***den K. packen*** fare la valigia

die **Kollektion, -en** collezione

**kommen** (p.pass. *gekommen*; aus. *sein*) *v.* venire

die **Komödie, -n** commedia

die **Konfitüre, -n** confettura

die **Kontrolle, -n** il controllo; ***unter der K. von (+ D)*** sotto il controllo di

**kontrollieren** (p.pass. *kontrolliert*; aus. *haben*) *v.* controllare

der **Kopf, ¨-e** testa: ***Der K. tut mir weh*** Mi fa male la testa. / Ho mal di testa.

die **Kopfschmerzen (Pl)** mal di testa; ***K. haben*** avere mal di testa

der **Körperteil, -e** parte del corpo

das **Krankenhaus, ¨-er** ospedale

die **Krankheit, -en** malattia

die **Kreditkarte, -n** carta di credito

die **Kreuzung, -en** incrocio

der **Krimi, -s** poliziesco (*film, libro*)

die **Krücke, -n** stampella

die **Kuh, ¨-e** mucca

**kühl** fresco

## L

die **Laktose-Intoleranz** intolleranza ai latticini

das **Land** qui: campagna: ***aufs L. fahren*** andare in campagna

**landen** (*landet*; p.pass *gelandet*; aus. *sein*) *v.* atterrare

sich **langweilen** (p.pass *gelangweilt*; aus. *haben*) *v.* annoiarsi

**langweilig** noioso

der / das **Laptop, -s** portatile, laptop

**laufen** (*läuft*; p.pass. *gelaufen*; aus. *sein*) *v.* correre; colare: ***Meine Nase läuft.*** Mi cola il naso. | esserci (cinema, tv): ***Was läuft im Fernsehen?*** Che cosa c'è / Che cosa danno in televisione?

**laut** forte, ad alta voce

die **Lederjacke, -n** giacca di pelle

die **Leggings (Pl)** leggings

**leiden** (*leidet*; p.pass. *gelitten*; aus. *haben*) *v.* soffrire, patire: ***Ich kann ihn / sie nicht l.!*** Non lo / la sopporto! Non lo / la posso soffrire!

**lernen** (p.pass *gelernt*; aus. *haben*) *v.* studiare

**lesen** (*liest*; p.pass. *gelesen*; aus. *haben*) *v.* leggere

**letzt** ultimo, scorso: ***letztes Jahr*** l'anno scorso

das **Lokal, -e** locale

***losfahren*** (*fährt … los*; p.pass. *losgefahren*; aus. *sein*) *v.* partire: ***Fahren wir los!*** Partiamo!

die **Lungenentzündung** polmonite

die **Lust** voglia: ***L. haben*** avere voglia

## M

**machen** (p.pass *gemacht*; aus. *haben*) *v.* fare
der **Magen** stomaco: ***Der M. tut mir weh.*** Lo stomaco mi fa male. / Ho mal di stomaco.
die **Magenschmerzen (Pl)** mal di stomaco; ***M. haben*** avere mal di stomaco
der **Marokkaner, -** marocchino
die **Marokkanerin, -nen** marocchina
**Marokko** *n.pr.* Marocco
die **Mauer, -n** il muro: ***die M. bauen, abbauen*** costruire, abbattere il muro
der **Mauerbau** costruzione del muro
der **Mauerfall** caduta del muro
das **Mauermuseum** museo del muro
die **Maus, ¨-e** mouse: *Klicke mit der Maus!* Clicca con il mouse!
das **Medikament, -e** medicina
das **Meer** mare
der **Minirock, ¨-e** minigonna
**mischen** (p.pass *gemischt*; aus. *haben*) *v.* mescolare
***mit*nehmen** (*nimmt … mit*; p.pass. *mitgenommen*; aus. *haben*) prendere (con sé): ***Ich nehme meine Badesachen mit.*** Porto la roba per fare il bagno.
die **MMS, -** MMS: ***eine MMS schicken*** inviare un MMS
die **Mode, -n** moda
**modisch** alla moda
das **Monument, -e** monumento
**multikulturell** multiculturale
der **Mürbeteig** pasta frolla
das **Museum, Museen** museo
die **Museumsinsel** isola dei musei

## N

die **Nachrichten (Pl)** notiziario, telegiornale
die **Nähe** vicinanza, dintorni: ***Ich wohne ganz in der N.*** Abito nelle vicinanze.
die **Nase, -n** naso
der / das **Nasespray, -s** spray per il naso
die **Nation, -en** nazione
die **Nationalität, -en** nazionalità
**neblig** nebbioso: ***Heute ist es n.*** Oggi c'è la nebbia.
**nehmen** (*nimmt*; p.pass. *genommen*; aus. *haben*) *v.* prendere

## O

der **Ofen, ¨** forno
der **Ohr, -en** orecchio: ***Die Ohren tun mir weh.*** Ho mal d'orecchi.
die **Ohrenschmerzen (Pl)** mal d'orecchi; ***O. haben*** avere mal d'orecchi
das **Olivenöl, -e** olio d'oliva
der **Ordner, -** cartella
**organisieren** (p.pass. *organisiert*; aus. *haben*) *v.* organizzare
**Ostberlin** *n.pr.* Berlino Est
der **Ostblock** blocco orientale

## P

**packen** (p.pass *gepackt*; aus. *haben*) *v.* fare la valigia
**paddeln** (p.pass *gepaddelt*; aus. *haben / sein*) *v.* pagaiare; andare in canoa
der **Park, -s** parco
der **Parkplatz, ¨-e** parcheggio
der **Passant, -en** passante (m)
die **Passantin, -nen** passante (f)
**passen + D** (p.pass. *gepasst*; aus. *haben*) *v.* andare, stare: ***Der Rock passt dir gut!*** La gonna ti va bene!
**passieren** (p.pass. *passiert*; aus. *sein*) *v.* succedere
die **Pfanne, -n** padella
der **Pfeffer** pepe
das **Picknick, -e/-s** picnic: ***ein P. machen*** fare un picnic
**picknicken** (p.pass *gepicknickt*; aus. *haben*) *v.* fare un picnic
der **Platz, ¨-e** piazza; posto
der **Pole, -n** polacco
**Polen** *n.pr.* Polonia
die **Polin, -nen** polacca
die **Post** posta, ufficio postale
das **Programm, -e** programma
der **Pub, -s** pub

der **Pullover, -** maglia, pullover
der **Pumps, -** scarpe décolleté (*a tacco alto*)
die **Puppe, -n** pupazzo; bambola

## Q

die **Quizshow, -s** telequiz, quiz televisivo

## R

**radeln** (p.pass. *geradelt*; aus. *sein*) *v.* pedalare, andare in bici
die **Radtour, -en** giro in bici
das **Rathaus, ¨-er** municipio
die **Regierung, -en** il governo
**regnen** (p.pass *geregnet*; aus. *haben*) *v.* piovere: ***Es regnet stark.*** Piove molto.
der **Reichstag** Parlamento, *Reichstag*
das **Reichstagsgebäude, -n** palazzo del Parlamento / del *Reichstag*
**reisen** (p.pass. *gereist*; aus. *sein*) *v.* viaggiare
**reiten** (*reitet*; p.pass. *geritten*; aus. *sein*) *v.* cavalcare, andare a cavallo
**reservieren** (p.pass. *reserviert*; aus. *haben*) *v.* prenotare
das **Restaurant, -s** ristorante
**restlich** rimanente
das **Rezept, -e** ricetta
das **Rezeptbuch, ¨-er** libro di ricette
der **Rock, ¨-e** gonna
der **Rücken** schiena
die **Rückengymnastik** ginnastica per la schiena
die **Rückenschmerzen (Pl)** mal di schiena; ***R. haben*** avere mal di schiena
**rufen** (p.pass. *gerufen*; aus. *haben*) *v.* chiamare
der **Russe, -n** russo
die **Russin, -nen** russa
**Russland** *n.pr.* Russia

## S

das **Salz** sale
die **Sandale, -n** sandalo
die **S-Bahn, -en** servizio ferroviario suburbano
das **Schaf, -e** pecora
**schälen** (p.pass *geschält*; aus. *haben*) *v.* sbucciare, pelare
das **Schaufenster, -** vetrina
**scheinen** (p.pass. *geschienen*; aus. *haben*) *v.* splendere: ***Die Sonne scheint.*** Il sole splende.
**schlafen** (*schläft*; p.pass. *geschlafen*; aus. *haben*) *v.* dormire
das **Schloss, ¨-er** castello
**Schluss machen** smettere
**schneiden** (*schneidet*; p.pass. *geschnitten*; aus. *haben*) *v.* tagliare: ***die Zwiebel klein s.*** tagliare fine la cipolla
**schneien** (p.pass *geschneit*; aus. *haben*) *v.* nevicare
der **Schnupfen** raffreddore
**schreiben** (p.pass. *geschrieben*; aus. *haben*) *v.* scrivere
das **Schreibwarengeschäft, -e** cartoleria
die **Schuhnummer, -n** numero di scarpe
**schulfrei haben** non avere scuola
die **Schüssel, -n** ciotola
**schwimmen** (p.pass. *geschwommen*; aus. *sein*) *v.* nuotare
der **Secondhandshop, -s** negozio di vestiti usati; negozio di roba usata
der **See, -n** lago
**segeln** (p.pass. *gesegelt*; aus. *haben / sein*) *v.* fare vela
der **Segway, -s** segway
die **Sehenswürdigkeit, -en** attrattiva (*di una città*)
die **Sendung, -en** trasmissione
die **Serie, -n** serie tv
**shoppen** (p.pass *geshoppt*; aus. *haben*) *v.* fare shopping
die **Shorts (Pl)** pantaloncini, shorts
die **Siegermacht, ¨-e** potenza vincitrice
**simsen** (p.pass *gesimst*; aus. *haben*) *v.* inviare SMS, messaggiare; ***am Simsen sein*** messaggiare
**singen** (p.pass. *gesungen*; aus. *haben*) *v.* cantare
**Ski fahren** sciare
**skypen** (p.pass. *geskypt*; aus. *haben*) *v.* usare Skype; ***mit einem Freund s.*** parlare con un amico su Skype
das **Smartphone, -s** smartphone
die **SMS, -** SMS, messaggino: ***eine SMS schicken*** mandare un SMS
**snowboarden** (p.pass. *gesnowboardet*; aus. *haben / sein*) *v.* fare snowboard

die **Soap, -s** soap opera

die **Sommerferien (Pl)** vacanze estive

die **Sommerkollektion, -en** collezione estiva

die **Sonne, -n** sole: ***in der S. liegen*** stare al sole, prendere il sole

sich **sonnen** (p.pass *gesonnt*; aus. *haben*) *v.* prendere il sole

die **Sonnencreme, -s** crema solare

**sonnig** soleggiato, assolato: ***Heute ist es s.*** Oggi c'è il sole.

die **Soße, -n** salsa, sugo

**spät** tardi

**speichern** (p.pass *gespeichert*; aus. *haben*) *v.* salvare: ***Speichere die Datei in dem Ordner!*** Salva il file nella cartella!

**spielen** (p.pass *gespielt*; aus. *haben*) *v.* giocare; suonare

die **Spielsachen (Pl)** giochi

der **Sportschuh, -e** scarpa da ginnastica

die **Sportsendung, -en** trasmissione sportiva

der **Sprachkurs, -e** corso di lingua

**sprechen** (*spricht*; p.pass. *gesprochen*; aus. *haben*) *v.* parlare

die **Springform, -en** teglia

die **Station, -en** stazione; fermata

***stattfinden*** (*findet … statt*; p.pass. *stattgefunden*; aus. *haben*) *v.* avere luogo: ***Die Wiedervereinigung hat 1990 stattgefunden.*** La riunificazione ha avuto luogo nel 1990.

die **Statue, -n** statua

**stehen + D** (p.pass. *gestanden*; aus. *haben*) *v.* stare (*di abito*): ***Das Kleid steht dir gut!*** Il vestito ti sta bene!

der **Strand, ¨-e** spiaggia

die **Straßenbahn, -en** tram

**studieren** (p.pass. *studiert*; aus. *haben*) *v.* studiare (*all'università*)

**stundenlang** per ore e ore

die **Suchmaschine, -n** motore di ricerca

**surfen** (p.pass *gesurft*; aus. *haben / sein*) *v.* fare surf; navigare in rete

das **Sweatshirt, -s** felpa

## T

das **Tablet, -s** tablet

die **Tablette, -n** pastiglia, compressa

die **Talkshow, -s** talk show

**tanzen** (p.pass. *getanzt*; aus. *haben*) *v.* ballare

das **Taschengeld** paghetta: ***Ich bekomme jede Woche das T. von meinen Eltern.*** Tutte le settimane ricevo la paghetta dai miei genitori.

das **Taxi, -s** taxi

die **Technogie, -n** tecnologia

der **Teig, -e** impasto, pasta

die **Telefonkarte, -n** scheda telefonica

die **Temperatur, -en** temperatura: ***Die T. liegt bei 2°C.*** La temperatura è di 2°C.

das **Tennistraining, -s** allenamento di tennis

das **Theater, -** teatro

der **Thriller, -** thriller

das **Ticket, -s** biglietto

der **Topf, ¨-e** pentola

der **Tourist, -en** turista (m)

die **Touristin, -nen** turista (f)

**tragen** (*trägt*; p.pass. *getragen*; aus. *haben*) *v.* portare, indossare

der **Trainingsanzug, ¨-e** tuta da ginnastica

sich **treffen** (*trifft … sich*; p.pass. *getroffen*; aus. *haben*) *v.* incontrarsi, trovarsi

**trendy** alla moda, trendy

**trinken** (p.pass. *getrunken*; aus. *haben*) *v.* bere

das **T-Shirt, -s** maglietta, t-shirt

**tun** (p.pass. *getan*; aus. *haben*) *v.* fare; mettere dentro, aggiungere

**Tunesien** *n.pr.* Tunisia

der **Tunesier, -** tunisino

die **Tunesierin, -nen** tunisina

der **Türke, -n** turco

die **Türkei** *n.pr.* Turchia

die **Türkin, -nen** turca

**twittern** (p.pass. *getwittert*; aus. *haben*) *v.* twittare

## U

die **U-Bahn, -en** metropolitana

die **U-Bahnlinie, -n** linea della metropolitana

**übermorgen** dopodomani

das **Ufer, -** riva: ***am U. chillen*** rilassarsi sulla riva; ***am U. des Sees sitzen*** sedere in riva al lago

**umschalten** (*schaltet … um*; p.pass. *umgeschaltet*; aus. *haben*) *v.* cambiare canale

**umsteigen** (*steigt … um*; p.pass. *umgestiegen*; aus. *sein*) *v.* cambiare (*mezzo di trasporto*): ***Steig in den Bus 11 um!*** Cambia e prendi il bus 11!

**unbedingt** assolutamente

**unbeständig** variabile, instabile

der **Unfall, ¨e** incidente

**untersuchen** (p.pass. *untersucht*; aus. *haben*) *v.* visitare

**unterwegs sein** essere in viaggio, in giro

das **Urlaubsziel, -e** meta di vacanza

## V

das **Velotaxi, -s** bicitaxi

der **Verband, ¨e** fasciatura, bendaggio

**verbringen** (p.pass. *verbracht*; aus. *haben*) *v.* trascorrere, passare: ***Wo hast du die Ferien verbracht?*** Dove hai passato le vacanze?

das **Verkehrsmittel, -** mezzo di trasporto

**verkneten** (p.pass. *verknetet*; aus. *haben*) *v.* impastare

**verletzt** ferito

**verpassen** (p.pass. *verpasst*; aus. *haben*) *v.* perdere: ***Habe ich etwas verpasst?*** Mi sono perso qualcosa?

**verreisen** (p.pass. *verreist*; aus. *sein*) *v.* viaggiare, partire

**verrückt** pazzo

**verschreiben** (p.pass. *verschrieben*; aus. *haben*) *v.* prescrivere: ***ein Rezept v.*** prescrivere una ricetta

die **Verstopfung** stitichezza

**vorlesen** (*liest … vor*; p.pass. *vorgelesen*; aus. *haben*) *v.* leggere (ad alta voce)

## W

das **Wahrzeichen, -** simbolo

der **Wald, ¨er** bosco

**wandern** (p,pass. *gewandert*; aus. *sein*) *v.* fare un'escursione, una camminata

**warm** caldo

**warten** (p.pass. *gewartet*; aus. *haben*) *v.* aspettare

**waschen** (*wäscht*; p.pass. *gewaschen*; aus. *haben*) *v.* lavare

die **Website, -s** sito web: ***Geh auf die W. von unserer Schule!*** Vai sul sito web della nostra scuola!

**wechseln** (p.pass. *gewechselt*; aus. *haben*) *v.* cambiare (*denaro*)

**werden** (*wird*; p.pass. *geworden*; aus. *sein*) *v.* diventare

**Westberlin** *n.pr.* Berlino Ovest

das **Wetter, -** tempo atmosferico

die **Wiedervereinigung** riunificazione

**windig** ventoso: ***Heute ist es w.*** Oggi c'è il vento.

die **Winterkollektion, -en** collezione invernale

der **Wohnwagen, -** roulotte

**wolkenlos** sereno

**würzen** (p.pass. *gewürzt*; aus. *haben*) *v.* condire; insaporire

**wütend** infuriato, furibondo

## Z

der **Zahn, ¨e** dente

die **Zahnschmerzen (Pl)** mal di denti; ***Z. haben*** avere mal di denti

**zappen** (p.pass. *gezappt*; aus. *haben*) *v.* fare zapping

**zelten** (p.pass. *gezeltet*; aus. *haben*) *v.* fare campeggio

**zerfallen** (*zerfällt*; p.pass. *zerfallen*; aus. *sein*) *v.* crollare

**zubereiten** (*bereitet … zu*; p.pass. *zubereitet*; aus. *haben*) *v.* prepare (cibi): ***einen Kuchen z.*** preparare un dolce

die **Zubereitung** preparazione (*di una ricetta*)

die **Zunge, -n** lingua: ***Strecke die Z. raus!*** Tira fuori la lingua!

***zurück*fliegen** (*fliegt … zurück*; p.pass. *zurückgeflogen*; aus. *sein*) *v.* tornare (*in aereo*)

***zurück*kommen** (*kommt … zurück*; p.pass. *zurückgekommen*; aus. *sein*) *v.* tornare

die **Zutat, -en** ingrediente: ***die Zutaten mischen*** mescolare gli ingredienti

der **Zweite Weltkrieg** la seconda guerra mondiale

die **Zwiebel, -n** cipolla

# Verben

## Hilfsverben

| Infinitiv | | Präsens (3. Pers. Sing.) | Präteritum | Perfekt |
|---|---|---|---|---|
| **haben** | *avere* | hat | hatte | gehabt |
| **sein** | *essere* | ist | war | gewesen |

## Modalverben

| Infinitiv | | Präsens (3. Pers. Sing.) | Präteritum |
|---|---|---|---|
| **dürfen** | *potere, avere il permesso* | darf | durfte |
| **können** | *potere, avere la possibilità, essere in grado* | kann | konnte |
| **müssen** | *dovere* | muss | musste |
| **sollen** | *dovere (chiedere consiglio, chiedere o dare un'istruzione)* | soll | sollte |
| **wollen** | *volere* | will | wollte |

## regelmäßige und unregelmäßige Verben

| Infinitiv | | Präsens (3. Pers. Sing.) | Perfekt |
|---|---|---|---|
| **angeln** | *pescare* | angelt | hat... geangelt |
| **anmachen** | *accendere* | macht... an | hat... angemacht |
| **anprobieren** | *provare* | probiert... an | hat... anprobiert |
| **anrufen** | *telefonare* | ruft... an | hat... angerufen |
| **antworten** | *rispondere* | antwortet | hat... geantwortet |
| **arbeiten** | *lavorare* | arbeitet | hat... gearbeitet |
| **aufhören** | *smettere* | hört... auf | hat... aufgehört |
| **aufladen** | *(ri)caricare* | lädt... auf | hat... aufgeladen |
| **aufstehen** | *alzarsi* | steht... auf | ist... aufgestanden |
| **ausgeben** | *spendere* | gibt... aus | hat... ausgegeben |
| **ausrollen** | *spianare, stendere* | rollt... aus | hat... ausgerollt |
| **ausschalten** | *spegnere* | schaltet... aus | hat... ausgeschaltet |
| **aussteigen** | *scendere* | steigt... aus | ist... ausgestiegen |
| **backen** | *cuocere* | backt | hat... gebacken |
| **baden** | *fare il bagno* | badet | hat... gebadet |
| **begleiten** | *accompagnare* | begleitet | hat... begleitet |
| **bekommen** | *ricevere* | bekommt | hat... bekommen |
| **besichtigen** | *visitare* | besichtigt | hat... besichtigt |

| | | | |
|---|---|---|---|
| **bestreichen** | *spalmare* | bestreicht | hat... bestrichen |
| **besuchen** | *visitare (persona); frequentare (corso)* | besucht | hat... besucht |
| **bleiben** | *rimanere* | bleibt | ist... geblieben |
| **braten** | *far arrostire* | brät | hat... gebraten |
| **bringen** | *portare* | bringt | hat... gebracht |
| **chillen** | *rilassarsi* | chillt | hat... gechillt |
| **dauern** | *durare* | dauert | hat... gedauert |
| **_dazu_geben** | *aggiungere* | gibt... dazu | hat... dazugegeben |
| **denken** | *pensare* | denkt | hat... gedacht |
| **drucken** | *stampare* | druckt | hat... gedruckt |
| **_ein_geben** | *inserire* | gibt... ein | hat... eingegeben |
| **_ein_schalten** | *accendere* | schaltet... ein | hat... eingeschaltet |
| **_ein_steigen** | *salire* | steigt... ein | ist... eingestiegen |
| **_ein_teilen** | *dividere, suddividere* | teilt... ein | hat... eingeteilt |
| **entstehen** | *nascere, sorgere* | entsteht | ist... entstanden |
| **erhitzen** | *scaldare* | erhitzt | hat... erhitzt |
| **erzählen** | *raccontare* | erzählt | hat... erzählt |
| **essen** | *mangiare* | isst | hat... gegessen |
| **fahren** | *andare (con mezzo)* | fährt | ist... gefahren |
| **fallen** | *cadere* | fällt | ist... gefallen |
| **fetten** | *ungere* | fettet | hat... gefettet |
| **fliegen** | *volare, andare* | fliegt | ist... geflogen |
| **fliehen** | *fuggire* | flieht | ist... geflohen |
| **folgen** | *seguire* | folgt | ist... gefolgt |
| **formen** | *dare la forma di* | formt | hat... geformt |
| **fragen** | *domandare, chiedere* | fragt | hat... gefragt |
| **frühstücken** | *fare colazione* | frühstückt | hat... gefrühstückt |
| **gehen** | *andare* | geht | ist... gegangen |
| **gratulieren** | *congratularsi* | gratuliert | hat... gratuliert |
| **hören** | *sentire* | hört | hat... gehört |
| **sich interessieren** | *interessarsi* | interessiert sich | hat sich... interessiert |
| **kaufen** | *comprare* | kauft | hat... gekauft |
| **klettern** | *arrampicare* | klettert | ist... geklettert |
| **klicken** | *cliccare* | klickt | hat... geklickt |
| **köcheln** | *cuocere a fuoco basso* | köchelt | hat... geköchelt |
| **kochen** | *cuocere; far bollire* | kocht | hat... gekocht |
| **kommen** | *venire* | kommt | ist... gekommen |
| **kontrollieren** | *controllare* | kontrolliert | hat... kontrolliert |
| **landen** | *atterrare* | landet | ist... gelandet |
| **sich langweilen** | *annoiarsi* | langweilt sich | hat sich... gelangweilt |
| **laufen** | *qui: colare \| esserci* | läuft | ist... gelaufen |
| **leiden** | *soffrire, patire* | leidet | hat... gelitten |

| | | | |
|---|---|---|---|
| **lernen** | *studiare* | lernt | hat... gelernt |
| **lesen** | *leggere* | liest | hat... gelesen |
| ***los*fahren** | *partire* | fährt... los | ist... losgefahren |
| **machen** | *fare* | macht | hat... gemacht |
| **mischen** | *mescolare* | mischt | hat... gemischt |
| ***mit*nehmen** | *prendere (con sé)* | nimmt... mit | hat... mitgenommen |
| **nehmen** | *prendere* | nimmt | hat... genommen |
| **organisieren** | *organizzare* | organisiert | hat... organisiert |
| **packen** | *fare la valigia* | packt | hat... gepackt |
| **paddeln** | *pagaiare* | paddelt | hat / ist... gepaddelt |
| **passen** | *andare, stare* | passt | hat... gepasst |
| **passieren** | *succedere* | passiert | ist... passiert |
| **picknicken** | *fare un picnic* | picknickt | hat... gepicknickt |
| **radeln** | *pedalare, andare in bici* | radelt | ist... geradelt |
| **regnen** | *piovere* | regnet | hat... geregnet |
| **reisen** | *viaggiare* | reist | ist... gereist |
| **reiten** | *andare a cavallo* | reitet | ist... geritten |
| **reservieren** | *prenotare* | reserviert | hat... reserviert |
| **rufen** | *chiamare* | ruft | hat... gerufen |
| **schälen** | *sbucciare, pelare* | schält | hat... geschält |
| **scheinen** | *splendere* | scheint | hat... geschienen |
| **schlafen** | *dormire* | schläft | hat... geschlafen |
| **schneiden** | *tagliare* | schneidet | hat... geschnitten |
| **schneien** | *nevicare* | schneit | hat... geschneit |
| **schreiben** | *scrivere* | schreibt | hat... geschrieben |
| **schwimmen** | *nuotare* | schwimmt | ist... geschwommen |
| **segeln** | *fare vela* | segeln | hat / ist... gesegelt |
| **shoppen** | *fare shopping* | shoppt | hat... geshoppt |
| **simsen** | *inviare SMS* | simst | hat... gesimst |
| **singen** | *cantare* | singt | hat... gesungen |
| **skypen** | *usare Skype* | skypt | hat... geskypt |
| **snowboarden** | *fare snowboard* | snowboardet | hat / ist... gesnowboardet |
| **sich sonnen** | *prendere il sole* | sonnt sich | hat sich... gesonnt |
| **speichern** | *salvare* | speichert | hat... gespeichert |
| **spielen** | *giocare; suonare* | spielt | hat... gespielt |
| **sprechen** | *parlare* | spricht | hat... gesprochen |
| ***statt*finden** | *avere luogo* | findet... statt | hat... stattgefunden |
| **stehen** | *stare* | steht | hat... gestanden |
| **studieren** | *studiare (all'università)* | studiert | hat... studiert |
| **surfen** | *fare surf, navigare (in rete)* | surft | hat / ist... gesurft |
| **tanzen** | *ballare* | tanzt | hat... getanzt |

| | | | |
|---|---|---|---|
| **tragen** | *portare, indossare* | trägt | hat... getragen |
| **sich treffen** | *incontrarsi, trovarsi* | trifft sich | hat sich... getroffen |
| **trinken** | *bere* | trinkt | hat... getrunken |
| **tun** | *fare; aggiungere* | tut | hat... getan |
| **twittern** | *twittare* | twittert | hat... getwittert |
| ***um*schalten** | *cambiare canale* | schaltet... um | hat... umgeschaltet |
| ***um*steigen** | *cambiare (mezzo di trasporto)* | steigt... um | ist... umgestiegen |
| **untersuchen** | *visitare* | untersucht | hat... untersucht |
| **verbringen** | *trascorrere, passare* | verbringt | hat... verbracht |
| **verkneten** | *impastare* | verknetet | hat... verknetet |
| **verpassen** | *perdere* | verpasst | hat... verpasst |
| **verreisen** | *viaggiare, partire* | verreist | ist... verreist |
| **verschreiben** | *prescrivere* | verschreibt | hat... verschrieben |
| ***vor*lesen** | *leggere (ad alta voce)* | liest... vor | hat... vorgelesen |
| **wandern** | *fare un'escursione, una camminata* | wandert | ist... gewandert |
| **warten** | *aspettare* | wartet | hat... gewartet |
| **waschen** | *lavare* | wäscht | hat... gewaschen |
| **wechseln** | *cambiare (denaro)* | wechselt | hat... gewechselt |
| **werden** | *diventare* | wird | ist... geworden |
| **würzen** | *condire; insaporire* | würzt | hat... gewürzt |
| **zappen** | *fare zapping* | zappt | hat... gezappt |
| **zelten** | *fare campeggio* | zeltet | hat... gezeltet |
| **zerfallen** | *crollare* | zerfällt | ist... zerfallen |
| ***zu*bereiten** | *preparare (cibi)* | bereitet... zu | hat... zubereitet |
| ***zurück*fliegen** | *tornare (in aereo)* | fliegt... zurück | ist... zurückgeflogen |
| ***zurück*kommen** | *tornare* | kommt... zurück | ist... zurückgekommen |

# Vergissmeinnicht

**Berg rauf und Berg runter**
su e giù per le montagne

**Bist du dafür?** Sei favorevole?

**Bist du dagegen?** Sei contrario/a?

**Du bist immer am Fernsehen!**
Guardi sempre la tv!

**Du bist immer am Simsen!**
Sei sempre a messaggiare!

**Du darfst für ein paar Tage nicht ausgehen, verstanden?**
Non puoi uscire per un paio di giorni, capito?

**Ich bin bei / auf Facebook.** Sono su Facebook.

**Ich bin nicht von hier.** Non sono del posto.

**Ich interessiere mich sehr für Geschichte.**
M'interesso molto di storia.

**Ich liege mit Fieber im Bett.**
Sono a letto con la febbre.

**Gute Besserung!** Guarisci presto!

**Guten Appetit!** Buon appetito!

**Hattest du Spaß?** Ti sei divertito/a?

**Jetzt ist Schluss!** Adesso basta!

**Kein Problem!**
Non c'è problema! Nessun problema!

**Mach dir keine Sorgen!** Non preoccuparti!

**Mal sehen...** Vediamo (un po')...

**Nicht zappen!** Non fare zapping!

**Oh, du Armer!** Poverino!

**Pass auf!** Stai attento!

**Schade!** Peccato!

**Schalte um!** Cambia canale!

**Schau mal!** Guarda!

**So ein Mist!** Che sfortuna!

**So ein Pech!** Che sfortuna!

**Steig an der ersten Haltestelle aus!**
Scendi alla prima fermata!

**Steigen wir aus der Bus aus!**
Scendiamo dal bus!

**Steig am Hauptbahnhof ein!**
Sali alla stazione centrale!

**Steig in den Bus ein!** Sali in autobus!

**Steig in der Friedrichstraße um!**
Cambia in Friedrichstraße!

**Steig in die U-Bahnlinie 1 um!**
Cambia e prendi la linea 1 della metropolitana!

**Tut mir leid!** Mi spiace!

**Wann bist du in Urlaub gefahren?**
Quando sei andato/a in vacanza?

**Was ist los?** Che cosa succede?

**Was ist passiert?** Che cos'è successo?

**Was läuft im Ersten?**
Che cosa c'è sul primo (canale)?

**Was soll ich tun?** Che cosa devo fare?

**Wie war das Wetter?** Com'era il tempo?

**Wie waren deine Ferien?** Come sono andate le tue vacanze?

**Wollen wir ans Meer fahren?**
Vogliamo andare al mare?

Quellennachweis des Bild- und Fotomaterials
(o-oben; u-unten; r-rechts; l-links; m-Mitte)

**Kursbuch**

**123RF:** 57ol Ondrej Vladyka; 110u vabadov; **Alamy**: 123 Gallo Images; **Corbis**: 9 BLANCHOT Philippe/Hemis; 10o Jamie Grill/Tetra Images/; 11 Lucidio Studio, Inc. (Lukas); 11 B. Boissonnet/BSIP (Stefan; Claudia); 11 Eric Audras/Onoky (Sarah); 13 Rubberball (2); 15mr Robert Schlesinger/dpa; 15ur Splash News; 17 the food passionates (Tomaten); 20ol Alfredo Dagli Orti/The Art Archive; 20ur The Gallery Collection; 21ol Christie's Images; 21ur Bettmann; 23 the food passionates; 24 145/Steven Puetzer/Ocean; 28o moodboard; 28 Image Werks (a); 28 2/Kick Images (e); 28 Jake Warga (k); 29 Daisy Cooper (T-shirt 15); 29 145/Richard Boll/Photographer's Choice RF/Ocean (Ballerinas); 30o Topic Photo Agency; 30 Fabrice Lerouge/Onoky (Felix); 30 Marianna Massey (Anna); 30 uwe umstätter/imageBROKER (Martin); 30 Jenny Elia Pfeiffer (Stefan); 30 Rick Gomez (Eltern); 30 Br¸derchen & Schwesterchen GmbH (Vater); 30 Blend Images (Opa); 30 Matilda Lindeblad/Johnér Images (Mutter); 31 Hero Images Inc. (Alina); 31 Joson Photography (Julian); 31 Julian Winslow (Christian-Jens); 32o Sollina Images/Blend Images; 33 Tetra Images (Fotoapparat); 33 Lane Oatey/Blue Jean Images (3); 33 Kimberly White (Smartphone); 33 Maskot (4); 33 Marco Cristofori (Handy); 33 Hero Images (5); 33 Michele Constantini/PhotoAlto (Fußball); 34o Hero Images; 35 WLADIMIR BULGAR/Science Photo Library (Drucker); 35 Image Source (E-mail); 35 James Leynse (Suchmaschine); 33 Gregor Schuster (Website); 35 Pulse (Laptop); 35 Tetra Images (Computer); 35 Jonathan Kitchen/13/Digital Vision/Ocean (Maus); 38-39 Food passionates (Hintergrund); 38ul Image Source; 38ol Michael Rosenfeld/Science Faction; 38ur Martina/the food passionates; 39or Maximilian Stock Ltd/Science Faction; 42 Reg Charity; 45 Wilfried Krecichwost; 46o Daniel Schoenen/imagebroker; 46 Jonathan Ross/Spaces Images (Buchhandlung); 46 Juice Images (Eisdiele); 46 Horacio Villalobos (Post); 46 Hugh Rooney / Eye Ubiquitous (Museum); 46 Stephen Rafferty / Eye Ubiquitous (Pub); 46 Ali Kabas (Denkmal); 46 Jon Boyes/incamerastock (Infobüro); 46 Francis Dean (Bank); 50o Stefano Amantini; 50 Charlie Harding/Robert Harding World Imagery (Land); 50 3photo (Strand); 52 Michael de Young (3); 52 Torbj˚rn Arvidson/Matton Collection (4); 52 Val Thoermer (5); 53 Johannes Kroemer (2l); 53 Hola Images (4r); 56ol Luciano Gaudenzio/PhotoFVG; 57or Ric Ergenbright; 64o Michael Rucker/imageBROKER (Hintergrund); 64 Markus Lange/Robert Harding World Imagery (1); 64 Fridmar Damm (2); 64 M.Werner/F1 Online (3); 64 David Jessop/National Geographic My Shot/National Geographic Society (4); 65 Frederic Cirou/PhotoAlto (1); 65 Seb Oliver (2); 65 Ronnie Kaufman/Larry Hirshowitz/Blend Images (4); 66o Topic Photo Agency; 67 Philippe Lissac/Godong/Photononstop (1); 67 Spaces Images/Blend Images (2); 67 Tomas Rodriguez (3); 67 Ale Ventura/PhotoAlto (4); 69 Laurence Mouton/ZenShui (1); 69 68/altrendo images (2); 69 Iris Coppola (3); 69 Hero Images Inc. (4); 70o Abode/Beateworks; 71ur Henglein and Steets/cultura; 74-75 Paul Panayiotou; 74ol 68/Hiroshi Higuchi/Ocean; 74mr Alex Havret; 74ml Norbert Rosing/National Geographic Society; 74u Ingo Arndt/Minden Pictures; 75ol Tim Graham; 75or Ric Ergenbright; 78l Steve Hix/Somos Images; 78r Bartussek, I.; 81 Paul Hardy; 82 WALTER ZERLA/cultura (1); 82 euroluftbild.de/Robert Grahn/dpa (2); 82 W. Wirth (3); 82 Moritz Vennemann/dpa (4); 82 Tibor Bognar (5; 6); 82 Noppasin (7); 82 Hugh Rooney/Eye Ubiquitous/ (8); 82 Massimo Borchi/Atlantide Phototravel; 83l-84r Paul Seheult / Eye Ubiquitous; 83r Juice Images; 84o Franz-Marc Frei (Hintergrund); 85mr Radius Images; 86o Jon Hicks (Hintergrund); 86l Juice Images; 86 Walter Bibikow/JAI (2); 86 Hauke-Christian Dittrich (3); 86 DANIEL NAUPOLD/epa (4); 86 Neil Farrin/Robert Harding World Imagery (5); 86 Christian Mueller (6); 88o Christian Mueller; 88or Juice Images; 88 von Keussler/dpa (1961); 88 Thierry Orban/Sygma (1989); 88 Fotoreport/dpa (1990); 92-93 Paul Seheult / Eye Ubiquitous (Hintergrund); 92ol Leemage; 92mr Schoening; 92ml Berliner Verlag/Archiv; 92ur Yevgeny Khaldei; 93ol Hulton-Deutsch Collection; 93ml Jacques Langevin/Sygma; 93mr Terry Fincher/Hulton-Deutsch Collection; 96or Soeren Stache; 96ml serge mouraret/Demotix; 96 Stefano Amantini/Atlantide Phototravel; 100-101 Ben Pipe Photography; 102ol Jim Richardson/National Geographic Creative; 102ul J. Pfeiffer; 103ol National Geographic Creative; 103or Carol Sharp / Flowerphotos; 103ur Kazuyoshi Nomachi; 104ol Photosindia.com; 104or Jutta Klee/ableimages; 104ur Richard Schultz; 105o Dave and Les Jacobs/Blend Images (Hintergrund); 105ol Ned Frisk; 105ml Image Source; 105ul Monalyn Gracia; 107ol Jose Luis Pelaez Inc/Blend Images; 107ml Andrew Holbrooke; 107ml Shafiqul Alam/Demotix; 107ul Mohammad Saiful Islam/NurPhoto; 107um Jose Luis Pelaez, Inc./Blend Images; 107ur; 108ur M. Kabus; 108or Weyers, L.; 109ol Philip Gendreau/Bettmann; 109ml Bob Krist; 111ol Hans-Peter Merten/Robert Harding World Imagery; 112ol Alberto Biscaro/SOPA RF; 112om Rick Gomez; 112ur Caroline Mowry/Somos Images; 113ol Schätze-Rodemann: Sigrid/Arcaid; 114ul Jon Hicks; 114ur Atlantide Phototravel; 115o-115ml Jon Arnold/JAI; 116ul Caroline Mowry/Somos Images 119ol Jens Kalaene/dpa; 116mr Britta Pedersen/dpa; 120o ALTER BIERI/epa; 120ml Jens B¸ttner/dpa/Corbis; 121 dpa; 122ml Dean Conger; 124 Goll, P.; 125 Patrick Pleul/dpa; 126or Peter Endig/dpa; 126ml Ervin Sarkisov; 131 Ian Taylor/First Light; 132 Sigrid Olsson/PhotoAlto; 133 Atlantide Phototravel/; 135 the food passionates (Hamburger); 135mr Caroline Mowry/Somos Images; 138 Sylvain Sonnet; 139ol gourmet-vision/imageBROKER; 138om Holz, J¸rgen/the food passionates; 139ul Wilfried Feder; 140or Berliner Verlag/Archiv/dpa; 140ul Berliner Verlag/Archiv/dpa; 141ul dpa; 142ol Bettmann; 142ul Frank Leonhardt/dpa; 143 Hulton-Deutsch Collection; 144 Bettman; 145ol Jacques Langevin/Sygma; 145ul Wolfgang Kumm/dpa; 146ul SOEREN STACHE/epa; 148ol adoc-photos; 148m Robbie Jack; 148ul Bettmann; 150 Greg Dale/National Geographic Society; 151ol Paul Thompson; 151or Aris (Kyriakos) Chatzistefanou / Demotix; 154ol Syda Productions; 155 Piet Mall/Stock4B; 156 Alfredo Dagli Orti/The Art Archive; 158ol Chris Hellier; 160ur Radius Images/; 161ol Aaron Huey/National Geographic Society; 161ul Suzi Eszterhas/Minden Pictures; 164 AXEL HEIMKEN/epa; 165 Stefan Puchner/dpa; **Getty Images**: 75ml NORBERT MILLAUER; **Massimiliano Grivetti**: 9ur; 12o; 14o; 16o; 27ur; 28o; 30o; 32o; 34o; 45ur; 46o; 48o; 50o; 52o; 63u; 64 (Annika; Emma); 66; 68; 70; 71ol; 81ur; 82ol; 84or; 85ml; 88ol; 116m; 118; **ICP**: 46 (Krankenhaus); **Image Source**: 33 (1); 50 (Gebirge); 53 John Foxx Collection (2r); 85 (3); 85 (4); 85 (5); 85 (6); 85 (7); **iStockphoto**: 28 Antagain (l); **Marka**: 56ml Giovanni Mereghetti; **Mondadori Portfolio**: 142or Leemage; 147 akg-images / ddrbildarchiv.de; 159 AKG Images; **Olycom**: 141ol Archives du 7e Art/DR/Photo12; 146or Archives du 7e Art/DR/Photo12; **Pearson Education Ltd.**: 10u Jon Barlow; 46 Handan Erek (Blumenladen); 52 Jon Barlow (1); 53 Gareth Boden (3r); **Shutterstock**: 11 Vorkunkov Andrei (Tom); 11 sbko (Silvia); 12ur Olena Zaskochenko; 13 Rob Marmion (1); 13 Blaj Gabriel (3); 13 tratong (4); Solid Web Designs LTD + Dan Kosmayer (5); 17 Anna Kucherova (Knoblauch); 17 Ivaschenko Roman (Olivenöl); 17 Africa Studio (Salz und Pfeffer); 27 Gary718; 28 sagir (b; j); 28 Stephen Bonk (c); 28 xtrekx (d); 28 vipman (f); 28 Gordana Sermek (g); 28 Apollofoto (h); 28 Irina Rogova (i); 28 K. Miri Photography (m); 28 Jacek Bieniek (o); 28 Stocksnapper (p); 29 goory (R-shirt 12); 29 Karkas (Rock); 29 Kovalchuk Oleksandr (Sandalen); 29 Apollofoto (Shorts); 29 monika3steps (Kleid 50); 29 101imges (Kleid 45); 32 samsonovs (a); 32 cherezoff (b); 32 Sergey Yechikov (c); 32 Oleksiy Mark (d); 33 bat-2 (Puppe); 33 iofoto (2); 35 Andrei Shumskiy (Brenner); 35 ktsdesign (Internetanschluss); 35 Skovoroda (Icon); 35 Sldesign (Ordner); 35 flydragon (Datei); 46 Dmitry Kalinovsky (Apotheke); 46 Tanya Constantine/Blend Images (Schreibwarengeschäft); 46 Carole Castelli (Bäckerei); 46 fiphoto (Boutique); 46 Mihai Simonia (Theater); 50 stefano marinari (Insel); 50 Vacclav (Meer); 50 Przemyslaw Wasilewski (See); 50 szefei (Wald); 50 Pawel Kielpinski (Fluss); 52 glenda (2); 52 JaySi (6); 52 Stanislav Komogorov (7); 52 michaeljung (8); 52 Elena Elisseeva (9); 52 Valua Vitaly (10); 53 Edyta Pawlowska (1l); 53 takayuki (1r); 53 Stephen Coburn (3l); 53 michaeljung (4l); 56-57 Vaclav Volrab (Hintergrund); 56ur Valentyn Volkov; 60 anson; 63 peresanz; 85 (1); Michael Roeder (2); 85 Globe Turner (8); 85 (9); 86 Sergiy Kuzmin (1); 106-107ol 101imges; 122or; 116ur arek_malang; 152ol Daboost; 152u Syda Productions; 154ur AND Inc; 158ur Liliya Kulianionak; 160ol luchschen; 162or FoxPictures; 162ul Smileus; **Sozaijiten**: 56mr; **Thinkstock:** 28 Carol_Anne (n); 29 sumnersgraphicsinc (Sweatshirt);

**Arbeitsbuch**

**Corbis**: 2 Wavebreak Media LTD (2); 2 BURGER/phanie/Phanie Sarl (3); 2 SnowWhiteimages (4); 2 Juice Images (5); 5 Lucidio Studio, Inc. (1); 5 Science Photo Library/Co (2); 6 ColorBlind Images/Blend Images (1); 6 Ricardo Azoury (3); 6 Rolf Vennenbernd/dpa (4); 6 Belinsky Yuri/ITAR-TASS (5); 6 Zave Smith (6); 8 the food passionates (Pfanne); 9 Hans Wretling/Matton Collection (2); 9 Hero Images (3); 9 Radius Images (4); 9 Sofie Delauw (6); 12 Wavebreak Media LTD/Vee (8); 12 Hybrid Images/cultura (10); 12 Mareen Fischinger (11); 16 Juice Images (a); 16 Eric Audras/Onoky (e); 18 145/Richard Boll/Photographer's Choice RF/Ocean (Ballerinas); 18 Daisy Cooper (T-shirt); 19 145/Richard Boll/Photographer's Choice RF/Ocean/ (Ballerinas); 20 Pascal Broze/Onoky (Sarah); 20 Gabriela Medina/Blend Images (Janina); 20 Oliver Rossi (Julian); 20 LGI Stock (Felix); 20 JGI/Jamie Grill/Blend Images (Eva und Ina); 21 2/Ryan McVay/Ocean (1); 21 Daisy Cooper (4); 21 Tetra Images (5); 22 Benelux (1); 22 A3929 Julian Stratenschulte (2); 22 Erik Tham (3); 28 James Leynse (1); 28 Jonathan Kitchen/13/Digital Vision/Ocean (4); 28 Image Source(6); 32 Image Werks (3); 33 Image Source (1); 33 WLADIMIR BULGAR/Science Photo Library (2); 33 Pulse (4); 38 Emely/cultura (4); 40 Daniel Attia (1); 40 Guido Cavallini (2); 40 aflo (4); 40 Ted Horowitz (5); 40 moodboard (6); 40 Johnny Valley/cultura (7); 48 Horacio Villalobos (1); 48 Ali Kabas (2); 48 Carole Castelli; 48 46 Juice Images (6); 49 Andersen-Ross (3); 49 Leon Harris/cultura (4); 49 Sharon Green (5); 51 Radius Images; 53 Norbert Rosing/National Geographic Society (1); 53 Rick Doyle (2); 53 Mike Kemp/Rubberball (3); 53 ERproductions Ltd/Blend Images (4); 53 Tetra Images (5); 53 2/Image Source/Ocean (6); 55 Hero Images (1); 55 Mika (2); 55 68/Ocean (3); 55 Rick Gomez 84); 57 Firefly Productions (2); 57 Juice Images (7); 57 A. Chederros/Onoky (10); 66 Calle Montes/Photononstop (1); 66 Alex Holland/cultura (2); 66 Karl-Heinz Haenel (3); 68 Hero Images Inc. (Verena); 70 Neil Farrin/Robert Harding World Imagery (1); 70 DANIEL NAUPOLD/epa (2); 70 Regis Bossu/Sygma (3); 70 Walter Bibikow/JAI (4); 70 Hauke-Christian Dittrich (5); 72 Wolfgang Kumm; 76-80 Stephen Rafferty / Eye Ubiquitou (1-2); 76-80 Hannibal Hanschke (2-5); 76-80 Image Source (3-1); 76-80 Sylvain Sonnet (4); 76-80 Andrew Fox (5-3); 76 Tibor Bognar (6); **ICP**: 12 (1); 12 (3; 4; 6; 9); 48 (3); **Imagestate**: 9John Foxx Collection (5); **Pearson Education Ltd.**: 18 Studio 8 (Schuhe); 18 Trevor Clifford (Pumps); 32 Studio 8 (5); 68 Gareth Boden (Thomas; Kai); **Shutterstock**: 2 Piotr Marcinski (1); 2 AJP (6); 2ul Serge75; 5 Rob Hainer (3); 5 Diego Cervo (4); 6 SurangaSL (2); 8 Lepas (Topf); 8 ILYA AKINSHIN (Schüssel); 9 Joseph C. Salonis (1); 16 AJP (b); 16 SnowWhiteimages (c); 16 Piotr Marcinski (d); 18 Karkas (Hemd; Kleid; Leerjacke; Bluse); 18 Irina Rogova (Hose); 19 Gordana Sermek (Kleid-60); 19 Workit Sirijinda (20); 19 Karkas (Kleid-67; Shorts); 19 sagir (Sweatshirt); 19 Alexander Kalina (Rock-30); 19 vova Kalina (Rock-55); 19 arka38 (Sportschuhe); 21 Sergey Andrianov (2); 21 Ewa Studio (3); 21 Olena Zaskochenko (6); 22 wwwebmeister (4); 22 wavebreakmedia (5); 22 Grounder (6-7); 28 Skovoroda (2); 28 Sldesign (5); 28 ktsdesign (3); 32 PhotoNAN (1); 32 Irina Rogova (2); 32 Karkas (4); 33 flydragon (3); 33 Sldesign (5); 38 Elena Elisseeva (1); 38 MrGarry (2); 38 vbmark (3); 38 krechet (5); 40 Izf (8); 40 gorillaimages 89); 48 Dmitry Kalinovsky (5); 57 Monkey Business Images (1); 68 Huntstock.com (Sari); **Thinkstock**: 12 iStock (2; 5); 57 Fnsy (4); 57 dotshock (5); 57 kurhan (6); 68 Monkey Business Images (Martina);

Fotografien des Einbandes: **Harald Jahn/Corbis: ICP; Mikhail Markovskiy/Shutterstock**

**978 88 6161 3546 A**

Verlagsentwurf und Koordinierung: **Emilia Giribaldi**
Redaktion: **Clara Conrado, Alessandra Liberati**
Grafischer Entwurf: **Tatiana Fragni**
Grafischer Umbruch: **Franco Pironato**
Bildmaterial nach: **Laura Urbani, Daniela Urbani**
Aufnahmen und Montage der Fotostory: **Massimiliano Grivetti - FotoGrafica**
Qualitätskontrolle: **Marina Ferrarese**
Zeichnungen: **Moreno Chiacchiera**
Kartografie: **Elvezio Tiboni**
Einbandsentwurf: **Tatiana Fragni**

**LIBRI DI TESTO E SUPPORTI DIDATTICI**
Il sistema di gestione per la qualità della Casa Editrice è certificato in conformità alla norma **UNI EN ISO 9001:2008** per l'attività di **progettazione, realizzazione e commercializzazione di prodotti editoriali scolastici, lessicografici, universitari e di varia.**

Member of CISQ Federation
RINA
ISO 9001:2008
Sistema Qualità Certificato



Gedruckt von
Grafiche Battaia - Zibido San Giacomo (MI)

| Nachdruck | Jahr |
| --- | --- |
| 6 7 8 9 10 | 20 21 22 23 24 |

*Der Verleger möchte sich bei der* Scuola Secondaria di I grado annessa al Convitto Nazionale Umberto I – Turin *herzlich bedanken.*
*Einen besonderen Dank der Schulleiterin, Frau Giulia Guglielmini, ihrem Mitarbeiter, Herrn Giuseppe Palascino, den Lehrern Frau Maria Gabriella Conte und Herrn Fabio Leone, und den Schülern: Mattia Accati, Gabriele Baviello, Virginia Ermondi, Rania Karid, Alice Marchio, Beatrice Milani, Luca Monaghedu, Patrick Palmieri, Bruno Reggiani, Luca Scalise, Riccardo Sindoni, Andrea Ludovica Stuardi, Matilde Toso, Veronica Visintini, Fabio Zanusso.*
*Einen besonderen Dank auch an Frau Enrica Bongiovanni, Frau Clara Conrado, Frau Marina Ferrarese, Herrn Guido Perrucca, Herrn Davide Protto.*

*Der Verleger möchte sich bei folgenden Lehrerinnen für ihre Beratung herzlich bedanken: Frau Chiara Arnoldi, Frau Erminia Girardi, Frau Cristina Grespan, Frau Paola Quadrelli, Frau Ilaria Riva, Frau Silvia Tonoli, Frau Ilaria Zanotti.*

Gabriella Montali
Daniela Mandelli
Nadja Czernohous Linzi

# Na klar!

# Mein SOMMERHEFT 2

LANG EDIZIONI

**MV 6161 00481Y**

Verlagsentwurf und Koordinierung: **Emilia Giribaldi**
Grafischer Entwurf und Umbruch: **Bluedit, Torino**
Redaktion: **Silvia Ganio**
Einbandsentwurf: **Tatiana Fragni**
Bildmaterial nach: **Daniela Urbani**
Zeichnungen: **Bluedit,** con la collaborazione di **Elena Staiano**
Qualitätskontrolle: **Marina Ferrarese**

**LIBRI DI TESTO E SUPPORTI DIDATTICI**
Il sistema di gestione per la qualità della Casa Editrice è certificato in conformità alla norma **UNI EN ISO 9001:2008** per l'attività di **progettazione, realizzazione e commercializzazione di prodotti editoriali scolastici, lessicografici, universitari e di varia.**

Member of CISQ Federation
RINA
ISO 9001:2008
Sistema Qualità Certificato



Gedruckt von Grafiche Battaia - Zibido San Giacomo (MI)

| Nachdruck | Jahr |
|---|---|
| 7 8 9 10 11 | 20 21 22 23 24 |

**Quellennachweis des Bild- und Fotomaterials**
(o-oben; u-unten; r-rechts; l-links; m-Mitte; S-Schritt)
**123RF**: 3 Bogdan Ionescu (Handy); 3 (Sonnencreme); 3 (Sonnenbrille); 18 (1; 3; Tisch); 19 Volodymyr Krasyuk (5); 38 (5); 39 (5); 42 Serge Bertasius; **Alamy**: 7or imageBROKER; **Corbis**: 3 Miles Ertman/ Robert Harding World Imagery (1); 3 J¸rgen Humbert/imageBROKER (2); 3 Atlantide Phototravel (3); 3 Franco Cogoli/SOPA RF (4); 3 Karl-Heinz Haenel (5); 5ur Chris Andrews Publications; 6 oliveromg; 7ol Brachat, Oliver/the food passionates; 7ol 68/Ocean (Würstchen); 7ol Chat Roberts (Curry); 8m Aflo (2); 8u Kav Dadfar/Design Pics (1); 8u John Gillmoure (3); 8u Hiya Images (4); 9 Jake Warga (7); 9ur Jack Hollingsworth; 9um Mike Kemp/Rubberball; 13ur Sylvain Sonnet; 14 Stephanie Pilick; 16 2/C Squared Studios/Ocean (1); 16 the food passionates (2); 16 Tetra Images/ (3; 4); 16 Steve Lupton (5); 17m Jerry McCrea; 18 Keller & Keller Photography (Apfelkuchen); 19 2/Ryan McVay (3); 23 Andersen-Ross; 24 Jens Kalaene/dpa; 25mr Deseo/Photononstop; 25ur Ingeborg Knol/imageBROKER; 26mlGavin Hellier/JAI; 26mr Radius Images; 27or Frank Kleefeldt/dpa; 27mr Wolfgang Kaehler; 27ul Schoening; 28u Br¸derchen & Schwesterchen GmbH; 29 Image Source (Jan); 29 Jamie Grill/ Tetra Images (Lea); 29u Werner Kerschbaummayr/epa (3); 29u Tetra Images (4); 33 sah/cultura; 34 Nick Dolding/cultura; 35 Blaine Harrington III; 36ol Stefan Huwiler/imageBROKER; 36u Guido Cozzi/ Atlantide Phototravel; 37or thomas rassloff /Demotix; 37mr Britta Pedersen/dpa; 37ml Gregor Fischer/ Demotix; 39 2/Southern Stock/Ocean (1); 38 Michael Turek (Moped); 39o George Hammerstein (4); 39o Roine Magnusson/Johnèr Images (5); 39o Hugh Rooney/Eye Ubiquitous (6); 39o Hufton+Crow/ VIEW (7); 39o Jae-woo Jeoung/Sung-Il Kim (8); 43 Steve Hix/Somos Images; 44o Frank Kleefeldt/ dpa/; **iStockphoto**: 9 Antagain (13); **Nadja Czernohous Linzi**: 17o; 17u; **Shutterstock**: 3 Steshkin Yevgeniy (Ball); 3 taelove7 (Kamera); 3 Hong Vo (Bücher); 3 WilleeCole Photography (Tasche); 4o Sean Pavone; 7ol Brent Hofacker (Ketchup);7ol Ivaschenko Roman (Öl); 7ol Aleksandr Stennikov (Pommes frites); 7ul Vectomart; 8om Gena96; 8m Natali Glado (1); 8m Iakov Kalinin (3); 8m mihalec (4); 8u C. Steimer (2); 9 Elnur (1); 9 sagir (2); 9 Kovalchuk Oleksandr (3); 9 xtrekx (4); 9 Apollofoto (5); 9 Surrphoto (6); 9 Gordana Sermek (8); 9 Karkas (9); 9 monika3steps (10); 9 vipman (11); 9 Karkas (12); 9 K. Miri Photography (14); 9 sagir (15); 16or ruzanna; 18 Marc Dietrich (2); 18 Neamov (4); 18 Nattika (5); 18 stanislaff (6); 18 Artmim (7); 18 Multiart (8); 18 Tomo Jesenicnik (9); 18 Valentina Razumova (10-Apfel); 18 Maks Narodenko (10-Banane); 18 Kuzma (Erdbeere); 18 Ken Mind (Birne); 18 Tim UR (Orange); 18 Gregory Gerber (Steak); 18 Vitaly Korovin (Tomate); 18 Freer (Kartoffel); 18 Gavran333 (Salat); 18 ElenaGaak (Schnitzel); 18 neiromobile (Eis); 19ol Tatiana Popova; 19 Andrey_Kuzmin (Serviette); 19 Pavlo Loushkin (1); 19 monticello (2); 19 valdis torms (4); 19 Bennyartist (6); 19 Tania Zbrodko (7); 20 Rafa Irusta; 27ml Pavel Ilyukhin; 29or Alexander Raths; 29 decathlon (Thomas); 29u Dmitry Kalinovsky (1); 29u wavebreakmedia (2); 38 Sandra van der Steen (2); 38 HBSS (3); 38 Syda Productions (4); 38 fotohunter (6); 38 Daboost (smartphone); 38 Karkas (Halskette; Tasche); 38 Robert Wolkaniec (Ohrring); 38 Tudor Photography (Sweatshirt); 39o Darryl Brooks (1); 39o David Jay Zimmerman (2); 39o Peter Radacsi (3); 39u Petr Student (1); 39u Jorg Hackemann (2); 39u Carsten Reisinger (3); 39u Karkas (4); 39u Yellowj (6); 40 Rob Lewine/Tetra Images; 44m Sean Pavone; 45 PhotoBarmaley; **Sozaijiten**: 39u (5).

Fotografien des Einbandes: **Elenamiv/Shutterstock**

# INHALTSVERZEICHNIS

# Die Ferien sind da!

Le vacanze sono arrivate! Abbina.

1 

2 

3 

4 

5 

☐ **a** das Meer ☐ **b** das Gebirge ☐ **c** das Land ☐ **d** der See ☐ **e** die Stadt

Sei pronto/a per partire. Cosa metti in valigia? Completa il cruciverba.

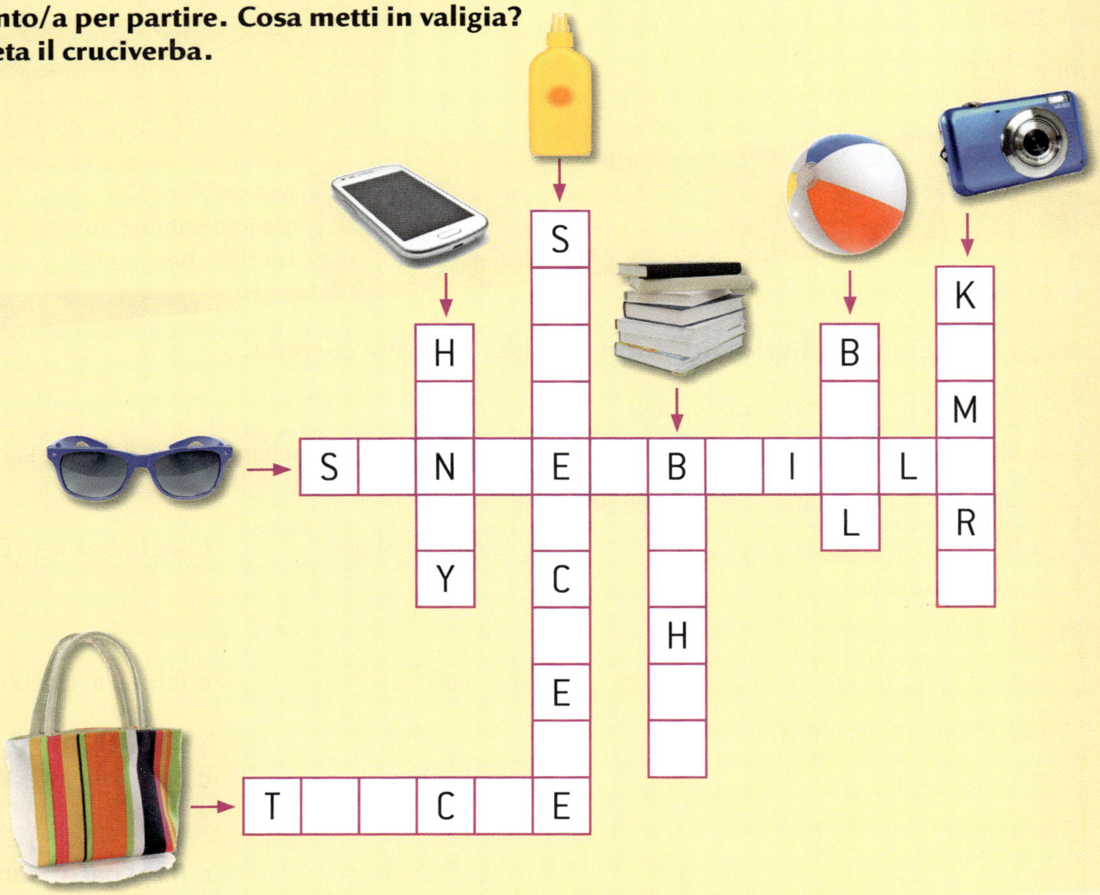

Einheit 1

# Sommer in Berlin

T 02

*Liebes Tagebuch, heute ist der erste Ferientag. Und ich bin so traurig und wütend! Alle meine Freunde fahren in Urlaub und ich muss zu Hause bleiben. Mama und Papa stehen den ganzen Sommer in ihrer blöden Imbissbude, braten Würstchen und frittieren Pommes. Mama sagt, ich muss ihnen helfen. Es ist Hochsaison in Berlin und es gibt viele Feste, Festivals und Märkte. Oh, das macht mich so wütend! Warum können wir nicht wie alle anderen Familien in Urlaub fahren? Nur eine oder zwei Wochen? Marika fliegt morgen nach Mallorca, in die Sonne! Sie liegt den ganzen Tag am Strand und geht jeden Abend mit ihrem Cousin tanzen. Julian fährt mit seiner Familie nach Frankreich zum Surfen und Kathrin macht Sprachferien in Irland. Meine Freunde haben es gut! Ich muss jetzt sechs lange und langweilige Wochen hier in Berlin bleiben und auch noch arbeiten.*

*Jasmin* ☹

**wütend:** furiosa
**die Imbissbude, -n:** chiosco (di cibi e bevande)

**1** **Leggi la pagina del diario di Jasmin e scegli l'opzione corretta.**

1 Jasmin ist traurig und wütend, denn…
**a** sie fährt mit ihren Eltern in Urlaub. **b** sie muss ihren Eltern helfen. **c** ihre Freunde schreiben ihr nicht.

2 Jasmins Eltern arbeiten den ganzen Sommer, denn…
**a** in Berlin sind viele Feste und Festivals. **b** sie reisen nicht gern. **c** sie haben kein Geld.

3 Jasmins Freunde…
**a** sind den ganzen Sommer in Berlin. **b** langweilen sich in Berlin. **c** fahren in Urlaub.

4 Die Schulferien dauern…
**a** zwei Wochen. **b** sechs Wochen. **c** eine oder zwei Wochen.

5 Marika…
**a** macht Sprachferien in Irland. **b** surft in Frankreich. **c** fliegt nach Spanien ans Meer.

## 2 Ora rispondi alle seguenti domande.

1 Was möchte Jasmin in den Sommerferien machen? ..........................................................................

2 Warum gibt es so viele Feste in Berlin? ..........................................................................

3 Bleiben auch Jasmins Freunde in Berlin? ..........................................................................

4 Was macht Julian? ..........................................................................

5 Was macht Kathrin? ..........................................................................

## 3 Leggi gli sms di Kai e Nick e indica se le affermazioni sono vere (V) o false (F).

Hallo Nick, wir können in diesem Sommer leider nicht nach Schweden kommen. Mein Vater hat endlich wieder Arbeit. Zum Glück! Aber dieses Jahr reicht das Geld nicht für einen Urlaub. Wir bleiben also hier in Berlin. Vielleicht kannst du mich besuchen? Wir haben dann bestimmt viel Spaß, können durch die Stadt bummeln und abends ins Open-Air-Kino gehen. Es gibt auch viele Straßenfeste im Sommer in Berlin.
Kai

Hey Kai, auch wir sind in diesem Sommer nicht in Schweden. Ich fahre mit meinen Eltern nach Italien und danach noch nach England zum Sprachkurs. Es tut mir leid, aber ich kann dich nicht in Berlin besuchen. Vielleicht aber in den Herbstferien... Ich melde mich nach den Sommerferien!
Nick

| | V | F |
|---|---|---|
| 1 Kai fährt nach Schweden. | ☐ | ☐ |
| 2 Sein Vater hat keine Arbeit. | ☐ | ☐ |
| 3 Es gibt viele Feste in Berlin. | ☐ | ☐ |
| 4 Kai möchte mit Nick Spaß haben. | ☐ | ☐ |
| 5 Nick fährt nach Italien und nach England. | ☐ | ☐ |

## 4 Completa il riassunto con le seguenti parole.

Italien • Vater • nicht • Nick

Nick und Kai haben Schulferien. Kais [1]......................... hat zum Glück wieder eine Arbeit, aber dieses Jahr fährt die Familie [2]......................... in Urlaub. Kai möchte mit [3]......................... ins Kino oder zu Straßenfesten gehen. Nick fährt aber mit seinen Eltern nach [4]........................., dann lernt er Englisch in England.

**5 Ascolta il dialogo. Poi scegli l'alternativa corretta per completare il testo.** T 03

Jasmin muss *ihren Eltern / ihren Freunden* in den ganzen Sommerferien helfen. Ihre Eltern verkaufen *Würstchen und Pommes / Souvenirs*. Kai kauft *einen Hamburger / eine Currywurst*.
Sie kostet *zwei Euro / drei Euro*. Kai hat *einen Freund / einen Hund*. Er heißt *Petzi / Fritzi*. Kai kommt *morgen Mittag / morgen Nachmittag* wieder zu Jasmin.

**6 Rispondi personalmente alle domande dell'intervista.**

1 Wann fährst du in Urlaub, im Juni, im Juli oder im August?

..............................................................................................

2 Verrist du mit deiner Familie oder mit deinen Freunden?

..............................................................................................

3 Wohin fährst du am liebsten in Urlaub?

..............................................................................................

4 Treibst du Sport im Urlaub?

..............................................................................................

5 Liest du viel?

..............................................................................................

6 Wo triffst du dich in deinen Ferien mit deinen Freunden in der Stadt? (Auf dem Marktplatz, im Park, im Schwimmbad, im Jugendzentrum ...)

..............................................................................................

7 Was ist dein Lieblingsessen im Sommer?

..............................................................................................

**7 Scrivi al/la tuo/a amico/a tedesco/a sulle tue vacanze estive. Segui i punti.**

- Wann? / Wie lange?
- Wohin?
- Mit wem?
- Was machst du?

Senden Chat Anhang Adressen Schriften Farben Als Entwurf sichern

An:

Betreff:

Lieber ..................... / Liebe .......................
Wie geht's dir? Ich habe Sommerferien!!!! 🙂
Im .................. (*mese*) fahre ich ...............................................
..............................................................................................
..............................................................................................
..............................................................................................

Schreib mir bald!
........................... (*il tuo nome*)

## 8 Leggi il testo sull'origine del Currywurst e rispondi alle domande.

Woher kommt die Currywurst? Aus Berlin oder aus Hamburg? Die Herkunft der Currywurst ist nicht klar. Für viele Berliner ist Herta Heuwer die Erfinderin: Sie hat am 4. September 1949 zum ersten Mal eine Currywurst in ihrem Imbiss in Berlin-Charlottenburg gebraten. Besonders neu war die pikante und scharfe Sauce aus Tomatenmark, Currypulver, Worchestersauce und anderen Zutaten. Herta hat ihr Rezept 1958 beim Deutschen Patentamt eingetragen. Bald war die Currywurst von Herta sehr bekannt und beliebt: Ihr Imbiss war Tag und Nacht geöffnet. Bis zu 19 Verkäuferinnen arbeiteten für Herta. Seit 2003 erinnert eine Gedenktafel in der Kantstraße 101 in Berlin an Herta Heuwer.

Ein Schriftsteller aus Hamburg, Uwe Timm, beschreibt dagegen in seiner Novelle *Die Entdeckung der Currywurst* (1993), die Geschichte der Currywurst anders. Lena Brücker, so heißt die Protagonistin der Novelle, soll schon 1947 die erste Currywurst am Hamburger Großneumarkt serviert haben. Auch in Hamburg erinnert dort seit 2003 eine Gedenktafel an die Hamburgerin, die Erfinderin der Currywurst!

In den 1980er Jahren bekommt die Currywurst als Fastfood Konkurrenz durch den türkischen Döner und den US-amerikanischen Hamburger. Doch die Currywurst bleibt eine der Lieblingsgerichte in Berlin und in Hamburg. In Neuwied gibt es sogar ein *Currywurst-Festival* und seit 2009 gibt es in Berlin *Das Deutsche Currywurstmuseum*.

**die Herkunft, ¨e:** origine
**die Erfinderin, -nen:** inventrice
**das Tomatenmark, -:** concentrato di pomodoro
**das Patentamt, ¨er:** ufficio brevetti
**eintragen:** registrare
**erinnern:** ricordare
**die Gedenktafel, -n:** targa commemorativa
**die Entdeckung, -en:** scoperta
**anders:** in altro modo

1 In welcher Stadt isst man zum ersten Mal eine Currywurst? ......................

2 Wie schmeckt die Currywurst? ......................

3 Was macht heute der Currywurst Konkurrenz? ......................

## 9 Ora leggi gli ingredienti per la ricetta del Currywurst e ordina i passaggi.

### Currywurst mit Pommes frites

**Zutaten** (für eine Portion)

- 1 großes Würstchen
- Ketchup
- Curry
- Öl
- Pommes frites

..2.. Das Öl in der Pfanne heiß machen.
...... Das Würstchen auf einem Teller klein schneiden.
..1.. Die Pommes frites in dem heißen Ofen backen.
...... Die fertigen Pommes frites aus dem Ofen holen und zu der Wurst auf den Teller legen.
...... Das Ketchup über das Würstchen geben.
...... Das Würstchen in der Pfanne braten.
..8.. Guten Appetit!
...... Das Currypulver darüber dazugeben.

## I mesi e le stagioni

**10** **Abbina i mesi in italiano con la traduzione tedesca.**

| | | |
|---|---|---|
| 1 | gennaio | ☐ April |
| 2 | febbraio | ☐ September |
| 3 | marzo | ☐ Oktober |
| 4 | aprile | ☐ Juni |
| 5 | maggio | ☐ Dezember |
| 6 | giugno | ☐ Juli |
| 7 | luglio | ☐ Januar |
| 8 | agosto | ☐ März |
| 9 | settembre | ☐ Mai |
| 10 | ottobre | ☐ August |
| 11 | novembre | ☐ November |
| 12 | dicembre | ☐ Februar |

**11** **Aggiungi le iniziali mancanti alle stagioni e completa con i mesi corrispondenti.**

1

2

3

4

## Le festività

**12** **Abbina le seguenti festività all'immagine corrispondente.**

Weihnachten • Silvester • Karneval • Ostern

1 ........................................

2 ........................................

3 ........................................

4 ........................................

## Le attività quotidiane

**13** **Che cosa ti piace fare in vacanza? E a casa? Ordina le attività.**

baden • aufräumen • Beachvolleyball spielen • den Tisch decken und abdecken • Staub saugen • sich sonnen • wandern • die Teller spülen • das Bett machen • picknicken

| Im Urlaub | Zu Hause |
| --- | --- |
| ................................................ | ................................................ |
| ................................................ | ................................................ |
| ................................................ | ................................................ |
| ................................................ | ................................................ |

## L'abbigliamento

**14** **Abbina a ciascuna immagine il rispettivo capo di abbigliamento.**

das T-Shirt, -s • die Jeans, - • das Sweatshirt, -s • der Minirock, ¨-e • die Shorts • die Leggings • die Bluse, -n • das Hemd, -en • der Pullover, - • das Kleid, -er • der Sportschuh, -e • die Ballerinas • der Trainingsanzug, ¨-e • die Lederjacke, -n • die Sandalen

1 ...........................

2 ...........................

3 ...........................

4 ...........................

5 ...........................

6 ...........................

7 ...........................

8 ...........................

9 ...........................

10 ...........................

11 ...........................

12 ...........................

13 ...........................

14 ...........................

15 ...........................

**15** **Ora descrivi l'abbigliamento dei due ragazzi. Cosa indossano?**

Der Junge trägt ein T-Shirt, über dem T-Shirt trägt er einen ...........................................................

...........................................................................

Das Mädchen trägt ...........................................................

...........................................................................

## Il complemento di tempo *in*, *an*, *nach*, *vor* + dativo (D)

Per esprimere il complemento di tempo si utilizzano le preposizioni:

**in** + **D** per i mesi, le stagioni, *das Jahr*, *die Nacht*, *die Woche*

⏩ **im** Juli, **im** Sommer, **im** Jahr, **in der** Nacht, **in der** Woche.

**an** + **D** per *das Wochenende*, i giorni della settimana e le parti del giorno, fatta eccezione per *die Nacht*

⏩ **am** Wochenende, **am** Montag, **am** Nachmittag, ma **in der** Nacht.

**nach** + **D** = dopo ⏩ **Nach dem** Film gehen wir ein Eis essen.

**vor** + **D** = prima ⏩ **Vor der** Party ruft Lisa ihre Freundin Ina an.

### 16 Inserisci la preposizione *in* o *an* + *D*.

1 Ich fahre .......... Montagvormittag nach Sylt.
2 .......... Sommer verbringen wir immer zwei Wochen im Gebirge.
3 .......... nächsten Jahr fliege ich nach Sydney.
4 Lisa und Thomas sind .......... Wochenende bei ihren Freunden in Berlin.
5 .......... Woche jobbt Jasper in einer Pizzeria, aber .......... Sonntag relaxt er.

### 17 Leggi le frasi e sottolinea l'opzione corretta.

1 *Nach dem Party / Nach der Party* gehen alle nach Hause.
2 *Vor der Party / Vor dem Party* sind alle sehr glücklich.
3 *An der Nacht / In der Nacht* ist alles sehr ruhig.
4 Meine Freunde sind auch im Sommer *am Abend / im Abend* immer zu Hause und spielen am Computer.
5 ■ Wann kommt Jasper?
● *Am Nachmittag / Im Nachmittag*?

### 18 Traduci e completa le frasi.

1 (*Al mattino*) ............................... schlafe ich bis 11 Uhr.
2 (*Al pomeriggio*) ............................... lese ich im Garten oder gehe mit Freunden ein Eis essen.
3 (*Nel fine settimana*) ............................... kommen meine Freunde aus Italien.
4 (*A settembre*) ............................... beginnt die Schule in Italien.
5 (*Dopo cena*) ............................... gehe ich heute aus.

## Il complemento di tempo continuato

| maschile | femminile | neutro |
|---|---|---|
| **den** ganz**en** Abend | **die** ganz**e** Woche | **das** ganz**e** Jahr |
| **den** ganz**en** Tag | **die** ganz**e** Nacht | jed**es** Jahr |
| **den** ganz**en** Nachmittag | jed**e** Nacht / Woche | nächst**es** Jahr |
| jed**en** Tag / Abend / Nachmittag | nächst**e** Woche | |
| nächst**en** Monat / Samstag | | |

Il complemento di tempo continuato si esprime al caso accusativo.

**19** **Inserisci l'articolo corretto: *den, die, das*.**

1 Wo verbringst du ............ Sommer?
2 Tim bleibt ............ ganze Jahr in Kanada.
3 ............ ganze Woche hilft Jasmin ihren Eltern.
4 Kai und Jasmin verbingen ............ ganzen Tag zusammen.
5 Verena und Janina wollen ............ ganze Nacht in der Disko tanzen!

**20** **Sottolinea l'opzione corretta.**

1 Julian fährt *jeden / jedes* Juli nach Frankreich.
2 *Jeden / Jedes* Sommer müssen Jasmins Eltern viel arbeiten.
3 *Jedes / Jeden* Jahr besucht Kathrin einen Englischkurs in Bath.
4 Warum willst du *jedes / jede* Woche ein T-Shirt kaufen?
5 *Jeder / Jeden* Samstagabend gehen meine Freunde und ich ins Kino.

**21** **Completa le frasi scegliendo tra *nächsten, nächstes* o *nächste*.**

1 ....................... Monat fahren meine Eltern an die Adria.
2 ....................... Woche kommt Janina aus Sydney zurück.
3 ....................... Jahr will Marco eine Weltreise machen.
4 Wohin fahren wir ....................... Sonntag? An den See?
5 Viktor und seine Freunde wollen ....................... Samstag ins Fantasyland fahren, kommst du mit?

## I gradi dell'aggettivo

| | comparativo di uguaglianza | comparativo di maggioranza | superlativo relativo |
|---|---|---|---|
| **schön** | **so** schön **wie** | schön**er als** | **am** schön**sten** |
| **teuer** | **so** teuer **wie** | teu**rer als** | **am** teuer**sten** |
| **lang** | **so** lang **wie** | läng**er als** | **am** läng**sten** |
| **gut** | **so** gut **wie** | **besser als** | **am besten** |
| **gern** | **so** gern **wie** | **lieber als** | **am liebsten** |
| **viel** | **so** viel **wie** | **mehr als** | **am meisten** |

Il comparativo di maggioranza si forma sempre aggiungendo **-er** all'aggettivo. L'aggettivo **teuer** riduce il tema: **teuer ›› teur** + **er**. Gli aggettivi monosillabi aggiungono anche l'**Umlaut**.

**22** **Forma sul tuo quaderno il comparativo di uguaglianza e maggioranza e il superlativo relativo. Segui l'esempio.**

***deine Halskette / lang / meine Halskette***
*Deine Halskette ist so lang wie meine Halskette.*
*Deine Halskette ist länger als meine Halskette.*
*Deine Halskette ist am längsten.*

1 Peters Noten / gut / Zoes Noten
2 die Ballerinas / teuer / die Sportschuhe
3 Lukas / schön / Martin
4 die Musik von Kilians / gut / die Musik von Linkin Park
5 Saris Fahrrad / viel / kosten / Kais Fahrrad

## 23 Completa le frasi con le forme del comparativo e del superlativo relativo degli aggettivi sottolineati.

1 Markus ist sympathisch, aber Janina ist ............................ als Markus. Anne ist am ............................ .

2 Ich esse gern Spaghetti, aber ich esse ........................... Lasagne. Am ........................... mag ich Pizza.

3 Die Sandalen sind schön, aber die Sportschuhe sind ............................... . Die Sportschuhe sind am ............................... .

4 Sari ist gut in Mathe. Asya ist aber noch ............................... . Janina ist am ............................... .

5 Ich bin sehr schnell im Laufen. Jens ist ............................... , aber Lukas ist am ............................... .

## 24 Leggi il dialogo seguente e completa con gli aggettivi indicati tra parentesi.

■ Wie findest du den Mathelehrer?

● Er ist sehr gut. Er ist [1]..................................... (*gut*) als der Mathelehrer der Paralleklasse.

■ Ja, aber er ist sehr streng.

● Ach, nein! Er ist nicht so [2]..................................... (*streng*) wie der Deutschlehrer!

■ Das stimmt nicht. Der Deutschlehrer ist [3]..................................... (*streng*) als der Mathelehrer.

● Du findest den Mathelehrer nicht so [4]..................................... (*streng*), denn du bist gut in Mathe.

■ Vielleicht. Wer ist aber am [5]..................................... (*streng*) in unserer Schule?

● Der Schulleiter!

# Il complemento di moto a luogo (accusativo) e stato in luogo (dativo)

| | Wohin? preposizione + A | Wo? preposizione + D |
|---|---|---|
| in | **ins** Gebirge | **im** Gebirge |
| an | **ans** Meer / **an den** Strand | **am** Meer / **am** Strand |
| auf | **auf die** Insel | **auf der** Insel |

## 25 Scegli la preposizione corretta.

1 Im August fährt Familie Hande *ins / ans* Meer.

2 Meine Großeltern wohnen *über / auf dem* Land.

3 Janina wandert gern *im / an der* Gebirge.

4 *Auf der / Nach der* Insel Sylt kann man gut surfen.

5 Riccione liegt *in der / an der* Adria.

6 Karl und Paul joggen gern *am / auf dem* Strand.

## 26 Inserisci le preposizioni *an, auf, in*.

1 Wollen wir ......... den Gardasee fahren? Dort können wir baden und in der Sonne liegen.

2 Ich möchte lieber ......... Meer fahren. Dort ist es sehr warm und das Wasser schön.

3 Warum fahren wir nicht ......... das Land? Dort können wir Rad fahren und ......... den Wald gehen.

4 Kathi fliegt diesen Sommer ......... die Insel Ibiza. Sie liebt das Nachtleben.

5 Meine Eltern fahren wie jedes Jahr ......... die Alpen. Sie wandern und fahren gern Ski.

**27** **Completa le frasi con le preposizioni *an, auf, in* + *A* o + *D*. Ricorda: *Wohin?* + *A* e *Wo?* + *D*.**

1 Martin fährt .......... die Nordsee. .......... Nordsee kann er baden und surfen.
2 Olga fährt .......... Land. .......... Land wohnen ihre Großeltern.
3 Warum fährst du immer .......... Gebirge? .......... Gebirge kann ich relaxen und wandern.
4 Viele Deutsche fahren .......... Gardasee. .......... Gardasee haben sie ein Ferienhaus.
5 Lukas geht nachmittags .......... Fluss. .......... Fluss liegt er in der Sonne und liest.
6 An heißen Tagen geht Lisa .......... Wald. .......... Wald ist es nicht so heiß.
7 Gehen wir .......... Park? .......... Park können wir Volleyball spielen.

## L'ordine dei complementi

L'ordine dei complementi nella frase in tedesco è sempre il seguente:

**TEMPO + MODO + LUOGO**

Ich fahre immer **im Juli** (tempo) **mit meinen Eltern** (modo) **nach Sardinien** (luogo).

**28** **Costruisci sul tuo quaderno le seguente frasi.**

1 ins Gebirge / morgen / fahren / mit der Klasse / Jan und Kai / mit dem Bus
2 Jasmin / diesen Sommer / muss / bleiben / in Berlin
3 Lisa / an den Fluss / mit Karen / fährt / am Wochenende
4 du / morgen / kommst / oder / heute Abend / zu mir / ?
5 Alina / eine Tasche / Samstag / kauft / im Zentrum
6 Meine Eltern / in Urlaub / fahren / immer / mit dem Zug / nach Italien

## Zur Wiederholung

**29** **Leggi il dialogo e completa con le parole seguenti.**

Sommer • Wochen • August • in • Rom • Freund • im • in die • in den

■ Jasmin, was machst du [1]..................... den Schulferien?
● Ich bleibe [2]..................... Juli und im [3]..................... hier in Berlin. Ich muss meinen Eltern helfen und Currywurst verkaufen!
■ Ach, du Arme!
● Na ja, aber was machst du?
■ Ich fahre mit meinen Eltern [4]..................... Toskana. Wir bleiben zwei [5]..................... dort, dann fahren wir nach [6]..................... .
● Super! Und Jasper?
■ Er verbringt im Juli [7]..................... Alpen. Er hat ein neues Mountainbike! Er ist ein Radfanatiker!
● Ja, richtig. Er fährt bestimmt von morgens bis abends Rad! Aber ich habe bestimmt auch Spaß dabei! Und dann ist da noch Kai!
■ Kai? Wer ist denn das?
● Er ist ein neuer [8].....................! Er bleibt auch in Berlin und fährt nicht in Urlaub. Wir wollen etwas zusammen machen!
■ Na Jasmin, dann ist dein [9]..................... bestimmt nicht langweilig, oder?

Einheit 2

# Die erste Verabredung

T 04

Am nächsten Tag kommt Kai wieder zu Jasmin zur Imbissbude. Er hat wieder seinen Hund Petzi dabei.

**Jasmin:** Hey Kai, da seid ihr ja! Hallo Petzi, möchtest du ein bisschen Wurst?
**Kai:** Hallo Jasmin! Wie geht es dir?
**Jasmin:** Ganz gut! Ich habe gleich frei und kann nach Hause. Was machst du heute?
**Kai:** Ich weiß es noch nicht. Was machst du? Wollen wir vielleicht etwas zusammen machen?
**Jasmin:** Sehr gerne! Wollen wir vielleicht gleich ein Eis essen?
**Kai:** Ja, gute Idee!
**Jasmin:** Warte, ich frage meine Mutter ...
Mama? Wann kann ich gehen? Ich möchte mit einem Freund ein Eis essen gehen.
**Mutter**: Mit einem Freund? Oh, guten Tag! Ich bin Jasmins Mutter.
**Kai:** Guten Tag, ich heiße Kai. Ich möchte gerne mit Ihrer Tochter ein Eis essen gehen.
**Mutter:** Ja, gerne. Jasmin, du kannst für heute Schluss machen. Geht nur!
**Jasmin:** Oh, danke. Mama.
**Mutter:** Moment mal, wann bist du heute Abend zu Hause?
**Jasmin:** Hm, um halb zehn?
**Mutter:** Ja, das ist gut. Bis nachher!
**Jasmin:** Tschüs!
**Kai:** Auf Wiedersehen!
**Mutter:** Viel Spaß!

**1 Leggi il dialogo tra Jasmin, sua madre e Kai e scegli l'opzione corretta.**

1 Kai geht noch einmal zu Jasmin, und zwar...
**a** am Abend. **b** am Nachmittag. **c** am nächsten Tag.

2 Jasmin hat heute...
**a** schon ein Programm. **b** nichts im Programm. **c** ein Treffen mit Freunden.

3 Jasmin darf jetzt mit Kai etwas zusammen essen, und zwar...
**a** eine Wurst. **b** einen Hamburger. **c** ein Eis.

4 Jasmin muss heute Abend...
**a** um 9:30 Uhr zu Hause sein. **b** um 10:30 Uhr zu Hause sein. **c** um 8:30 Uhr zu Hause sein.

T 05

## 2 a Ascolta il dialogo tra Kai e Jasmin e scegli il nome corretto. Chi fa che cosa?

1 Wer nimmt Vanilleeis mit Himbeersoße? Kai / Jasmin

2 Wer nimmt einen Amarena-Becher? Kai / Jasmin

3 Wer nimmt Nuss, Stracciatella und Erdbeere? Kai / Jasmin

**b Ora rispondi alle seguenti domande.**

1 Was wollen die Freunde bald machen? ..........................................................

2 Wohin wollen sie fahren? ..........................................................

3 Ist Geocaching ein Spiel oder ein App? ..........................................................

## 3 Leggi la ricetta e guarda i disegni abbinati.

### Ein Rezept aus Omas Küche

**Kuchen mit Aprikosenmarmelade nach Linzer Art**

**Zutaten:** 3 Eier (nur das Eigelb); 150g Butter, 250g Mehl, 150g Zucker, eine Prise Salz, ein ½ Teelöffel Backpulver, 200g Aprikosenmarmelade

**Zubereitung**

1 Eier mit Zucker vermischen

2 Butter, Mehl, dann Salz und Backpulver hinzugeben

3 3/4 Teig in eine Springform legen

4 Die Aprikosenmarmelade darauf tun

5 Aus dem Rest Teig Streifen schneiden und den Kuchen garnieren

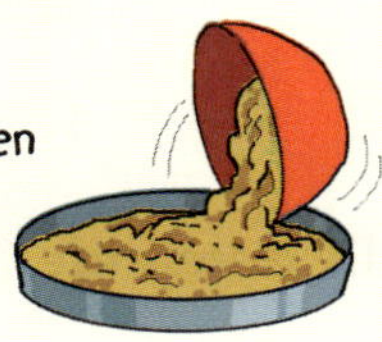

6 Den Kuchen 35 Minuten bei 180°C backen lassen

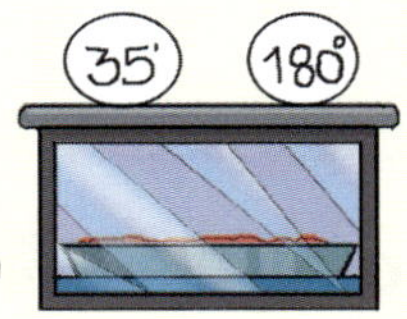


## 4 Dopo aver letto la preparazione descrivi la ricetta utilizzando l'imperativo di 2ª persona singolare. Segui l'esempio.

1 Eier mit Zucker vermischen: *Vermisch die drei Eier mit dem Zucker.*

2 Butter, Mehl, dann Salz und Backpulver hinzugeben: ..........................................................

3 3/4 Teig in eine Springform legen: ..........................................................

4 Die Aprikosenmarmelade darauf tun: ..........................................................

5 Aus dem Rest Teig Streifen schneiden und den Kuchen garnieren: ..........................................................

6 Den Kuchen 35 Minuten bei 180°C backen lassen: ..........................................................

## 5 Ora tocca a te! Descrivi una tua ricetta preferita.

Rezept: ____________________

Zutaten: ____________________

____________________

Zubereitung: ____________________

____________________

____________________

____________________

## 6 a Lina, Kevin e Sebastian sono in gelateria. Che cosa ordinano i tre amici? Ascolta il dialogo e abbina le due colonne.

T 06

| | |
|---|---|
| 1 Lina | a zwei Kugeln: Nur Zitrone |
| 2 Kevin | b drei Kugeln: Vanille, Nuss und Schokolade mit Sahne |
| 3 Sebastian | c zwei Kugeln in der Waffel. Vanille und Erdbeere |

**b Guarda le immagini e abbina a ciascuna il gusto corrispondente.**

Vanille • Erdbeere • Schokolade • Nuss • Zitrone

1 ..........................

2 ..........................

3 ..........................

4 ..........................

5 ..........................

## 7 Quali sono i tuoi gusti alimentari? Rispondi alle domande.

1 Frühstückst du gern? ..........................
2 Was isst du normalerweise zum Frühstück? ..........................
3 Was trinkst du morgens? ..........................
4 Was isst du in der Pause? ..........................
5 Was gibt es oft zum Mittagessen bei dir? ..........................
6 Was magst du nicht besonders? ..........................
7 Hast du ein Lieblingsessen? ..........................
8 Isst du abends kalt oder warm? ..........................
9 Was gibt es oft abends als Dessert bei dir zu Hause? ..........................
10 Was kochst / isst du gern mit deinen Freunden? ..........................

**die Schatzsuche, -n:** caccia al tesoro
**die Erde:** terra
**der Schatz, ¨-e:** tesoro
**versteckt:** nascosti
**das Logbuch:** (qui) blocco note
**die Muschel, -n:** conchiglia
**tauschen:** scambiare

**8** **Leggi il testo e indica se le affermazioni sono vere (V) o false (F).**

## Geocaching: eine moderne Schatzsuche

Geocaching ist ein Spiel, eine moderne Schatzsuche. Das Wort "Geocaching" kommt von "geo" (griech.) = Erde und "cache" (engl.) = Versteck.
Mit Hilfe von Internet, Smartphone und GPS-Signalen findet man "Caches" (= Schätze). Beim Geocaching kann man tolle Wanderungen in der Natur machen. Die Caches sind nämlich oft an sehr schönen Orten versteckt.
Auf den Seiten von den Geocachern im Internet findet man die GPS-Koordinaten für die Caches.
Die größte Geocacher-Seite ist *Geocaching.com*. Hier findest du die Koordinaten für ca. 2,5 Millionen Geocaches auf der ganzen Welt. Bist du zu Hause oder im Urlaub? Egal, es gibt bestimmt auch Geocaches in deiner Nähe!
Die Caches haben andere Geocacher für dich versteckt. Es gibt leichte, mittelschwere und schwere Caches. Tipp: Beginne erst einmal mit einem leichten Cache.
So geht es: Dein Smartphone mit GPS-Signal bringt dich in die Nähe vom Schatz. Jetzt heißt es: Suchen! Der Schatz ist oft eine Plastikdose. Darin ist ein Logbuch. In das Logbuch schreibst du deinen Spielnamen (= Nickname) und das Datum. Manchmal liegen auch kleine Sachen im Cache: Glassteine, Muscheln oder Spielzeug. Diese kannst du tauschen. Dann legst du den Schatz wieder gut in sein Versteck und der nächste Geocacher kann kommen und ihn suchen.

| | | V | F |
|---|---|---|---|
| 1 | Beim Geocaching sucht man Schätze. | ☐ | ☐ |
| 2 | Man braucht Internet zum Geocaching. | ☐ | ☐ |
| 3 | Mit den GPS-Koordinaten findet man die Caches sofort. | ☐ | ☐ |
| 4 | Die Schatzsuche kann leicht, aber auch schwierig sein. | ☐ | ☐ |
| 5 | Man findet die Caches in einer Flasche versteckt. | ☐ | ☐ |
| 6 | Man kann die Caches mit nach Hause nehmen. | ☐ | ☐ |
| 7 | Geocaching spielt man nur in Europa. | ☐ | ☐ |

**9** **Riassumi il testo inserendo le parole corrette.**

sehr schwer • Logbuch • Schatzsuche • Plastikdose • Internet • *Geocaching.com* • tauschen

Geocaching ist eine [1]............................................ . Man findet die Koordinaten von dem Schatz im Internet. Geocacher finden auf der Geocacher-Seite [2]............................................ im [3]............................................ die Caches in ihrer Nähe. Es gibt ca. 2,5 Millionen Geocaches in der ganzen Welt. Einige sind leicht, einige ziemlich schwer, andere [4]............................................ zu finden. Oft sind die kleinen Schätze in einer [5]............................................ versteckt. Man kann die Schätze [6]............................................ . In dem Cache findet man immer auch ein [7]............................................ . Darein schreibt man seinen Spielnamen und das Datum von seiner Schatzsuche. Danach muss man den Cache wieder gut verstecken.

## Gli alimenti e le bevande

**10** **Ripassa i nomi degli alimenti. Abbina ai cibi sul tavolo il vocabolo corrispondente.**

der Joghurt,-s • der Tee,-s • das Brot,-e • die Butter • die Marmelade,-n • der Honig,-e • der Schinken,- • der Käse,- • der Saft,¨-e • das Obst • die Milch

1 ..............................
2 ..............................
3 ..............................
4 ..............................
5 ..............................
6 ..............................
7 ..............................
8 ..............................
9 ..............................
10 ..............................
11 ..............................

**11** **Riordina nella tabella i vocaboli nella corretta categoria.**

die Erdbeere, -n

die Banane, -n

die Birne, -n

die Orange, -n

das Steak, -s

die Tomate, -n

die Kartoffel, -n

der Salat, -e

der Apfel, ¨

das Schnitzel, -

das Eis

der Apfelkuchen, -

| DAS FLEISCH | DAS GEMÜSE | DAS OBST | DAS DESSERT |
|---|---|---|---|
| | | | |

**12** **Trova e sottolinea l'intruso.**

| | | | | | | | | |
|---|---|---|---|---|---|---|---|---|
| 1 | Suppe | Nudeln | Reis | Tee | 3 | Tomate | Braten | Karotte | Kartoffel |
| 2 | Birne | Apfel | Gurke | Erdbeere | 4 | Pudding | Eis | Schinken | Tiramisù |

**13** **Che cosa serve per mangiare? Indovina il vocabolo inserendo le lettere mancanti e completa le frasi.**

der __ÖFF__L

das __ESSE__

die __A__EL

die __ERVI__TT__

1 Timo braucht ...................... für das Eis.
2 Lea braucht ...................... und ...................... für das Steak.
3 Zu viel Soße! Ich brauche noch ...................... !

**14** **Abbina a ogni contenitore il termine corrispondente.**

1

2

3

4

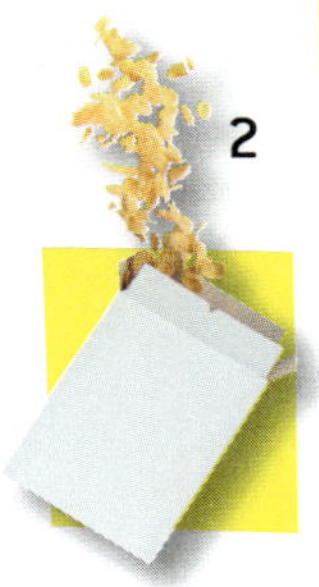
5

6

7

☐ der Becher ☐ das Glas ☐ die Flasche ☐ der Teller
☐ die Dose ☐ die Tasse ☐ die Packung

## Le misure degli alimenti

**15** **Abbina a queste misure il cibo adeguato e formula una frase come nell'esempio.**

| | | | |
|---|---|---|---|
| 1 der Liter (l) | 3 | Salz | 1 *Ich brauche eine Prise Salz.* |
| 2 das Kilo (kg) | ☐ | Schinken | 2 ........................................................ |
| 3 die Prise | ☐ | Milch | 3 ........................................................ |
| 4 das Gramm (g) | ☐ | Olivenöl | 4 ........................................................ |
| 5 der Esslöffel (el) | ☐ | Zucker | 5 ........................................................ |

# La forma "möchte"

| | |
|---|---|
| ich | möcht**e** |
| du | möcht**est** |
| er / sie / es | möcht**e** |
| wir | möcht**en** |
| ihr | möcht**et** |
| sie / Sie | möcht**en** |

La forma "**möchte**" può essere usata anche con un verbo all'infinito.
La costruzione della frase è identica a quella dei modali.

» Ich **möchte** heute Abend zu Hause **bleiben**.

## 16 Inserisci le forme corrette di "möchte".

1 ■ Ich nehme ein Wiener Schnitzel. Und du?
● Ich ...................... auch ein Wiener Schnitzel.

2 ■ Was nehmt ihr? ...................... ihr einen Nachtisch?
● Nein, wir ...................... nur noch einen Espresso.

3 ■ Was ...................... Sie, Frau Francke?
● Ich ...................... gern hundert Gramm Schinken.

4 ■ Lisa, ...................... du auch Kalbsbraten mit Bratkartoffeln?
● Nein, ich nehme lieber einen Salat.

## 17 Traduci le forme di "möchte" indicate tra parentesi.

1 (*Volete*) ......................... ihr ein Dessert?
2 Ich (*vorrei*) ......................... ein Steak mit Pommes.
3 Wir (*vorremmo*)......................... am Fenster sitzen.
4 (*Vuole*) ......................... Sie auch eine Suppe?
5 Lea (*vuole*) ......................... als Dessert einen Pudding.

## 18 Completa il dialogo con le forme di "möchte".

**Kellner:** [1]......................... Sie bestellen?

**Frau Franke:** Ja, ich [2]......................... ein Steak mit Bratkartoffeln. Und für das Kind Wiener Schnitzel mit Pommes, bitte.

**Herr Franke:** Und für mich eine Gulaschsuppe.

**Kellner:** Und zum Trinken? [3]......................... Sie eine Flasche Mineralwasser?

**Herr Franke:** Ja, eine Flasche Mineralwasser ist gut. [4]......................... du ein Glas Rotwein, Marie?

**Frau Franke:** Ja, gerne.

**Herr Franke:** [5]......................... du auch einen Nachtisch, Marie?

**Frau Franke:** Nein, aber Jan [6]......................... bestimmt ein Eis, richtig?

**Jan:** Ja, lecker!

**Frau Franke:** Ich [7]......................... später auch einen Espresso.

**Kellner:** Alles klar! Vielen Dank!

## I verbi modali e il verbo *wissen*

| | müssen (*dovere*) | können (*potere, saper fare*) | wollen (*volere*) | dürfen (*aver il permesso*) | wissen (*sapere*) |
|---|---|---|---|---|---|
| ich | **muss** | **kann** | **will** | **darf** | **weiß** |
| du | **musst** | **kannst** | **willst** | **darfst** | **weißt** |
| er / sie / es | **muss** | **kann** | **will** | **darf** | **weiß** |
| wir | müssen | können | wollen | dürfen | wissen |
| ihr | müsst | könnt | wollt | dürft | wisst |
| sie / Sie | müssen | können | wollen | dürfen | wissen |

I verbi modali reggono un infinito semplice che si trova sempre a fine frase:

▸▸ Ich **kann** dich heute nicht **besuchen**. Ich **muss** mit meinen Eltern nach Berlin **fahren**.

**19** **Completa le frasi con i verbi indicati.**

musst • kannst • wisst • könnt • müssen • will (x2) • darf (x2) • dürfen • wollen • weiß

1 Wir (*dobbiamo*) .......................... um 6:00 Uhr zu Hause sein.
2 Leo (*vuole*) .......................... heute Abend tanzen gehen.
3 Ich (*non posso*) .......................... nicht in die Disko gehen.
Mein Vater (*non vuole*) .......................... es nicht.
4 Anna, (*sai*) .......................... du schon Gitarre spielen?
5 Du (*devi*) .......................... ein wenig mehr lernen.
6 (*Potete*) .......................... ihr schon so gut surfen?
7 (*Vogliamo*) .......................... wir schwimmen gehen?
8 Ich (*so*) .......................... die Adresse von Erika.
9 Die Kinder (*non possono*) .......................... nicht so spät ins Bett gehen.
10 Hier (*non si deve*) .......................... man nicht parken.
Das (*sapete*) .......................... wisst ihr bestimmt!

**20** **Riordina le frasi. Ricorda: il verbo all'infinito retto dal modale va all'ultimo posto!**

1 Marion / heute / will / Rad / fahren. ..........................................................................
2 Lukas und Max / müssen / fahren / jetzt / nach Hause. ..........................................................................
3 Die Kinder / dürfen / fernsehen / nur eine Stunde. ..........................................................................
4 Möchtest / du / bleiben / zu Hause / ? ..........................................................................
5 Ich / kann / aufstehen / nicht immer / so früh / ! ..........................................................................

## 21 Scrivi una frase per ogni verbo modale.

1 Ich muss ..................................................
2 Ich kann ..................................................
3 Ich darf ..................................................
4 Ich darf nicht ..................................................
5 Ich will ..................................................
6 Ich möchte ..................................................

# I verbi riflessivi: *sich treffen* e lo stato in luogo

| | |
|---|---|
| ich | treffe **mich** |
| du | **triffst dich** |
| er / sie / es | **trifft sich** |
| wir | treffen **uns** |
| ihr | trefft **euch** |
| sie / Sie | treffen **sich** |

■ **Wo** treffen wir uns?
● **Im** Park! / **Am** Bahnhof! / **Im** Café / **An der** Haltestelle! / **Auf dem** Marktplatz ! / **Vor dem** Kino! / **Neben dem** Kiosk!

## 22 Inserisci i pronomi riflessivi nelle frasi.

1 Paul trifft ........................ immer mit Erich im Zentrum.
2 Wir treffen ........................ oft im Jugendzentrum.
3 Ich treffe ........................ oft mit meinem Vater am Bahnhof.
4 Trefft ihr ........................ mit euren Eltern am Rhein?
5 Wo treffen Sie ........................ mit Ihrer Frau, Herr Sobek?

Ricordati che il verbo *sich treffen* si costruisce con **mit** + la persona che si incontra:
■ **Mit wem** triffst du dich im Park? ● **Mit** Franz!

## 23 Completa le frasi con le desinenze adeguate.

1 ■ Mit wem trefft ihr euch? ● Mit unser............ Freund Peter.
2 ■ Wo treffen wir uns? ● In d............ Stadt.
3 ■ Mit wem triffst du dich heute Abend? ● Mit unsere............ Freunde............ .
4 ■ Wo triffst du dich mit ihnen? ● In d............ Café neben d............ Kaufhaus.
5 ■ Mit wem trifft sich Sarah heute? ● Mit ihr............ Mutter.

# L'imperativo

| | 2ª persona singolare | 2ª persona plurale | forma di cortesia | 1ª persona plurale |
|---|---|---|---|---|
| **machen** | Mach! | Mach**t**! | Machen Sie! | Machen wir! |
| **arbeiten** | Arbeit**e**! | Arbeit**et**! | Arbeiten Sie! | Arbeiten wir! |
| **organisieren** | Organisier**e**! | Organisier**t**! | Organisieren Sie! | Organisieren wir! |
| **geben** | Gib! | Geb**t**! | Geben Sie! | Geben wir! |
| **abfahren** | F**a**hr ab! | F**a**hr**t** ab! | Fahren Sie ab! | Fahren wir ab! |
| **sein** | **Sei**! | **Seid!** | **Seien Sie!** | **Seien wir!** |

## 24 Abbina i comandi in italiano alla corrispondente forma in tedesco.

1 Vai a far la spesa con papà!
2 Non mangiare troppo!
3 Lavora di più!
4 Non guardate troppo la tv!
5 Leggiamo questo articolo!
6 Lavorate insieme!
7 Organizziamo una festa!
8 Non andare così in fretta!

a Arbeitet zusammen!
b Seht nicht zu oft fern!
c Geh mit Vati einkaufen!
d Arbeite mehr!
e Organisieren wir eine Party!
f Fahr nicht so schnell!
g Iss nicht zu viel!
h Lesen wir diesen Artikel!

## 25 Scegli la forma corretta dell'imperativo alla 2ª persona singolare.

| | | |
|---|---|---|
| 1 fahren | **a** Fähr! | **b** Fahr! |
| 2 finden | **a** Finde! | **b** Find! |
| 3 öffnen | **a** Öffn! | **b** Öffne! |
| 4 sprechen | **a** Sprech! | **b** Sprich! |
| 5 geben | **a** Gib! | **b** Geb! |
| 6 aufräumen | **a** Räume auf! | **b** Aufräume! |
| 7 aufstehen | **a** Aufsteh! | **b** Steh auf! |
| 8 diktieren | **a** Diktiere! | **b** Diektier! |

## 26 Scrivi la forma dell'imperativo corrispondente. Segui l'esempio.

1 Andiamo fuori! (*ausgehen*) *Gehen wir aus!*
2 Rimani! (*bleiben*) ..............................
3 Leggete! (*lesen*) ..............................
4 Prendi! (*nehmen*) ..............................
5 Sedetevi! (*sich setzen*) ..............................
6 Alzatevi! (*aufstehen*) ..............................

## Zur Wiederholung

## 27 Completa il dialogo con i verbi seguenti.

wollen (x2) • können • muss (x3) • darf • treffen • uns • ruf • an

■ Lena, 1.......................... wir heute Abend ausgehen? Wir 2.......................... ins Kino gehen.
● Gerne, aber ich 3.......................... um 23:00 Uhr wieder zu Hause sein. Ich 4.......................... nicht bis Mitternacht bleiben. Meine Eltern 5.......................... das nicht.
■ Ich verstehe. Ich 6.......................... auch vor Mitternacht nach Hause zurückkommen. Keine Panik!
● Wann beginnt die Filmvorstellung?
■ Um 20:00 Uhr. Wir können auch nach dem Film zusammen etwas essen gehen. Was meinst du?
● O.k. 7.......................... wir 8.......................... dann um Viertel vor acht vor dem Kino!
■ In Ordnung! 9.......................... auch Nina 10.......................... . Vielleicht kommt sie auch mit!
● Mache ich!
■ Gut, ich 11.......................... jetzt gehen. Es ist schon spät! Bis heute Abend dann!
● Ja, bis später!

Einheit 3

# Fahren wir an den Wannsee!

T 07

Kai und Jasmin treffen sich morgens um 9:00 Uhr mit den Fahrrädern vor der Imbissbude von Jasmins Eltern. Sie wollen eine Radtour an den Wannsee machen.
Die beiden Freunde fahren los. Sie sind froh: Endlich ein Tag in der Natur! Endlich kann man picknicken!
Nach zwei Stunden machen sie eine Pause und ruhen sich aus. Dann fahren sie weiter. Noch eine Stunde Rad fahren und sie sind da, an der Badestelle “Alter Hof”.
Die beiden springen sofort ins frische Wasser und haben viel Spaß. Später picknicken sie, sonnen sich und spielen Karten. Dann gehen sie auch noch auf GPS-Schatzsuche. In einem alten Baum ist ein Geocache versteckt. Kai findet ihn und schreibt seinen Spielnamen Kai-Go in das Logbuch. Dann sucht Jasmin einen zweiten Cache und findet ihn unter einem Stein.
Am Nachmittag müssen Kai und Jasmin wieder nach Hause. Sie packen ihre Sachen zusammen und fahren zurück. Plötzlich kann Jasmin nur noch langsam fahren und Kai fragt: “Jasmin, was ist los? Geht es dir nicht gut?” “Ach, ich habe Kopfschmerzen und mein Hals tut ein bisschen weh.” “Das tut mir leid! Wollen wir eine Pause machen? Bist du vielleicht erkältet?” “Hm, ich weiß nicht...”
Da hat Kai eine Idee: Seine Oma wohnt ganz in der Nähe. Die beiden Freunde können zu ihr fahren und rufen dann Kais Vater an. Er kann sie mit dem großen Auto nach Hause fahren. Auch die Fahrräder kommen mit. Jasmin ist einverstanden. Ihr ist kalt und vielleicht hat sie auch ein bisschen Fieber. Nach 10 Minuten sind sie bei Kais Oma.

**die Badestelle, -n:** luogo in cui si può fare il bagno
**springen:** tuffarsi
**der Baum, ¨-e:** albero
**der Stein, -e:** pietra

**1 Leggi il testo e indica se le affermazioni sono vere (V) o false (F).**

| | V | F |
|---|---|---|
| 1 Man braucht zwei Stunden mit dem Fahrrad bis zum See. | ☐ | ☐ |
| 2 Jasmin und Kai baden im See. | ☐ | ☐ |
| 3 Nach dem Bad gehen sie sofort zum Geocaching. | ☐ | ☐ |
| 4 Sie finden zwei Caches. | ☐ | ☐ |
| 5 Auf dem Weg nach Hause geht es Jasmin nicht gut. | ☐ | ☐ |
| 6 Kai und Jasmin fahren zu Jasmins Oma. | ☐ | ☐ |

## 2 Ora completa il riassunto inserendo le seguenti parole.

Stein • picknicken • Hals • nicht weit • Baum

Jasmin und Kai fahren an den Wannsee. Wannsee liegt [1]........................... von Berlin. Die zwei Freunde baden und [2]....................... am Strand, dann spielen sie Karten und suchen ihre Geocaches. Kai findet einen Cache in einem [3]....................... und Jasmin findet noch einen Cache unter einem [4]....................... . Jasmin und Kai fahren dann nach Hause, aber Jasmin bekommt bald Kopfschmerzen und ihr [5]....................... tut weh. Sie fahren also nur bis zu Kais Oma und Kais Vater fährt sie dann mit dem Auto nach Hause.

## 3 Leggi le strofe di questa famosa canzone tedesca *Pack die Badehose ein* e indica se le affermazioni sono vere (V) o false (F). Cerca la canzone completa in internet.

Wenn man in der Schule sitzt, über seinen Büchern schwitzt
Und es lacht der Sonnenschein, dann möcht man draußen sein
Ist die Schule endlich aus, gehen die Kinder froh nach Haus
Und der kleine Klaus ruft dem Hänschen hinterher:

Pack die Badehose ein, nimm dein kleines Schwesterlein
Und dann nischt wie raus nach Wannsee
Ja, wir radeln wie der Wind durch den Grunewald geschwind
Und dann sind wir bald am Wannsee
Hei, wir tummeln uns im Wasser wie die Fischlein, das ist fein
Und nur deine kleine Schwestern, nee, die traut sich nicht hinein
Pack die Badehose ein, nimm dein kleines Schwesterlein
Denn um Acht müssen wir zu Hause sein

**schwitzen:** sudare
**radeln:** andare in bici
**geschwind:** velocemente
**sich tummeln:** giocare in modo disordinato
**sich trauen:** fidarsi

| | | V | F |
|---|---|---|---|
| 1 | Das Lied beschreibt einen Tag im Frühling. | ☐ | ☐ |
| 2 | Die Kinder haben heute schulfrei. | ☐ | ☐ |
| 3 | Sie wollen im Freien spielen, denn die Sonne scheint und es ist warm. | ☐ | ☐ |
| 4 | Klaus und Hänschen wollen ins Schwimmbad gehen. | ☐ | ☐ |
| 5 | Sie nehmen die Badehose und auch die kleine Schwester mit. | ☐ | ☐ |
| 6 | Die Schwester will nicht ins Wasser gehen. | ☐ | ☐ |
| 7 | Die zwei Freunde spielen im Wasser. | ☐ | ☐ |
| 8 | Um acht Uhr müssen sie wieder zu Hause sein. | ☐ | ☐ |

T 08

## 4 Ascolta e scegli l'opzione corretta.

1 Der Holunderbeersaft ist gut…
**a** gegen Bauchschmerzen. **b** gegen Halsschmerzen. **c** gegen Magenschmerzen.

2 Man trinkt den Holunderbeersaft…
**a** kalt. **b** warm. **c** heiß.

3 Jasmin hat…
**a** ein bisschen Fieber. **b** hohes Fieber. **c** kein Fieber.

## 5 Che cosa fai quando sei raffreddato?

- ☐ Ich trinke einen heißen Holundersaft.
- ☐ Ich gehe in die warme Badewanne.
- ☐ Ich gehe zum Arzt.
- ☐ Ich trinke viel Tee.
- ☐ Ich bleibe im Bett und schlafe viel.
- ☐ Ich gehe mit einem dicken Schal und vielen Taschentüchern zur Schule.
- ☐ Ich lutsche Hustenbonbons.

UND HIER NOCH EIN TOLLER TIPP VON OMA GEGEN HUSTEN

Schneide eine Zwiebel in Würfel und bestreue sie mit Zucker. Nach einer Stunden kannst du den Saft trinken und dein Husten ist bald wieder weg!

Gute Besserung!

## 6 Leggi la mail che Steffi ti manda dallo Harz, catena montuosa della Germania settentrionale. Rispondile poi raccontando che cosa fai tu in vacanza.

Senden Chat Anhang Adressen Schriften Farben Als Entwurf sichern

An:

Betreff:

Liebe ..................... / Lieber ..................... (*il tuo nome*),
wie geht's dir? Mir geht es hier in den Bergen sehr gut: Ich mache Wanderungen und Radtouren und fühle mich jetzt viel besser. Sport tut gut! Hier im Dorf habe ich auch ein paar nette Freunde. Wir sind den ganzen Tag zusammen und das macht viel Spaß. Morgen wollen wir in den Wald gehen und Pilze suchen. Nach dem Regen findet man hier viele davon! Ich mag Pilze. Und du? Schreib mir bald und erzähle mir von deinem Urlaub!
Liebe Grüße
Steffi

**der Pilz, -e:** fungo
**nach dem Regen:** dopo la pioggia

Senden Chat Anhang Adressen Schriften Farben Als Entwurf sichern

An:

Betreff:

Hallo Steffi! Danke für deine E-Mail. Es geht mir ........................................... .
Ich bin jetzt ....................................................... (*im Gebirge / am Meer...*)
Ich stehe ............................... auf und dann ................................................... .
Nachmittags ........................................................................................... .
Wir essen oft ........................................................................................ .
Abends .................................................................................................. .
Ich finde diese Ferien ...................... . Am ............... bin ich wieder zu Hause.
Alles Liebe
........................... (*il tuo nome*)

# Ausflüge rund um Berlin

## Wannsee

Wohin fahren die Berliner gern am Wochenende? Nach Wannsee! Wannsee ist ein Stadtteil im Südwesten von Berlin und ist ein beliebter Ausflugsort für Berliner und Touristen. Es gibt dort viele Seen und man kann gut baden oder Kanu fahren. Besonders attraktiv ist die Wannsee-Insel. Man kann über 5 Brücken zur Insel kommen.

## AbenteuerPark Potsdam – der Kletterwald

Der *AbenteuerPark Potsdam* ist ein Kletterwald in der Region Berlin und Potsdam. Dort kann man klettern, Schätze suchen, Abenteuer erleben und viel Spaß haben.

## Paddeltour

Das Städtchen Lübbenau liegt im Spreewald. Der Spreewald ist eine Region südöstlich von Berlin, 100 km von der Hauptstadt entfernt. Lübbenau ist ein prima Ausgangspunkt für Paddeltouren. Es gibt dort sehr viele Bootsverleihe. Man kann dort ein Kanu für 1, 2 oder 3 Stunden mieten.

## Filmpark Babelsberg

Magst du Filme? Willst du einen Stuntman Aktion sehen oder eine Invasion von Monstern aus dem All dreidimensional erleben? Dann ist der *Filmpark Babelsberg* ideal für dich. Er liegt in Potsdam, in der Nähe von Berlin. Dort erklärt man dir, wie man einen Film dreht, und du kannst viele Tricks und Effekte kennen lernen.

**der Stadtteil, -e:** quartiere
**beliebt:** apprezzato
**klettern:** arrampicare
**das Abenteuer, -:** avventura
**die Paddeltour, -en:** giro con la pagaia
**der Bootsverleih, -e:** noleggio barche
**drehen:** girare

**7 Scegli la tua gita! Abbina ciascuna frase al luogo corretto.**

1 Du möchtest am Strand picknicken. Ich fahre ................................ .

2 Du möchtest Schauspieler in Aktion sehen. Ich fahre ................................ .

3 Du möchtest eine Kanutour machen. Ich fahre ................................ .

4 Du möchtest klettern und Spaß haben. Ich fahre ................................ .

# Lo stato di salute e le parti del corpo

**8** **Guarda gli smiles e scrivi sotto ciascuno l'avverbio corrispondente.**

prima • schlecht • solala • gut

1 ..............................   2 ..............................   3 ..............................   4 ..............................

**9** **Come stai? Rispondi alla domanda abbinando l'espressione adeguata alla frase italiana.**

Es geht mir gut. • Es geht mir schlecht. • Es geht mir solala. • Es geht mir sehr gut / prima.

1 Sto magnificamente. ..............................

2 Non sto bene. ..............................

3 Sto benino. ..............................

4 Sto bene. ..............................

**10** **Guarda l'immagine e ripassa le parti del corpo. Scrivi i vocaboli al posto corretto.**

der Kopf, ¨e • das Auge, -n • das Ohr, -en • der Arm, -e • der Zahn, ¨e • der Rücken • der Magen • der Bauch • das Bein, -e • der Hals • der Fuß, ¨e • die Hand, ¨e

1 ..............................

2 ..............................

3 ..............................

4 ..............................

5 ..............................

6 ..............................

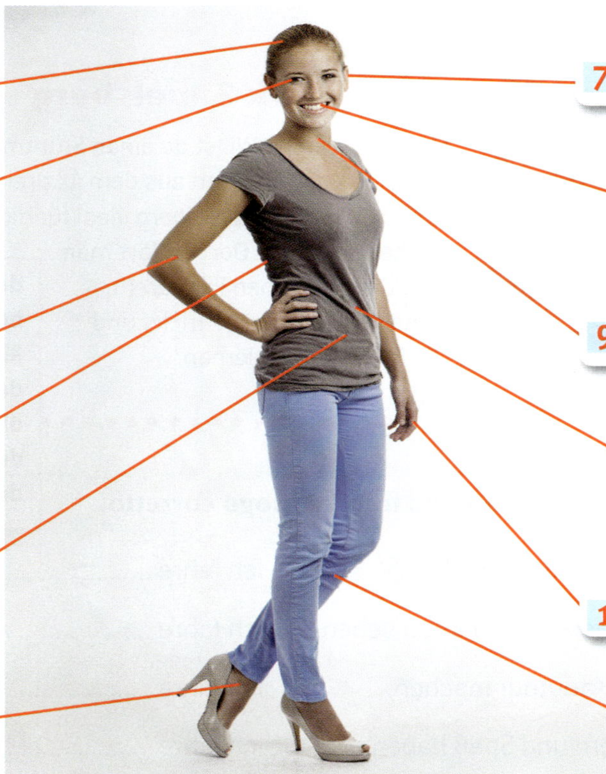

7 ..............................

8 ..............................

9 ..............................

10 ..............................

11 ..............................

12 ..............................

## Le malattie e i rimedi

### 11 Trasforma le seguenti frasi come nell'esempio.

1 Der Magen tut mir weh. *Ich habe Magenschmerzen.*
2 Der Bauch tut mir weh. ..........................................................
3 Die Ohren tun mir weh. ..........................................................
4 Der Hals tut mir weh. ..........................................................
5 Der Rücken tut mir weh. ..........................................................
6 Der Kopf tut mir weh. ..........................................................

### 12 Guarda le immagini e scrivi sotto ciascuna la malattia o il disturbo corrispondente.

Husten • eine Erkältung • eine Laktosenintoleranz

1 Thomas hat ..........................

2 Jan hat ..........................

3 Lea hat ..........................

### 13 Indovina la malattia tra quelle indicate: *Durchfall, Bronchitis, Blinddarmentzündung.*

1 Herr Doktor, ich muss immer auf die Toilette. ..............................................
2 Herr Doktor, der Bauch tut mir hier rechts weh. ..............................................
3 Herr Doktor, ich habe immer Husten. ..............................................

### 14 Dove vai in queste situazioni? Abbina e completa le frasi.

zur Apotheke • ins Bett • zum Arzt • ins Krankenhaus

1 ■ Du brauchst Tabletten gegen Kopfschmerzen.
● Ich gehe ........................................................ .

2 ■ Du bist krank und brauchst ein Rezept.
● Ich gehe ........................................................ .

3 ■ Du hast eine Blinddarmentzündung.
● Ich gehe ........................................................ .

4 ■ Du bist müde und willst nur schlafen.
● Ich gehe ........................................................ .

## Il caso dativo

| | articolo | aggettivo possessivo | pronome |
|---|---|---|---|
| **maschile** | d**em** Freund | mein**em** Freund | **ihm** |
| **femminile** | d**er** Freundin | mein**er** Freundin | **ihr** |
| **neutro** | d**em** Kind | mein**em** Kind | **ihm** |
| **plurale** | d**en** Freunde**n** | mein**en** Freunde**n** | ih**nen** |
| | | mein**en** Kinder**n** | ih**nen** |

Il caso dativo corrisponde al complemento di termine italiano.
Reggono il caso dativo i seguenti verbi: *geben* (dare), *schenken* (regalare), *antworten* (rispondere), *sagen* (dire), *helfen* (aiutare), *danken* (ringraziare), *gefallen* (piacere).

▸▸ Ich schenke **meinem Freund** ein Buch.
Ich schenke **ihm** ein Buch.

**15** **Inserisci le desinenze al caso dativo: *-em, -er, -en*.**

1 Kai gibt sein............ Freundin Jasmin ein Glas Holundersaft.
2 Jasmin will ihr............ Freund Kai ein Hotdog machen.
3 Jasmins Mutter sagt ihr............ Mann: "Heute macht Jasmin eine Radtour mit Kai."
4 Es geht d............ Freundin von Kai nicht besonders gut.
5 Wir wünschen unser............ Freunden viel Spaß in Berlin!

**16** **Scegli la forma adeguata al caso dativo.**

1 Ich schenke *meinem / meiner* Mutter ein Buch.
2 Wir geben *unserem / unserer* Bruder 5 € für das Kino.
3 Großeltern geben *ihrer / ihren* Enkeln oft kleine Geschenke.
4 Maria hilft immer *ihrer / ihre* Mutter beim Kochen.
5 Der Ausflug an den Wannsee gefällt *die Freunde / den Freunden* sehr gut.

**17** **Completa le frasi traducendo le parole tra parentesi con il caso dativo.**

1 Wollen wir ................................. (*al nostro papà*) ein Buch schenken?
2 Gibst du ................................. (*al bambino*) ein Glas Wasser?
3 Antwortest du ................................. (*a tua madre*) oder nicht?
4 Geben wir auch ................................. (*ai nostri amici*) die Handynummer von Thomas?
5 Theo und Kai helfen ................................. (*i loro genitori*) immer sehr gern.

## I pronomi personali al caso dativo e l'espressione *wie geht's*?

| **nominativo** | ich | du | er | sie | es | wir | ihr | sie | Sie |
|---|---|---|---|---|---|---|---|---|---|
| **dativo** | mir | dir | ihm | ihr | ihm | uns | euch | ihnen | Ihnen |

■ Wie geht's **dir**? ● Es geht **mir** gut, danke! Und **dir**?

Quando chiedi lo stato di salute, usa sempre i pronomi al dativo con l'espressione invariabile **es geht**. Anche il verbo **wehtun** (far male) si usa con i pronomi al caso dativo.

**18** **Abbina ciascuna frase italiana alla corrispondente tedesca.**

1 Come stai?
2 Come state?
3 Come stanno?
4 Come sta Lei?
5 Come sta lei?
6 Come sta lui?

a Wie geht's Ihnen?
b Wie geht's dir?
c Wie geht's ihm?
d Wie geht's ihr?
e Wie geht's euch?
f Wie geht's ihnen?

**19** **Sottolinea il pronome corretto.**

■ Hallo Markus, wie geht's *dir / euch*?
● Danke gut, und *ihm / dir*?
■ Es geht *mir / uns* solala. Wie geht es deiner Schwester? Ist sie noch krank?
● Es geht *ihr / sie* besser danke, aber jetzt geht es meinen Eltern nicht gut.
■ Wieso geht es *ihm / ihnen* nicht gut?
● Sie haben beide eine Grippe.
■ Das tut *mir / euch* leid!

## Il verbo *wehtun*

Il verbo **wehtun** è un verbo separabile e regge il complemento di termine (il dativo). Di questo verbo si usa generalmente solo la **terza persona singolare e plurale: tut / tun**.

soggetto + **tut / tun** + pronome al dativo

▸▸ Der Kopf **tut mir weh**.
Die Ohren **tun mir weh**.

**20** **Completa con *tut… weh* o *tun… weh*.**

1 Die Augen .................. Markus .................. .
2 Der Hals .................. mir .................. .
3 Die Füße .................. mir .................. .
4 Der Rücken .................. meiner Mutter .................. .
5 Die Hände .................. uns .................. .

**21** **Trasforma le frasi. Usa il verbo *wehtun* + il dativo. Segui l'esempio.**

1 Markus hat Kopfschmerzen. — *Der Kopf tut ihm weh.*
2 Lea hat Halsschmerzen. — ..................................................
3 Wir haben Bauchschmerzen. — ..................................................
4 Meine Eltern haben Magenschmerzen. — ..................................................
5 Die Kinder haben Ohrenschmerzen. — ..................................................

## 22 Completa il testo inserendo le seguenti parole.

der Kopf • mir (x3) • die Ohren • dir • der Hals

Lieber Kai,

ich kann heute nicht mit ins Kino mitkommen. Ich liege im Bett und kann nicht sprechen, denn [1]......................... tut [2]......................... sehr weh. Ich kann auch nicht lesen, denn [3]......................... tut [4]......................... weh und ich kann mich nicht konzentrieren. Jetzt tun [5]......................... auch noch [6]......................... weh! Ich wünsche [7]......................... , Tina und Hans viel Spaß! Marvin

# Le preposizioni con il caso dativo

| | |
|---|---|
| **AUS** (*da*) | Ich komme auch **aus** der Türkei. |
| **BEI** (*da, presso*) | Ich bleibe heute **bei** meiner Oma. |
| **MIT** (*con*) | Wir fahren immer **mit** dem Bus zur Schule. |
| **NACH** (*a, dopo*) | Fahren wir **nach** Rom? |
| | Was machen wir **nach** dem Abendessen? |
| **ZU** (*verso*) | Ich gehe **zur** Post, dann zu Paul und schließlich **zum** Bahnhof. |
| **VON** (*di, da*) | Das ist der Bruder **von** meinem Freund. |
| | **Von** der Kirche bis zum Marktplatz sind es nur drei Minuten zu Fuß. |

## 23 Leggi le frasi e sottolinea l'opzione corretta.

1 Meine Freunde fahren *nach / zu* Berlin.
2 Wir kommen *aus / nach* der Schweiz.
3 Geh bis *zum / nach* Dom!
4 Das ist die Tasche *von / aus* meiner Mutter.
5 Ich wasche mich *nach / von* dem Essen.
6 Morgen gehen wir *zu / bei* Onkel Franz.
7 Ich verbringe den Sommer oft *bei / zu* meinen Großeltern.
8 Jetzt fahren wir *zu / nach* Hause.

## 24 Completa le frasi traducendo le parole tra parentesi.

1 Heute bin ich ............................................ (*da mio zio*).
2 Wir gehen heute Abend ............................................ (*dalla mia amica Lea*).
3 Gehen wir sofort ............................................ (*alla stazione*)?
4 Mein Vater kommt ............................................ (*da Roma*).
5 Das ist der Sohn ............................................ (*di mia zia*).

## Le preposizioni che reggono il caso accusativo o dativo

| MOTO A LUOGO = preposizione + A | STATO IN LUOGO = preposizione + D |
|---|---|
| Ich gehe **ins** Kino. | Ich bin **im** Kino. |
| Ich fahre **ins** Gebirge. | Ich bin **im** Gebirge. |
| Ich gehe **ans** Meer. | Ich bin **am** Meer. |
| Ich gehe **an den** See. | Ich bin **am** See. |
| Ich gehe **vor das** Kino. | Ich bin **vor dem** Kino. |
| Vater geht **hinter das** Haus. | Vater ist **hinter dem** Haus. |

Le preposizioni *an* (vicino), *auf* (su), *hinter* (dietro), *in* (dentro, in), *neben* (vicino), *über* (sopra), *unter* (sotto), *vor* (davanti), *zwischen* (fra due) si costruiscono con il caso accusativo se sono abbinate a un verbo di movimento e con il dativo se abbinate a un verbo di stato.
**Attenzione!** Solo *nach* e *zu* esprimono moto ma reggono il dativo.

**25** ***Wohin?*** **Rispondi alle domande con il complemento di moto a luogo (preposizione + A).**

1 Wohin fährst du heute Nachmittag? .................. d.................. Stadt.
2 Wohin geht ihr so schnell? .................. Kino.
3 Wohin fährt dein Bruder? .................. Gebirge.
4 Wohin gehen wir schwimmen? .................. Meer.

**26** ***Wo?*** **Rispondi alle domande con il complemento di stato in luogo (preposizione + D).**

1 Wo bist du heute Nachmittag? .................. d.................. Stadt.
2 Wo seid ihr heute? .................. Kino.
3 Wo ist dein Bruder? .................. Gebirge.
4 Wo schwimmst du am liebsten? .................. Meer.

## Zur Wiederholung

**27** **Completa la lettera con le seguenti preposizioni.**

ans • am • mit (x2) • im • in die • bei • vor dem • um • bis • zu

Liebe Lina,
ich liege [1]......................... Fieber [2]......................... Bett. Ich bin leider krank und kann heute nicht [3]......................... euch [4]......................... Stadt kommen. Martina ist auch krank [5]......................... Hause. Aber Kai ist [6]......................... sechs Uhr [7]......................... seinem Onkel, dann hat er frei. Sein Handy ist aber kaputt. Er wartet [8]......................... 19:00 Uhr [9]......................... Kino auf euch, ok? Was macht ihr dann [10]......................... Wochenende? Fahrt ihr [11]......................... Meer?
Liebe Grüße
Jasmin

Einheit 4

# Gute Besserung!

T 09

Jasmin ist noch mit ihrer Erkältung im Bett, aber es geht ihr schon viel besser. Sie trinkt gerade noch einen Holunderbeersaft nach dem Rezept von Kais Oma und liest ein Buch.
Da klingelt es draußen an der Tür. Kurze Zeit später kommt Jasmins Mutter ins Zimmer. Sie hat einen großen Strauß mit Sonnenblumen in der Hand.
Der Strauß ist natürlich für Jasmin. Es ist eine Karte dabei. Jasmin liest:

Liebe Jasmin,
ich denke oft an dich und wünsche dir gute Besserung! Hoffentlich bist du bald wieder gesund. Unser Ausflug an den Wannsee war super und ich möchte dich schnell wieder sehen. Ich bin so gerne mit dir zusammen! Gefallen dir die Blumen? Ich finde, Sonnenblumen sind perfekt für dich! Du bist nämlich mein Sonnenschein!
Am Wochenende, und zwar am 15. August, gibt es ein großes Feuerwerk in Berlin-Mitte. Ich möchte gerne mit dir dorthin gehen. Hast du Lust?
Liebe Grüße
dein Kai

**1** **Leggi il testo e il biglietto che Kai scrive a Jasmin e rispondi alle domande.**

1 Wo ist Jasmin? ....................
2 Wie geht es ihr? ....................
3 Was macht sie? ....................
4 Wer kommt in Jasmins Zimmer? ....................
5 Was hat sie in der Hand? ....................
6 Für wen sind die Blumen? ....................

**der Holunderbeersaft, ⸚e:** succo con bacche di sambuco
**der Strauß, ⸚e:** mazzo di fiori
**die Sonnenblume, -n:** girasole
**der Sonnenschein:** sole
**das Feuerwerk, -e:** fuochi d'artificio

**2** **Rileggi il biglietto di Kai e indica se le affermazioni sono vere (V) o false (F).**

| | | V | F |
|---|---|---|---|
| 1 | Die Karte ist von Kais Oma. | ☐ | ☐ |
| 2 | Kai möchte Jasmins Mutter bald wieder sehen. | ☐ | ☐ |
| 3 | Kai denkt an ihren Ausflug an den Wannsee. | ☐ | ☐ |
| 4 | Die Sonnenblumen sind perfekt für Jasmin. | ☐ | ☐ |
| 5 | Am 15. August gibt es ein großes Feuerwerk in Berlin. | ☐ | ☐ |
| 6 | Kai möchte mit Jasmin ins Kino gehen. | ☐ | ☐ |

**3** **Leggi gli sms che Jasmin e Kai si scambiano e scegli l'opzione corretta.**

Lieber Kai, vielen Dank für die schönen Sonnenblumen. Auch ich denke immer noch an den schönen Tag mit dir am Wannsee. Mir geht es wieder besser. Der Holunderbeersaft von deiner Oma ist spitze und meine Erkältung und das Fieber sind fast weg. Die Idee mit dem Feuerwerk ist toll. Wann und wo findet es statt? Meine Mutter sagt, ich muss mal wieder an die frische Luft. Wollen wir heute Nachmittag einen Spaziergang mit deinem Hund Petzi machen? Liebe Grüße, Jasmin.

Yippie! Es geht dir wieder besser! Ich komme und hole dich heute um 15:00 Uhr mit Petzi ab. Okay? Das Feuerwerk findet im Potsdamer Park statt. Es ist am nächsten Samstag und beginnt um 22:00 Uhr. Bis später! Kai

1 Jasmin geht es...
- **a** besser.
- **b** sehr schlecht.
- **c** noch nicht gut.

2 Das Feuerwerk möchte sie...
- **a** gar nicht sehen.
- **b** sehr gerne sehen.
- **c** mit ihren Eltern sehen.

3 Jasmin möchte...
- **a** morgen an die frische Luft.
- **b** einen Spaziergang mit Kai und Petzi machen.
- **c** heute Nachmittag zu Kais Oma gehen.

4 Kai geht...
- **a** um 22.00 Uhr mit Petzi zu Jasmin.
- **b** um 15.00 Uhr allein zu Jasmin.
- **c** um 15.00 Uhr mit seinem Hund zu Jasmin.

5 Das Feuerwerk findet...
- **a** am Potsdamer Platz statt.
- **b** im Potsdamer Park statt.
- **c** im Theater am Potsdamer Platz statt.

**4 Ascolta e completa il riassunto.** T10

bis zum • Mittelmeer • romantisch • Park • nicht • regnet • schön • Kino • vom

Jasmin und Kai sind im [1]......................... . Leider [2]....................... es. Das findet Jasmin sehr [3]....................... . Man kann das Feuerwerk [4]....................... machen. Kai hat eine Idee: Sie können ins [5]....................... am Potsdamer Platz gehen. [6]....................... Park [7]....................... Potsdamer Platz sind es nur zwei Minuten zu Fuß. Kai und Jasmin finden ihre Sommerferien in Berlin sehr [8]....................... , denn sie sind zusammen. [9]....................... und Strandurlaub brauchen sie nicht!

**5 Rispondi personalmente alle seguenti domande.**

1 Wann macht man bei dir im Sommer Feuerwerk? (Auf dem Dorffest, Mitte August …)

.......................................................................................................................................

2 Gehst du gern abends mit deinen Freunden aus?

.......................................................................................................................................

3 Wo trefft ihr euch?

.......................................................................................................................................

4 Manchmal regnet es auch im Sommer. Was macht ihr dann?

.......................................................................................................................................

**6 La tua amica di penna Kathrin ti invita ad andare a Berlino questa estate. Rispondile e dille se puoi o non puoi andare a trovarla e quando.**

*Liebe Kathrin,*
*ich danke dir für die Einladung.*
*Wir fahren am* ....................................... *(data di partenza per le tue vacanze) in Urlaub, deshalb* .......................................
.......................................................................................
*Ich kann am* .......................................................................
.......................................................................................
*Passt dir das?*
*Schreib mir bald zurück!*
....................................... *(il tuo nome)*

Die Berliner feiern sehr gern. Das ist bekannt! Aber was sind die bekanntesten Highlights der Stadt? Hier drei wichtige Termine zum Feiern:

## Karneval der Kulturen: das längste Open-Air-Fest der Stadt Berlin

Feiert man Karneval nicht im Februar oder im März? Nicht nur! Berlin feiert auch im Juni seinen Karneval. Das Fest findet im Juni im Bezirk Kreuzberg statt und vereint alle Nationalitäten und Kulturen der Stadt. Tausende von Menschen ziehen durch die Stadt in ihren nationalen Kostümen und singen und tanzen dabei. Der Karnevalsumzug beginnt normalerweise am ersten Junisonntag um 12:30 Uhr und endet um 21:00 Uhr. Doch nach dem Umzug ist der Karneval noch nicht zu Ende. Er dauert nämlich vier Tage und man kann über 100 Bands und DJs mit den besten Global Beats sehen, sowie über 200 Performer und Künstler in Aktion.

## Der Tag der deutschen Einheit am 3. Oktober

Deutschland feiert jedes Jahr am 3. Oktober das Ende von der Teilung Deutschlands. Seit 1990 gibt es nämlich keine DDR mehr, sondern nur noch die Bundesrepublik Deutschland. In Berlin feiert man diesen Tag besonders groß, denn vor 1989 war Berlin in West- und Ostberlin geteilt und eine Mauer stand mitten in der Stadt. Jetzt ist die Mauer weg und Berlin ist wieder die Hauptstadt Deutschlands.

## Der Fall der Mauer in Berlin

Berlin feiert am 9. November den Fall der Mauer im Jahr 1989. Zum 25. Jubiläum hat Berlin mit 8000 leuchtenden Luftballons voll von Helium auf einer Länge von 15 Kilometern die Strecke der Mauer markiert. Die Luftballons stiegen in der Nacht vom 9. auf den 10. November 2014 in die Luft: ein "Symbol der Hoffnung für eine Welt ohne Mauern".

**feiern:** festeggiare
**vereint:** unisce
**der Karnevalsumzug, ¨e:** sfilata di carnevale
**die Teilung:** divisione
**die Mauer, -n:** muro
**leuchtend:** luminoso
**stiegen... in die Luft:** salirono in aria
**die Hoffnung, -en:** speranza

**7** **Abbina ciascuna festa alla data corrispondente.**

1 Tag der deutschen Einheit
2 Fall der Mauer
3 Karneval der Kulturen

a am ersten Sonntag im Juni
b am dritten Oktober
c am neunten November

**8** **Rispondi ora alle seguenti domande.**

1 Wer nimmt am Karneval der Kulturen teil? ..........
2 Wie lange dauert der Karnevalsumzug? ..........
3 In welchem Teil von Berlin findet der Karneval der Kulturen statt? ..........
4 Seit wann gibt es keine Mauer mehr in Berlin? ..........
5 In welchem Jahr wird Deutschland wieder ein Staat? ..........

## Gli auguri e i regali

**9** ***Glückwünsche!*** **Quali auguri per quali occasioni? Abbinali all'immagine corretta.**

Ein glückliches neues Jahr! • Frohe Weihnachten! • Frohe Ostern! • Gute Besserung! • Herzlichen Glückwunsch zum Geburtstag! • Gute Reise!

1 ............................................

2 ............................................

3 ............................................

4 ............................................

5 ............................................

6 ............................................

**10** **Osserva e scrivi il regalo che ogni persona vorrebbe ricevere.**

die Halskette, -n • die Tasche, -n • das Moped, -s • das Smartphone, -s • das Sweatshirt, -s • der Ohrring, -e

1 Julia möchte ...................................... .

2 Jasper möchte so gern ................................................ .

3 Lea möchte ...................................... .

4 Lisa wünscht sich ...................................... .

5 Verena mag ......................................................... sehr.

6 Markus möchte ...................................... .

## Le indicazioni stradali

**11** **Osserva le immagini e abbina l'indicazione stradale corrispondente.**

Geh immer geradeaus. • Geh bis zur Kreuzung. • Geh über die Straße. • Geh durch den Park. • Geh über die Brücke. • Geh bis zur Ampel. • Nimm die 2. Straße rechts. • Geh in die 1. Straße links.

1 ....................................

2 ....................................

3 ....................................

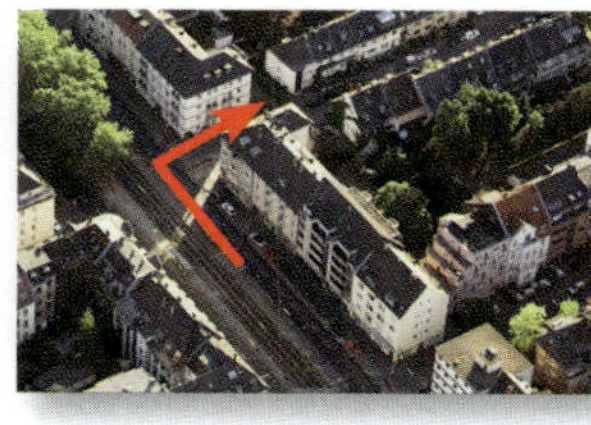
4 ....................................

5 ....................................

6 ....................................

7 ....................................

8 ....................................

T 11

**12** **Ascolta le tre indicazioni stradali e scrivi il nome della persona che compie il percorso.**

1 ........................ fährt mit dem Fahrrad zum Bahnhof und dann mit der Straßenbahn zum Stadion.

2 ........................ geht bis zur Kreuzung, dann die erste Straße links. Dort wohnt Tina.

3 ........................ geht zur Haltestelle und nimmt den Bus zum Zentrum.

## Zur Wiederholung

**13** **Indovina la parola che manca in queste liste di vocaboli e ripassa tutto il lessico!**

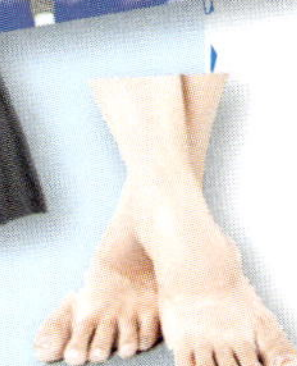

1 **mezzi di trasporto:** das Auto, das Fahrrad, der Zug, der ................

2 **edifici in città:** das Kino, das Theater, das Geschäft, die Eisdiele, der Park, der ...............

3 **per strada:** die Kreuzung, die Straße, der Platz, die Brücke, die ................

4 **abbigliamento:** das T-Shirt, die Jeans, die Schuhe, die Jacke, der ................

5 **parti del corpo:** der Kopf, der Hals, der Rücken, der Magen, der ................

6 **cibi:** der Fisch, das Fleisch, die Suppe, das Gemüse, das ................

7 **feste:** Karneval, Ostern, Pfingsten, Weihnachten, ................

## Il verbo *werden*

| | **werden** **(*diventare*)** |
|---|---|
| ich | werde |
| du | **wirst** |
| er / sie / es / man | **wird** |
| wir | werden |
| ihr | werdet |
| sie / Sie | werden |

Domani **compio** 13 anni. ▸▸ Ich **werde** morgen 13 Jahre alt.

### 14 Sottolinea la forma corretta del verbo *werden*.

1 Martin *wird / werde* morgen 13 Jahre alt.
2 Im Juli *werde / wird* ich 15 Jahre alt.
3 Sarah und Olga *wird / werden* im Januar 18 Jahre alt!
4 Wann *wirst / wird* du 12 Jahre alt?
5 Ich *wird / werde* morgen 12 Jahre alt!
6 Lukas, Markus, *wird / werdet* ihr schon 16 Jahre alt?
7 Herr Keller, *werden / werdet* Sie im Mai 30 Jahre alt?

### 15 Completa le seguenti frasi con il verbo *werden*.

1 Kai ........................... im Januar 15 Jahre alt.
2 Wann ........................... du 15 Jahre alt?
3 Ich bin schon 15. Ich ........................... im Oktober 16 Jahre alt.
4 Meine Schwestern Anne und Martina ........................... im März 8 Jahre alt.
5 Wann ........................... ihr 18 Jahre alt?

### 16 Abbina le frasi in italiano alla corrispondente traduzione.

1 Io compio domani 14 anni. E tu?
2 Io ho già 14 anni. Sabato compio 15 anni.
3 Quanti anni ha la tua amica Franzi?
4 Franzi ha 16 anni. A dicembre compie 17 anni.
5 Mio padre compie a febbraio 45 anni e mia mamma compie a luglio 42 anni.
6 La mia nonna compie a ottobre 70 anni!

a Ich bin schon 14 Jahre alt. Samstag werde ich 15!
b Meine Oma wird im Oktober 70 Jahre alt.
c Ich werde morgen 14 Jahre alt. Und du?
d Wie alt ist deine Freundin Franzi?
e Mein Vater wird im Februar 45 Jahre alt und meine Mutter wird im Juli 42.
f Franzi ist 16 Jahre alt. Im Dezember wird sie 17!

# La costruzione della frase: ordine dei complementi al dativo e accusativo

Ich gebe **meinem Freund** (D) **ein Geschenk** (A).
Ich gebe **es** (A) **meinem Freund** (D).
Ich gebe **ihm** (D) **ein Geschenk** (A).

Quando nella frase ci sono un complemento al dativo e un complemento all'accusativo, l'ordine è il seguente:
▸▸ **D + A.**
Se uno dei complementi è espresso da un pronome, **prima va il pronome e poi il sostantivo**.

## 17 Sottolinea la frase corretta.

1 **a** Kai gibt seiner Freundin Jasmin einen Blumenstrauß. **b** Kai gibt einen Blumenstrauß seiner Freundin Jasmin.
2 **a** Kai und Jasmin wollen Pralinen Kais Oma schenken. **b** Kai und Jasmin wollen Kais Oma Pralinen schenken.
3 **a** Der Deutschlehrer gibt seinen Schülern gute Noten. **b** Der Deutschlehrer gibt gute Noten seinen Schülern.
4 **a** Karen schenkt ihrer Mutter ein Buch zum Geburtstag. **b** Karen schenkt ein Buch ihrer Mutter zum Geburtstag.
5 **a** Oskar und Viktor kaufen ihrer Freundin Verena ein T-Shirt. **b** Oskar und Viktor kaufen ein T-Shirt ihrer Freundin Verena.
6 **a** Lukas schreibt eine E-Mail seinen Freunden aus Italien. **b** Lukas schreibt seinen Freunden aus Italien eine E-Mail.

## 18 Completa le seguenti frasi aiutandoti con gli elementi presentati nella tabella.

| WEM? (D) | | WAS? (A) | |
|---|---|---|---|
| seinem Freund | seinen Eltern | eine E-Mail | ein Moped |
| ihrem Freund | ihrer Lehrerin | eine DVD | eine Puppe |
| meiner kleinen Schwester | seinem Sohn | Blumen | eine SMS |

1 Janina schickt .................................................. (*al suo amico un SMS*)
2 Viktor schreibt .................................................. (*al suo amico una mail*)
3 Die Schüler kaufen .................................................. (*alla loro insegnante dei fiori*)
4 Thomas schenkt .................................................. (*ai suoi genitori un DVD*)
5 Meine Eltern schenken .................................................. (*alla mia sorellina una bambola*)
6 Mein Onkel schenkt .................................................. (*a suo figlio un motorino*)

## 19 Completa le risposte scegliendo l'ordine corretto delle parole.

1 ■ Kaufst du deinen Eltern Blumen? ● Ja, wir kaufen *ihnen Blumen / Blumen ihnen*.
2 ■ Gibst du deinem Lehrer das Buch? ● Ja, ich gebe *ihm das Buch / das Buch ihm*.
3 ■ Schenken Svenja und Lisa ihrer Freundin eine CD? ● Ja, sie schenken *ihr eine CD / eine CD ihr.*
4 ■ Schreibt ihr euren Freunden diese SMS? ● Ja, wir schreiben *ihnen diese SMS / diese SMS ihnen*.
5 ■ Schreiben Sie dem Schuldirektor einen Brief? ● Ja, ich schreibe *ihm einen Brief / einen Brief ihm.*

## 20 Rispondi sostituendo le parole sottolineate con il pronome. Segui l'esempio.

1 ■ *Kauft Martina ihrem Freund ein Computerspiel?* ● *Ja, Martina kauft ihm ein Computerspiel.*
2 ■ Schenkt Lena ihrer Mutter die Halskette? ● Ja, Lena schenkt ........... ihrer Mutter.
3 ■ Kauft mein Vater meinem Bruder einen Laptop? ● Ja, er kauft ........... einen Laptop.
4 ■ Schenkt Herr Hanisch seiner Frau Ohrringe? ● Ja, er schenkt ........... seiner Frau.
5 ■ Geben die Kinder ihrer Mutter eine Rose? ● Ja, sie geben ........... ihrer Mutter.
6 ■ Schreibt Kai seiner Freundin eine SMS? ● Ja, er schreibt ........... eine SMS.

# La data e gli aggettivi ordinali

Heute ist der 1. (erst**e**) Januar. Am 1. (ers**ten** Januar) arbeitet man nicht.
Heute ist der 18. (achtzehn**te**) Februar. Am 18. (achtzehn**ten**) Februar hat Lukas Geburtstag.
Heute ist der 21. (einundzwanzig**ste**) Mai. Am 21. (einundzwanzig**sten**) Mai werde ich 18 Jahre alt.

Ricordati che per le date si usano gli aggettivi ordinali e i numeri in cifra sono sempre seguiti da un punto. Le desinenze sono di due tipi:
- se si indica la data del giorno: **der** + numero (1-19) + **-te**; **der** + numero (20-31) + **-ste**;
- se si indica la data di un avvenimento: **am** + numero (1-19) + **-ten**; **am** + numero (20-31) + **-sten**.

## 21 Scrivi le frasi con le seguenti date. Segui l'esempio.

1 *22.06.* *Heute ist der zweiundzwanzigste Juni.*
2 17.10. ...........................................................................
3 11.04. ...........................................................................
4 31.12. ...........................................................................
5 28.05. ...........................................................................
6 01.09. ...........................................................................
7 07.12. ...........................................................................

## 22 Completa le seguenti frasi. Segui l'esempio.

1 Heute ist der 1. (*erste*) Januar. Morgen ist *der zweite Januar*. Übermorgen ist *der dritte Januar*.
2 Heute ist der 3. (*dritte*) Mai. Morgen ist .................................. . Übermorgen ist .................................. .
3 Heute ist der 25. (..................................) November. Morgen ist .................................. .
Übermorgen ist .................................. .
4 Heute ist der 9. (..................................) Februar. Morgen ist .................................. .
Übermorgen ist .................................. .
5 Heute ist der 19. (..................................) März. Morgen ist .................................. .
Übermorgen ist .................................. .

## 23 Rispondi alle seguenti domande. Segui l'esempio.

1 ■ *Wann ist Weihnachten?* ● *Am 25. (fünfundzwanzigsten) Dezember.*
2 ■ Wann ist Halloween? ● Am 31. (....................................) Oktober.
3 ■ Wann ist der Dreikönigstag? ● Am 06. (....................................) Januar.
4 ■ Wann ist der Frauentag? ● Am 08. (....................................) März.
5 ■ Wann beginnt der Frühling? ● Am 21. (....................................) März.
6 ■ Wann hat Christine Geburtstag? ● Am 12. (....................................) Oktober.

## 24 Scrivi le desinenze corrette: *-te/-ste* o *-ten /-sten*.

1 Heute ist der 13. (dreizehn...........) Mai.
2 Am 22. (zweiundzwanzig...........)Dezember beginnen die Weihnachtsferien.
3 Wir fahren am 8. (acht...........) August ans Meer.
4 Ist heute der 18. (achtzehn...........) November?
5 Wann kommen deine Freunde aus Berlin? Am 29. (neunundzwanzig...........) Juli?
6 Nein, sie kommen am 31. (einunddreißig...........) Juli.

## 25 Ora rispondi liberamente.

1 ■ Der Wievielte ist heute? ● Heute ist der ............................................................ .
2 ■ Der Wievielte ist morgen? ● Morgen ist der ............................................................ .
3 ■ Der Wievielte ist übermorgen? ● Übermorgen ist der ..................................................... .
4 ■ Wann hast du Geburtstag? ● Ich habe am ........................................... Geburtstag.
5 ■ Wann hat deine Mutter Geburtstag? ● Meine Mutter hat am ........................... Geburtstag.
6 ■ Wann hat dein Vater Geburtstag? ● Mein Vater hat am ................................ Geburtstag.

# Zur Wiederholung

## 26 Completa il testo con le seguenti parole.

Geschenk • ihm (x2) • Zahnschmerzen • backen • zwanzigste • einundzwanzigsten • wird • beim

Heute ist der 20. [1](...........................) Juni. Ich habe viel zu tun! Morgen ist der 21. Juni und am 21. [2](...........................) Juni hat mein Vater Geburtstag. Er [3]..................... 40 Jahre alt. Meine Mutter und ich wollen [4]..................... eine Überraschungsparty organisieren. Heute ist mein Vater zum Glück [5]..................... Zahnarzt. Er hat keine [6]..................... , aber der Zahnarzt ist ein Freund von ihm 😊 und wir können das Fest in Ruhe vorbereiten: die Geburtstagstorte [7]..................... , die Wohnung dekorieren und auch das [8]..................... für Vater kaufen. Vati ist sehr sportlich und Jogging ist sein Hobby. Wir schenken [9]..................... ein Laufshirt. Es gefällt ihm bestimmt gut!

# Extraseiten

## So war der Sommer von Jasmin und Kai

Jasmin und Kai haben die ganzen Sommerferien in Berlin verbracht. Sie sind in diesem Jahr nicht mit ihren Familien verreist. Jasmins Eltern haben jeden Tag in der Imbissbude gearbeitet und auch Jasmin musste helfen. Sie hat Currywurst und Pommes verkauft. Kais Eltern hatten nicht genug Geld für eine Reise ans Meer oder ins Gebirge. Zuerst waren Jasmin und Kai darüber sehr wütend, aber dann waren ihre Ferien doch schön. Jasmin und Kai haben sich an der Imbissbude kennen gelernt. Sie mochten sich sofort.

Zuerst haben sie ein Eis zusammen gegessen und schon nach kurzer Zeit haben sie eine gemeinsame Fahrradtour geplant. Die Fahrradtour war toll! Die beiden Freunde sind an den Wannsee gefahren und haben dort ein tolles Picknick gemacht. Sie haben im See gebadet und dann in der Sonne gesessen und Karten gespielt. Später haben sie noch zwei Geocaches gesucht. Geocaching ist nämlich Kais Hobby und auch Jasmin hatte viel Spaß dabei. Leider hat Jasmin auf der Rückfahrt Kopfschmerzen bekommen und auch ihr Hals hat plötzlich wehgetan. Zum Glück wohnt Kais Oma nicht weit weg und die beiden Freunde sind zu ihr gefahren und haben dort auf Kais Vater gewartet. Er hat sie mit dem Auto abgeholt. Jasmin war schnell wieder gesund. Am letzten Ferienwochenende sind die beiden Freunde zum Feuerwerk in Berlin-Mitte gefahren. Leider hat es die ganze Zeit geregnet und das Feuerwerk ist ausgefallen. Aber unseren beiden Freunden war das fast egal. Sie hatten trotzdem einen tollen Sommer zusammen! Auch ohne Mittelmeer und Strandurlaub!

**1 Leggi il testo e indica se le affermazioni sono vere (V) o false (F).**

| | | V | F |
|---|---|---|---|
| 1 | Kai und Jasmin haben die Sommerferien am Meer verbracht. | ☐ | ☐ |
| 2 | Kai musste Currywurst verkaufen. | ☐ | ☐ |
| 3 | Kai und Jasmin haben sich in der Schule kennen gelernt. | ☐ | ☐ |
| 4 | Sie haben eine Fahrradtour an den Wannsee gemacht. | ☐ | ☐ |
| 5 | Am Wannsee haben sie ein Picknick gemacht. | ☐ | ☐ |
| 6 | Sie haben im See gebadet. | ☐ | ☐ |
| 7 | Sie hatten viel Spaß beim Geocaching. | ☐ | ☐ |
| 8 | Jasmin hatte plötzlich Halsschmerzen. | ☐ | ☐ |
| 9 | Am Wochenende waren sie in Berlin-Mitte. | ☐ | ☐ |
| 10 | Jasmin und Kai hatten tolle Ferien. | ☐ | ☐ |

## 2 Segui i percorsi e scopri per ciascun verbo all'infinito il corrispondente passato prossimo.

1 verbringen ..................
2 essen ..........................
3 nehmen ......................
4 trinken ........................
5 schlafen .....................
6 arbeiten .....................
7 regnen ........................
8 spielen ........................
9 fahren .........................
10 kommen .....................
11 gehen .........................

## 3 Leggi le domande e abbina le risposte corrette.

Sie waren toll! • Ich war mit meinen Eltern. • Ich habe manchmal gebadet. • Ich war am Meer. • Ja, ich habe neune Freunde kennen gelernt.

1 Wie waren deine Sommerferien? ..........................................................
2 Wo warst du in den Sommerferien? ..........................................................
3 Mit wem warst du dort? ..........................................................
4 Was hast du dort gemacht? ..........................................................
5 Hast du neue Freunde kennen gelernt? ..........................................................

## 4 Scrivi al tuo/a amico/a tedesco/a e racconta delle tue vacanze seguendo la traccia.

Senden Chat Anhang Adressen Schriften Farben Als Entwurf sichern

An:

Betreff:

Lieber ............................ / Liebe ............................ ,
im ............................ fängt die Schule wieder an. Die Ferien sind vorbei,
aber sie waren ............................ .
Ich bin mit ..........................................................................................
(*ans Meer* / *ins Gebirge* / *nach Rom*) gefahren.
Ich konnte .......................................................................................... .
Am Abend .......................................................................................... .
Ich hatte ............................ (*viel* / *keinen*) Spaß!
Und du? Schreibe mir bald!
Tschüs
............................

# Hörtexte

## Einheit 1 Sommer in Berlin

T03 **Seite 6**

*Jasmins Eltern haben eine Imbissbude.*
*Dort verkaufen sie Würstchen und Pommes.*
*Im Sommer ist viel los und Jasmin muss helfen.*
*Kai kommt zur Imbissbude.*
**Kai:** Eine Currywurst bitte!
**Jasmin:** Kommt sofort!
Bitte schön! Das macht 2 Euro. Danke!
**Kai:** Hm, ist die gut!
**Jasmin:** Danke! Du musst wissen: Unsere Currywurst ist die Beste in Berlin!
**Kai:** Oh, dann komme ich morgen wieder!
**Jasmin:** Gerne!
**Kai:** Bist du morgen auch hier?
**Jasmin:** Ja, klar. Ich muss meinen Eltern in den ganzen Sommerferien helfen.
*Es bellt der kleine Hund von Kai.*
**Jasmin:** Ach, wie süß, ist das dein Hund?
**Kai:** Ja, er heißt Petzi.
**Jasmin:** Ach Petzi, du bist aber süß! Huch, pass auf, deine Wurst!
*Der Hund schnappt sich ein Stück Wurst vom Teller und läuft bellend davon.*
**Kai:** Oh nein! Bleib stehen! Oh, dieser dumme Hund! Ich muss hinterher laufen. Aber Moment mal, wie heißt du?
**Jasmin:** Ich heiße Jasmin und du?
**Kai:** Kai. Sehen wir uns wieder?
**Jasmin:** Ja, klar. Ich bin hier!
**Kai:** Dann komme ich morgen Mittag vorbei.
**Jasmin:** Super, bis morgen! Tschüs!

## Einheit 2 Die erste Verabredung

T05 **Seite 15**

**Kai:** Jasmin, was nimmst du?
**Jasmin:** Hm, ich nehme ... einen Amarena-Becher! Und du?
**Kai:** Ich mag Spaghettieis!
**Jasmin:** Wie süß!
**Kai:** Ja, ich liebe Vanilleeis mit Himbeersoße!
**Kellner:** Guten Tag, was darf ich Ihnen bringen?
**Jasmin:** Für mich einen Amarena-Becher, bitte.
**Kellner:** Und was für Eiskugeln?
**Jasmin:** Ich nehme je eine Kugel Nuss, Stracciatella und Erdbeere.
**Kellner:** Gerne. Und Sie? Was möchten Sie?
**Kai:** Ich möchte ein Spaghettieis.
**Kellner:** Perfekt! Vielen Dank!
**Kai:** Jasmin, wollen wir in den nächsten Tagen eine Radtour machen?
**Jasmin:** Oh, ja! Na klar! Wohin wollen wir fahren?
**Kai:** Ich möchte gerne zum Wannsee fahren. Die Tour ist sehr schön. Wir können dort baden und vielleicht finden wir auch ein paar Geocaches.
**Jasmin:** Geocaches? Was ist das denn?
**Kai:** Das weißt du nicht? Geocaching ist ein tolles Spiel. Es ist eine moderne Schatzsuche in der Natur. Und der Cache ist der Schatz. Guck' mal hier auf meinem Smartphone: Hier kannst du alle Geocaches in Berlin sehen. Diese hier sind ganz in der Nähe.
**Jasmin:** Was? So viele? Das sind alles Schätze?
**Kai:** Na ja, also wir finden kein Gold, aber kleine Plastikdosen. Geocaching bringt großen Spaß!
**Jasmin:** Schön! Ich muss noch meine Eltern fragen, aber vielleicht können wir am Dienstag oder Mittwoch die Fahrradtour machen.
**Kai:** Super!

T06 **Seite 16**

**Lina:** Bitte zwei Kugeln in der Waffel. Vanille und Erdbeere.
**Kevin:** Für mich auch zwei Kugeln: Nur Zitrone, bitte. Was nimmst du, Sebastian?
**Sebastian:** Ich möchte drei Kugeln: Vanille, Nuss und Schokolade mit Sahne! Die mag ich gern!

## Einheit 3 Fahren wir an den Wannsee!

T 08

**Seite 25**

**Oma:** Wer ist da?
**Kai:** Ich bin's Oma. Kai!
**Oma:** Ach Kai, mein Lieber! Was für eine schöne Überraschung! Was machst du hier? Und wer ist das hübsche Mädchen? Deine Freundin?
**Kai:** Ja, Oma. Das ist Jasmin, eine Freundin. Wir kommen mit den Fahrrädern vom Wannsee, aber jetzt geht es Jasmin nicht mehr gut. Ihr tut der Kopf weh, sie hat Halsschmerzen und sie hat auch ein bisschen Fieber. Vielleicht bekommt sie eine Erkältung. Können wir hier auf Papa warten?
**Oma:** Aber, ja natürlich. Kommt herein! Jasmin, du armes Mädchen. Ich mache dir sofort einen heißen Holunderbeersaft. Setzt euch! Hier Jasmin, das ist heißer Holunderbeersaft mit ein bisschen Honig. Er hilft gut bei Erkältung!
**Jasmin:** Oh, danke!
**Oma:** Kai, möchtest du auch Holunderbeersaft?
**Kai:** Nein danke, Oma. Für mich bitte nur Wasser.
**Oma:** Jasmin, ist dein Kopf auch warm?
**Jasmin:** Hm, vielleicht ein bisschen.
**Kai:** Papa ist gleich hier. Bald bist du zu Hause und kannst ins Bett gehen. Du brauchst jetzt viel Ruhe.
**Jasmin:** Ja, ich weiß. Aber mit dem leckeren Holunderbeersaft bin ich bestimmt bald wieder gesund.
**Kai:** Ganz sicher! Danke, Oma!

## Einheit 4 Gute Besserung!

T 10

**Seite 36**

*Jasmin und Kai sind im Park und warten auf das Feuerwerk. Aber leider regnet es...*
**Jasmin:** Ach Kai, wie romantisch: Wir zwei beim Regen im Park!
**Kai:** Ja, das stimmt. Komm unter meinen Schirm!
**Jasmin:** So ein schlechtes Wetter! Was meinst du? Gibt es vielleicht kein Feuerwerk heute Abend?
**Kai:** Das kann sein. Bei Regen kann man doch kein Feuerwerk machen.
**Jasmin:** Wie schade! Was machen wir dann? Hast du eine andere Idee?
**Kai:** Wir können ins Kino gehen.
**Jasmin:** Zum Potsdamer Platz?
**Kai:** Ja, genau. Der Potsdamer Platz ist nicht weit von hier entfernt. Wir müssen immer geradeaus durch den Park gehen, dann bis zur Kreuzung und nach rechts: Wir sind in zwei Minuten da!
**Jasmin:** Okay, komm! Laufen wir?
**Kai:** Laufen?
**Jasmin:** Ja, durch den Regen!
**Kai:** Jasmin! Stop! Halt mal an!
**Jasmin:** Was ist denn?
**Kai:** Du, der Sommer mit dir ist wirklich schön!
**Jasmin:** Ja, das stimmt. Mit dir auch!
**Kai:** Weißt du, meine Sommerferien in Berlin sind gar nicht so schlecht!
**Jasmin:** Nein, meine Ferien sind auch toll. Ich brauche gar kein Mittelmeer und Strandurlaub.
**Kai:** Nein, ich auch nicht!

T 11

**Seite 39**

**Vater:** Lisa, wohin gehst du?
**Lisa:** Ich gehe zu Tina.
**Vater:** Zu Tina? Wohnt sie weit weg von hier?
**Lisa:** Nein, ich muss bis zur Kreuzung gehen und dann die erste Straße links nehmen.

**Lisa:** Entschuldigung, Lukas. Fährst du vielleicht ins Zentrum?
**Lukas:** Ja, ich gehe gerade zur Haltestelle und nehme den Bus 25.
**Lisa:** Wie viele Haltestellen sind es bis zum Domplatz?
**Lukas:** Sechs.
**Lisa:** Ok, dann komme ich mit! Und wo ist die Haltestelle?
**Lukas:** Wie gehen hier nach links und an der Ampel nach rechts.

**Vater:** Wie kommst du zum Stadion, Thomas?
**Thomas:** Ganz einfach! Ich fahre mit dem Fahrrad zum Bahnhof und dann nehme ich die Straßenbahn bis zum Stadion.

# Wortschatz

## A

die **Ampel, -n** semaforo
der **Apfel, ¨-e** mela
der **Apfelkuchen, -** torta di mele
die **Apotheke, -n** farmacia
der **Arzt, ¨-e** medico
**aufräumen** mettere in ordine
das **Auge, -n** occhio

## B

**baden** fare il bagno
die **Ballerinas** ballerine
die **Banane, -n** banana
der **Bauch, ¨-e** pancia
**Beachvolleyball spielen** giocare a pallavolo sulla spiaggia
der **Becher, -** vasetto
das **Bein, -e** gamba
das **Bett, -en** letto
das **Bett machen** rifare il letto
die **Birne, -n** pera
die **Blinddarmentzündung, -en** appendicite
die **Bluse, -n** camicetta
die **Bronchitis** bronchite
das **Brot, -e** pane
die **Brücke, -n** ponte
die **Butter** burro

## D

das **Dessert, -s** dolce, dessert
die **Dose, -n** lattina
der **Durchfall, ¨-e** dissenteria

## E

das **Eis** gelato
die **Erdbeere, -n** fragola
die **Erkältung** raffreddore
der **Esslöffel, -** cucchiaio

## F

der **Fisch, -e** pesce
die **Flasche, -n** bottiglia
das **Fleisch** carne
der **Frühling, -e** primavera
der **Fuß, ¨-e** piede

## G

die **Gabel, -n** forchetta
das **Gemüse, -** verdura
**geradeaus** diritto
das **Glas, ¨-er** bicchiere
der **Glückwunsch, ¨-e** auguri
**Herzlichen G. zum Geburtstag!** Tanti auguri di buon compleanno!
das **Gramm, -e** grammo
die **Gurke, -n** cetriolo
**gut** bene
**gute Besserung!** Buona guarigione

## H

der **Hals ¨-e** gola
die **Halskette, -n** collana
das **Hemd, -en** camicia da uomo
der **Herbst, -e** autunno
der **Honig, -e** miele
der **Husten** tosse

## I

**immer** sempre

## J

das **Jahr, -e** anno **ein glückliches neues Jahr!** Buon anno!
die **Jeans, -** jeans
der **Joghurt** yogurt

## K

der **Karneval, -e/-s** carnevale
die **Karotte, -n** carota
die **Kartoffel, -n** patata
der **Käse, -** formaggio
das **Kilo** chilo
der **Kopf, ¨-e** testa
das **Krankenhaus, ¨-er** ospedale
die **Kreuzung, -en** incrocio

## L

die **Laktosenintoleranz** intolleranza al lattosio
die **Lederjacke, -n** giacca di pelle
die **Leggings** leggings
**links** a sinistra
der **Liter** litro
der **Löffel, -** cucchiaio

## M

der **Magen, ¨** stomaco
die **Marmelade, -n** marmellata
das **Messer, -** coltello
die **Milch** latte
das **Minikleid, -er** vestito corto
der **Minirock, ¨-e** minigonna
das **Moped, -s** motorino

## N

die **Nudeln** (*pl.*) pasta

## O

das **Obst** frutta
das **Ohr, -en** orecchio
der **Ohrring, -e** orecchino
die **Orange, -n** arancia
**Ostern** Pasqua **Frohe O.!** Buona Pasqua!

## P

die **Packung, -en** pacchetto
der **Park, -s** parco
**prima** benissimo, magnificamente
die **Prise** presa, pizzico
der **Pudding** budino
der **Pullover, -** maglione
die **Pumps** scarpa decolleté

## R

**rechts** a destra
der **Reis** riso
der **Rücken, -** schiena

## S

der **Saft, ¨-e** succo
der **Salat, -e** insalata
**schlecht** male
die **Schokolade, -n** cioccolato/a
der **Schinken, -** prosciutto
das **Schnitzel, -** cotoletta
die **Serviette, -n** tovagliolo
die **Shorts** pantaloncini
**sich sonnen** prendere il sole
**Silvester** San Silvestro
**solala** così così
der **Sommer, -e** estate
der **Sportschuh, -e** scarpe da ginnastica
**Staub saugen** passare l'aspirapolvere
das **Steak, -s** bistecca
die **Suppe, -n** zuppa, minestra
das **Sweatshirt, -s** felpa

## T

die **Tasche, -n** borsa
die **Tasse, -n** tazza
der **Tee, -s** tè
der **Teller, -** piatto
die **Teller spülen** lavare i piatti
der **Tisch, -e** tavolo
den **Tisch decken, abdecken** apparecchiare, sparecchiare la tavola
die **Tomate, -n** pomodoro
das **T-Shirt, -s** T-Shirt, maglietta
der **Trainingsanzug, ¨-e** tuta

## W

**wandern** camminare, fare un'escursione
**Weihnachten** Natale **Frohe W.!** Buon Natale!
der **Winter, -** inverno

## Z

der **Zahn, ¨-e** dente